U0146851

集人文社科之思 刊专业学术之声

集 刊 名：数字法学

主办单位：广州大学法学院

主　　编：周少华

执行主编：宋尧玺

DIGITAL LAW JOURNAL Issue No.1

第1辑

集刊序列号：PIJ-2022-470

中国集刊网：www.jikan.com.cn

集刊投约稿平台：www.iedol.cn

主编 周少华

执行主编 宋尧玺

数字法学

LAW JOURNAL

第 **1** 辑

Issue No.1

创刊号

社会科学文献出版社
SOCIAL SCIENCES ACADEMIC PRESS (CHINA)

创 刊 词

随着时代的发展，互联网、大数据、区块链、人工智能等新兴技术的叠加，使得当今社会已经超越了以往的互联网时代，进入"数字社会"阶段。数字技术不仅深刻地改变了政府进行社会管理的方式和经济运行的模式，而且也极大地改变了人们的交往方式和日常生活，成为社会生活密不可分的组成部分。这一事实当然也影响到法律领域。

近年来，"数字法学"已经成为法学界广泛关注、迅速崛起的新兴研究领域，但是该领域的研究还远远不够深入，且随着数字技术的不断发展，还会源源不断地提出更多新的法律问题。数字技术不仅带来很多新的法律问题，甚至也极大地改变了传统法学的研究对象和思想方法。

为顺应这一发展趋势，广州大学法学院决定创办《数字法学》集刊，本集刊以"关注数字法律前沿问题、促进数字社会法治化"为宗旨，集中展示优秀的数字法学理论最新研究成果，以规范研究、实证研究、多学科交叉研究的方法，致力于数字法学这一新兴学科的建设和发展，为数字时代的法律发展、数字社会的法治化尽绵薄之力。

《数字法学》由社会科学文献出版社出版，每年出版 2 卷。本集刊重点关注以下问题：数字技术（人工智能）对法律实践方式的影响、数据安全、数字技术知识产权保护、数字时代公民个人信息保护、数字技术的滥用及其规制、数字化社会管理中权力与权利的关系等。为此，本集刊拟设以下基本栏目：

【数字法学基础理论】数字法学显然提出了一些不同于传统法学的基本问题，这些问题无法用传统法学的观念和思维进行回答，因此需要在基本理论层面探讨数字法学作为独立交叉学科的理论范畴。

【数字治理法治化】政府管理和社会治理已经高度依赖以互联网为基础的数字技术，如何确保数字时代的政府行为与社会治理在法治化轨道进行，是数字社会面临的重要问题。

【数字权利法律保护】在数字技术深度介入人们社会生活的情况下，形成了不同于传统权利类型的"数字权利"，这种权利的范围、行使方式、法律保护等，是数字法学的重要研究议题。

【数字技术法律规制】数字技术的研发者、提供者、使用者，都存在滥用数字技术从而侵犯公共利益或个人权利的可能，如何用法律手段规范数字权利主体，使数字技术不被滥用，对数字社会的安全至为重要。

【粤港澳大湾区数字法治】粤港澳大湾区是科技创新高地，也是区域法治实践的发达地区，该区域的数字法治实践具有独特而丰富的经验，这种地方性的数字法治实践对全国具有借鉴意义，也有予以理论关注的必要。

【域外数字法学】作为法学新兴学科，有必要对域外数字法学优秀研究成果进行介绍、传播，以推动我国数字法学的发展。

本集刊阵地开放，公开接受国内外法学理论研究人员关于数字法学的学术论文投稿。这是一个信息技术的新时代，也是法学的新时代，本刊愿与广大数字法学的研究者一起，为数字时代的法律发展和数字社会的法治化共同努力。

周㶷

2022 年 12 月 20 日

目　录

·域外数字法学·

·数字法学基础理论·

算法与程序正义[*]

李 石^{**}

【摘　　要】算法作为一种公共决策程序应遵循程序正义的道德原则：平等、公开、准确、尊重、可问责。在具体的制度设计中，第一，应通过人工核查以及机器学习的不断改进消除可能存在的各类算法歧视；第二，在小范围内公开算法，对算法是否公平进行专业认证，并由专业人员负责向公众解释；第三，赋予算法的实施对象以知情权、解释权、访问权、错误数据修改权、问责权等基本权利。向普通网民赋权，这是从根本上制约算法权力、维护算法正义的关键。

【关 键 词】算法；程序正义；算法歧视；算法公开；数字权利

算法，是指"人类通过代码设置、数据运算与机器自动化判断进行决策的一套机制"。① 随着数字技术的飞速发展，算法逐渐成为人们解决诸多公共问题的主要工具，例如，电商平台上对产品的推荐，医疗机构选择最佳诊疗方案，政府部门审批移民申请、福利补助申请，对潜在犯罪分子进行筛查，等等。这些公共决策涉及人们的诸多权利，与全社会的公平正义

　＊　本文系国家社会科学基金后期资助项目"多元分配正义"（项目编号：20FZXB053）阶段性成果之一。

＊＊　李石，中国人民大学国际关系学院教授、博士生导师，中国人民大学国家发展与战略研究院、共同富裕研究院、中国人民大学伦理学与道德建设研究中心研究员。

　①　参见丁晓东《论算法的法律规制》，载《中国社会科学》2020 年第 12 期。

息息相关。简单来说，算法就是人们借助计算机进行自动化决策的"程序"（procedure）。由于算法（无论是商用算法还是公共部门应用的算法）通常处理的是公共事务，所以，算法这一程序是否正义决定了公平正义的社会秩序是否能够得到维护。判断"算法"是否正义的标准是什么？如何通过相关的制度构建以保证算法这一程序的正义？下面，本文将首先讨论程序正义的相关道德标准，并在此基础上探讨哪些制度构建有助于维护算法正义。①

一 程序正义应遵循的道德原则

在讨论程序正义之前，首先应该明确的是：并非所有程序都是正义的，只有符合某些道德原则的程序才是正义的。例如招聘这一程序，如果主管方以与工作能力不相关的理由（如性别、民族）拒绝应聘者，那么这一程序就是不正义的，不具有程序正义的特征。因此，能称得上是程序正义的程序，一定要满足某些道德原则。对于程序正义应满足哪些道德原则，不同的学者提出了不同的看法。例如，英国哲学家大卫·米勒（David Miller）认为，程序正义应该具备"平等、公开、准确和尊严"四个特征。② 托马斯·纳赫巴（Thomas B. Nachbar）认为，体现为算法的程序应具备透明、准确、参与、可问责四大特征。③ 国内学者季卫东认为，公开性、中立、参与、效率等是程序正义应遵循的原则。④ 综合上述诸种观点，结合算法这一计算机程序的具体特征，笔者认为平等、公开、准确、尊严、可问责这五条标准是一个正义的算法应该遵循的道德原则。没有满足这些道德原则的算法就不具有程序正义的特征，就应该被修改或废弃。

---

① 本文对"算法正义"的理解是：满足了程序正义相关要求的算法即体现了算法正义。
② David Miller, *Principles of Social Justice*, Harvard University Press, 1999.
③ 参见 Thomas B. Nachbar, "Algorithmic Fairness, Algorithmic Discrimination", *Florida State University Law Review*, Vol. 48, No. 2, 2021, pp. 556 – 557.
④ 季卫东：《法律程序的意义》（增订版），中国法制出版社，2012，第 37 页。

第一，"平等待人"是现代国家的制度基础，正是在承认所有人的平等身份的基础上，人们才可能建构民主和法治等核心政治制度。[①] 然而，对于什么是"平等待人"，当代学者有诸多阐释，如罗尔斯的机会平等、德沃金的资源平等、阿玛蒂亚·森的能力平等。[②] 笔者认为，在涉及与算法相关的平等问题时，可以参考亚里士多德提出的平等原则："同样情况，同等对待。"[③] 亦即，如果一个程序对与其考虑的问题相关的不同个体所表现出的同样特征予以同等的对待，那么这个程序就满足了平等原则。举例说明，考试是一个程序，这一程序的目的是筛选出优秀的学生。考试考察的是学生对知识的掌握情况，并依据考生分数的高低来给他们分配不同的教育机会。因此，对于同样的"分数"，如果一个考试程序给予不同考生（如不同性别的考生）不同的教育机会，那么这一程序就没有满足平等原则，就不是一个正义的程序。由此，"平等"成为程序正义的重要特征，这并不意味着所有程序都要追求结果平等，而是说所有程序都必须有公平的竞争规则，实现"同样情况，同等对待"。各类招聘程序、考试程序、竞赛程序、民主程序、司法审判程序都应具备这样的特征。

第二，程序正义不仅要求平等地对待程序中所有的参与者，通常还要求相关程序是公开透明的。这一点在司法审判中尤为重要。司法审判是现代社会的一种重要程序，这种程序通常要求在被告、原告都在场的情况下进行公开审理。大卫·米勒在讨论程序正义时举了电影《暴劫梨花》（*The Accused*）[④] 中的例子。一个被强奸的妇女将强奸她的人告上了法庭，但此案并没有如其所愿地开庭审理。被告律师与原告律师通过商议达成一致，将

---

① 民主制度的前提是人人都有权对公共事务发表意见，法治的核心是"法律面前人人平等"。因此，民主和法治这两种主要政治制度的基础都是"平等待人"。

② 关于不同平等理论之间的复杂关系可参见李石《平等理论的谱系——兼论平等与自由的关系》，载《哲学动态》2016 年第 10 期。

③ Aristotle, *Nicomachean Ethics*, V. 3. 1131a10 – b15; *Politics*, III. 9. 1280 a8 – 15, III. 12. 1282b18 – 23.

④ 这是一部由乔纳森·卡普兰导演，朱迪·福斯特和凯莉·麦吉利斯主演的影片，1988 年上映。

罪犯送进了监狱。剧中的女主人公为此感到非常痛苦。罪犯虽然受到了应有的惩罚，可是受害者的声音却没有被听到，显然案件的私下解决剥夺了受害者的某些权利。一个司法程序不应该是私下进行的，必须在法官和陪审团的见证之下，公开、公正地展开。内在于程序正义的公开原则要求，应将程序中应用的规则和标准向当事人解释清楚，使其理解施行于他（她）的程序是如何进行的。

第三，程序正义要求相关程序"准确"反映参与者的信息，以便做出合理而公正的决策。以体育竞赛为例，进行体育比赛是为了准确地体现出人们在某方面的身体能力。因此，如何科学地设计比赛规则，以准确反映运动员在某方面的身体能力就成为体育竞赛不断改良的方向。例如，球类比赛要交换场地，跳远、跳高、举重等比赛项目要多次竞赛并取最高值，赛跑要考虑风速的影响，足球比赛安装了电子眼，等等。这些规则的设定都是为了能够更为准确地反映运动员的相关能力。如果一种比赛由于其规则的设定而无法准确反映参与者的能力，那么这样的比赛就不具备程序正义的特征，其相关规则就应该进一步改进。

第四，程序通常是作用于人的，因此，应用于人的程序还应该注意维护人的尊严。正如米勒所说，一种程序不能以使人们丧失尊严的方式进行。① 例如，为了保证公共安全要对上飞机的乘客进行安检。但是，安检这一程序不能以搜身的方式进行，那样会有损乘客的尊严。再如，高校想要补助家庭困难的学生，但是，学校不能公开发布贫困学生家庭情况的相关信息，这将大大损伤贫困学生的自尊。程序正义要求施行于人们的程序要保护个人的"尊严"。

第五，程序的应用通常事关公共决策，与人们基本权利的实现息息相关。相对于程序，个人是无助而被动的。因此，一种正义的程序应该给予人们问责和质疑的权利。例如，司法程序就赋予当事人上诉的权利。程序的应用对象拥有问责和质疑的权利，这不仅保护了普通公民的基本权利，

---

① David Miller, *Principles of Social Justice*, Harvard University Press, 1999, p. 101.

也使得相关程序有了"自我纠偏"的能力。程序的设定始于人的智慧，而人类理性的有限性决定了程序有可能出错。比方说，世界各国都有冤假错案的存在，这说明司法审判程序无论如何严密设置都有可能出错。从这一角度来说，为了减少程序出错及其造成的危害，程序的"自我纠偏"是必需的。因此，赋予人们质疑和问责的权利，是实现程序正义的要求。

综上所述，平等、公开、准确、尊严和可问责是判断程序是否正义的五项价值标准，也是程序正义应该遵循的五条道德原则。下面，本文将结合计算机算法的具体特征，讨论数字时代如何维护算法这种程序的正义。

二 算法歧视的不同类型

程序正义要求"平等待人"，这一要求在以算法为基础的决策过程中体现为下述问题：如何消除算法中存在的歧视？所谓"歧视"，其根本含义就是给予人们区别对待。① 而消除歧视，就是要消除区别对待，就是要坚持"同样情况，同等对待"的平等原则。然而，在由算法主导的自动化决策中，往往存在偏见和歧视。因此，消除算法歧视是维护算法正义的关键。

依据算法的来源，我们可以将目前人们广泛应用的算法分为两大类：人工设计的算法和机器自主学习形成的算法。这两类算法可能出于不同的原因而引入不同类型的歧视。对于人工设计的算法来说，设计者的偏见可能会引入算法歧视。例如，一个设计招聘算法的人对女性有偏见，他就可能设计出歧视女性的算法，将女性的求职简历排除在外。这类歧视非常明显，也较容易排除。程序的应用对象（如招聘过程中的女性求职者）很容易发现算法设计者有意引入的歧视，并对此提出抗议。而监管部门只需要对算法的价值倾向进行核查，并对算法的相关设计进行修正，就可以消除相应的歧视。如果算法在与该程序考察的信息（如招聘程序中关注的"工

---

① 参见 K. Lippert-Rasmussen, *Born Free and Equal? A Philosophical Inquiry into the Nature of Discrimination*, New York: Oxford University Press, 2013。

作能力"）无关的特征（性别、籍贯、民族、信仰等）之间保持中立，那么以算法为基础的招聘程序就满足了"平等待人"的价值标准。

相反，机器自主学习形成的算法中包含的歧视则更为复杂和隐蔽。对于这样的歧视，程序应用的对象通常很难进行抗议，而相应的算法歧视也不容易得到矫正。从大数据应用的原理来看，机器学习的目的是找出数据之间的"相关性"，而不是严格的"因果性"。例如，在学习了大量员工的相关数据后，计算机可能在"女性员工"和"出勤率较低"之间找到相关性。这并不是说女性员工的出勤率就一定较低，但借助这一相关性就可能做出对女性求职者不利的自动化决策。例如，在大数据学习基础上形成的招聘算法可能会尽量避免招聘女性员工。这种歧视在不应用算法的人工招聘中也可能存在，例如，企业主在浏览了上一年度的迟到早退记录之后得出女性员工经常早退的结论，于是在招聘过程中避免招聘女性员工。类似的歧视现象被称为"统计歧视"，亦即，基于统计结果而进行的区别对待。而机器学习和大数据应用则有可能大大加剧"统计歧视"的严重程度。例如，在基于大数据应用的"预测警务"中，警力该如何分布就完全基于各区域过往的犯罪率。在美国，这可能导致非洲裔、拉丁裔美国人聚居区的警力要多于其他居民区，而这则引发了人们对于预测警务是否包含歧视的质疑。[①]

机器学习形成的算法不仅可能引发对某个群体的歧视，还可能隐藏着对某些个体的歧视。正如尤瓦尔·赫拉利在《今日简史——人类命运大议题》中所说的："现在算法歧视的有可能就是你这个人，而你完全不知道原因。有可能是你的 DNA、你的过去或者脸谱网账号上有些什么，引起了算法的注意。算法歧视你，并非因为你是个女性或者黑人，而是因为你就是你。就是有些什么关于你的特质，算法不喜欢。"[②] 如前所述，与寻求因果

---

① M. Griffard, "A Bias-free Predictive Policing Tool？: An Evaluation of the NYPD's Patternizr", *Fordham Urban Law Journal*, Vol. 47, No. 1, 2019, pp. 43 – 84.

② 〔以色列〕尤瓦尔·赫拉利：《今日简史——人类命运大议题》，林俊宏译，中信出版社，2018，第 63 页。

性的传统科学思维不同，大数据应用基于对大量数据的对比，机器学习可能从中找到某些鲜为人知的"相关性"。而基于这些"相关性"做出的决策则可能导致针对某些个人的歧视。例如，德国某金融机构通过大数据挖掘发现，相比于使用电脑的用户，使用手机贷款的用户的还款率较低。为了利润的最大化，这家金融机构就可能抬高手机用户贷款的门槛。[①] 在普通人看来，这样的决策完全没有道理，是对手机用户的"歧视"。然而，如果该金融机构不公开算法的话，手机用户很难知道自己受到区别对待的原因，也很难进行申诉。

基于机器学习的算法还可能导致算法价格歧视。这是因为，数字企业可以通过平台积累的数据为客户"画像"，准确地探知客户的需求和出价意愿，从而实现精准营销和精准定价。换句话说，数字技术的广泛应用创造了"个性化定价"的可能，这实际上就是常常被人们所诟病的"大数据杀熟"，亦即，"通过收集、清洗、处理和分析消费者消费习惯、消费能力等个人信息对消费者画像，预测消费者最高保留价格，并以此就同一商品向条件相同的消费者设定高低不同的价格"。[②] 坐上同一航班的乘客可能发现他们每个人的票价都是不一样的。一些消费水平较高的乘客，或者来自富裕地区的乘客，他们的机票价格可能更贵一些。[③]

同样的服务，不一样的价格，只因一些人的出价意愿较高，而另一些人的出价意愿较低。这是否违反了"同样情况，同等对待"的平等原则呢？目前，各国对于"个性化定价"并非完全禁止。一些学者认为，一定限度内的"个性化定价"有助于提高企业效益，增强经济活力。而且，在多数情况下"个性化定价"并不会影响消费者的消费体验。再者，如果消费者并没有对"个性化定价"提出异议，就说明消费者自愿接受相关定价，这

---

① 该案例可参考 2022 年 5 月 11 日香港中文大学张博辉教授在中国人民大学主办的"数字经济时代的共同富裕"会议上的发言。

② 雷希：《论算法个性化定价的解构与规制——祛魅大数据杀熟》，载《财经法学》2022 年第 2 期。

③ 参见佐伊《"个性化定价"将如何改变机票预订的未来？》，载《青年商旅报》2015 年 7 月 24 日，第 14 版。

也给"个性化定价"增加了正当性。① 另一些学者则认为，"个性化定价"就是算法歧视，应该被法律所禁止。② 当然，如果因"个性化定价"而产生"超高价格"（远远高出一般价格）致使消费者提出抗议，那么当然属于市场欺诈行为，应受到相关监管部门的责罚。例如，在浙江省绍兴市柯桥区法院审理的胡女士诉上海携程商务有限公司侵权纠纷一案中，胡女士通过"携程"订购的房间价格为2889元，而通过线下预定仅为1377.63元，价差达到了一倍多。③ 在类似的案例中，相关商家就应依法受到处罚。我国的《个人信息保护法》《互联网信息服务算法推荐管理规定》《浙江省电子商务条例》等规定禁止"不合理"的算法"个性化定价"。可见，法律并没有禁止所有的"个性化定价"。因此，"个性化定价"是否属于算法歧视，是否应被法律所禁止，该问题处于制度的模糊地带，往往依其程度而定。

三　算法公开的限度

公开是程序正义应遵循的道德原则之一。对于算法正义来说，公开还是消除算法歧视的关键。在算法歧视频现的背景下，许多学者呼吁打开算法黑箱，看看这个算法究竟是如何设计的，有没有违背"同样情况，同等对待"的原则。然而，算法公开涉及复杂的技术和法律问题，在现实生活中很难实现。

第一，算法是用机器语言写成的，表现为一系列代码，没有计算机相关知识的普通民众根本无法理解这些代码。因此，即使算法的设计者公开了源代码，公众也无从分辨算法是否符合公平原则，也无法判断是否包含算法歧视。由此，一些学者主张，算法的设计者不仅有公开算法源代码的

---

① 参见雷希《论算法个性化定价的解构与规制——祛魅大数据杀熟》，载《财经法学》2022年第2期。
② 参见薛占祥《价格歧视》行为的法律规制——以大数据"杀熟"为例，载《各界》（下半月）2020年第7期。
③ 参见史洪举《以司法裁判向大数据杀熟说不》，载《人民法院报》2021年7月17日，第2版。

义务，而且还负有向网络用户解释代码的具体含义的义务。这被称为"可解释的人工智能"（explainable artificial intelligence）。例如，一些学者从欧盟 2016 年通过、2018 年生效的《通用数据保护条例》（GDPR）中总结出用户拥有"算法解释权"，即关于算法决策究竟是如何做出的，用户有权获得相关的解释，进而据此对算法决策提出异议。① 然而，对于一些通过机器学习而形成的算法，由于其寻找到的是不同事件之间的"相关性"而不是"因果性"，所以，即使是算法最初的开发者也很难解释清楚其运行机制。这些技术壁垒使得将算法向公众公开变得极为困难。

第二，公开算法可能会对公共利益造成伤害。一些学者认为，在算法是否公开的问题上，存在"AI 透明度悖论"。② 一方面，公开算法，尤其是公共部门所应用的算法，可能会使得算法受到黑客攻击，造成公共决策机制的瘫痪。例如，新冠疫情期间，如果公开与"健康码"相关的算法，就有可能导致其遭受敌对势力的攻击。2022 年 4 月 28 日，北京"健康宝"就曾受到境外网络的攻击。③ 另一方面，公开算法还可能导致"算计"（gaming）问题，即"相关主体就有可能利用和算计算法，通过设置相应的参数和制造数据达成自己的目的，从而损害其他主体的正当权益"。④ 比如，在搜索引擎算法公布之后，一些网站会利用该算法来设计自己的网页，使得即使没有相关内容的网页也能够在搜索结果中排名靠前。由此看来，将算法向公众公开，存在引发"黑客攻击""算计"等破坏活动的风险。

第三，公开算法可能会严重损害某些商业平台的企业利益。对于某些商业机构来说，"算法"是平台企业的灵魂，是最宝贵的商业秘密。例如，

---

① 参见 Gianclaudio Malgieri & Giovanni Comandé, "Why a Right to Legibility of Automated Decision-Making Exisit in the General Data Protection Regulation", *International Data Privacy Law*, Vol. 7, No. 3, 2017, pp. 1 - 36。

② 参见 A. Burt, "The AI Transparency Paradox", https://hbr. org/2019/12/the-ai-transparency-paradox, 2019 - 12 - 13，最后访问日期：2021 年 9 月 2 日。

③ 参见《官方披露！北京健康宝遭境外网络攻击》，https://baijiahao. baidu. com/s? id = 1731404963830958554&wfr = spider&for = pc，最后访问日期：2022 年 8 月 22 日。

④ 丁晓东：《论算法的法律规制》，载《中国社会科学》2020 年第 12 期。

短视频平台"抖音"在中国市场非常成功，这就得益于其视频推荐的算法。如果要求企业把这一算法公之于众，将使得企业丧失核心竞争力。因此，从某种意义上来说，企业应用的算法具有"商业秘密"的特征，应受到知识产权的保护。[①] 算法通常表述为软件代码，是软件技术创新的核心要素。具有秘密性（该信息不容易被公众获悉）、经济性（能够给信息持有人带来商业价值或竞争优势）、保密性（信息持有人对该信息采取了合理的保密措施）等商业秘密的特征。2020年8月发布的《最高人民法院关于审理侵犯商业秘密民事案件适用法律若干问题的规定》第1条规定："与技术有关的……算法、数据、计算机程序及其有关文档等信息，人民法院可以认定构成反不正当竞争法第九条第四款所称的技术信息。"根据该司法解释的规定，算法作为商业秘密的地位进一步得到了明确，应当根据知识产权的相关法律对其进行保护。

既然算法是受到知识产权保护的，那么算法是不是不应该公开呢？然而，如果算法不公开，算法歧视又怎么能为人所知，受歧视者如何维护自己的平等权益，而以算法为基础的公共决策程序是否还具有程序正义的特征呢？笔者认为，在算法公开的问题上，我们应该找到一种折中方案，即算法应该公开，但并非对所有人公开，仅向具有相关资质的专业监管机构公开。国内学者李安认为，算法公开可以分为两个阶段："第一步，算法主体向一个范围较小的且签署保密协议的专家小组披露包括算法源代码在内的算法信息；第二步，专家小组对算法主体披露的算法信息进行分析和核验，形成一份关于算法运作和决策过程的原因说明，该份算法解释报告面向社会公众公开。"[②] 这一折中方案既维护了算法的知识产权，又能够有效地抑制算法歧视，保证了算法作为公共决策程序的公开性。

笔者认为，为了消除算法歧视，维护公共决策的程序正义，国家应设立专门的算法评估机构，对算法是否公平公正地对待所有网络用户进行评估认证。无论是商用算法，还是公共部门所应用的算法都需要经过该机构

---

① 参见李安《算法透明与商业秘密的冲突及协调》，载《电子知识产权》2021年第4期。
② 李安：《算法透明与商业秘密的冲突及协调》，载《电子知识产权》2021年第4期。

的认证，才能够应用于个人。亦即，在算法投入应用之前，先进行"算法公平认证"，以确定算法中没有引入人为的歧视，也没有在机器学习基础上形成的统计歧视。在法规制定方面，一些国家已经有所尝试。例如，美国纽约市颁布的《算法问责法案》规定，应用于公共行政的算法决策需要进行算法影响评估，确保系统的安全性。加拿大制定的《自动化决策指令》建立了政府部门算法影响评估程序的可量化指标体系，将算法决策系统的安全性划分为四级，并基于不同级别相应地规定保护义务和应急措施。[①] 在算法评估的问题上，一些学者建议可以设计出"评估算法的算法"，亦即可以设计出一种算法影响评估模型，以确定相关算法的公平性。这样能够消除主观偏见、压缩腐败空间，使得算法的认证更为公正。[②] 另外，也有学者建议设立专门的专业或职业，培养一批"算法师"，由他们对算法的公平性、准确性、可控性和安全性进行评估。[③] "算法师"既精通机器语言，又有相关的伦理学、政治学、法学知识，理解公平、正义、平等、自由等价值的具体含义。这些建议有助于在保护算法知识产权的同时消除算法歧视，使得公共决策具有程序正义的特征。

四　算法出错与可问责

准确是程序正义的特征之一。应用于个人的自动化决策程序一定要准确反映个人的相关状况，并在此基础上做出公正合理的决策。数字时代，算法是做出公共决策的核心机制，由此，算法是否能准确反映用户的真实情况就变得至关重要。算法由严格的机器语言构成，但这并不意味着算法不会出错。算法设计者的疏忽、用于机器学习的大数据受到污染、传感器

[①] 参见雷刚、喻少如《算法正当程序：算法决策程序对正当程序的冲击与回应》，载《电子政务》2021 年第 12 期。

[②] 参见 Joshua A. Kroll, et al. ，"Accountable Algorithms"，*University of Pennsylvania Law Review*，Vol. 165，No. 3，2017，p. 637。

[③] 参见〔英〕维克托·迈尔 - 舍恩伯格、肯尼思·库克耶《大数据时代：生活、工作与思维的大变革》，盛杨燕、周涛译，浙江人民出版社，2013，第 226 ~ 230 页。

失灵等因素都会导致自动化决策出错。下述是智能摄像头抓拍出错的两个典型案例。案例一：北京居民杜××于 2004 年 7 月 20 日至 2005 年 5 月 23 日在每天必经的北京市西城区真武庙头条西口被电子眼拍下违反禁行标志 105 次，被罚款 10500 元。① 案例二：2018 年 11 月 21 日，智能摄像头错拍了公交车车身广告上某知名企业家的照片，并将其在路边液晶屏上曝光。② 除了"电子眼"智能抓拍可能出错外，预测警务中常用的智能测谎仪也可能出错。这些案例告诉我们，以算法为核心的公共决策程序可能会出错，程序正义并不必然意味着结果正义。

程序正义与结果正义之间是什么关系？美国哲学家约翰·罗尔斯（John Rawls）曾深入讨论这一问题，他依据程序正义与结果正义之间的不同关系区分了三种程序正义：完善的程序正义、不完善的程序正义以及纯粹程序正义。③ 所谓"完善的程序正义"，指的是人们对结果是否正义有着独立于程序的判断标准，而且能够设计出一个程序来实现结果正义。对此，罗尔斯给出的例子是"两个女孩分蛋糕"：如果我们以是否平均分配作为正义与否的判断标准，那么我们只要设计出一个"谁切蛋糕谁就最后拿蛋糕"的程序，就能满足平均分配的要求。理由是，在假定每个人都想要更大块的蛋糕的情况下，这一程序足以保证一个平均分配的结果。然而，在现实生活中，出于各种各样的原因，人们时常无法设计出保证结果正义的程序。罗尔斯将这种情况称作"不完善的程序正义"，亦即存在独立于程序的判断标准，但无法设计出一种能保证结果正义的程序。生活中常见的许多程序都是不完善的程序正义，如体育竞赛、考试、招聘、司法审判等。就拿"考试"这一程序来说，考试的目的是挑选出最优秀的学生。但是，由于考题的设置、学生的临场发挥等偶然因素的影响，考试挑选出的学生有可能并不是最优秀的。因此，考试程序需要不断地优化，朝着"完善的程序正

---

① 参见《电子眼"误拍"录》，载《中山日报》2008 年 4 月 3 日，第 C1 版。
② 参见李微希《"刷脸"刷新世界纪录》，载《当代党员》2019 年第 5 期。
③ 〔美〕约翰·罗尔斯：《正义论》，何怀宏、何包钢、廖申白译，中国社会科学出版社，2001，第 85 ~ 87 页。

义"的方向改进。罗尔斯讨论的第三种程序正义是"纯粹程序正义",所谓"纯粹程序正义"是指：只存在一种正确的程序,而不存在独立于程序的判断结果是否正义的标准,如果这一正确的程序被严格地遵循,那么其结果不论是什么都应该被接受。换言之,一旦将某种程序当作纯粹程序正义,那就等于是主张程序正义本身即可以保证其结果的正义,而不再需要对照其他的判断标准。罗尔斯将"赌博"作为纯粹程序正义的例子："愿赌服输",只要人们接受赌博的相关规则,而且该规则得到严格的执行,那么自愿参与赌博的人就必须接受赌博的结果。无论其结果是一夜暴富,还是输得精光。

对照罗尔斯对程序正义的阐述,由机器语言构成的算法属于哪一类程序正义呢？结合上述电子眼误拍、测谎仪出错等案例,我们可以肯定,算法所代表的公共决策程序远远不是罗尔斯所推崇的"纯粹程序正义"。算法虽然使用严格的机器语言写成,但由于人类理性的有限性以及机器学习形成有效算法的局限性等因素,任何算法都有可能出错。这就意味着人们不可能无条件地接受算法导出的结果。算法并非罗尔斯所说的"抓阄""赌博"这类规则明确的公平游戏。一方面,算法不可能做到完全公开,其规则不可能接受每一位受到算法影响的参与者的检验；另一方面,算法所导出的结果并不一定符合人们的预期,尤其是机器学习产生的算法,有时会推导出人们完全没有预料到的结果。因此,算法更像罗尔斯所说的"不完善的程序正义",需要依据程序导出的结果对程序本身不断地进行修正,以不断完善公共决策的程序。这个过程类似于罗尔斯所说的反思平衡（reflective equilibrium）①。首先依据一些基本的道德原则（如平等、公正、个人自

---

① 罗尔斯对反思平衡的描述如下："在寻求对这种原初状态的最可取描述时,我们是从两端进行的。开始我们这样描述它,使它体现那些普遍享有和很少偏颇的条件,然后我们看这些条件是否足以强到能产生一些有意义的原则。如果不能,我们就以同样合理的方式寻求进一步的前提。但如果能,且这些原则适合我们所考虑的正义信念,那么到目前为止一切就都进行得很顺利。……通过这样的反复来回,有时改正契约环境的条件,有时又撤销我们的判断使之符合原则,我们预期最后我们将达到这样一种对原初状态的描述：它既表达了合理的条件,又适合我们所考虑的并已及时修正和调整了的判断。这种情况我们把它叫作反思平衡。"（John Rawls, *A Theory of Justice*, Cambridge, Massachusette: The Belknap Press of Harvard University Press, 1999, p. 18. ）

由）以及算法想要达成的目标（如招聘有能力的员工）来设计具体的算法，然而依据算法导出的结果是否符合相应的价值判断（如是否有女性求职者被录取）来调整程序的设置，最终使得算法所代表的程序既符合人们的价值判断又能达成设计目标。这是一个循环往复的过程，在这个过程中算法所导出的结果逐步符合人们的道德直觉和价值判断（例如，不同性别、种族、宗教信仰的求职者都有可能被录取），同时又达成了最初的设计目标（例如，招聘到最能胜任相应工作的人才）。这时，程序正义与结果正义就达成了一致。因此，笔者认为，根据罗尔斯的三种程序正义之说，算法所代表的程序正义属于"不完善的程序正义"。既然是"不完善的程序正义"，就需要在实践的过程中逐步改进，并最终实现结果正义。

算法正义是一种不完善的程序正义，这意味着算法有可能出错。由此，应为算法设计"自我纠偏"的机制，以便不断改进，并最终成为"完善的程序正义"。这就像司法程序允许人们提出上诉一样，这样的制度安排有助于减少冤假错案的发生。因此，当机器决策引发异议的时候，网络用户作为算法的应用对象应被赋予"算法质疑权"和"表达观点权"，有权对算法决策的依据以及决策结果进行质询。同时，为了减少算法出错带来的不正义，应该对算法及其执行情况进行人工核查，必要时启用人工决策程序。也就是说，人们还应拥有"人工干预权"。目前，人们对算法进行质询和干预的权利在相关法律中已有所体现。例如，根据欧盟制定的《通用数据保护条例》第 22 条的规定，应当至少保障个人获得人工干预的权利，以及表达自己意见和质疑决策的权利。而我国的《个人信息保护法》虽然首次规定了算法解释权和免受自动决策权，但是对于人们表达意见和质疑决策的权利还没有具体的说明。因此，"有必要在以后出台的相关法律中增设人工干预权、算法质疑权与表达观点权，进一步丰富数字权利束"。①

---

① 周尚君、罗有成：《数字正义论：理论内涵与实践机制》，载《社会科学》2022 年第 6 期。

五 隐私保护与尊严

尊重是程序正义应遵循的原则之一，任何程序都不能以使人丧失尊严的方式进行。在数字时代，这一要求集中体现为对人们的隐私信息的保护，尤其是生物识别信息。对人们的隐私信息甚至生物识别信息进行数据挖掘，通常是冒犯尊严的。众所周知，数字应用的基础是海量的数据积累，这就是所谓的"大数据"。如果没有大数据的输入，机器就很难找出对公共决策有价值的"相关性"。例如，近年来广受关注的"智能医生"，正是在学习了大量病例的基础上，通过处方、治疗效果、病理反应等相关数据的积累，才得以为病人制定出最佳诊疗方案。可以说，没有大数据就没有人工智能。然而，数据挖掘始终是令人反感的侵犯隐私的行为，包含着数据挖掘的自动化决策过程由此而带有"不尊重"的嫌疑。例如，一些银行安装测谎摄像头，监控人们的面部表情。还有一些保险公司，希望通过面部识别来判断人们的健康状况，并在此基础上设计"个性化"的保险产品。这些数字应用都带有侵犯隐私的嫌疑。

如何在充分尊重人们的隐私权的基础上进行数据挖掘和大数据应用，成为保证算法正义和公民基本权利的关键问题。笔者认为，保护隐私的有效方式是赋予网络用户针对算法的相应权利。这些权利包括知情权、拒绝权、访问权、数据修改权等。所谓"知情权"，指的是网络用户知道自己的哪些信息被收集以及存放于何处。例如，关于"知情权"，欧共体委员会《访问权的技术面向》的报告中将其解释为"旨在让数据主体能够自由访问或者获取他人存储的有关其个人的信息"的权利。报告从四个方面对知情权的具体内容进行了展开，其中包括"公众有权知道或者有机会知道所有有关自然人信息的文档的存在，不论是由公共部门还是私营部门持有；个人有权被告知其个人信息存在于特定的文档；个人有权知道在特定系统中个人信息的具体内容；以及，基于以上知情权可对该部分个人信息请求修改的权利"。① 在我国的个人信息保护中，上述所列的"访问权"被归结为"查阅权"和"复制权"。"查阅权"是指个人信息主体确认及知晓其个人信息被处理的具体情况的权利。而"复制权"是指自然人有权通过技术设备留存信息处理者所提供的个人信息。② 由此看来，知情、访问、查阅、复制、错误信息修改等一系列权利是数据主体隐私保护的延伸，对算法权力形成了有效的约束和牵制。

相对于数据主体拥有的一系列权利，信息处理者负有相应的告知义务。比如，根据我国《个人信息保护法》，个人信息处理者在处理个人信息前，需要在个人信息主体充分知情的前提下取得其同意。由此，信息处理者负有的具体告知义务包括："（一）个人信息处理者的名称或者姓名和联系方式；（二）个人信息的处理目的、处理方式，处理的个人信息种类、保存期限；（三）个人行使本法规定权利的方式和程序；（四）法律、行政法规规定应当告知的其他事项。"③ 同时，我国的相关法律针对一些网络平台所使用的"算法推荐"，还规定了"特别告知义务"。2022 年 3 月 1 日起施行的《互联网信息服务算法推荐管理规定》第 16 条规定："算法推荐服务提供者应当以显著方式告知用户其提供算法推荐服务的情况，并以适当方式公示算法推荐服务的基本原理、目的意图和主要运行机制等。"总之，构建权利与义务的框架、对数据挖掘和隐私保护的界限，只有这样才能保证算法所主导的公共决策程序满足"尊重"的道德要求。

综上所述，在数字技术飞速发展的背景下，算法成为公共决策的核心机制。算法所代表的决策程序必须满足程序正义的相关要求，这些道德准则包括：平等、公开、准确、尊重、可问责。基于这五方面的道德准则，我们可以探讨对于算法的具体规制。第一，应通过人工核查以及机器学习的不断改进消除可能存在的各类算法歧视；第二，在小范围内公开算法，

---

① *Summary Report*：*Study on Data Security and Confidentiality*，Commission for the European Communities，Jan，1980，pp. 5 - 7.

② 申卫星：《论个人信息权的构建及其体系化》，载《比较法研究》2021 年第 5 期。

③ 参见《个人信息保护法》第 17 条。

对算法是否公平进行专业认证，并由专业人员负责向公众解释；第三，赋予算法的实施对象以知情权、解释权、访问权、错误数据修改权、问责权等基本权利。总之，算法正在越来越多的领域决定着资源、机会、福利等各种社会益品（social goods）的分配，事关整个社会的公平正义。而通过法律向普通网民赋权，是从根本上制约算法权力、维护算法正义的关键。

数据民法治理模式的当代选择[*]

张　龙　聂云鹏[**]

【摘　　要】大数据发展方兴未艾，如何在促进数据利用的同时确保数据安全，探求适合我国国情的数据治理的中国路径是学界面临的重要时代议题。域外数据治理规则所采取的个人信息与个人数据的混同立场未能脱离个人赋权理论的缺陷，不利于剥离数据上的人格利益，构建真正合理的数据权利体系。数据权属问题本质上是立场选择与利益平衡问题，数据具有多重利益聚合性，类型化、场景化的规制思路已成为法律应对网络时代各类法律问题的较优选择，个人数据与非个人数据的传统区分无法适应数据处理活动的动态性要求。适度剥离数据上的人格利益，构建原生数据所有权与衍生数据所有权协同规制的二元数据治理体系是兼顾数据安全与数据流通、平衡数据原生者权益与数据控制者权益的可行路径。

【关 键 词】数据财产权；个人信息；原生数据；衍生数据；个人赋权理论

近年来，"朱某诉百度案""新浪诉脉脉案""大众点评诉百度案"[①] 等

---

* 本文系国家社会科学基金一般项目"网络环境中的同意机制构建研究"（项目编号：20BFX 107）的阶段性成果之一。

** 张龙，法学博士，烟台大学法学院副教授，硕士生导师，烟台大学数字法治研究中心研究员，主要从事民法学、侵权责任法等方向的研究；聂云鹏，烟台大学法学院硕士研究生。

① 相关案例分别参见江苏省南京市中级人民法院（2014）宁民终字第 5028 号民事判决书、北京知识产权法院（2016）京 73 民终字第 588 号民事判决书、上海知识产权法院（2016）沪 73 民终字第 242 号民事判决书。

数据纠纷案频繁引发社会关注，数据安全与利用成为全社会的关注焦点。2018 年，欧盟《一般数据保护条例》（GDPR）正式生效，美国加利福尼亚州也签署通过了《加州消费者隐私法案》，各法域的数据保护进程一日千里，探求数据治理的中国路径业已成为学界必须面对的重要时代议题。数据安全与利用问题在非信息化时代不具备普遍性，① 但大数据产业的迅猛发展却未给法律省思留下太多时间。前瞻产业研究院曾在 2019 年预计 2021 年我国大数据产业规模将超 8000 亿元，② 在"非法兴起"的业态之下，③ 通过法律手段认可并保护各类数据活动迫在眉睫。虽然《中华人民共和国民法典》（以下简称《民法典》）对个人信息与数据做了初步规定，《中华人民共和国数据安全法》（以下简称《数据安全法》）与《中华人民共和国个人信息保护法》（以下简称《个人信息保护法》）均已实施，但相较域外数据保护立法而言，我国的实体法保护基础仍有不足和不同之处：一是起步较晚，顶层设计尚不完善；二是域外普遍对"个人信息"和"个人数据"采取一体化规制的混同立场，并不加以区分，而我国则对"个人信息保护"和"数据保护"分置处理，并衍化出两套法律规范体系。基于此，如何看待"个人信息"和"数据"间的关系，如何设计个人信息和数据权的具体内容，如何衔接《个人信息保护法》和《数据安全法》的适用等便成为当下探讨数据治理模式所不可避免的、具有中国特色的法律问题。

一 数据、个人信息和隐私权三者求同存异

（一）数据和个人信息缘起于隐私权

1890 年，沃伦（Smauel D. Warren）与布兰代斯（Louis D. Brandeis）于

---

① 参见梅夏英《在分享和控制之间：数据保护的私法局限和公共秩序构建》，载《中外法学》2019 年第 4 期，第 859 页。

② 参见前瞻产业研究院《2019 年中国大数据行业研究报告》，第 17 页，详见 https://bg.qianzhan.com/report/detail/1911111127214509.html#read，最后访问日期：2021 年 11 月 1 日。

③ 参见胡凌《"非法兴起"：理解中国互联网演进的一个视角》，载《文化纵横》2016 年第 5 期，第 120～125 页。

《哈佛法学评论》第 4 期发表《隐私权》一文，正式提出隐私权是一种免受外界打扰的"独处的权利"（the right to be let alone）的观点。社会交往日趋复杂，作为社会交往的必要工具——个人信息的重要性日渐凸显，信息主体控制、决定个人信息的积极权利逐渐衍化出来。1967 年威斯丁（Alan F. Westin）在其著作《隐私与自由》中写道，"隐私的关键是对信息的控制"，这种"信息自决权"或"积极隐私权"是个人信息权的早期雏形，此时的个人信息权并非一个独立的概念，而是在隐私权的框架下逐渐发展的。① 二者均涉自然人人格尊严、个人自由，同属人格权益范畴并无异议。其最为直观的联系体现为隐私中包含自然人不愿为他人所知晓的私密信息，即隐私与个人信息互有重合。不同法域对隐私的不同理解并不影响法律普遍承认二者间的密切联系。如美国并没有发展出大陆法系中的人格权体系，而是从个人自由发展的角度出发形成了统摄几乎一切个人权利的隐私概念，采取"大隐私权"的路径实现对个人信息权的保护。② 我国《民法典》则建立了完善的人格权体系，将隐私权与个人信息共置一章，同样虑及了二者在内涵和外延上的天然联系。③

从作为区分私人空间与公共空间的工具的隐私，到作为个人在社会中的交往工具的个人信息，再到数据，法律保护的范围越来越大，反映的是个人私密空间与公共空间边界的进一步模糊、社会交往的进一步复杂和社会要素流动的进一步频繁。遗憾的是，个人信息与个人数据这对基本概念的关系一直未有定论，这严重阻碍了数据权利理论的发展和数据权利制度的建立。早期理论研究中，有学者指出个人信息与数据的区分没有意义，④ 基于

---

① 参见石佳友《隐私权与个人信息关系的再思考》，载《上海政法学院学报》（法治论丛）2021 年第 5 期，第 92 页。

② 高富平：《论个人信息保护的目的——以个人信息保护法益区分为核心》，载《法商研究》2019 年第 1 期，第 99 页。

③ 王利明：《和而不同：隐私权与个人信息的规则界分和适用》，载《法学评论》2021 年第 2 期，第 18 页。

④ 参见刘德良《个人信息的财产权保护》，人民法院出版社，2008，第 20 页。

二者技术层面上的不可分性①或一体性特征，混同使用"个人信息"和"数据"的概念一般不会引起指代上的歧义，这并非故意无视二者的区别。数据是信息的载体，信息是数据的内容，失去信息，数据就丧失了内容而缺乏被规制的意义。二者是一体两面，很难在现实中加以抽象区分。《民法典》中规定"个人信息是以电子或者其他方式记录的能够单独或者与其他信息结合识别特定自然人的各种信息"，《数据安全法》第3条规定数据"是指任何以电子或者其他方式对信息的记录"，这些定义也体现了前述"内容—载体"论的观点。

因此，数据作为个人信息的载体，与个人信息一样有涉人格尊严与自由，自身不具备独立存在的价值，数据权利因而也不应独立于个人信息权利而存在，所谓数据权利应被收纳在隐私权或基本人权的范畴之内，这一点有部分国家（地区）的立法实践可以佐证。这一路径下，隐私权、个人信息权利与数据权利一脉相承，虽然其内涵发生了从防范外界侵入私人空间到控制自身个人信息和数据流动的转变，但三者均具有人格尊严与自由的共同面向仍是毋庸置疑的。在学术研究、制度规范、司法裁判等多个层面，广泛存在信息权利范畴模糊性使用的情况。②

（二）财产属性不断加强

拉伦茨曾言，财产是一个人所拥有的经济意义上的利益与权利的总称。③ 只要一物具有经济上的价值，就有成为财产的可能，这种体系开放的学说为知识财产、虚拟财产等新型之物被收纳进财产体系提供了坚实的基础，对人有价值、能为人所影响、具有稀缺性的一切之物均能容于财产的范畴之下。上述无体财产及相应权利虽然出现较晚，但发展迅猛，已成为

---

① 参见梅夏英《信息和数据概念区分的法律意义》，载《比较法研究》2020年第6期，第151～153页。

② 参见韩旭至《信息权利范畴的模糊性使用及其后果——基于对信息、数据混用的分析》，载《华东政法大学学报》2020年第1期，第86～88页。

③ 参见〔德〕卡尔·拉伦茨《德国民法通论》（上册），王晓晔等译，法律出版社，2013，第410～411页。

民事权利体系中的重要组成部分。① 在数字经济时代，数据更是被列于土地、劳动力、资本、技术等重要生产要素之列，成为主要的财富形态之一，其财产价值已得到广泛认可。如在首例涉及微信数据权益认定的"微信群控"案中，杭州铁路运输法院的判决明确厘清了数据权属及权利边界，指出微信平台对用户数据资源享有竞争性权益，② 具体来说就是数据控制者对用户数据享有一种竞争性的财产权益。在"淘宝诉美景"等案件中，人民法院也持这一观点。③

各地出台的数据管理条例也明确了数据中的财产权益，如《深圳经济特区数据条例》第 4 条认为"自然人、法人和非法人组织对其合法处理数据形成的数据产品和服务享有法律、行政法规及本条例规定的财产权益"，但该条例并未提及各主体是否直接享有对数据的财产权益。而《上海市数据条例（征求意见稿）》第 12 条则直接规定"自然人、法人和非法人组织对其以合法方式获取的数据，以及合法处理数据形成的数据产品和服务，依法享有财产权益"。④ 数据具有财产价值已成共识，无论是相关的立法实践还是现有的实体法基础，均预示了对个人信息和数据进行区分保护的未来趋势。与传统财产不同的是，数据的财产价值或财产属性源自其人格属性。通过收集用户的个人数据，形成数据画像，从而进行精准的用户行为预测及差异化、个性化的内容推送是数据控制者应用大数据技术的主流场景。具备可识别性的个人数据也普遍蕴含着大量的经济价值，而可识别性

---

① 参见温世扬《财产支配权论要》，载《中国法学》2005 年第 5 期，第 67～68 页。

② 参见时建中《解读"微信群控"不正当竞争纠纷案》，详见 https://baijiahao. baidu. com/s? id = 1712142370199185077&wfr = spider&for = pc，最后访问日期：2022 年 3 月 10 日。

③ 对于淘宝公司诉称其对涉案"生意参谋"数据产品享有竞争性财产权益的诉讼主张，一审法院予以支持，二审中也未见反驳。判决还指出，"网络大数据产品已成为其（腾讯公司）拥有的一项重要的财产权益"。参见浙江省杭州市中级人民法院（2018）浙民终字 7312 号民事判决书。

④ 其他地方立法亦相当重视数据要素的经济价值。如《浙江省数字经济促进条例》明确提出了"数据资源"一词，其第 18 条规定"加强数据资源全生命周期管理，提升数据要素质量，培育发展数据要素市场"。《广东省数字经济促进条例》则指出要"挖掘数据资源要素潜力，发挥数据的关键资源作用和创新引擎作用，提升数据要素质量，培育数据要素市场"。

正体现了个人数据所具有的"和主体密切联系并能体现主体人格价值的伦理价值",[1] 即数据的人格利益或人格属性。

但若就此便将数据与个人信息共置于人格权体系框架下进行保护,仍不妥当。数据人格权论仍旧无法解释数据人格权与个人信息权间的关系问题,即使认为在数据之上形成了一种复杂的数据权利束,同样也无法处理权利束中人格权部分与个人信息权的衔接问题。[2] 并且当数据被运用于商业领域中时,数据主体对数据的人格利益需求将会在很大程度上被"抛弃",随着应用链的不断延伸,其中的人格属性将被消解殆尽,数据权归入财产权的领域并无问题。人格权制度旨在防止他人对自己人身或精神上的侵犯,而数据权显然不具备此种功能,在《个人信息保护法》出台之前,有学者指出数据权包括个人数据权和数据财产权,前者是一种独立的人格权类型,包括决定权、保密权、查询权、更正权等内容,[3] 上述内容显然已被《个人信息保护法》所吸收,防止他人对自身人格利益的侵害业已成为个人信息权的内容。如果继续对"数据的财产属性源自人格属性"这一论述做顺位先后的理解,只会误读数据权利的属性。隐私权和个人信息的区分保护模式在实务与理论中已无异议,而个人信息权和数据权的分置路径还有待进一步明晰,个人信息权不具备任何的财产权能,仅限于人格权的范畴之内。从隐私到个人信息再到数据,人格属性不断减弱而财产属性不断增强,剥离占比不断减少的人格利益,形成数据财产权制度,才是发挥数据经济价值、完善数据法治建设的合理选择。

(三) 数据财产权是财产利益视角下区分观的制度呈现

在数据流通与利用的现实视角下,无法将数据与信息加以分离而抽象

---

① 参见谢远扬《个人信息的私法保护》,中国法制出版社,2016,第20页。

② 如付伟、李晓东指出应构建"个人数据隐私权","以充分保护自然人隐私权利不受侵犯",但个人数据隐私权的设置很有可能与现存的个人信息权益或隐私权相冲突。参见付伟、李晓东《个人数据的法律权利与经济权利配置研究》,载《电子政务》2021年第9期,第78~79页。

③ 参见齐爱民、盘佳《数据权、数据主权的确立与大数据保护的基本原则》,载《苏州大学学报》(哲学社会科学版) 2015年第1期,第69页。

地进行讨论。[①] 延续"内容—载体"的关系视角，可以看到数据作为一种媒介将个人信息引入虚拟空间，同时表现为私密信息的隐私也可基于数据得以呈现，进而衍生出一系列虚拟空间中的个人信息、数据和隐私问题，甚至私密信息泄露已经成为信息化、数字化时代自然人隐私权受侵的主要表现形式。个人信息的人格属性与信息、数据间的不可分性相叠合，使得沿着人格权路径续行数据治理的思路具备天然的合理性。但财产利益视角下所形成的个人信息、数据区分观念及我国的实体法对个人信息和数据所做出的区分处理，为构建独立的数据财产权制度提供了理论支撑和制度资源。

权利客体既是权利制度的发生之处，也是主体行使权利的具体指向，是主体间产生权利义务关系的中介。从权利生成的路径来看，一种新型权利的诞生既可能源自权利主体的拓展，也可能源自权利客体的扩充，数据权利无疑属于后者，因此区隔出独立的数据权客体——数据，是构建数据权利制度的首要内容。有学者试图从现实层面讨论个人信息和数据的分离状态，并举例说，一部记录着好友联系电话等信息的电子终端不慎摔碎，其中的数据因此而毁损灭失，而好友的信息却尚未消失于天地之间。[②] 看似出现了数据与信息分离的情况，其实是混淆了个体意义上的数据灭失和总体意义上的数据灭失。数据与信息是不可分离的，数据遭到毁损灭失，其所内含的信息也就不复存在，因为人们无法再次对其进行解读，除非作为信息存储的方式的数据被技术手段恢复，这是从总体意义上对"信息—数据"关系所做出的论述，只有当存储、传输、处理信息的方式即数据全部灭失时，才能认定为其上的信息不复存在，但当某一信息被储存在多个载体中时，其中某个数据的毁损灭失并不会导致该信息在总体意义上的灭失。

个人信息与数据现处于一体化特征明显但法律却径直做区分处理的"矛盾"状态。个人信息与数据间的关系学说是一项跨学科的内容，大致可

[①] 参见金耀《数据治理法律路径的反思与转进》，载《法律科学》（西北政法大学学报）2020 年第 2 期，第 80 页。

[②] 参见许可《数据安全法：定位、立场与制度构造》，载《经贸法律评论》2019 年第 3 期，第 56 页。

分为两类。一类是一体说，包括内容载体说或混同说两小类，内容载体说的主要观点上文中已有介绍，混同说直接认为数据就是信息，应将数据界定为以电子形式存储和处理的体现一定事实内容的信息。[①] 一体说趋近技术观点，从计算机信息技术的角度肯认二者的不可分性，在法律层面则体现为权利制度设计上的概念混用、体系合一。另一类是区分说，该说认为数据是财产权的客体，个人信息是人格权的客体，[②] 并常从现有的法律结构及产业发展的赋权需求出发对自身的正当性予以证成。一体说与域外常见的一体化规制框架相契合，但相关规制体系已饱受学者批判，实践效果也不甚理想。一体说在我国《民法典》人格权与财产权二分的民事权利体系结构中也难有生存的空间，虽然20世纪以降人格权与财产权间的界限逐渐模糊、松动，[③] 但《民法典》对数据的处理明显更偏向于财产化的立场，[④] 因此将数据权利强附于人格权体系之内必然会造成体系间的冲突。正确审视三者的区别，聚焦于数据的财产属性，才是建立数据治理中国模式的合理途径。

二 比较视角下数据的应然法律属性

（一）多重利益中的数据安全主线

国家作为超脱于隐私利益关系的治理者，不会从隐私保护活动中直接受益，隐私权制度的完善与否虽会影响社会治理的成效，但不会直接影响

---

① 参见杨翱宇《数据财产权益的私法规范路径》，载《法律科学》（西北政法大学学报）2020年第2期，第67页。

② 参见吕炳斌《个人信息权作为民事权利之证成：以知识产权为参照》，载《中国法学》2019年第4期，第47~48页；申卫星《论个人信息权的构建及其体系化》，载《比较法研究》2021年第5期，第2~3页。

③ 参见姜福晓《人格权财产化和财产权人格化理论困境的剖析与破解》，载《法学家》2016年第2期，第15~16页。

④ 参见冯源《〈民法总则〉中新兴权利客体"个人信息"与"数据"的区分》，载《华中科技大学学报》（社会科学版）2018年第3期，第85页。

国家利益的实现。而国家却常常以收集者、处理者及使用者的身份参与到个人信息和数据的流转过程中，个人信息和数据不仅有涉公民个人的人格利益与经济利益，更事关国家安全、公共利益，[①] 这种多重利益相叠加的属性并不为隐私权所有。与个人信息安全相比，数据安全的内涵更为丰富。涉及政治、经济、科技、军事等的重要数据的不当利用或泄露将直接影响国家主权与安全，个人信息的泄露通常没有这样的影响。去中心化趋势不断演进，众多涉及国家安全、公共利益的数据为企业所掌握，数据垄断和数据跨境泄露的风险不断加剧。在统一治理规则尚未形成的今天，跨境数据处理规则也将直接影响国家之间的交往秩序，筹备数据治理的中国方案不仅事关我国经济的发展前景，更有助于我国掌握国际数据竞争的主动权，对抗部分国家"数据霸权"所带来的全方位风险。

国家不仅是分享数据利益的主体之一，更是数据治理的主导力量，数据主权原则成为数据治理的首要原则，[②] 建立健全数据安全治理体系迫在眉睫。国内市场上，部分企业不当收集、传输数据的行为频发；全球范围内，部分国家延续一贯的霸权主义做派采取"长臂管辖"策略，对我国的数据安全和数据主权形成了严重的威胁。党的十九大报告强调，维护重点领域国家安全是新时代所要面临的新挑战。习近平总书记在主持召开中央网络安全和信息化领导小组第一次会议时指出，没有网络安全就没有国家安全，网络安全是一个重大战略问题。[③] 《数据安全法》作为数据安全的基本法，与《网络安全法》一道统合在《国家安全法》的指导之下，二者互补又独

[①] 参见张龑《网络空间安全立法的双重基础》，载《中国社会科学》2021 年第 10 期，第 83~84 页。

[②] 虽然原文中采用的是"数据保护"而非"数据治理"一词，但原文中的"数据保护"不仅包括对数据的保护，也包括数据自由流通、合理利用，因此本文采"数据治理"一词。参见齐爱民、盘佳《数据权、数据主权的确立与大数据保护的基本原则》，载《苏州大学学报》（哲学社会科学版）2015 年第 1 期，第 66~67 页。

[③] 参见《中央网络安全和信息化领导小组第一次会议召开 习近平发表重要讲话》，详见中央网络安全和信息化委员会办公室官网，http://www.cac.gov.cn/2014 - 02/27/c_133148354. htm? from = timeline，最后访问日期：2021 年 11 月 1 日。

立，共同确保"数据自主可控"和"数据宏观安全"的实现。① 《数据安全法》第 1 条将"保障数据安全"置于"促进数据开发利用"之前，揭示了当前数据治理的重心仍是维护数据安全，此外，《数据安全法》将数据分类分级主体由之前的网络运营者转变为国家，也凸显了国家对数据作为基础性战略资源的认识和管理思路的升级。② 围绕确保数据安全这一主题，我国又加紧制定了《数据出境安全评估办法》《网络数据安全管理条例》《关键信息基础设施安全保护条例》等文件，不断丰富国家安全法律体系的内涵。

（二）数据安全背后的经济发展需求

安全与发展犹如鸟之双翼，必须统一推进。维护国家安全并非数据治理的全部意义，追求数据安全与促进数据产业发展并不冲突，以安全促发展、以发展保安全才是数据治理的总体目标，数据中的经济利益不会因维护数据安全而消失，数据权利是一项财产权的基本论断仍未改变。

2020 年我国数字经济规模接近 5.4 万亿美元，位居全球第二，数据已经成为现代经济的新"石油"。企业的用户数据规模与数据运用实践越发影响企业的收益状况。数据作为重要的生产要素，深刻地改变了当前的经济运行方式，引导技术流、资金流、人才流重新分配流转。特别是自 2020 年新冠疫情发生以来，抗疫斗争的伟大实践再一次向我们展示了大数据、人工智能等新兴技术广泛的应用空间与发展前景。我们并非在争论是否要进入一个搜集、使用和出售数据的世界，因为大家已经身处其中了。③ 2020 年中共中央、国务院联合印发《关于构建更加完善的要素市场化配置体制机制的意见》，将数据列为与土地、劳动力等相并列的重要生产要素之一，明确提出加快培育数据要素市场的要求。国家关于数据要素化的论述，是构

---

① 参见许可《数据安全法：定位、立场与制度构造》，载《经贸法律评论》2019 年第 3 期，第 53~54 页。

② 参见洪延青《国家安全视野中的数据分类分级保护》，载《中国法律评论》2021 年第 5 期，第 72 页。

③ 参见〔美〕劳伦斯·莱斯格《代码：塑造网络空间的法律》，李旭、姜丽楼、王文英译，中信出版社，2004，第 197~198 页。

建数据权利制度的基本逻辑，也是数据财产权化的政策前提。加快完善数据要素的市场化配置体制机制，自然应以数据的财产属性为立足点。数据财产权并非"虚妄的权利呓语"，构建数据治理体系时回避数据权属问题显然不切实际。问题不在于数据是否属于财产，而在于数据财产应归谁所有，市场运作需要明确私人产权，高效的市场运作更需要清晰的私人产权。在数据权属中重点关注其财产属性，既符合现行法律体系的结构设计，也符合促进数据要素流转的发展需求。

长久以来对于数据权利的争论使人们认识到，设计数据权利时诚然要考虑到其中的人格利益，但过度重视人格利益又将阻碍数据流通。通过数据财产化路径继续强化对自然人人格利益的保护并非法律的本意，数据的多重利益聚合性正是驱动权利制度设计从绝对个人本位向利益平衡的相对立场转变的内在动力。随之而来的问题是从数据中析出的人格利益应当如何落地？剥离人格利益后所形成的数据财产权能否符合我国民事权利体系的结构安排？

（三）剥离人格利益以形成数据财产权

数据权利的设定应当要考虑数据权利所保护的范围、具体的权利内容和权利的设定对产业链中其他主体所造成的影响等因素，相应的讨论都要建立在对"数据"这一概念背后所代表的价值利益的认识之上，将个人信息和数据混为一谈势必混淆数据权利的法律属性。[①] 如有学者指出，如果个人信息数据同时体现维护主体人格利益和财产利益的价值，就应给予其人格权和财产权的双重保护，[②] 为个人配置一种既是人格权又是财产权的双重权利。[③] 实际上该观点错误地理解了数据权利的属性。隐私权指向人格利益

---

① 参见申卫星《论数据用益权》，载《中国社会科学》2020 年第 11 期，第 112 页。

② 参见刘德良《个人信息的财产权保护》，载《法学研究》2007 年第 3 期，第 84 页。

③ 参见龙卫球《数据新型财产权构建及其体系研究》，载《政法论坛》2017 年第 4 期，第 74 页。亦有外国学者指出数据主体在个人数据中同时享有不可剥夺的经济权利和道德权利，这一权利（数据权利）是二者的混合体现。参见 Henry Hansmann and Maria Santilli，"Authors' and Artists' Moral Rights：A Comparative Legal and Economic Analysis"，*The Journal of Legal Studies*，Vol. 27，No. 1，1997，p. 95。

而非财产利益，权利属性单一。个人信息权表现为对自身信息的控制和支配，这种控制和支配既可出于维护自身人格尊严的考虑，有时也会出于维护自身财产权益的考虑，呈现人格利益与财产利益"并重"的特点，① 数据权利则主要指向财产利益而非人格利益。

数据中的人格利益有限，随着数据被分析、洗刷、聚合的处理流程越来越长，其所含人格属性就越发微弱，维护主体的人格利益并非数据权利的主要功能。《民法典》并没有在个人信息之上形成一项具体人格权，但仍将"自然人的个人信息受法律保护"规定在以人格尊严为首要价值的人格权编中，② 可见个人信息在保障人格尊严与自由方面的价值才是个人信息权的主要功能。虽有外国学者提出"电子实体"（electronic body）的概念以强调人体与人类数字身份（即个人数据）之间的紧密联系，③ 意在指明个人数据中的人格属性，现有的研究重点也仍然从人格权或者抽象的人权视角来考察数据权，④ 但《民法典》的立法结构则是数据权财产权化规制进路的有力支撑。⑤ 立法者选择将数据置于人格权之外并将其与虚拟财产规定于同一条文中，明显更倾向于认可数据的财产价值。总之，个人信息权更侧重于对信息主体人格利益的维护，数据权更侧重于对权利主体财产利益的保护。

人格权与财产权间的绝对界限不断模糊，权利束思想、模块化理论等也为新型数据权利的产生提供了温床，⑥ 数据新型财产权理论虽然成果颇

① 参见王利明《和而不同：隐私权与个人信息的规则界分和适用》，载《法学评论》2021年第2期，第17页。
② 参见王利明《人格尊严：民法典人格权编的首要价值》，载《当代法学》2021年第1期，第3~14页。
③ 参见 Stefano Rodota, "Trasformazioni del corpo", in *Politica del diritto*, 1/2006, marzo, pp. 3 - 24.
④ 参见李勇坚《个人数据权利体系的理论建构》，载《中国社会科学院研究生院学报》2019年第5期，第95页。
⑤ 参见许可《数据保护的三重进路——评新浪微博诉脉脉不正当竞争案》，载《上海大学学报》（社会科学版）2017年第6期，第24页；龙卫球《再论企业数据保护的财产权化路径》，载《东方法学》2018年第3期，第54页；申卫星《论数据用益权》，载《中国社会科学》2020年第11期，第112页。
⑥ 权利束思想在数据权利领域的应用，参见闫立东《以"权利束"视角探究数据权利》，载《东方法学》2019年第2期，第57~67页。

丰，但对权利主体等核心问题仍未有定论。① 数据确实同时承载着人格利益
与财产利益，但在我国数据保护规范、个人信息保护规范并行，数据权、
个人信息权二权分置的背景下，其中人格利益完全应由个人信息权所吸纳，
成为个人信息权所规制的内容。财产利益在数据权中占主导地位，将数据
权认定为财产权较为符合人格利益与财产利益在其中的比例状态。② 这种安
排既回应了人格利益的保护需求，又可使数据权利依托传统财产权制度不
断发展，最终实现对权利主体的妥善保护。

（四）数据财产权非用益物权

隐私一旦为他人所掌握，很有可能产生侵权问题，但个人信息、数据
却常常呈现"所有权与使用权相分离"的状态，市场中的数据往往由相关
数据控制者收集、存储、加工和使用，个人几乎不具备收集、存储、加工、
使用自身数据的能力。《民法典》第 114 条规定民事主体依法享有所有权和
用益物权，这种二元权利架构相当契合数据要素的产业利用格局，但深思
却发现二者是貌合神离。

通说认为用益物权的客体应以不动产为限，虽然《民法典》第 323 条
继承了原《物权法》第 117 条的规定，认为不动产与动产均可成为用益物
权的客体，从而引发了有关动产用益物权的探讨，③ 但动产用益物权的现实
应用尚未大规模出现，因此第 323 条仍属前瞻性规定。即便认为数据可适用
用益物权制度，也有待用益物权生成理论的考验。传统用益物权生成理论
采权能分离说，主张用益物权是由所有权与其权能分离而成的，④ 我国坚持

---

① 参见梅夏英、王剑《"数据垄断"命题真伪争议的理论回应》，载《法学论坛》2021 年第 5
期，第 97~98 页。
② 姜福晓指出，精神利益与财产利益在人格权和财产权中的比例是不同的，人格权中的伦理
价值和精神利益与财产利益相比较更为重要，在物权与债权中财产利益则占主导地位。参
见姜福晓《人格权财产化和财产权人格化理论困境的剖析与破解》，载《法学家》2016 年
第 2 期，第 23 页。
③ 参见房绍坤《民法典物权编用益物权的立法建议》，载《清华法学》2018 年第 2 期，第 60~
62 页。
④ 参见王利明《物权法研究》，中国人民大学出版社，2013，第 765 页。

具体权能分离说,将所有权分为占有、使用、收益、处分等四项具体权能。现实中,个人一般难以实现对自身数据的处理,相应的占有、使用、收益权能往往被永久地掌握在数据控制者手中,其子权不断逼近甚至超越个人所享有的母权,因此有学者指出,数据控制者对数据的控制形成了实质所有权,而个人仅保留形式意义上的所有权。①

权利行使理论是新兴的用益物权生成理论之一,该理论认为用益物权的形成来自所有权人对其所有权的行使,而非所有权权能的分离,② 这一理论保障了所有权及用益物权的完整、独立,也收纳了用益物权权能优先于所有权权能的制度安排,③ 是对用益物权生成理论的一大进步。但无论是权能分离说还是权利行使理论,都坚持所有权本位的观点。设置数据用益物权制度是"尊重数据权利源泉的表现",是对数据来源的主体性价值的强调,但个人难因数据处理活动而获利,数据财产价值所指向的主体应是数据控制者而非个人。另外,数据要素的财产价值不仅在于数据的一次获取,更在于数据的二次、三次甚至多次利用,数据与其他财产的区别之一就在于其再次增值性,无论是对数据本身更深层次的挖掘分析,还是将现有与其他数据聚合后的再分析过程,都能不断发掘数据要素的潜在经济价值,这绝非个人所能完成。在尊重数据源泉与促进数据流转、个人与数据控制者之间,天平并不总是倾向前者。

总之,个人并没有大规模使用数据的能力,亦没有大规模使用数据的要求,其所期望的仅是提供自身数据以换取数据控制者提供的各类服务并要求数据控制者维护自身的数据安全。相比数据用益物权制度,建立原生数据与衍生数据的二元数据结构,既有助于剥离数据中的人格利益,有效促进数据有序流通,又能够实现个人预期,全面维护数据安全。

---

① 参见冯果、薛亦飒《从"权利规范模式"走向"行为控制模式"的数据信托——数据主体权利保护机制构建的另一种思路》,载《法学评论》2020年第3期,第75~76页。

② 参见蔡立东《从"权能分离"到"权利行使"》,载《中国社会科学》2021年第4期,第96~99页。

③ 参见蔡立东《从"权能分离"到"权利行使"》,载《中国社会科学》2021年第4期,第99~101页。

三 既有数据民法治理模式评析

（一）混同治理模式

欧洲一直将个人信息和数据保护视作一项基本人权，[①] 人格尊严与自由价值是欧洲个人信息和数据保护的基础。欧盟于 1995 年通过的《关于涉及个人数据处理的个人保护以及此类数据自由流通的第 95/46/EC 号指令》（以下简称《第 95/46/EC 号指令》）虽对各成员国具有直接约束力，但各成员国在转化指令时依然拥有较大的自由选择权利，由此造成各成员国形成了不同的个人信息数据保护制度。[②] 因此为进一步推进区域内保护规则的统一，欧盟又于 2016 年通过了《一般数据保护条例》，并于 2018 年正式生效，以取代《第 95/46/EC 号指令》。该条例无须各成员国予以转化便可直接适用，并在《第 95/46/EC 号指令》的基础上增加了数据主体被遗忘权（第 17 条）、数据携带权（第 20 条）等内容，进一步丰富了数据主体的基本权利。虽然《一般数据保护条例》第 1 条第 3 款明确指出不能以保护处理个人数据中的相关自然人为由，对欧盟内部个人数据的自由流动进行限制或禁止，彰显了欧盟对于数据流通的重视程度，[③] 但《一般数据保护条例》总体上仍然坚持强化个人权利、维护个人尊严与自由的立场。

个人信息在美国被列入隐私保护的范畴。虽然美国国会早在 1974 年就

---

① 《欧盟基本人权宪章》第 8 条 "个人数据保护" 中规定，"人人有权保护与自身相关的个人数据，人人有权访问已被收集的个人数据，并有权对其进行纠正"。

② 参见刘云《欧洲个人信息保护法的发展历程及其改革创新》，载《暨南学报》（哲学社会科学版）2017 年第 2 期，第 73~75 页。

③ 学者指出即使是在欧盟这样的 "人权" 背景下，个人数据在经济中实际上也被视为一种 "事实上" 的财产。参见 Nadezhada Purtova, "The Illusion If Personal Data as No One's Property", *Law, Innovation and Technology*, Vol. 7, No. 1, 2015, p. 83. 雅各布则认为该条例虽然以欧洲隐私法中的基本人权术语为框架，但实际上却建立起了个人数据的财产制度。参见 Jacob M. vector, "The EU General Data Protection Regulation: Toward a Property Regime for Protecting Data Privacy", *The Yale Law Journal*, Vol. 123, No. 2, 2013, pp. 513－528。

依据美联邦卫生、教育和福利部所提交的《记录、计算机和公民权利》报告制定并通过了《隐私法案》（Privacy Act），试图对公民隐私权予以保护，但其并不适用于州政府的各级行政机构、民间企业等主体，难以成为一部全面的个人信息保护法规。美国司法部在 2020 年版的隐私法案概述中指出，"《隐私法案》试图恢复（公民）对政府的信任并解决在当时被视为对美国民主的生存威胁的问题"。① 美国的数据隐私问题通常由一系列联邦法律与州法律共同管辖，但上述法律大多规制某些特殊领域和特殊类型的敏感数据，并且由于制定主体不同，有时甚至会出现相互矛盾的情形。② 总之，美国缺乏像《一般数据保护条例》那样统一全面的国家隐私法，难以充分保护公民信息安全。美国司法部 2016 年要求苹果公司解密枪击案肇事者的 iPhone 手机及 2018 年要求脸书公司解密其 Messenger 程序等案例都引起了美国学界关于政府行为对公民隐私与自由的影响的广泛关注。③ 莱斯格首先关注的是政府监视公民在"公共领域"的活动所带来的隐私威胁，后来才将事业扩展至私人组织对公民个人信息的收集威胁，并指出"很大程度上这种信息收集是出于商业目的的"。④ 无论是在法律规范层面还是在学理研究层面，美国个人数据治理思路都未完成由关注个人人格利益到聚焦数据产业经济利益的总体转向。

域外地区基于不同的治理进路建立起了各具特色的个人信息保护制度，但大都肇始于对公民权利的保护，⑤ 无论是公民基本权利保护路径、

---

① 参见 "Overview of the Privacy Act: 2020 Edition"，美国联邦司法部官网，https://www.justice.gov/opcl/overview-privacy-act‑1974‑2020-edition/introduction，最后访问日期：2012 年 8 月 21 日。

② 如《家庭教育权利和隐私权法案》与《儿童在线隐私保护法》同样关注儿童的数据隐私问题，但两法在内容上却有所冲突。参见 Nuala O'Connor, "Reforming the U. S. Approach to Data Protection and Privacy", *Coucil On Foreign Rel.*, Jan 30, 2018。

③ 参见 Joseph V. DeMarco and Brian A. Fox, "Data Rights and Data Wrongs: Civil Litigation and the New Privacy Norms", *The Yale Law Journal*, Vol. 128, 2019, pp. 1016‑1017。

④ 参见〔美〕劳伦斯·莱斯格《代码 2.0：网络空间中的法律》，李旭、沈伟伟译，清华大学出版社，2018，第 215～248 页。

⑤ 参见高富平、王苑《论个人数据保护制度的源流——域外立法的历史分析和启示》，载《河南社会科学》2019 年第 11 期，第 44 页。

"大隐私权"保护路径还是一般人格权保护路径，均以传统自由理论为滥觞，聚焦于公民的人格尊严与自由。虽然立法者并没有忽视数据的经济价值，但域外立法文件基本上都将"个人信息"与"个人数据"混同使用，不得不同时考虑人格利益与经济利益的保护方式与程度，最终往往两者皆失。

以欧盟为例，在《一般数据保护条例》颁布之初，有学者就认为，上述数据权利将会对企业与其他实体收集运用数据产生重大影响，① 意指过多的个人信息和数据权利将阻碍数据产业的进一步发展。随着条例的不断实行，越来越多的证据均表明其并未产生预期的效果，甚至与当初的设想相去甚远。一方面，《一般数据保护条例》并未能加大对个人信息的保护力度，有学者对其实施前后第三方 cookie 数量变化进行记录并比对，发现用户实际上并没有采用《一般数据保护条例》所提供的选择来增强对自身隐私的保护。② 在其生效的六个月后，欧盟指出消费者对互联网的信任处于十年以来的最低点，约有 81% 的受访者认为他们无法控制或仅能部分控制其个人信息。③ 个人与数据控制者之间不平衡的地位未得到实质性改变。另一方面，欧盟极致保护个人数据的鲜明立场不仅削弱了欧盟网络安全的防护能力，④ 更对其经济运行与产业发展产生了消极影响。德国数字协会的调查表明，约有 74% 的受访者认为《一般数据保护条例》所提出的数据保护要求是其推行新技术的主要障碍，在 2018 年仅有 63%、2017 年仅有 45% 的公司

---

① 参见丁晓东《什么是数据权利？——从欧洲〈一般数据保护条例〉看数据隐私的保护》，载《华东政法大学学报》2018 年第 4 期，第 39 ~ 53 页；丁晓东《论数据携带权的属性、影响与中国应用》，载《法商研究》2020 年第 1 期，第 73 ~ 86 页；许可《数字经济视野中的欧盟〈一般数据保护条例〉》，载《财经法学》2018 年第 6 期，第 76 ~ 80 页。

② 参见 Xuehui Hu, Nishanth Sastr, "Characterising Third Party Cookie Useage in the EU After GDPR", in Proceedings of the 10th ACM Conference on Web Science, pp. 137 – 141。

③ 参见 Eline Chivot, Daniel Castro, "What the Evidence Shows About the Impact of the GDPR After One Year", https://datainnovation. org/2019/06/what-the-evidence-shows-about-the-impact-of-the-gdpr-after-one-year/，最后访问日期：2021 年 8 月 19 日。

④ 参见许可《欧盟〈一般数据保护条例〉的周年回顾与反思》，载《电子知识产权》2019 年第 6 期，第 10 页。

同意这一观点。① 安永会计师事务所联合 IAPP（国际隐私专业人员协会）发布的 2018 年《隐私治理报告》显示，有超过一半的受访者表示他们远未遵守或永远不会遵守（far from compliance or will never comply）《一般数据保护条例》的规定。报告同时指出，虽然有 75% 的受访公司称其已经任命了一名数据保护官员，但仅有不到一半的受访者表示数据保护官员给其带来了经济价值。②

（二）基于个人赋权理论的治理模式

传统个人数据财产权制度最早由莱斯格在《代码 2.0：网络空间中的法律》一书中提出，莱斯格认为网络空间的发展给公民隐私带来了新的威胁，既包括来自政府的"数字监视"威胁，也包括来自私人领域的信息收集威胁。解决上述威胁则需要一种用于协商隐私保护问题的"机—机"协议，这种协议的核心是 P3P 架构（Platform for Privacy Preferences Project，译为"隐私优先选择平台"），为了使这一架构在网络上广泛传播并具备一定的强制力，应通过财产制度来保护个人数据，"财产权制度鼓励用户利用财产权的方式，来保护适当的许可"。③ 个人财产权制度有其独特时代背景，20 世纪 70 年代前后计算机技术得以发展，但二战中的惨痛教训使得各国普遍将计算机技术的现实应用视为对公民个人隐私的新一轮威胁，彼时数据产业尚未兴起，各国纷纷出台相关法律以应对这一新兴技术给个人自由所带来的侵害，如 1973 年瑞典颁布的《数据法》、1974 年美国颁布的《隐私法案》与 1977 年德国颁布的《联邦个人数据保护法》等，后者也被视作世界上最

① 参见 Bitkom，"Annual Survey：Bitkom Darws Mixed Conclusion Regarding GDPR Implementation"，https：//www. bitkom. org/EN/List-and-detailpages/Press/Annual-Survey-Bitkom-draws-mixed-con-clusion-regarding-GDPR-implementation，最后访问日期：2021 年 8 月 20 日。

② 参见 IAPP-EY Annual Governance Repoter 2018，https：//iapp. org/resources/article/iapp-ey-an-nual-governance-report – 2018/，最后访问日期：2021 年 8 月 20 日。

③ 参见〔美〕劳伦斯·莱斯格《代码 2.0：网络空间中的法律》，李旭、沈伟伟译，清华大学出版社，2018，第 215 ~ 248 页。

早应对计算机技术可能给个人自由带来危害的法律之一。[1]

数据权利的具体范围一直都是个人赋权理论难以解决的问题。[2] 莱斯格也未对个人数据权做出详细设计，只是申重了其重要性。数据虽然毫无疑问地缘起于自然人个人，其应用的终点往往也指向特定的个人或群体，[3] 但个人对数据的生成并无太大贡献。数据包括原生数据与衍生数据两类，原生数据是对个人行为的简单记录，源自特定数据收集机制的主动抓取或被动收集。衍生数据则来源于数据控制者运用相应的数据处理技术对原生数据的深层次处理。前者的生成依赖于无处不在的传感器及其他自动记录机制的收集记录行为，个人所做的仅仅只是接入网络，实现被数据化的过程，无人能够独善其身。个人接入网络并不是为了主动促成数据的收集与流通，而是出于工作或生活所需，数据只是个人行为的"副产品"。衍生数据的诞生更与个人无关。个人确实是个人信息的产生者和所有者，但并非天然的数据产生者和数据所有者。[4] 仅以"尊重数据形成的源头"为由设置个人数据权，不利于数据控制者发挥能动性，更与构建数据权利制度的初衷相悖。

个人有时会基于维护数据安全的考虑，仅授权头部企业收集自己的数据，进而形成庞大的"数据孤岛"，使中小型企业难以发展，最终阻碍数据产业的整体繁荣。个人有时还会基于一种非理性的考虑而彻底删除自身数

---

① 参见高富平、王苑《论个人数据保护制度的源流——域外立法的历史分析和启示》，载《河南社会科学》2019 年第 11 期，第 39 页。

② 个人数据权利的边界存在不确定性，不同国家和地区、不同场景下法律对个人数据权利制度的设计差异巨大，各国立法和学界都未对此问题达成共识。参见丁晓东《数据到底属于谁？——从网络爬虫看平台数据权属与数据保护》，载《华东政法大学学报》2019 年第 5 期，第 75～76 页。

③ 大数据技术、大数据服务和大数据产业的根本目的在于精确预测，政府、企业通过统计工具和计算机算法等技术实现对个人行为与效果的准确预测，进而有针对性地开展各类活动。参见周林彬、马恩斯《大数据确权的法律经济学分析》，载《东北师大学报》（哲学社会科学版）2018 年第 2 期，第 31 页。

④ 参见周林彬、马恩斯《大数据确权的法律经济学分析》，载《东北师大学报》（哲学社会科学版）2018 年第 2 期，第 31 页。

据，以"一刀切"的方式防止自身隐私外泄，① 阻碍数据产业对数据资源的采集获取和分析利用。上述场景诚然预设了个人享有某些积极数据权利的后果，但在权利主体一元化的背景下，即使仅赋予其某些消极权利，其中的"控制"属性也容易上升成为一种绝对性的私权，② 从而阻碍数据流通。消极权利与积极权利的界限并不明显，美国隐私权理论中"信息隐私权"的出现使得强调不受外界打扰的"独处权"扩张成为强调个人控制、决定、安排自身信息的积极性权利就是例证。③

个人在数据收集阶段所做出的贡献可谓微薄，在数据的流通过程中亦是如此。数据流通既指数据在数据控制者之间的单向流动，也指多个数据控制者之间互相开放自身数据库、共享彼此数据的双向流动。数据由个人流向数据控制者的过程则应被视作数据的收集活动，不在此列。实际上，"流向"一词要求个人在事实上首先控制着自身数据，但数据自其形成之时就被储存在数据控制者的服务器之中，个人缺乏实际的控制力，为数据流通付出努力显然更无从谈起了。

个人赋权理论既不能保障数据的正常有序流通，也难以有效提升对个人数据安全的保护程度。个人与数据企业已处在一种极为不平衡的力量对比即"第二次数据鸿沟"之中，即便为个人赋权也不能消弭这种差距。权利结构与现实控制力格局的脱节使得数据控制者可以利用其与个人在技术、资源上的巨大差距为个人设置门槛，限制个人数据权利的正常行使。虽然国家可以通过运用其他的法律工具（格式条款的限制条款、反不当竞争条款等）来平衡这一局面，但这极有可能演变成国家与数据控制者之间一场

---

① 参见梅夏英、朱开鑫《论网络行为数据的法律属性与利用规则》，载《北方法学》2019 年第 2 期，第 39 页。丁晓东也指出，用户个人存在没有能力理解数据收集者的隐私政策、对于隐私风险认识不足、没有时间和精力完成对隐私政策的阅读与理解等缺陷。参见丁晓东《什么是数据权利？——从欧洲〈一般数据保护条例〉看数据隐私的保护》，载《华东政法大学学报》2018 年第 4 期，第 50 页。

② 参见高富平《个人信息保护：从个人控制到社会控制》，载《网络信息法学研究》2018 年第 2 期，第 183～184 页。

③ 参见杨惟钦《价值维度中的个人信息权属模式考察——以利益属性分析切入》，载《法学评论》2016 年第 4 期，第 70～71 页。

旷日持久的博弈。[①] 与其继续在名义上为个人保留某些象征性的权利，[②] 不如尝试构建一种新型的数据权利配置体系。

（三）基于告知同意规则的行为治理模式

在个人本位的数据权利制度中，数据控制者通过告知同意机制获得个人授权，进而取得对数据的处理权限，其内容集中规定在《个人信息保护法》中。但普遍适用告知同意机制的时代基础已然发生变化，设置个人信息和数据的处理规则早先是为了对抗信息收集活动给公民带来的隐私威胁，其正当性来源于维护个人人格利益与个人自决权等理论。[③] 但在剥离数据人格利益、优先关注数据财产价值已成趋势的当下，明显僵化的告知同意机制难再适用于数据权利领域。

随着数据处理技术的发展和互联网的不断普及，告知同意机制之存废争议不止。[④] 有学者认为，如果需要告知使用目的或任何目的的变化都需要实施告知同意，就从实质上扼杀了大数据技术的红利。[⑤] 告知同意机制不仅与数据产业的运行规律相悖，其固有的制度性缺陷更是难以使个人主体的合法权利得到有效救济。有学者指出，告知同意机制既难以获得无效力瑕疵

---

① 2020 年中央经济工作会议明确指出，"要依法规范发展，健全数字规则。要完善平台企业垄断认定、数据收集使用管理、消费者权益保护等方面的法律规范"。详见共产党员网，http://www.12371.cn/2020/12/18/ARTI1608287844045164.shtml，最后访问日期：2021 年 5 月 7 日。

② 正如有学者主张设计一种双层所有权架构，由数据主体（用户个人）享有数据名义所有权，数据控制者享有数据实际所有权。参见冯果、薛亦飒《从"权利规范模式"走向"行为控制模式"的数据信托——数据主体权利保护机制构建的另一种思路》，载《法学评论》2020 年第 3 期，第 73 ~ 75 页。

③ 有学者认为同意规则支配下的个人信息保护法描绘出一种"信息自觉"的美好预想，但严峻的现实正逐渐使得我们落入"信息他决"的危险境地。参见丁晓强《个人数据保护中同意规则的"扬"与"抑"——卡 - 梅框架视域下的规则配置研究》，载《法学评论》2020 年第 4 期，第 130 页。

④ 参见高富平《个人信息使用的合法性基础——数据上利益分析视角》，载《比较法研究》2019 年第 2 期，第 73 ~ 74 页。

⑤ 参见高富平《个人信息保护：从个人控制到社会控制》，载《法学研究》2018 年第 3 期，第 98 页。

的用户意思表示，也难以使信息主体获得有效保护。① 还有学者认为，告知同意无论是作为一种授权机制还是作为一种免责机制，均面临困境，难以成为个人信息保护的基点。② 告知同意机制面临的诸多困境使学界开始思考如何改进以使其适应现代数字经济的运行趋势。主要有两大改进思路：一是在告知同意机制框架内对其进行改进，主要包括"放宽同意的要求和形式"与"降低告知的约束力"两类方案；二是直接抛弃告知同意机制而引入其他处理规则，③ 或将告知同意机制与其他法律机制如经济激励机制相结合。④ 但这都无法解决理论上告知同意机制与数据产业的运行机制相冲突的问题，也难以缓解实践中因个人与数据控制者之间地位不对等的现实格局、个人对数据处理政策的认知有限等而使告知同意机制流于形式，无法如期保障个人数据权利的局面。完全摒弃告知同意机制的观点更与个人数据权利体系的价值立场相悖。⑤

改善现行数据处理规则的重点不应放在告知同意机制本身，而应放在变革传统的个人数据权利理论，剥离数据中所含的人格利益，在财产权视野下重新审视数据权利制度的构建过程，并以此为基础设置数据特别是个人数据的收集处理规则之上。法律的稳定性并不意味着其能够无视外部环境的变化，在数据治理的重心由防范数据处理不当损害个人合法权益不断转向挖掘数据经济价值，构建数据要素市场的背景下，法律应当谨慎对待

---

① 参见万方《个人信息处理中的"同意"与"同意撤回"》，载《中国法学》2021 年第 1 期，第 169～173 页。

② 参见韩旭至《个人信息保护中告知同意的困境与出路——兼论〈个人信息保护法（草案）〉相关条款》，载《经贸法律评论》2021 年第 1 期，第 48～50 页。

③ 有学者认为对个人信息处理行为是否具有正当性的考察宜采用责任规则及事后判断的方式，同意不应是个人信息处理的正当性基础。参见任龙龙《论同意不是个人信息处理的正当性基础》，载《政治与法律》2016 年第 1 期，第 126～134 页。

④ 有关如何协调信息流通利益和信息主体利益的制度改进的讨论归纳，参见蔡培如、王锡锌《论个人信息保护中的人格保护与经济激励机制》，载《比较法研究》2020 年第 1 期，第 107 页。

⑤ 告知同意机制所面临的另一大问题是网络环境中人们常常使用电子签名来表示其"同意"，但我国《电子签名法》尚存许多弊端。参见于海防《我国电子签名框架性效力规则的不足与完善》，载《法学》2016 年第 1 期，第 26～37 页。

告知同意机制的适用。数据处理规则在价值基础和具体制度设计上与数据权利的归属相匹配，数据财产权制度必然会带来数据处理规则的革新。

有学者指出，应多样化数据活动的正当性事由，并在个人信息被匿名化处理后排除告知同意机制的适用，[①] 《个人信息保护法》第 4 条也规定"个人信息……不包括匿名化处理后的信息"，从而排除告知同意机制的适用。欧盟也持相同观点。[②] 匿名化处理更成为构建新型数据权利制度的途径之一，数据经数据脱敏或数据清洗等匿名化处理措施之后，就丧失了可识别性或指向性特征，其上所附人格利益随之消灭，此时数据便可脱离个人的控制而归数据控制者所有，并为其所使用、交易。[③] 这类观点不再"一刀切"地将数据归属于个人，而是在财产化的视角下对数据中的人格利益和财产利益所占比例的大小进行考察，通过应用匿名化技术对人格利益进行剥离，构建起新型的数据权利制度，这无疑是对传统个人数据赋权理论的一大改进。

但一方面，匿名化技术的应用与大数据经济的运行逻辑、数据内容的可识别性特征存在相悖之处。数据内容的可识别性特征是数据控制者进行精准预测的基础，精准化、个性化的推送机制所带来的信息茧房效应虽已经成为人们力图克服的算法局限之一，但准确性仍是数据活动所要追求的核心内容，数据控制者力图使其所生成的用户画像能在最大程度上还原用户的实际状况，这一应用场景下完全不具备可识别性的数据难有潜在的分析价值，数据控制者也不会试图从其他数据控制者手中获得一批不具备可识别性的数据。另一方面，聚集数据、分析数据不仅是数字经济的运行法

---

① 参见林洹民《个人信息保护中知情同意原则的困境与出路》，载《北京航空航天大学学报》（社会科学版）2018 年第 3 期，第 18～20 页。

② 参见林洹民《个人信息保护中知情同意原则的困境与出路》，载《北京航空航天大学学报》（社会科学版）2018 年第 3 期，第 20 页。

③ 参见武长海、常诤《论我国数据权法律制度的构建与完善》，载《河北法学》2018 年第 2 期，第 41 页；王玉林、高富平《大数据的财产属性研究》，载《图书与情报》2016 年第 1 期，第 33 页；李勇坚《个人数据权利体系的理论建构》，载《中国社会科学院研究生院学报》2019 年第 5 期，第 99～101 页。

则，更是数据要素的价值所在。数据控制者获取足够多的数据后，很有可能会通过数据对比等技术实现数据复敏，识别出特定的自然人主体，匿名化技术对数据的脱敏处理能达到何种程度还有待实践检验。

（四）小结

域外选择的人格权规制进路实际上是对公民人格尊严的又一次强化保护，既无法实现对个人利益的充分保护，也无助于全面挖掘数据的经济价值。数据是数据权利制度的客体，而非保护个人信息的工具，不在法律层面对个人信息与数据进行区分，就难以构建独立的数据权利制度。《数据安全法》是数据安全的基本法而非"发展法"，虽然注意到了保障数据开发利用和产业发展的重要性，但这部分内容篇幅较少，具有政策性、原则性、总括性的特征，未能回应数据产业蓬勃发展的现实需求。世界范围内数字经济浪潮愈演愈烈，我国数据治理体系本就起步较晚，与其对数据人格利益和财产利益进行混同规制，对数据财产权制度避而不谈，不如通过合适的制度设计实现对数据人格利益的适度剥离，建立符合数据流通现状与需求的数据权利制度。实际上，欧盟也开始对以《一般数据保护条例》为核心的数据治理框架进行反思，试图兼顾数字经济发展的需求，在厘清数据产权关系的基础上充分发掘数据的商业价值。[①]

个人赋权论诞生于小数据时代，数据治理的时代任务是帮助个人对抗来自外部主要是政府的隐私威胁，防止公民人格利益因不当的数据处理行为而受到损害。个人赋权论在大数据时代频频遇冷的根源在于其没有看到数据中人格利益与财产利益的比例所发生的动态变化，难以顺应发挥数据的关键要素作用和经济引擎作用的时代需求。引入匿名化技术分割数据所附的人格利益来对现行数据权利制度进行变革虽然遇到了理论上与实践中的困境，但无疑展示了构建数据财产权制度的正确方向。

---

① 参见季卫东《数据保护权的多维视角》，载《政治与法律》2021 年第 10 期，第 10 页。

四 "二元数据权利结构"治理模式的构建

（一）区分原生数据与衍生数据

美国分别针对金融数据、医疗健康数据、教育数据、儿童数据等制定了《金融服务现代化法案》《健康保险流通法案》《家庭教育权和隐私权法案》《儿童在线隐私保护法》等不同法律规范，实施分类规制。虽然其分散的立法模式广受诟病，但类型化的处理思路无疑是数据治理必然的发展方向。个人数据权利制度重点考察数据的人格利益，而认为数据权利应当完全归属数据控制者的观点则落脚于数据的经济价值，单一主体的权利配置模式实难实现价值立场上的平衡处理，多元架构是数据权利制度的必然选择。这不仅指对数据进行分类分级的类型化规制思路，也指将完整的数据权利分别配置给不同主体进行规制的方案，前者可称为"多元数据权利结构"，后者可称为"多元主体权利结构"，如数据所有权—用益物权结构。亦有学者基于所有权与控制权分离的设计，提出建立"三元主体结构"的数据信托制度。① 多元主体权利结构考虑到了数据行业的现实运行格局，虽具有一定的合理性，但易陷入两难境地：若为个人赋权过多，则会造成数据控制者合规成本大幅上升，阻碍数据要素市场建设；若为数据控制者赋权过多，个人数据权利则易流于形式。对此，学界目前仍未有定论。

前文已述，有学者运用匿名化技术对数据人格属性进行剥离，并以此构建新型数据权利结构，但匿名化技术是否具有进一步研究与应用的意义，还需要继续讨论。分类管理是数据治理的基本方向，一般方案是将数据分为个人数据与非个人数据两类，个人数据指可识别至特定自然人主体的数

---

① 参见席月民《数据安全：数据信托目的及其实现机制》，载《法学杂志》2021 年第 9 期，第 29～41 页。

据，如《深圳经济特区数据条例》第 2 条指出，个人数据是指载有可识别特定自然人信息的数据。这种分类方式看似具有一定的合理性，但难经推敲。例如某一单独的行车数据因不具备可识别性而被排除在个人数据的范畴之外，但当这一行车数据与其他多条行车数据相结合后，数据控制者便很有可能根据该数据集识别出特定的自然人主体，那么先前那条行车数据应属于个人数据还是非个人数据呢？如果仍认为该条行车数据属于非个人数据，那么就无法解释数据聚合后所呈现的可识别性；如果认为该条行车数据属于个人数据，那么就意味着在数据挖掘能力、整合分析能力不断发展的今天，除了天气、地理、人口等数据之外，一切数据都是个人数据或"潜在的"个人数据。匿名化技术难以回避的现实是大数据技术的发展使得个人数据与非个人数据间的边界日渐模糊。

可见，这一分类仅从静态上对数据做出了"一刀切"式的机械划分，却忽视了数据在数据处理流程中的动态性变化，特别是数据聚集效应所带来的可识别性变化。数据要素的低成本流动与获取是数字经济的发展要求，更是数字经济的发展规律，数据要素的确权路径应回归传统的所有权制度，这一制度本身并非重点，重要的是通过所有权制度，既增强个人对其数据的控制，又维护数据控制者的经济利益，做到数据安全与数据流通的平衡发展。具体来说，应采数据流通或数据处理的周期视角，将数据区分为原生数据与衍生数据。处于数据处理活动前端，直接源自个人的数据为原生数据，归个人所有；处于数据处理活动的中、后端，在数据控制者对原生数据进行汇总、分析、加工的基础上所产生的新数据为衍生数据，归数据控制者所有。

（二）原生数据所有权的归属

原生数据是自然人行为留痕的简单上传，没有脱离原自然人信息的范围。这部分数据具有很强的可识别性，他人可以直接依原生数据识别到特定的自然人主体，因此原生数据附带着更强的人格属性，集中体现了自然人主体的人格利益，但其财产价值并不高。① 正如对人格权中的经济利益进行保护一样，剥离数据中的人格利益，并非否认数据的人格价值，而是要防止维护人格利益阻碍数据的正常流通过程，防止资源未被充分利用的"反公地悲剧"发生。原生数据的所有权应归数据主体即个人所有，匿名化技术是否能真正实现数据脱敏还有待于进一步检验，在现阶段无论原生数据是否经过了匿名化技术的处理，都应归属于个人。有学者认为，数据权的客体不能包括可识别特定自然人主体的电子数据，只能是不可识别特定自然人的电子数据，② 这实际上错误地理解了数据和个人信息的关系，机械地将二者以可识别性相区分，落入了误区。

将原生数据所有权赋予个人，是出于维护其自身利益的考量。数据权利制度所要解决的核心问题之一，就是个人与数据控制者之间的关系问题。原生数据由个人信息直接转化而来，若将原生数据的所有权直接配置给数据控制者，无疑将使个人陷入十分被动的局面，个人利益是否得到维护全然取决于数据控制者的"施舍"。个人不能失去原生数据所有权，即其手中的筹码，否则将进一步加剧个人与数据控制者之间地位格局的不平衡状况，目前学界罕有观点认为应将原生数据所有权赋予数据控制者。原生数据所有权亦不能基于协议而让渡于数据控制者。单条或几条原生数据的经济价值并不高，但个人的原生数据所有权亦不表现为直接的经济回报，同样数据控制者收集原生数据时通常也没有直接为此支付相应的对价，而是通过提供相应的服务来换取个人的授权，个人对原生数据的所有权正是其换取数据控制者相应服务、维护自身权利地位的筹码。

数据财产对传统的占有理论产生了一定冲击，原生数据所有权的具体权能设计自然不能严格按照传统的占有、使用、收益、处分结构继续展开。财产权中"对物性"的消隐也弱化了占有权能的重要地位。配置原生数据所有权不在于使个人真正占有、使用这些原生数据，因为数据要素本身的

---

① 参见程啸《侵害个人信息权益的侵权责任》，载《中国法律评论》2021 年第 5 期，第 69 页。
② 参见何渊主编《数据法学》，北京大学出版社，2020，第 50 页。

特性使得法律很难对其进行排他化的完全保护，而在于限制数据控制者的权利，防止形成数据垄断，促进数据产业良性发展。数据保有量的增加并不必然意味着市场力量的增强，[①] 但持有大量数据的数据控制者仍然会对个人利益、公共利益等造成威胁。"黑箱效应"更使得个人无法及时察觉数据控制者的违规行为，因此为个人配置相应的原生数据权是维护个人合法权益的理想途径，是对数据控制者的约束。

高效的市场运行需要明晰的私人产权为基础之一，但数字经济的兴起却反对一切妨碍生产要素自由流动的制度，因为财产权制度的高墙所带来的高额谈判授权成本恰是其所不愿看到的，但这并不是要法律走向抛弃财产权制度的极端。财产权制度诚然会给数据的低成本自由流动带来一定的阻碍，但个人权利的设置对防止其成为"生产数据的机器"的主体客体化趋势有着重要意义。虽然个人往往没有能力利用其个人数据，但使用权作为原生数据所有权的核心权能必须保留给个人，数据控制者对于原生数据不能享有独立的权利，只能依其与个人的约定享有对原生数据的有限使用权，经由个人的授权而使用原生数据。

原生数据所有权由个人享有还考虑到了促进数据流通的需要。早期理论认为个人信息权包含了数据权，把数据权视作人格权利在网络空间中的延伸，当然这无可指摘，但不加区分地将数据的所有权归属于个人，数据流通的全过程将时刻受到个人的影响，而其自身并不参与数据的生成、收集、处理和交易过程，其对数据的生成、收集、处理、交易的贡献实乃微薄。而当代经济社会中数据经济价值日渐凸显，数据流通也成为构建数据权利制度时不能回避的重要考量，甚至是首位因素。如何在多重价值与功能的交织下寻找制度设计的立足点，是任何制度都难以逃避的话题。数据安全不能让位于数据流通，法律同样不能以数据安全的名义限制数据流通。但流水不腐，户枢不蠹，低成本自由流动应成为数据治理的首要价值选择。

---

① 参见陈兵《"数据垄断"：从表象到本相》，载《社会科学辑刊》2021 年第 2 期，第 129 ~ 136 页。

大数据时代的到来意味着数据权利进入独立发展的阶段，[①] 数据权与个人信息权的剥离成为热点，个人数据权从个人信息权中剥离的实质是对数据中人格利益的剥离，如果继续以人格利益"限制"数据权利制度的发展，法律体系就很难回应大数据时代的发展要求。人格利益保护和数据要素发展并不冲突，将个人数据所有权的客体范围限制在原生数据之内，是兼顾个人权利与数据流通价值、推进数据经济总体繁荣的应然选择，如果将衍生数据也纳入个人数据所有权的范围之内，数据控制者将处处掣肘，难以最大限度地挖掘数据要素的经济价值。

（三）衍生数据所有权的归属

衍生数据是指对原生数据进行数据汇总、分析、加工而形成的新数据，应归数据控制者所有。洛克的劳动赋权论虽受时代所限，无法对无形财产制度做出合理解释，但仍具借鉴意义，在数据权利领域也往往被学者们奉为圭臬。对于数据控制者取得衍生数据所有权的基本共识是，数据控制者对合法收集的原生数据进行加工处理，付出大量的劳动，应当得到作为劳动产品的衍生数据。在数据流通的前端，原生数据作为主体行为的副产品仍具备较强的人格属性，但当原生数据不断沿着"架构"流通，不断被分析加工后，其人格属性则逐渐被财产属性所代替。衍生数据虽然直接源自原生数据，但经过数据控制者的劳动付出，原生数据已经得到更深层次的开发利用，其内容在很大程度上独立于原始数据而存在，与原个人信息更无直接的联系，其中的人格属性已消解殆尽。数据控制者对于衍生数据应当享有独立的财产权。

数据的价值在于流通，原因之一在于数据流通能够提升数据分析、整合的效率，不断提升数据的内在价值，数据控制者深入分析挖掘数据的过程，是不断发掘数据价值的过程，能够最大限度地实现数据经济价值的主

[①] 参见魏远山《我国数据权演进历程回顾与趋势展望》，载《图书馆论坛》2021 年第 1 期，第 120～123 页。

体只会是网络服务提供者。① 虽然数据产业领域的垄断风险依然存在，但个人数据必须沿着数据控制者所搭建的"架构"流动，② 数据控制者作为产业中最为积极的主体，对数据产业的总体发展有着不可忽略的贡献。衍生数据所有权的确定，应重点关注财产利益而非人格利益。确立数据控制者的衍生数据所有权，将会继续激励数据控制者投入成本，开发数据产品，持续推动数据要素驱动的经济新模式新业态不断向前发展。明确的产权制度亦有助于促进跨企业、跨行业数据共享流通的形成，2020 年工业和信息化部发布的《关于工业大数据发展的指导意见》指出，企业普遍反映因数据权属界定不清等基础性问题没有得到解决，数据共享流通活动难以开展。③因此，衍生数据所有权由数据控制者享有，是促进数据流通、充分发挥数据深层价值、提高数据产业效益的需要。

当然，衍生数据所有权的具体设计不能以经济效益作为唯一的考量。企业自身数据经济利益的形成、享有和实现，是数据控制者最为关注的利益内容，但衍生数据所有权不只是要鼓励企业自身的数据经济化，也要对个人利益、公共利益、国家利益等有所维护。④ 有学者指出，应用阶段的大数据应界定为公有产权，为全体社会成员所共有，⑤ 这种观点考虑到了数据的多重利益聚合性，确有可能防止少数大型互联网公司的价格歧视与数据垄断的形成，但数据权利并非兼具财产权、人格权、公共权属、国家主权等属性的新型权利或权利束，其本质上还是一种财产权，多重利益聚合性

---

① 参见梅夏英、朱开鑫《论网络行为数据的法律属性与利用规则》，载《北方法学》2019 年第 2 期，第 39 页。
② 参见胡凌《互联网"非法兴起"2.0——以数据财产权为例》，载《地方立法研究》2021 年第 3 期，第 28 ~ 30 页。
③ 参见《〈关于工业大数据发展的指导意见〉发布——着力打造工业大数据生态体系》，中国政府网，http://www. gov. cn/zhengce/2020 - 05/16/content_ 5512110. htm，最后访问日期：2022 年 3 月 1 日。
④ 参见龙卫球《再论企业数据保护的财产权化路径》，载《东方法学》2018 年第 3 期，第 59 ~ 63 页。
⑤ 参见周林彬、马恩斯《大数据确权的法律经济学分析》，载《东北师大学报》（哲学社会科学版）2018 年第 2 期，第 36 ~ 37 页。

是设计制度时所要考虑的影响因素，数据财产化才是数据权利制度的底层逻辑。若剥夺数据控制者在数据应用阶段的数据所有权，其便没有动力继续推进数据要素的开发与应用，更无益于促进数据的汇聚与共享，实践效果将会适得其反。中小企业为打破数据壁垒而花费高价购买产业上游企业数据所有权的困境尚未大规模出现，数据垄断与数据壁垒确实是数据治理中所要解决的关键问题，但因噎废食绝不可取，剥夺数据控制者的数据所有权，在将数据垄断的风险扼杀于摇篮里时，亦会阻碍数据产业的发展势头。衍生数据所有权的细节设计确实应平衡数据之上的其他利益，除考虑数据控制者的经济利益之外，权利设计还应考虑个人利益。

为个人设置绝对权利将会引发"反公地悲剧"，而数据控制者的权利也并非全无限制，个人在访问、查看、变更、删除自己的原生数据时很有可能涉及对衍生数据的访问、查看等，衍生数据的公开有时还会涉及公共利益。衍生数据所有权首先体现为数据控制者对衍生数据的占有权。衍生数据自生成后便存储于数据控制者的服务器之中，得到数据控制者的严密保护与控制，相较个人用户而言，数据控制者对这些数据更具控制力。数据控制者虽然具有更强的数据控制能力，但其占有权能却不免受到影响。衍生数据的使用权同样也要受到一定的限制。数据控制者在内部使用其衍生数据进行决策并展开相应的活动时应当遵循一定的规则，例如不得将相关数据泄露给非数据处理部门的人员等，对于衍生数据的内部使用活动，应通过多渠道综合治理使其合法合规，重点抓好政府监管和行业自律两个抓手。数据控制者在外部使用其衍生数据的情况多体现为数据控制者将衍生数据提供给第三方使用的情况，外部使用的目的、用途与使用主体不得超出数据控制者与个人间协议规定的范围。

衍生数据的外部使用还涉及数据控制者的处分权能与收益权能，处分权能包括变更、传输、删除等内容，① 基于数据的多重利益聚合性，数据控

---

① 参见王玉林《信息服务风险规避视角下的大数据控制人财产权利与限制研究》，载《图书馆情报知识》2016 年第 5 期，第 120 页。

制者进行这些活动时亦有所限制，如不得存储涉及国家秘密的数据等。更改衍生数据的活动如果影响到个人利益，也应受到相应限制。衍生数据在收益权上与原生数据有很大区别。有学者认为应设立企业的数据收益权，并使个人参与分享数据红利，① 但"个人参与分享数据红利"是一个较为模糊的说法，虽然个人得到金钱给付确实属于分享数据红利，但其接受数据控制者的服务也可以视作分享数据红利的体现，毕竟数据红利不单单体现为经济上的直接回报，亦能体现在数据服务、数据产品等方面。个人的"收益"并不体现为直接的经济回报，多数情况下体现为数据控制者提供的相应服务，但衍生数据的收益权则常以经济收益的形式表现出来。数据控制者利用衍生数据进行决策并开展相应的活动获利是数据控制者收益权的体现，数据控制者出售衍生数据获利也是其收益权的体现。虽然数据控制者向外部出售衍生数据的行为难免受到一定的限制，但正常出售衍生数据后获取收益的行为则不应受到过多限制，毕竟收益权作为使用权的经济回报，是数据控制者所追逐的焦点，对收益权做出过多限制不可避免地会影响数据控制者从事数据活动的积极性。

结　论

"二元数据权利结构"仍为个人保留了相当程度的自决权，并没有完全脱离个人赋权理论的限制。类型化的数据治理进路符合数据固有的多样性特征与数据产业发展的必然方向，分类确定数据治理规则和保护制度对我国营造良好数字生态、建立健全数据要素市场规则意义重大。采取"二元数据权利结构"模式治理数据是平衡数据安全与数据流通、人格利益与经济利益、个人权益与数据控制者权益的合理选择。适度剥离数据上的人格利益，把对数据人格属性的优先关注收纳进原生数据范围内，对衍生数据

---

① 参见张莉主编《数据治理与数据安全》，人民邮电出版社，2019，第 33 页。

则优先考虑其经济利益，以此为基础构筑新型的数据权利体系是未来我国
数据治理的可选路径之一。当然，数据权利是否要囿于传统所有权的边界，
如何防止权利束理论导致的权利碎片化等问题，仍需在今后构建数据权利
制度时进一步深思。

挑战与机遇：元宇宙时代公证信息化的建设该如何进行？[*]

——基于公证信息化建设困境与出路的探讨

全　亮　唐政委^{**}

【摘　　要】随着经济社会的快速发展和民主法制的不断完善，我国民众法律意识得以逐渐提高，对公证服务的需求也日益增长，但公证行业的信息化建设尚未成建制和体系，致使"证多人少"的矛盾日益加剧。互联网 3.0 时代的元宇宙加快了互联网与法律的深度融合，也加大了处于互联网 2.0 时代的公证与其他行业的差距。公证行业不仅需要加快自身机制的更新与进步，还需要同新兴的互联网科技公司展开市场竞争，"内忧外患"之下，公证行业只有顺应世界信息化的趋势，借鉴既有智慧法院建设经验和域外公证信息化发展的最新成果，搭乘元宇宙第三次互联网技术革命的快车，实现公证信息化建设的"弯道超车"，才能在瞬息万变的竞争环境中占据优势地位。

【关 键 词】公证信息化；元宇宙；纠纷解决；内部与外部建设

公证作为一种替代性纠纷解决机制（Alternative Dispute Resolution，ADR），对缓解司法机关"诉讼爆炸"和"案多人少"的压力以及诉讼纠纷

---

* 四川省法学会公证法学研究会 2022 年"公证指导案例制度研究"重点课题。

** 全亮，四川师范大学少年司法研究与服务中心副主任、教授，法学博士，四川省法学会公证法学研究会与诉讼法学研究会常务理事；唐政委，四川师范大学少年司法研究与服务中心助理研究员，四川师范大学法学院诉讼法学专业硕士研究生。

的溯源治理具有重要作用。但随着互联网 3.0 时代的到来以及元宇宙的兴起，纠纷的产生形式与解决方式逐渐从线下转移到线上，特别是互联网 3.0 时代元宇宙大数据的广泛应用，使得纠纷的表现形式日渐多元化、数字化和虚拟化。传统的公证体制如何因应这种变化，是公证信息化建设工作的当务之急。

一 问题的提出：何谓公证信息化？其基本要求有哪些？

信息化是当前社会发展的动力和载体，"互联网 + 司法公证"已是大势所趋，① 区块链、信息隐藏及互联网法律服务等技术不断成熟，为公证行业信息化提供了强大的技术支撑。但在我们全面展开公证信息化建设以前，应当首先对公证信息化的基本内涵和基本要求做出正确的解读，解决理念误区，形成基本共识。

（一）意蕴解读：公证信息化的基本内涵

何谓公证信息化？这是我们首先要明确的问题。根据《国家信息化发展战略纲要》（2016），所谓信息化由信息技术和信息资源两部分组成，是指开发利用信息技术和信息资源，增进信息传递与知识共享以促进经济发展质量的提高，推动经济社会发展转型升级的一种历史过程。而公证信息化则是以实现办证自动化、标准化、网络化及内外部信息的共享和有效利用，最大化地提高公证效能为目标，以公证业务流程优化重组为基础，充分利用互联网计算机技术和大数据库，使管理公证业务活动中的所有信息实现集约化。所以有学者认为，公证信息化建设包含公证的信息化与信息的公证化两部分。一是"公证 + 互联网"即公证的信息化，要求公证工具的信息化，包括服务和管理的信息化，解决公证业务的管理问题以及存量业务的升级问题；二是"互联网 + 公证"即信息的公证化，要求借助互联

---

① 参见苏国强等《公证信息化建设》，载《中国公证》2021 年第 8 期，第 11 页。

网技术来实现互联网和传统行业信息的公证化，并以客户需求为导向，解决公证增量业务拓展问题。[①]

（二）方向解读：公证信息化的基本要求

公证信息化有哪些要求？目前学界和实务界尚无定论。其实，公证信息化建设有两部分的要求。一是内部"管理型"信息化，即利用新兴互联网技术和大数据实现办公系统自动化（OA）、建成公证行业内部的信息共享平台，构建公证数据网、数据库和数据平台等实现内部公证管理体制的信息化，尤其是公证档案的信息化。二是外部"服务型"信息化，即利用新兴互联网即时搭建公证互联网生态系统，实现公证办理全流程的信息化，让申办人"最多跑一次"，提高公证服务效率。可尽管目前公证信息化建设利用"互联网＋"取得了一些成果，但过分看重"互联网＋"而忽视大数据建立起的公证在线受理平台、网上电子数据存证平台以及将线下的平台搬到线上的做法，只是服务手段的区别，尚不足以从根本上实现公证模式的转变以及公证的信息化。因为只有利用大数据才能建立公证信息数据库，使公证行业自己掌握社会中涉公证的自然人、法人或者其他组织的财产、身份和其他公证所需关键信息，才能使公证行业实现信息化建设的独立与自主，避免过分依赖第三方数据服务商。同时，这些关键信息的合法抓取与存档，可以排除非公证事项，缓解一些证明难的问题，在提高公证质效的同时，借公证信息数据库构建的契机为公证信息化建设提供足够的信息资源基础，并通过与其他部门信息共享的方式，打通公证与其他行业的数据信息共享壁垒，使公证信息化的建设真正融入整个社会组织的信息化建设进程中。因此，大数据与"互联网＋"的结合才是破解当前公证信息化建设难题的一剂良方。[②] 而元宇宙大数据时代的到来，为公证信息化的深入

---

① 参见苏国强、陈艳、王倩《"互联网＋"时代下的公证信息化建设》，载《中国司法》2016年第9期，第61页。

② 参见刘崴《公证信息化建设的现状分析和发展方向》，载《中国司法》2016年第7期，第57页。

进行提供了一次绝佳的机会。所以本文尝试分析我国公证信息化建设的要点与困境，并以当下正处于"风口"的元宇宙大数据时代为切入点，力求为促进公证信息化迈上新台阶提出有益建议。

二 必然选择：公证信息化建设利用
元宇宙的必要性与可能性

（一）必要性：公证信息化的建设必须因应和利用元宇宙数据平台

公证的目的不仅限于证明，更重要的是将其作为一种非诉讼纠纷解决机制挺在前面，发挥其预防纠纷、减少诉讼的作用，实现矛盾纠纷的溯源治理，而元宇宙信息化社会的到来，使得纠纷的数量和类型已经发生了巨大变化。自公证法实施以来，全国公证机构办证总量为 18481.34 万件，2020 年办理各类公证 1173 万余件，2021 年前 11 个月办证量为 741.91 万件，而互联网时代的公证案件类型也不仅仅限于遗嘱公证、继承公证、合同法律关系公证等传统公证业务，出现了网络电子保全证据公证、电子竞技直播视频公证等新兴公证业务。公证业务不断向互联网领域迈进对公证信息化建设提出了更高要求。如果公证行业不去理解这种改变，可能就会沦为时代的"弃儿"。

首先，互联网信息化建设是公证行业不得不顺应的一种世界趋势。"三新经济"蓬勃发展，数据成为一种新的资源，跨界融合混营成为一种趋势，互联网成为数字经济的核心基础设施，"互联网＋N"的新产业态势以及新冠疫情导致人与人之间纠纷的产生与解决的在线化和快捷化，[①] 人们对法律服务信息化的迫切需求前所未有，社会主义市场经济和社会发展的信息化发展对公证效率的急切追求和涉信息技术公证业务的不断增长敦促公证行

---

① "互联网＋"是以互联网为主的新一代信息技术（包括移动互联网、云计算、物联网、大数据等）在经济、社会生活各部门的扩散、应用与深度融合的过程，本质是传统产业的在线化、数据化。

业必须进行公证体制的信息化迭代升级以及时做出有力回应。

其次，对于公证行业来说，传统的线下公证和"弱智能化"的线上公证模式已经无法适应瞬息万变的信息化社会对公证服务的需要。加强公证服务与信息技术的深度融合，同样也是优化公证法律服务的重要手段，更是推动公证行业实现转型升级、可持续发展的必由之路。司法部在2013年提出公证信息化建设的部分标准，2015年《国务院关于积极推进"互联网＋"行动的指导意见》的颁布，使得"互联网＋"行动计划成为国家战略，[①] 2017年司法部全国工作会议也强调全国公证行业信息化建设方案已制定完成，修订后的公证综合管理信息系统技术规范也已经颁布，要全面利用"互联网＋"大数据平台推进公证信息化建设。[②] 但是整体而言，公证信息化的建设仍存在部分职权主义倾向，信息化区域发展不平衡、新业务拓展乏力、行业之间的数据壁垒导致信息共享难、在线公证形式化等问题亟须解决。而元宇宙作为一种若干技术集合的"技术包"，基于其虚拟性、沉浸性和交融性的特性，可以整合互联网、区块链、AI等技术资源，将现实世界纠纷解决的法律等实体和程序与"技术包"内的技术相结合，建立一个与实际法律世界平行存在的虚拟现实的法律世界，并利用其沉浸性和交融性的特点，连接、引导和影响现实纠纷主体进入其中模拟参与纠纷的解决过程，打破公证信息化建设的数据壁垒，有利于充分保障公证申请人的参与积极性，缩小公证信息化建设的区域差异性，发挥公证参与纠纷解决和纠纷预防这一非诉纠纷解决机制的作用。

（二）可能性：元宇宙时代互联网大数据与生活已经密切融合

2021年被称为"元宇宙（Metaverse）元年"，[③] 这是自2018年"区块

---

① 参见宁家骏《"互联网＋"行动计划的实施背景、内涵及主要内容》，载《电子政务》2015年第6期，第32页。

② 参见《中国公证协会关于贯彻落实全国公证工作会议精神的意见》，载《中国公证》2017年第8期，第31页。

③ 参见赵国栋、易欢欢、徐远重《元宇宙》，中译出版社，2021，序言第5页。

链元年"后掀起的又一轮科技热潮。[①] 一方面，Web 3.0 背景下的元宇宙作为互联网世界的升级版，将人类带入了"互联网 + N"的大数据时代，使得人类的生活从一维向多维转变。清华大学 2021 年 1 月发布的《元宇宙发展研究报告》2.0 版指出，元宇宙是整合多种新技术而产生的新型虚实相融的互联网应用和社会形态（见图 1），之所以成为众多巨头布局的重点，是因为元宇宙拥有基本的六大支撑技术，包括交互技术、区块链技术、物联网技术、人工智能技术、网络及运算技术和电子游戏技术，为人类的未来提供了一种最直观的可能，将虚拟世界与现实世界在经济系统、社交系统、身份系统上密切融合，并且允许每个用户进行内容生产和世界编辑，[②] 可以说，它是未来 20 年的下一代互联网，是人类未来的数字化生存，不仅能联通现实世界和虚拟世界，成为人类数字化生存迁移的载体，还可以提升体验和效率，重塑数字经济体系。而另一方面，新冠疫情加速了社会虚拟化，人类社会对互联网大数据的依赖不断增强。在新冠疫情防控措施下，全社会上网时长大幅增长，"宅经济"快速发展，线上生活也从原先短时期的例外状态成为常态，由现实世界的补充变成了与现实世界平行的世界，人类现实生活开始大规模向虚拟世界迁移，人类成为现实与数字的"两栖物种"。[③] 与生活相关则必然与法律相关，元宇宙与生活的进一步结合，必然

---

① 在域外，2021 年 10 月 Facebook 公司宣布更名为"Meta"，同年 11 月，微软宣布将旗下 Microsoft Team 改为元宇宙，并将 3D 虚拟形象与沉浸式会议融入其中，苹果也宣布将在 2022 年发布 VR 关联产品。在国内，2021 年近一年时间里与"元宇宙"相关的注册企业多达 408 家，与元宇宙相关的商标注册申请已经有近 8000 件。其中，网易申请注册"网易元宇宙"等商标，百度公司上线了定位为元宇宙社交的 App"希壤"，其他科技巨头如华为、腾讯、英伟达等均蜂拥而上，韩国、日本等也纷纷宣布跟进。参见荆林波《元宇宙：溯源与展望》，载《财经智库》2022 年第 1 期，第 100 页。

② 《元宇宙到底是个啥？会催生一个怎样的平行世界？——新华社新华观点》，新浪网，https://finance.sina.com.cn/tech/2021 - 11 - 04/doc-iktzqtyu5293955.shtml，最后访问日期：2022 年 8 月 11 日。

③ 中国互联网络信息中心 2022 年 2 月发布的《第 49 次中国互联网发展状况统计报告》显示，截至 2021 年 12 月，我国网民规模达 10.32 亿人，较 2020 年 12 月增长 4296 万人，互联网普及率达 73.0%。

会与法律世界产生碰撞，而公证法律制度作为法律参与社会生活的重要方式，势必也会与元宇宙产生耦合之处，特别是公证大数据库的建设更离不开元宇宙世界的区块链技术和大数据信息整合优势作为支撑。[①]

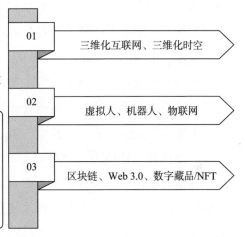

- 元宇宙是三维化的互联网，通过XR、数字孪生等技术实现。
- 三维时空催生虚拟人和实体化机器人，虚拟人和实体化机器人依靠AI引擎实现。
- 虚实空间和个体的本体存在创造经济活动，依靠区块链、Web 3.0、数字藏品/NFT等技术或机制实现。

元宇宙是整合多种新技术产生的下一代互联网应用和社会形态，它基于扩展现实技术和数字孪生实现时空拓展性，基于AI和物联网实现虚拟人、自然和机器人的人机融生性，基于区域链、Web 3.0、数字藏品/NFT等实现经济增值性。在社交系统、生产系统、经济系统上虚实共生，每个用户可进行世界编辑、内容生产和数字资产自所有。

01	三维化互联网、三维化时空
02	虚拟人、机器人、物联网
03	区块链、Web 3.0、数字藏品/NFT

图 1 什么是元宇宙？

资料来源：清华大学 2021 年 1 月发布的《元宇宙发展研究报告》2.0 版。

三 挑战与机遇：当下公证信息化建设的困境与反思

我国早在 21 世纪之初就开始了公证信息化建设的探索。第一阶段主要采取的是线上预约、线下办理的"互联网＋预约"模式，但这仍旧需要申办人预约成功后亲自到线下办理。第二阶段采取的是部分公证业务线上办理模式。该模式为了解决电子数据易丢失、易被篡改、举证艰难的问题而上线了公证存证服务。但公证存证只可以证明存储后的数据状态，保证事后的数据不被篡改，而对数据存证前的产生、交换等环节缺乏证明力。第三阶段是使用视频通信工具进行远程视频公证。在 2016 年司法部颁布《关

[①] 参见周庆、牛瑞峰《区块链参预网络电子证据保全公证初探》，载《河南科技学院学报》2020 年第 1 期，第 37 页。

于进一步加强公证便民利民工作的意见》以后，绝大多数公证机构利用既有技术开发网络在线公证工具。这个阶段的网络在线公证主要是将公证业务办理过程转移至线上，但是在公证业务办理完毕后，申办人还是需要到线下领取公证文书，公证智能化程度很低。第四阶段采取的是电子公证技术进行公证。利用电子公证技术提供的电子公证服务（公证法律服务 + 电子公证技术产生的不可抵赖的电子证据），具体是指公证机构通过电子公证技术，参与并见证电子环境中所发生数字行为的全过程，以电子公证技术形成的电子数据证据为依据，通过公证法律服务对数字行为的真实性进行证明。公证机构借由电子公证技术，可以确保公证机构线上服务全过程的真实性，实现最高证明力，如在政务民生、电子商务、司法辅助、区块链领域。疫情期间，针对为促进民众消费而推出的消费券摇号，各大公证处纷纷使用了以电子公证作为核心技术支撑的公证摇号系统，通过电子公证技术保障电子摇号的过程公平公正。

综合上述公证发展历程可以看出，公证信息化的主要手段便是利用互联网实现在线公证智能化办理，但这种将公证业务从线下搬到线上的做法实际上只是改变了公证的物理化形式，将线下的纸质档案变为电子档案，虽然在一定程度上可以提高公证效率，让申办人"最多跑一次"，但始终是形式大于实质，公证信息化程度较低，公证机构的数据来源较少，电子档案的信息化水平提高有限，公证信息化建设的潜力仍需进一步挖掘。可以说，公证信息化改革已经逐步进入深水区，必须利用元宇宙大数据时代的机遇进行信息化建设才有焕发生机与活力的可能。

（一）挑战：公证信息化建设的行业"内忧"与"外患"

互联网技术的迅猛发展，使得大批传统实体公证业务逐渐丧失了价值，公证的公信力也因为各种"绯闻事件"（如明星委托卖方事件）而大打折扣，传统的公证业务与新兴事务的脱节使得公证业务流失严重，公证行业面临"内忧"与"外患"。2021 年《关于检查〈中华人民共和国公证法〉

实施情况的报告》① 显示，目前我国《公证法》的实施还面临公证业务量增长乏力、公证业务量地区差异较大等问题。② 虽然各地的公证机构对公证信息化建设进行了诸多有益尝试，但是仍旧存在很多难题。熊选国曾经指出公证信息化建设还存在整体管理信息化水平不高，公证业务数据的信息化进展不够快，公证行业内部之间、公证行业与其他部门之间的信息沟通、共享及协作不足等问题，公证信息化建设已经落后于其他行业。③

1. 公证行业的"内忧"

尽管近些年来公证行业立足职能定位，利用互联网大力拓展在线公证业务，推动公证信息化建设，但整体上看仍旧存在诸多实际问题需要解决。

一是公证信息化建设理念存在误区，需要及时纠正。某些公证机构将公证信息化建设片面理解为在线公证，认为互联网与公证简单结合便可以解决信息化建设问题，过分重"互联网"，轻"大数据"。从短期来看，这种利用互联网构建网上受理平台、网上电子存证平台，将线下公证业务利用在线公证办理平台和远程视频公证系统进行公证业务线上办理的模式，只是接入手段的细微区别，虽然的确能提高公证业务的效率，但是实际上公证信息化必须得利用大数据构建公证信息库和开放的信息共享机制，实现公证机构信息资源的自足与"公证 + 互联网 + 行业"协调联动的目标。这种粗放式的在线公证模式已经远远落后于这个信息化的时代，这种形式大于实质的做法会有将公证信息化建设逼入"死胡同"的一天。

二是公证行业之间缺乏协作，重复建设造成资源浪费。实践中绝大多数公证机构都会以公证受理平台的建设为突破口，构建自己的在线公证受

---

① 参见《全国人民代表大会常务委员会执法检查组关于检查〈中华人民共和国公证法〉实施情况的报告》，中国人大网，http://www.npc.gov.cn/npc/c30834/202112/ce7508b19a8248df ab686ef9c91bf8dc.shtml，最后访问日期：2022 年 8 月 1 日。

② 可以明确的是，我国经济快速发展，社会利益格局不断调整，社会矛盾纠纷处于高发时期，法律服务需求增速迅速，但公证业务量却没法同法院快速增长的诉讼量相比，特别是因法律法规修改、"放管服"改革、区块链存证等新技术应用等原因，很多地方传统业务需求萎缩，新业务发展乏力。

③ 参见《公证信息化建设存在三大问题 熊选国副部长支招儿解难题》，搜狐网，https:// m.sohu.com/a/159796053_121220/，最后访问日期：2022 年 8 月 1 日。

理平台，并创建自己的公众号、官微甚至杂志，通过这些渠道进行反复推文与宣传自身动态和优势。但彼此之间闭门造车，各自树立数据和建设标准，形成了一种不和谐的行业竞争环境，甚至彼此成为"敌对"方，致使后续公证信息化改革和统一性公证平台建设整体推进更难，造成公证信息化建设资源的重复投入与浪费。

三是公证信息化的建设缺少体系性。公证信息化的建设必须以从理论入手，试点先行，最终上升为统一的法律规范作为支撑，如果仅仅将公证信息化建设作为"面子工程"进行建设而忽视公证服务对象的实际情况与运作质效，公证信息化将会面临成果获得易、实际运行难的尴尬境遇。有学者曾指出，公证信息化建设应当以老百姓是否觉得适应为导向，包括了前端平台、后端大数据库和宣传推广三个与大数据相关的部分。①

2. 公证行业的"外患"

首先，元宇宙大数据对传统公证行业提出了新要求。元宇宙大数据是对互联网的再升级，特别是随着以互联网为首的大数据经济产业的蓬勃发展，与大数据相关的网络平台交易纠纷、网络平台电子签名纠纷、人脸数据采集纠纷等新型互联网纠纷日渐增多，而其中所涉的电子数据的公证保存问题尤为重要。但是传统公证的网络证据保存平台相对于其他具有开放性的网络平台而言，封闭且"敏感"。所谓封闭是指公证机构所建立的网络存证平台与其他网络平台和大数据库之间缺乏必要的信息共享机制，信息资源的来源单一。"敏感"则是指网络存证平台指向的新型大数据网络证据不同于传统有形的物理证据，网络证据的介质不是纸张而是计算机等互联网设备，它可以将图像、声音、文字进行混合，使其作为一个整体呈现，但不能像物证一样展示实物以证明事实，只能是利用内容进行证明，所以网络证据的客观真实性和脆弱性的特殊性就更为突出。网络证据的客观真实性是因为网络数据一般不会受到外界的侵蚀，并且可以长期存储，能够

---

① 参见刘崴《公证信息化建设的现状分析和发展方向》，载《中国司法》2016 年第 7 期，第 57 页。

客观还原实物原貌。但同时网络证据也容易被人为篡改或者丢失，实时取证较为困难，所以也说它具有脆弱性。加上元宇宙大数据背景下的各种互联网接口的存在，网络证据的原始存储介质环境的"清洁性"会受到影响，极易导致网络证据在保存前就已经被"污染"。① 这些新业务产生的新问题，公证机构必须予以回应，并通过公证信息化建设实现公证信息数据资源的"自给"，建立一个开放、透明、易接触、可靠且洁净的公证生态系统。

其次，外来行业对公证行业领地的侵蚀敦促公证行业必须实现模式转型。公证机构作为法律服务机构，其基本任务不在于专注信息技术的运用，但互联网相关技术与公证行业的进一步结合，使得许多公证业务面临被其他互联网企业侵夺的危险。比如中华遗嘱库的建立，使得遗嘱公证业务逐渐被分流，② 而电子存证公司如 e 签宝、链门户等的兴起使得公证机构的电子存证业务又被分走了一部分，许多地区的公证机构不得不开始自身的互联网平台"公证云"的建设。2012 年上海东方公证处便开发了"公证证据室"。但是相较于其他专业且拥有自身数据源的科技存证公证而言，公证机构的电子存证平台没有自己的核心技术，其主要的数据来源是与之合作的第三方互联网企业，长此以往不仅容易导致公证行业的数据命脉被把控，更容易造成公证机构权威性的降低。试想，如果这些科技公司的存证有朝一日都能被赋予当然的证据效力，那么公证行业的电子存证业务将逐渐丧失存在的必要。

---

① 《办理保全互联网电子证据公证的指导意见》第七条规定："公证机构办理保全互联网电子证据公证，应当在公证机构的办公场所使用公证机构的计算机和公证机构的网络接口接入互联网，否则，应当对所使用的计算机进行清洁性检查。"第八条第一款规定："公证机构办理保全互联网电子证据公证，可以使用本单位的移动硬盘、存储卡、U 盘、光盘、录音机、录像机、照相机、手机等移动存储介质，也可以使用当事人或者第三人提供的移动存储介质。使用当事人或者第三人提供的移动存储介质应当对移动存储介质进行清洁性检查。"第十一条规定："公证机构办理保全互联网电子证据公证，应当制作现场记录。现场记录应当记录接入互联网的全部操作步骤及下列内容：……（四）未使用公证机构的网络接口、计算机及移动存储介质的原因以及进行清洁性检查的情况……"

② 笔者查阅资料发现，截至 2020 年 12 月 31 日，中华遗嘱库已经向全国提供遗嘱咨询 256152 人次，登记保管 190866 份遗嘱，遗嘱生效 954 份。

（二）机遇：元宇宙与法律的深度交融

在发展元宇宙数字经济已经是一种趋势的背景下，元宇宙逐渐成为现实，并与法律进一步交融，已经有不少法学专家对元宇宙已经或将要产生的法律问题进行研究。一方面，元宇宙衍生出的法律治理问题在当前数字经济时代开始有所暴露，带来不少值得思考的法律问题，甚至已经开始挑战法律秩序，[①] 对于它的法律治理也将围绕数据、算法及其构建起来的社会关系开展，对旧有社会治理规则和方式都会产生挑战。[②] 由此可以看出，与传统的"互联网＋"仅将互联网视为简单的传播中介工具不同，元宇宙是一种新的社会形态，该形态下虚拟网络与现实高度融合，对纠纷的解决会产生某些正向的影响。[③]

其实，作为未来人类数字生态的一种可能模式（元宇宙生态系统与核心技术，见图 2），元宇宙与纠纷解决方式某些理念和功能的共同期盼，是破除当前在线纠纷解决机制发展瓶颈以及应对内卷现象的绝佳契机。

1. 元宇宙技术的整合优势可以克服"证多人少"的局限

元宇宙可以通过整合纠纷解决和公证的资源，提供纠纷解决和公证办理的智能化方案。其基于自身虚拟现实性的特点，可以为公证机构、司法机关等纠纷解决机构的实体提供一个虚拟空间进行办公，让不同纠纷解决主体在元宇宙空间内相互协作，以消除平台之间的数据壁垒，实现数据信息共享，建立起跨机构联动的多元纠纷解决机制，提升各纠纷解决主体的业务能力；并且，元宇宙还可以根据各纠纷解决主体提供的纠纷信息数据和档案，有针对性地形成智能化纠纷解决方案，减少司法机关、公证机构人力和物力的耗损。

---

① 参见程金华《元宇宙治理的法治原则》，载《东方法学》2022 年第 21 期，第 20 页。

② 参见李晓楠《网络社会结构变迁视域下元宇宙的法律治理》，载《法治研究》2022 年第 2 期，第 25 页。

③ 参见喻国明、耿晓梦《元宇宙：媒介化社会的未来生态图景》，载《新疆师范大学学报》（哲学社会科学版）2022 年第 3 期，第 110 页。

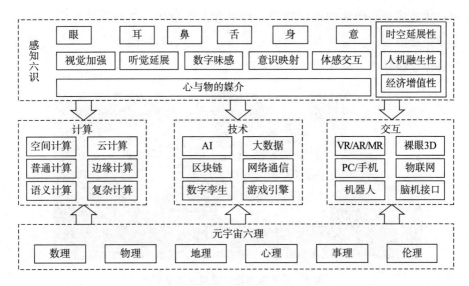

图 2 元宇宙生态系统与核心技术

资料来源：清华大学 2021 年 1 月发布的《元宇宙发展研究报告》2.0 版。

2. 元宇宙的去中心化技术可以弥补传统职权主义体制的不足

元宇宙能激发公证机构等非诉讼纠纷机构的活力，提升它们的地位并推动当事人积极有效参与纠纷的解决。[①] 传统的纠纷解决方式是司法机关主导和主抓，忽视了当事人主体地位和包括公证机构在内的其他多元化纠纷解决主体的能动性。元宇宙具有"去中心化"的特点和"用户中心主义"的理念，通过去中心化，元宇宙可以基于 5G 互联网、区块链、AI、物联网等技术资源赋予参与主体一个虚拟数字分身，建立起一个永续开放、各主体平等、公正参与的虚拟空间（如虚拟会议，见图 3），并将其与现实相连接，让开放式、平等式、扁平化成为常态，消除当事人以及包括公证机构在内的多元化纠纷解决主体参与纠纷解决的时空障碍，减少对抗与焦虑，提高其参与纠纷解决的自主性和对纠纷解决的认同度，实现定分止争。而市场化改革背景下的公证信息化建设必须以服务"人"为中心，利用元宇

---

① 参见曹建军《"元宇宙"司法与纠纷解决的智能化》，载《政法论丛》2022 年第 2 期，第 96 页。

宙技术集成中心构建的虚拟空间，将申办人本身作为参与主体，而不仅仅是被公证的客户，将申办人的申办事项作为公证办理的中心，不是简单的公证流水线作业，只有这样才能实现"证结事了"。

图 3　元宇宙创造的虚拟会议空间

3. 元宇宙的虚拟现实技术可以减少公证办理的不必要消耗

元宇宙是"虚拟的真实世界"，有很强的沉浸性，可以带来真实体验，连接并映射着现实，[①] 可以让公证申办人切实经历公证办理过程并有针对性地进行公证事项的申办。作为一个与现实法律世界相平行的虚拟法律世界，公证申办人通过 VR 穿戴设备甚至"脑机接口"进入元宇宙世界时，可以将自身的诉求或者是公证申办事项置于其中，通过元宇宙大数据集成中心的公证数据库资源给予当事人法律知识和实际操作的指导，指引公证申办人并根据当事人给出的公证申请事项进行所谓的情景模拟，推导出预估的公证办理结果，使申办人可以提前熟悉公证办理流程，补充完善公证所需的材料，避免申办人"跑断腿"。这种当事人身临其境并可以"倍速快进"和"拉进度条"控制进度的公证模式，不仅实现了当事人参与公证事项的权利保障，更有利于公证机构通过元宇宙的"公证接口"进入元宇宙世界，探知当事人的公证需求，有针对性地提供公证服务，将公证信息化建设完全化，实现在线公证的迭代升级。

---

① 参见黄明安、晏少峰《元宇宙：开启虚实共生的数字平行世界》，中国经济出版社，2021，第 12 页。

四　比较与借鉴：智慧法院建设和域外公证信息化 建设的前沿经验

鉴于目前公正信息化建设自身已经到了一个瓶颈期，因此很有必要放眼域内外信息化建设的最新有益成果，进行反思与借鉴，而我国正在进行的智慧法院建设以及域外法国、意大利、日本等国家公证信息化建设的某些成熟做法值得借鉴。

（一）智慧法院建设的前沿经验

一方面，智慧法院建设采取的基本进路便是法院信息化建设，[①] 即借助既有数字化和网络化的基础，利用人工智能、区块链和大数据技术，将智能化融入法院审判与管理工作的全流程中，走出一条新型法院现代化道路。[②] 2021 年《法院信息化蓝皮书》显示，中国法院的信息化建设已经走在了世界前列。截至 2020 年，我国法院信息化建设进入 3.0 时代，法院围绕智慧审判、执行、服务、管理构建起了智慧法院的基本体系，利用区块链、大数据、人工智能等技术，让法院信息化建设愈加智能化、精准化、集约化，并陆续试点建设互联网法院（法庭），制定在线诉讼、在线调解等在线运行规则，形成在线诉讼规范体系，巩固了法院信息化建设的成果。而另一方面，元宇宙的本质就是一个技术汇集中心，是人工智能等先进信息技术的产物，智慧法院信息化建设利用的这些先进技术，其实都是当下

---

① 最高人民法院《最高人民法院关于加快建设智慧法院的意见》（法发〔2017〕12 号）指出，智慧法院是人民法院充分利用先进信息化系统，支持全业务网上办理、全流程依法公开、全方位智能服务，实现公正司法、司法为民的组织、建设和运行形态。2015 年 7 月，最高人民法院首次提出"智慧法院"的概念，其目标就是通过推进法院信息化建设的转型升级，实现审判体系和审判能力的现代化。智慧法院的本质在于"现代科技应用和司法审判活动深入结合起来"。参见人民法院报网，http://rmfyb.chinacourt.org/paper/html/2017 - 07/25/content_128150.htm? div = -1，最后访问日期：2022 年 7 月 22 日。

② 参见王禄生《智慧法院建设的中国经验及其路径优化——基于大数据与人工智能的应用展开》，载《内蒙古社会科学》2021 年第 1 期，第 104 页。

元宇宙"技术包"里面的技术。所以可以预见的是，法院信息化建设 4.0 版势必会进一步加深与元宇宙的结合，毕竟建设智慧法院离不开大数据、算法和算力的相互支撑。

（二）域外公证信息化建设的前沿经验

2021 年国际公证联盟成员大会通过了修订后的《国际公证联盟在线公证十诫》，总结了联盟成员公证信息化建设的一些有益经验，将在线公证视作目前联盟各国公证信息化建设的亮点之一。而从域外国家公证信息化的建设路径来看，利用互联网和大数据实现公证信息化是其共同之处，但也有些许差异，寻找它们之间的共性与差异，对于我国的公正信息化建设具有参考价值。

1. 法国的公证信息化建设

作为先驱的法国公证，对新技术的利用有着敏锐的触觉，率先实现了文书的数字化、档案集中管理、电子签名和电子公证文书、视频公证。法国的公证信息化建设源于法国公证人高等理事会主导推进的遗嘱存管中心，而后借助互联网技术，升级成为电子遗嘱档案存管中心。在后续的发展中，法国还依托该中心并利用互联网和大数据技术推出了一系列公证信息化产品，极大地推动了公证信息化的建设。1975 年，法国公证人实现了"中央遗嘱登记库"的信息化登记；1989 年，启动了不动产交易信息的数据库；2005 年，实现了公证人与不动产登记部门之间的文书远程信息化传输，提高了不动产登记的效率；2008 年 10 月 28 日，法国公证人签署了第一份电子公证文书，"电子公证文书正本中央档案库"同步成立，用以存放全国的电子公证文书。截至 2020 年 12 月 31 日，公证人累计出具了 1631 万份电子公证文书。

实际上，法国公证信息化建设高度重视互联网和大数据与公证行业的结合，并强调协会组织的牵头作用以及不同行业对公证信息化的实际需要，有针对性地进行信息化建设。首先，法国建立了遗嘱存管中心（FCDDV）。1971 年普罗旺斯地区的公证负责人在马赛地区设立"遗嘱存管中心"。1976

年，法国公证人高等理事会开始在全法范围内推广 FCDDV，并且要求采用信息化方式管理数据。1998 年，FCDDV 完成公证人内网访问。其次，成立法国公证发展服务协会（ADSN），大力开发公证信息化产品。该协会的主要使命是研发公证行业信息数据系统与网络认证系统，搭建公证人专用网络，管理公证行业的计算机文件、数据库，负责电子公证档案（含 FCDDV），促进公证行业内部以及对外的互联互通。此外，该行业协会还陆续推出了 Real（公证人电子网络）、Télé@ ctes（电子公证文书传输系统）、MICEN（电子公证文书原本保管中心）、MESSAGERIE@ NOTARIES. FR（统一邮件系统）等一系列个性化公证业务咨询服务的资讯网站。①

元宇宙世界作为一种虚拟的现实，要想利用其进行公证信息化平台的构建，身份识别尤为重要。值得一提的是，Real 系统做到了身份的有效识别。法国公证人高等理事会为每个公证人都颁发了身份验证电子证书，可以完全做到公证人身份的识别与验证，保证网络的安全访问，并且该识别过程以及公证人在 Real 中的一举一动，包括电子签章的使用，都可以被该系统完全追踪记录，实现"公证留痕"。对于拥有电子公证书的申办人来说，其也可以随时进入公证发展服务协会网站核验电子公证书。法国公证人高等理事会为了防止存储在 Real 上的数字档案和其他隐私数据被篡改甚至是外泄，还特意开设了数字证书行政监督系统，监视证书持有人在 Real 上的活动。与此同时，公证人通过 Real 访问 FCDDV，采用 MESSAGERIE@ NOTA-RIES. FR 收发邮件，不仅可以接入不同地区公证人事务所统一配备的办公软件，还能够达到办理电子公证书并经过电子公证文书传输系统 Télé@ ctes 发送到电子公证文书原本保管中心 MICEN 存储的目的，确保公证环境与流程的隐秘性和"清洁性"。

2. 意大利和日本的公证信息化建设

意大利同法国一样建立了自己的公证身份认证系统，实现了数据化。

---

① 参见周志扬、吕宏庆《法国、意大利公证信息化发展对我国的启示》，载《中国公证》2016年第 11 期，第 32 页。

意大利在 1997 年建立 R. U. N.（Rete Unitaria del Notariato）和 Notartel 公司信息技术中心，使得各地的公证人都可以通过 R. U. N. 这一全国公证专用保密网络统一办公，并利用 Notartel 公司开发的信息技术中心网络，采用统一的办公软件同其他公证机构、公民和政府部门进行安全、保密、快捷的公证学习沟通，① 节省了公证机构在自身管理上的耗费，将精力集中于公证服务本身。

日本的公证信息化建设主要围绕新系统、在线认证系统和遗嘱搜索系统展开。② 首先是新系统。日本早在 21 世纪初便开发了电子公证系统并将其应用到了公司章程的认证中，③ 该系统允许申办人以附上电子签名的形式制定电子章程申办公证。其次是日本公证人联合会于 2019 年前后为该电子系统引入"在公证人在场时认证"的程序，其是指公证人在对股份公司章程进行认定时，使用智能设备或者是视频设备与公证申办人进行实际接触，并在确保符合公证办理的其他要求的情况下进行认证。最后是遗嘱搜索系统。从 1989 年开始，公证后的遗嘱以及与之相关的文件信息均会被该计算机系统收纳，遗嘱利益相关人可以跨区域在日本任何一家公证机构申请查询被继承人是否进行过遗嘱公证和是否存有公证后的遗嘱文件信息，如果存在，便可以要求公证机构出具副本，由此避免遗嘱纠纷。

3. 小结

从上述法国、意大利和日本的公证信息化建设情况可以总结出如下经验。

首先，公证信息化建设应当趁早且步步为营。法国在 20 世纪便创建了公证数据库，并利用电子信息技术逐步构建起了公证信息化建设的基本框架，日本则是在 2000 年就开始将电子公证应用于实践，意大利全国一体的

---

① 参见周志扬、吕宏庆《法国、意大利公证信息化发展对我国的启示》，载《中国公证》2016 年第 11 期，第 34 页。
② 参见森田悦子《公证活动信息化建设》，载《中国公证》2018 年第 10 期，第 32 页。
③ 在日本，设立股份公司、一般法人团体或一般财团法人等法人时，需针对规定法人的成立宗旨、内部组织和活动的企业章程提交公证证明，所以只有通过公证人当面认证程序才能确保公司章程的有效性。

公证人网络 R. U. N. 自 1988 年至今已经运行了 30 多年。虽然我国公证信息化的建设也是从 2000 年开始的，但是至今还没有建立起像意大利一样统一有序的公证系统。

其次，自上而下整体推进。我国的公证体制改革推进困难且已经进入深水区，存在公证机构性质定位不明确、机构设置与管理职权主义和计划色彩过浓，公证行业协会地位式微且缺乏统一权威部门牵头等问题严重阻碍了公证信息化的建设。而不论是法国、意大利还是日本，它们都有一个强有力的公证行业协会牵头，公证行业本身已经基本参照拉丁公证制度以服务为导向进行了改革，公证行业具有鲜明的主体性意识与服务意识，公证行业和协会的地位较高，改革的推进并然有序且统一。

再次，要重视互联网和大数据的运用，并完善配套信息化系统。法国和意大利都以自己既有的公证系统为基础进行延伸，开发了一系列衍生的信息产品，有力确保了公证行业在互联网和大数据时代的独立地位。

最后，要注重公证行业与其他主体之间的互联与资源共享。公证行业不仅需要完善自身的公证系统与平台，注意公证数据与信息的存储与保密，还要实现数据开源，即建立内外两个系统，在利用电子身份认证将内网与外网隔离的同时，将外网与其他系统相链接，实现数据资源的互联互通。[①]如德国、法国公证人联手开发了 Bartolus（巴特鲁斯）平台，该平台与欧盟 EUFides 平台相链接，使得链接了 Bartolus 平台的联盟各国都能实现公证电子档案无国境办理。

五　从区块链到元宇宙：元宇宙时代公证信息化建设的出路

区块链技术本身有去中心化、不易篡改性、可溯源性等特点，其与公

[①]　参见张雪松《八届中国公证协会公证行业信息化建设工作情况回顾》，载《中国公证》2021 年第 8 期，第 12 页。

证行业结合形成的"区块链＋公证"发展模式符合当下公证信息技术和大数据发展的需要，形成了存证固证的"公证公信力和技术本身信任力"的双重增信效应，[①] 并且该技术去中心化的可信分布式存储技术，可以破解传统公证遭遇的信息易外泄、流动成本高和信息流动效率低等问题，可以很好地契合公证信息数据库的建设要求。但"区块链＋公证"的技术并不成熟，一般只能用于抓取图片信息，存在上链前信息真实性保障不足、技术漏洞而被计算机病毒影响、可能侵犯公民个人隐私、数据存储平台储量有限和监管风险等问题。所以必须对公证涉及的电子数据进行上链前的真实性审核，为全国公证业务搭建一个可以实现资源整合与共享的平台，升级区块链技术，使"区块链＋公证"制度更加完善。[②] 元宇宙作为一种技术汇集中心，是数据与人工智能先进科学技术叠加后未来数智世界的理想具象，[③] 可以利用其技术汇集的优势解决这些问题。

与此同时，21 世纪以来的信息技术革命催生了以大数据为底层架构的云计算技术、区块链技术、人工智能技术和虚拟现实信息技术，而云计算技术和区块链技术则以互联网为途径，汇聚起原本分散的数据，采用分布式的计算和存储技术破解了大数据存储、计算等问题，推动人类信息化更进一步。但需要注意的是，上述技术只是解决了信息领域的某个问题，落脚点比较分散，尚且没有形成集约型科技整体，且它们有不同的发展方向，不能解决信息一体化发展问题，这对于公证的整体信息化建设不利。因为越是分散，则越是需要公证主体投入更多的成本才能运行和维护。成本过高和风险的不易控制，使得公证机构利用这些先进信息技术进行信息化建设的可能性降低。所以必须在弄清楚这些技术属性的前提下，以底层共有的大数据为基础，将其融为一棵"科技树"，形成同一领域的不同分支科技

---

① 参见北京市方圆公证处课题组《区块链在公证实践中的应用》，载《中国公证》2019 年第 4 期，第 15 页。

② 参见杜牧真、解庆利、胡继晔《区块链技术在公证领域的应用初探》，载《贵阳学院学报》（社会科学版）2020 年第 3 期，第 45 页。

③ 参见赵星、陆绮雯《元宇宙之治：未来数智世界的敏捷治理前瞻》，载《中国图书馆学报》2022 年第 1 期，第 52 页。

点，以有序开展公证信息化建设。已经有学者发现了这一点，所以明确指出上述新兴科技之所以没法聚合成一个整体，是因为没有一个共同的发展方向，而元宇宙本身虽然不是一种新技术，但可以将诸多信息新技术集成起来统一刻画信息新世界，可以实现统合综效的整体目的，呈现未来信息技术革命以及信息世界的大一统景象。[①]

综合上述观点可以看出，公证信息化建设必须有效利用元宇宙这一虚拟现实平台的优势进行构建，但应当坚持"公证本位"，避免片面强调技术主导而造成公证行业自身地位的日渐式微。具体而言，可以从以下几个方面入手。

（一）原则指引：以"四大原则"为公证信息化建设背书

1. 坚持合法性与直接性原则

首先，公证信息化建设的定位和主体必须合法。世界各国公证信息化的建设，无一不是在先行立法和制定程序的框架下进行的，必须事先有法律的明确授权以及程序规则的相应修改。在公证法正式修订前，可以在《全国公证综合管理系统技术规范》等规范的基础上先制定《在线公证规则》，合法规制目前开展的在线公证活动，并就区块链技术等信息技术参与公证活动的具体条件与程序予以明确。与此同时，尽管不同国家和地区对公证信息化的理解以及采取的具体构建方案有差异，但是公证信息化建设不能偏离公证制度的"原点"和初衷。根据《公证法》第六条的规定，公证机构是依法设立，以公益和公共法律服务为目的的证明机构，而公证行为是一项具有公共职能性质的非讼司法程序活动，它兼具证明和服务两种职能，是社会治理体系现代化和非诉纠纷多元解决机制的重要组成部分，具有较大的社会价值。[②] 具体包括以下两个方面。一是公证文书做出的主体

---

① 参见黄欣荣、曹贤平《元宇宙的技术本质与哲学意义》，载《新疆师范大学学报》（哲学社会科学版）2022 年第 3 期，第 119 页。

② 参见周志扬《社会治理创新背景下对公证职能的再认识——从公证"证明论"和"服务论"之争谈起》，载《中国司法》2017 年第 2 期，第 55 页。

要合法。公证文书必须是根据申办人的申请,由享有公证职权的公证机构以及公证员依据真实的信息数据材料做出,除此以外的其他组织和个人无权做出公证文书。对于第三方企业为公证活动提供的信息数据,公证机构和公证员应当进行数据核验,确保信息数据的真实性。二是公证的程序必须合法。在公证信息化建设中,公证机构和公证申办人在互联网平台通过任何信息技术手段进行的公证活动都应当严格遵循《公证程序规则》的规定,违反该规则和效力性强制规范的公证文书,应当归于无效。

其次,公证信息化建设要坚持直接性原则。在公证信息化的实际运行中,第三方数据服务商只是公证活动的数据来源提供者,而不是数据的实际看管者,因为申办人按照公证机构的要求完成取证后,应当将第三方数据服务商提供的数据交由公证机构自有且有专门的电子密匙的网络存证平台存储,第三方数据服务商和申办人都无权直接接触该数据。与此同时,公证机构办理的公证所需的数据应当是承办公证员可以直接接触和掌握的,包括公证涉及的提供信息数据服务的第三方数据服务商自身的资质、提供的数据来源以及质量,都要由承办公证员亲自核验。

2. 坚持可检验性原则和安全性原则

采用信息技术得出的公证结论应当是可检验的,可以做到公证过程的可回溯,确保公证结论的绝对正确性。公证数据的安全性则主要是体现在公证数据中心的建设与管理方面,最重要的便是自建自管。基于信息安全、数据主权等因素以及电子公证档案的管理需要(大陆法系国家的公证档案被视为托付给公证人管理的国家公共财产),公证信息化的建设应当确保公证系统本身和公证数据的安全性及可靠性,具体而言,公证系统的信息平台应当是全国统一的公营平台,应排除具有商业或外国背景的平台,实现公证信息系统的准确性、完整性、可靠性、保密性。同时还要确保公证平台的物理安全、网络安全、应用安全和操作系统内部的安全,重点在于平台本身要有足够的能力抵御外来的计算机病毒。

在具体方式上,应当采取分布式建设方式(见图4)。一是数据中心可以有多个,即以省或者是某个连片区域为单位建设相对独立的公证数据中心，各自产生的公证信息数据自行存储在自建的公证数据中心（库）中，但是要确保该区域内的各个公证数据库可以相互关联，实现部分数据的共享，促进区域公证的协同发展。二是公证数据中心存储的内网数据只有经过公证系统电子识别认证的公证机构和公证员才有权限查看，任何其他组织和个人无权查看，以保证数据中心的隐秘性和安全性。

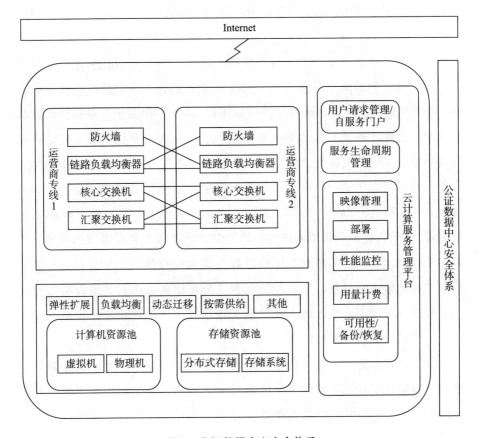

图 4　公证数据中心安全体系

资料来源：司法部《关于发布实施〈全国公证综合管理信息系统技术规范〉等 7 项标准的公告》（2019 年），载微信公众号"政策与法规"，2019 年 12 月 15 日上传。

（二）建设指引：以元宇宙大数据为支撑，兼顾"管理型"和"服务型"信息化建设

公证信息化的建设应当以元宇宙大数据为基础，分为内部建设和外部建设两个部分。内部建设最重要的便是公证信息数据中心的建设，外部建设则主要是网络身份验证平台和网络存证平台的建设。

1. 内部建设：建设"五库四系统"，推动"管理型"公证信息化建设

公证信息数据中心（库）应当依托公证元宇宙信息与技术这一集成中心进行"五库四系统"的建设，"五库"是指机构人员信息库、业务信息库、行业管理信息库、风险信息库、信用信息库，"四系统"是指公证行政管理和行业管理系统、公证基础数据系统、公证服务查询系统、公证征信查询系统。在迅速增加的公证业务中，存在大量关于公证申办人如自然人出生年月、家庭住址、联系方式等事关身份识别的重要信息以及法人和其他组织的工商登记信息、内部交易记录等关键数据，作为一种"沉睡的数据财富"，倘若公证机构能够将这些数据安全地存储在指定的数据库里，可以为公证机构业务的拓展和公证信息数据库的建设提供海量资源。但长期以来这些数据未能得到公证机构的重视，公证机构未能对其进行有效存储与分析并将之用于公证实践，其价值尚待挖掘。为了建设公证信息数据中心，具体可以从下列路径展开。

建立业务信息库，实现公证数据信息的抓取与录入。公证信息数据库建设的基础在于电子化和数据化的海量公证数据，首先是过往的纸质数据的转化。由于过去的公证数据往往都是纸质存档的，所以必须将这些纸质数据通过扫描或者其他方式转化成为电子数据（电子卷宗），实现公证档案的信息化。虽然任务量巨大，却是不得不做的工作，因为数据的积累是梳理和反思公证信息化建设的经验与教训的捷径。其次是当下公证大数据的抓取、筛选与分析。公证大数据的抓取对象分为办理前、办理中和办理后产生的数据。而筛选的数据主要是能够实现身份区别的关键信息，包括身份信息（本人及其关联亲属的姓名/名称、身份信息/证照）、公证事项、受

理日期、公证机构名称、公证员和助理人员姓名、公证申请表内容、办结记录等。这样做的好处在于当该申办人或该申办人关联亲属再次申办公证事项时，公证机构就可以直接从数据库里面调取与之相关的数据信息，省去重复性工作，并进一步将这些数据进行归类。比如借款类公证，可以对借款的金额、事由和用途、还款方式与期限进行抓取；遗嘱继承类公证，可以对遗嘱继承涉及的财产信息、继承人的年龄和职业等数据进行抓取。与此同时，将这些抓取的数据统一转化为电子信息数据存储到公证信息数据库之中。借鉴裁判文书网关于裁判文书查询的事项规定，根据公证事务的实际需要，整理形成公证事由、关键词、公证机构、当事人、区域、公证文书形成程序等选项，并进一步利用元宇宙技术对数据进行分析和关联，就可以形成申办人"画像"，结合申办人的电子签名，很容易就能识别和生成该申办人和关联关系人的亲属关系、资信状况等具有生物识别性质的信息，形成多条完整的数据链。公证机构存储和掌握这些证据链，可以建立属于自己的信息数据库，自然而然就拥有了独当一面的信息资源优势。

完善数据信息共享机制，实现公证行业信息数据库的融通与对接。长久以来，公证机构的信息化建设各行其是，重复投入的分散型发展模式在短期内看似取得了一些表面上的业绩，但实际上造成公证资源的浪费。特别是公证行业内部以及公证机构与其他行业之间尚未真正建立有效的信息数据共享机制，公证机构之间文书资料的调阅仍然有障碍。对于公证机构信息化的建设，公证机构内部应当首先实现行业聚力与抱团取暖。通过整合区域内的公证信息数据库可以形成集群优势。具体而言，构建公证信息资源目录管理系统、公证信息资源交换管理系统的总体架构，实现公证机构之间的信息数据交换的融通。

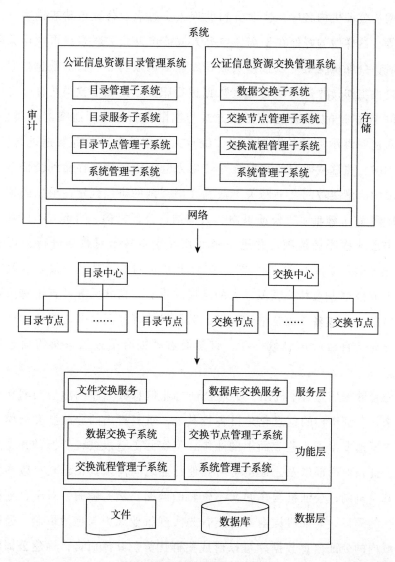

图 5 公证数据信息共享机制

资料来源：司法部《关于发布实施〈全国公证综合管理信息系统技术规范〉等 7 项标准的公告》（2019 年），载微信公众号"政策与法规"，2019 年 12 月 15 日上传。

对于公证行业与外部的信息数据共享平台的构建，应当设置公证行业与其他行业之间的数据接口，比如为落实《司法部 自然资源部关于印发

〈关于推进公证与不动产登记领域信息查询共享机制建设的意见〉的通知》①，2022 年山东省推进常态化的信息查询共享机制建设，推动公证机构与不动产登记机构的业务协同和服务创新，确保公证的一站式服务，"一窗受理、一次办好"，实行"公证 + 不动产登记"，实现了公证数据与不动产数据互联互通和不动产登记事务联办（见图 6、图 7）。2016 年上海市卢湾公证处还推动了"藏宝湾计划"，以公证信息数据采集和存储数据库为主体，以公证信息交换平台和公民身份验证平台为依托，通过对传统公证纸质卷宗中的当事人信息、亲属关系状况等关键数据进行采集、归类和分析来构建公证大数据库，以大数据的方式实现公证行业内部存量证明材料的实时调取，并在此基础上与民政、户籍、房产登记、银行征信等部门搭建信息共享的桥梁，从根本上解决"证明难"的问题。未来，可以进一步扩展到征信、婚姻登记中心、公安机关等系统，并进一步建立公证行业的知识智库和 PKI 系统，完善公证行业 CA 认证中心职能。

图 6　公证处查询不动产登记信息流程

图 7　不动产登记查询公证信息流程

---

① 参见《司法部　自然资源部关于印发〈关于推进公证与不动产登记领域信息查询共享机制建设的意见〉的通知》。通知要求各地司法行政机关和自然资源主管部门应积极推进部门间"点对点"信息查询共享机制建设和"点对总"信息查询共享机制建设，实现基于全国数据库查询结果的传输交换，满足公证和不动产登记领域对跨地区业务办理的需要。

2. 外部建设："在线公证的进化"，建设"服务型"生态系统

公证行业所具有的公共法律服务的性质要求公证信息化的建设应当以便民利民和为民服务为中心，建设一个非专业公证人员也可以熟练使用的外部操作系统。该系统应当以在线公证信息化办理平台为基础展开建设，其核心在于在线公证系统及其配套机制的完善，主要涉及虚拟现实环境的构建、当事人的身份识别、当事人意愿自由表达和数据传输安全性的确保、在线公证与地域管辖的调适、电子签约技术的改进等方面问题的解决。

首先是虚拟现实环境的构建问题。在线公证要解决场景失真问题，传统线下公证当事人面对面办理，不仅能让当事人感受到公证办理过程的严谨性和权威性，还可以确保公证审查的质量，预防假冒公证、虚假公证，而传统的线上公证当事人和公证机构之间隔着屏幕，公证环境具有严肃性和隐私性，给对当事人的身份核查带来不便。元宇宙拥有的虚拟现实技术可以创造一个具有仿真性和沉浸性的公证环境，当事人通过佩戴虚拟设备进入该空间，便可以实现面对面的交流与沟通。

其次是当事人的身份识别问题。基于元宇宙虚拟现实世界构架的公证信息化平台，一切公证活动的展开都必须解决当事人的身份识别问题，这是在线公证办理最为关键的第一步。必须开发符合公证标准的电子身份识别证书，加强对数字证书技术的学习并加强与其他行业数字证书认证资质企业的交流与合作，目前，可以先由申请人向公证机构提出申办申请，再由公证机构交给合作机构制发电子签名。只有合法拥有该电子签名和电子密匙的当事人才可以进入这个在线公证平台，查阅、办理和下载同公证有关的事项与资料。

再次是当事人意愿自由表达和数据传输安全性的确保。申办人的申请是公证程序启动的前提，所以需要确立各种"安全阀"机制以解决申办人的意思自由表达问题。[①] 有两种情况，第一种是申办人故意隐瞒事实做有利

---

① 参见施艺《在线公证框架下的身份真实、意思自由》，载《中国公证》2020 年第 6 期，第 54 页。

于自己的虚假陈述，第二种是申办人被胁迫的虚假陈述。对于第一种虚假陈述，公证机构可以将制作好的权利义务告知书在公证开始前送达申办人，要求申办人仔细阅读理解并在公证员注视下签字画押，申办人拒绝签字或者公证员合理怀疑申办人做虚假陈述的，公证员有权拒绝办理公证事项，并将此申办人纳入公证失信系统。而对于第二种虚假陈述，公证员在线上发现的，有权停止此次在线公证活动，以在线公证办理不适为由要求申办人到现场办理，在事后发现的，可以要求撤回该公证文书。如果有多个当事人，有条件的公证机构至少应让一名当事人出席，避免彼此串通，保证文书制作全过程中申办人的意思真实与自由。

同时，公证机构与当事人进行在线互动，必须使用公证机构提供或经加密且符合公证行业保密标准的信息技术平台，并主动与几大电信运营商寻求网络技术合作。公证开始前公证机构需要对申办人的网络环境和背景环境进行检查，申办人自身网络环境和背景环境不适宜开展在线公证办理的，可以让其到当地合作的电信营业厅进行，保证公证的严肃性、隐秘性和清洁性。而为确保公证的合法性、视频会议的流畅运行以及敏感数据的安全性，特别是涉及敏感数据的跨境传输时，平台应尽可能由公证行业直接运营或监管，或明确为此目的而设置。如果无法满足这一点，则必须极其谨慎地评估私营平台的使用。所以要对公证员进行保密培训，并要求公证申办人在事前签订保密告知书，要求其遵守公证办理数据保护的所有规范，还要加强对公证员保密知识和技能的培训，严守公证办理过程中接触到的各种个人信息和数据秘密。为了提高办证效率，还可以设置类似于法院庭前会议的预先咨询程序和前期在线讨论程序，对信息数字格式的原始申办材料进行分析整理，提前归纳公证事项的办理要点。

复次是在线公证与地域管辖的调适问题。元宇宙世界里的互联网在线公证具有跨区域性，甚至会跨国界，所以"在线出席"的公证行为可能对公证人地域管辖规则产生影响。远程视频公证或其他任何电子技术手段可能都需要考虑新的链接因素，如当事人的居住地或国籍，或者合同标的财产的地理位置。所以以"在线出席"方式所达成的文书，应当由那些最熟悉适用法律和当地要求并且更容易接触其他相关部门的公证人直接负责。然而，需要重视糅合国内和跨境技术工具的立法性规定，才能实现不同数字公证平台之间的通信（例如国内身份识别工具的跨境使用）以及数字文书的采纳、流通和执行。

最后是电子签约技术的改进问题。公证机构应当建立一个兼具可靠性和可操作性的系统，由公证人员实时向当事人直接提供最高安全级别的电子签名。没有条件采用电子文书的公证机构，可考虑在获得当事人明确同意的声明后，由公证人单独在文书上签字，此项事实应记载于文书之中。同时在元宇宙数字领域有时很难区分草稿和最终文本，要制定能够清楚区分草稿和最终文本的方案，只有各方的意愿在最终文本中达成一致时，行为或交易才被视为完成，如今这一点在文书的统一性中得到了明确的体现。[①]

上述便民的公证信息化建设举措，可以在提高公证办理的信息化水平的同时，实现公证当事人正当权利的保障，确保公证信息化建设的信息系统实现当事人敢用、好用以及用得安全、用得放心的目标。

六　结语

Web 3.0 背景下的元宇宙，是整合多种新技术而产生的新型的虚实相融的互联网应用和社会形态，将人类带入了"互联网＋N"的大数据时代。作为下一代的互联网，颠覆性的前沿信息化理念引起了学界和实务界的激烈反应，其进一步与现实生活的结合也势必会潜移默化地改变民众的信息化生活、生产方式，甚至促进法律智能化的革命性变革。而公证制度作为非诉替代性纠纷解决方式的重要一环，不论是出于国家推动参与社会综合治理的需要，还是基于公证行业自身未来发展的长远考虑，都必须重视元宇

---

① 《国际公证联盟在线公证十诫》，蔡勇译，载微信公众号"律政学堂"，2022 年 2 月 9 日上传。

宙背景下信息化建设的重要性。只有充分利用元宇宙背后所蕴含的互联网大数据技术集成进行公证信息化的建设，才能在促进公证行业的发展行稳致远的同时，把公证等非诉替代性纠纷解决机制挺在前面，实现纠纷的源头治理。

"逆数字化"视域下基层应急管理
体系的完善策略[*]

张玉洁　代诗琪^{**}

【摘　　要】数字化治理已经成为国家治理的大趋势，但是"逆数字化"带来的风险也不能忽视。"逆数字化"视域下基层应急管理的新特征包括"逆信息化"导致基层应急沟通渠道失效、"逆数据化"导致应急部门协作机制失灵以及"逆技术化"导致数字技术支撑手段失能。"逆数字化"视域下基层在应急管理体系中面临的困境包括县级政府决策权和基层管理权衔接不足、基层政府应急管理结构固化与失衡以及多元主体合作效能未被充分激活。针对以上特征和困境，我国应当构建"预制指令 + 网格应急"与基层应急管理体系的新型法治框架，包括运用"数字应急"法律条款赋权决策权下沉、制定基层应急方案中的预制指令和建立"网格应急一体化"法治体系。

【关 键 字】逆数字化；基层治理；协同应急

引　言

数字化逐步应用于国家治理的理论和实践中，"数字化建设"也在提高

---

* 本文系 2021 年度司法部专项任务课题"'逆数字化'风险下的基层政府急管理应系建设体研究"（项目号：21SFB4007）的阶段性成果。
** 张玉洁，广州大学法学院副教授，法学博士；代诗琪，广州大学法学院硕士研究生。

政府工作效率和政务便捷度等方面发挥着不可忽视的效用。然而，政府的数字化建设虽然提高了政府应对社会突发事件的治理效能，却也使得政府在应急管理体系建设中的弊端——过于依赖数字化——非常明显。在数字技术无法应用的"逆数字化"情况下，基层应对数字应急管理体系及其他突发事件的能力极度脆弱。虽然突发事件往往是天灾，但是从治理的角度来看，天灾很容易演变为人祸。在"逆数字化"情况下，整个社会会由"整体"割裂为"个体"，"垂直领导"的社会应急管理模式也将面临信息不通、执行力降低、管理区块化等问题。此时，基层政府的反应往往是决定应急处理效果的关键因素。为此，基层政府必须围绕"逆数字化"做好法律应对。基层政府在进行"逆数字化"应急管理时应当调动全社会的资源，协同作战，对"逆数字化"可能带来的风险进行全面评估，并采取相应的对策。因此，我们要正视"逆数字化"带来的巨大风险，构建"逆数字化"下的基层应急管理体系。

一 "逆数字化"视域下基层应急管理的新特征

当前我国数字政府的建设路径主要是依赖信息化路径、数据化路径和技术化路径，目的是提高政府的行政效率和服务效率。然而，在"逆数字化"的场合下我国当前以数字信息为基础构建起来的基层应急管理体系遇到了"逆信息化"导致基层应急沟通渠道失效、"逆数据化"导致应急部门协作机制失灵、"逆技术化"导致数字技术支撑手段失能的困境。

（一）"逆信息化"导致基层应急沟通渠道失效

"逆信息化"场景下有关保证信息流畅的措施都会失效，基层应急沟通渠道也会陷入失效的困境。社会的信息化水平是数字政府建设的应用基础，也推动着公众对数字政府诉求的回应。数字社会下我国当前基层应急管理体系主要是在预设和保证应急信息流畅的前提下构建的，并且专门做出了保证信息流畅的规定。在"逆信息化"场景下基层政府、社区和居委会无法将一手信息上传下达，上级政府无法根据一手信息制定对应的措施；而民众也成了无头苍蝇，不知道政府的应急措施。政府无法依据有效信息制定应对措施，那么应急措施也就无法在第一时间发挥它应有的作用和意义。因此，"逆信息化"导致基层应急沟通渠道失效主要体现在两个方面：基层应急沟通渠道的社会板块互联互通难和原有的科学统一的数据标准不适用"逆数字化"下信息不通的应急场合。①

一方面是基层应急沟通渠道的社会板块互联互通难。数字社会的数字信息具有高效交互的特点，数字社会的整体运作包括政府政务活动的开展都是基于高效交互的数字信息，在数字信息编织成的一张大网里，各个应急板块都能快速地根据信息找准自己的位置，进而根据应急状况制定精准有效的应急措施。但是在"逆数字化"情况下，数字信息的沟通渠道全部陷入瘫痪，数字信息的高效交互性特点难以体现，民众获取信息的途径开始转变为口口相传。这种退回到信息原始交流途径的情况就会产生两个问题：信息的真实性和应急政策的匹配度。应急决策机关难以获取应急信息，应急执行部门难以第一时间获取决策信息，社会民众难以第一时间知晓政府动向，进而导致整个应急制度的信息沟通陷入困境，难以实现社会应急板块的互联互通。

另一方面是原有的科学统一的数据标准不适用"逆数字化"下信息不通的应急场合。"统一"在意味着确立标准的同时，也意味着僵化和无法轻易改动。而众所周知，当应急状况发生时，需要处理的事项大多数不会是事先预知的，各种情况难以预料。此时，如果再用统一的标准去处理，就会造成应急机构效率低下。在"数字化"应急的场合，各项统一的数据标准是建立在各种强大的信息高效交互渠道畅通的基础上的。通过对一线应急信息汇总，整合成数据，制定统一的标准以提高行政效率。然而，"逆信息化"下统一的数据标准也无法达到它提高行政效率和服务效率的目的。

---

① 汪玉凯：《数字政府的到来与智慧政务发展新趋势——5G 时代政务信息化前瞻》，载《人民论坛》2019 年第 11 期，第 34 页。

总的来说,"逆信息化"使得数字社会的信息交互高效化特征难以体现和信息接收反馈渠道陷入瘫痪,从而使基层应急沟通渠道失效。

(二)"逆数据化"导致应急部门协作机制失灵

数字社会的数据化就是将各个渠道和平台上的海量数据汇集在一起,再通过清晰化的管理和应用来赋能治理的优化和提升。然而"逆数据化"将会导致应急部门协作机制失灵,无法使数据达到赋能治理的优化和提升。

首先是基层应急的数据资源共享难。在"逆数字化"的场合下,数据统计部门无法在短时间内获得大量信息,因而也就不能及时将信息整合成数据。同时由于所有高效沟通的信息途径都暂时性地陷入了瘫痪,已有的数据也无法及时与其他应急部门分享。因此无法像数字化社会运转一样,将收集到的数量庞大的各类信息按照不同的要素分类整合成各种不同的数据,进而分析整合。正是因为"逆数据化"缺乏对这些数据的整合分析,无法掌握一手情况,也无法与其他部门应急协作,导致应急部门协作机制失灵。

其次是基层应急机构业务协同难。我国包括基层在内的政府机构的业务协同主要是通过信息沟通和数据分享的方式来进行的。当社会遇到突发情况需要处理时,做出应急措施的往往不是某一个单独的政府机构,通常都是要协调各个政府机构才能使应急措施执行下去。但是"逆数字化"导致的信息不通、信息传播渠道单一以及数据收集受阻,使得本应高效的政府机构业务协同陷入困境。

最后是基层机构间数据汇总及数据分析的合作机制失灵。"逆数据化"使得基层数据的收集和分析的常用路径陷入瘫痪。[①] 这是因为应急管理对数据收集的常规路径是由不同的基层部门负责的——基层数据涉及的社会板块众多,需要不同的部门各自收集所负责领域的数据再进行汇总分析以提

---

① 参见郑跃平等《地方政府部门数字化转型的现状与问题——基于城市层面政务热线的实证研究》,载《电子政务》2021年第2期,第41页。

高效率。而如前文所述，"逆数字化"使得社会板块互联互通难，基层应急机构无法及时获得数据，对已有的数据汇总分析。"逆数字化"导致在遭遇到极端灾害导致断电、断网的情况下无法收集数据或使用备份数据完成基层应急机构的协作要求。以 2021 年 7 月 20 日发生的郑州特大暴雨为例，在暴雨发生以后断电、断网的"逆数字化"造成了数据的无法提取和使用，应急部门也无法实现数据的协作共享。这是因为现有的数据管理方式基本上是依赖各大数据库，很少对数据进行备份和开展数据宽带建设，从而使得数据对网络和设备的依赖性很强。同时现有的数据分析方式基本上都是依靠各种算法技术或者编程通过算法程序运行得出的结果，虽然符合数字社会智能高效的服务理念，但是无论是算法技术还是电脑编程的运行，都需要最基础的电或者网。当缺乏这两项最基本的物质基础时，算法技术就无法对数据进行高效的分析。因此在郑州特大暴雨发生后，整个城市的数字信息的交互方式和网络数据的汇集分析交往都陷入了"逆数字化"合作机制失灵的困境。

（三）"逆技术化"导致数字技术支撑手段失能

随着数字技术的发展，我国应急管理体系的技术依赖性也逐渐增强。进而导致"逆技术化"成为我国应急管理体系"逆数字化"难题的重要表现形式。在以技术支撑为基本理念的应急管理体系中，信息和数据作为其核心要素，通过技术手段实现信息和数据的交互、分享以及分析。然而"逆信息化"和"逆数据化"使得信息交互和数据处理陷入困境，进而导致"逆技术化"下数字技术支撑手段失能。一方面是数据管理的数字技术手段失能。以往数字化的数据管理方式都是将数据统一储存在硬盘或者是数据库里，有专门的人员进行管理。这种数据的管理方式在"逆数字化"场合只会造成数据的无法提取和使用。现有的数据管理方式过于依赖数据库，缺乏对数据的有效备份，数据宽带建设不足，无法应对极端的"逆数字化"场合下的数据管理要求。

另一方面是数据分析的技术手段失能。现有的数据分析方式基本上都是依靠各种算法技术或者编程通过算法程序运行得出的结果,这也符合数字社会智能高效的服务理念。然而"逆数字化"导致大数据和人工智能技术无法发挥作用。在数字社会中,大数据主要发挥的是资源配置、风险研判和智能监管等作用。大数据是社会治理数字化的底层技术,它的应用是为了解决数据交互和"信息孤岛"问题,以实现信息的高效交互,提高服务效率。然而这种底层技术,要依靠网络进行数据收集和分析。在"逆数字化"场合,大数据运作也会遇到困难,整个大数据系统将陷入瘫痪,无法承担海量数据的汇集交互以及分析工作。同时,人工智能技术也无法再为应急管理提供精细化的技术支持。人工智能技术提供的是一种融合性的技术支持。其主要目的是应对公众对公共服务的个性化需求,以提高公共服务的效率和质量。但是这种人工智能技术的应用是需要大量的信息和数据的,也就是说,公众的个性化需求是需要一定的渠道传达的,但是"逆信息化"和"逆数据化"导致这些信息无法被收集,人工智能技术所能提供的精准化个性服务将无法实现。"逆数字化"场合下算法技术和电脑编程都无法发挥作用,基层应急机构对数据的分析方式就转化为人工方式。然而,哪怕是信息沟通渠道不通畅,应急部门数据分析人员面临的分析数据依然是一个庞大的数字,这需要大量的人力资源和时间去完成。显然,这种情况与"应急"的内涵不符,无法达到及时和高效的目的。

二 "逆数字化"视域下基层在应急管理
体系中面临的困境

从社会治理的角度来看,正确的处置会抑制灾害结果的扩大。而基层在应急管理体系中处于关键地位,但"逆数字化"给基层在应急管理时带来了新的困境。在"逆数字化"的影响下,社会不再是一个"整体",而是变成了一个个的"个体",政府垂直领导的应急管理模式也受到挑战。

（一）县级政府决策权和基层管理权衔接不足

"逆数字化"下县级政府的决策权和基层管理权的衔接矛盾突出。从我国的应急现状来看，在吸取了近年来各大公共突发事件的经验和进行公共应急管理改革以后，各级政府加快建立应急指挥平台。然而尽管应急指挥平台建设进程加快，但是县级政府决策权和基层管理权指挥关系和流程规制存在差异、协调衔接难度太大的困境依然没有得到改善。对于应急指挥来说，权责配置是其核心部分。权责配置的主要含义就是确定怎样的领导权关系和相应的组织结构框架来应对常态化和紧急的公共事件。① "逆数字化"下基层应急管理体系也不应例外，但是"逆数字化"导致县级政府决策权和基层管理权衔接不足，主要体现在以下三点。

首先，垂直领导的应急管理模式遭遇困境。"逆信息化"会导致县级政府的决策者和基层管理者之间信息不通，基层管理者无法执行。同时社会被"逆数字化"割裂成了一个个的"个体"，应急管理体系也由原本整体联动的状态陷入板块化的管理境地，无法达到高效服务和正确应对突发事件、减少损失的目的。

其次，县级指挥和社区执行间衔接不足。按照《突发事件应对法》的规定，我国的基层应急管理是由县级以上政府来决策的，应急管理决策权在县级政府。应急执行主要是由村居两委来执行的，应急管理权在村居两委。"逆数字化"给基层应急指挥协调工作造成了压力。"逆数字化"场合下基层政府（镇、街政府）、村居两委在应急管理职能划分上并未做出细分。从纵向来看，"逆数字化"情况下应急执行者可能会因为利益冲突而执行不到位。从横向来看，系统内部应急职责的交叉可能会导致应急决策一时三变，而"逆数字化"使得关键信息传达受阻，无法达到应急的目的。

最后，基层管理权处于被动地位。"逆数字化"下基层的应急管理权受

---

① 参见刘泽照《中国公共卫生应急指挥的逻辑进路——动态调适与效能增进》，载《内蒙古社会科学》2022 年第 2 期，第 16～24 页。

制于科层体制，无法自由发挥，基层管理权处于被动地位，只能"等"上级指令。在"逆信息化"的影响下，信息传达受阻。当决策者发出的指令传达给执行者时，形势瞬息万变。应急响应时机很有可能被延误，导致应急政策执行者处置不当，扩大灾害后果。因此，垂直领导的应急管理模式遭遇困境、县级指挥和社区执行间衔接不足以及基层管理权处于被动地位导致了基层政府的应急决策权和基层应急管理权衔接不足。

（二）基层应急管理结构固化与失衡

在"逆数字化"的情况下，社区应急管理的系统性困境越发凸显，其中最突出的就是基层应急管理结构的固化和失衡。基层应急管理虽然已经进行了应急机构和应急管理体系的改革，却无法应对"逆数字化"的要求。

从横向来看，"逆数字化"场合下基层应急面临的难题是如何协调各个部门间的利益关系，从而使应急机构的应急职能发挥真正的融合作用，达到1 + 1 > 2的效果，而不是简单的职能叠加。[①] 在"逆数字化"情况下，"逆信息化"和"逆数据化"导致基层应急职能部门间信息沟通困难和数据共享困难，基层应急机构面临协同难的局面。在应对跨界灾害以及各类次生灾害时更需要各个部门职能作用的融合性发挥。同时，在"逆数字化"情况下需要协调应急管理与常态化管理之间的矛盾，因此在这种情况下如何协调各个部门间的利益关系，提高基层各部门的协同能力，使"逆数字化"应急管理体系发挥最大效能，是构建"逆数字化"应急管理体系时应当着重考虑的。

从纵向来看，我国的应急管理一直存在"重高层，轻基层"的问题，在"逆数字化"情况下，这个问题更加突出。基层承担的应急任务是最重的也是最关键的，但是在"逆数字化"情况下，基层所需要的很多应急资源和人员都是缺乏的。从资源调动来看，我国的应急资源配置呈现"倒金

---

① 参见朱正威、吴佳《新时代中国应急管理：变革、挑战与研究议程》，载《公共管理与政策评论》2019 年第 4 期，第 50 页。

字塔"结构——越是应急资源最紧缺的下级越缺乏应急资源。而基层没有足够的权力调动社会资源应急。从人员调动来看，基层在处理较高等级的自然灾害时，需要大量的专业人员，而基层能调动的人员有限，随时面临无人可用的境地。从应急能力来看，基层人员的应急能力无法应对"逆数字化"的复杂情况。基层人员大多由文化知识水平不高、年纪偏大的人员组成，哪怕进行过应急培训，他们的理解力也很难跟上"逆数字化"瞬息万变的应急要求，因此当灾情发生导致"逆数字化"时，他们的应急反应迟缓和应急能力不足可能会导致采取的应急措施不当，严重制约基层管理效能，进一步凸显基层应急管理的脆弱性。在"逆数字化"情况下，基层人员的应急能力提升也是社会由整体变为个体的要求。[①] 基层应急管理结构固化与失衡，最终导致的后果就是应急时机的延误，甚至可能导致次生灾害以及重大舆情的发生。

（三）多元主体合作效能未被充分激活

基层应急管理是一项复杂的系统性的工作，它需要发挥基层政府和社区、街道办、党组织、其他社会组织、社区居民的合作效能。以北京市为例，北京市在 2019 年和 2020 年相继出台了《关于加强新时代街道工作的意见》和《北京市物业管理条例》，分别强化了街道社区党组织在公共安全治理中的基层领导地位和将物业服务人纳入社区公共安全风险治理体系，是对基层应急多元主体合作的一大探索。[②] 然而从我国目前的政策和实践来看，在"逆数字化"情况下，基层应急管理体系中非常重要的多元主体的合作效能尚未被充分激活，主要体现在以下两点。一方面是基层应急管理体系缺乏将各主体纳入基层治理的制度化渠道。以北京市所建立的公共安全管理体系来看，该体系虽然包括了多种主体，不仅有国家主体，还有社

[①] 参见颜德如、张玉强《新时代社区应急管理变革：逻辑、困境与模式选择》，载《哈尔滨工业大学学报》（社会科学版）2021 年第 6 期，第 39 页。

[②] 参见张丽娜、孙书琦《超大城市基层社区公共安全风险治理困境与提升研究——基于北京市社区的调查分析》，载《中国行政管理》2021 年第 12 期，第 142～147 页。

会力量和志愿者，但这些主体间都是临时性的合作，即以社区居委会为主要力量，社会力量是辅助应急的暂时性力量，人员素质不一。同时极度依赖信息以及数据，缺乏一个长效的参与机制，从而使得多元合作的效果大打折扣。因此，当各主体依靠"高度信息化"和"高度数据化"建立起来的暂时性合作受到"逆信息化"和"逆数据化"的冲击时，这种暂时性合作能否成功建立都是存疑的，遑论充分发挥其效能。因此需要建立一种有长效参与机制的社区治理制度化渠道，确保在"逆信息化""逆数据化"的情况下，各个治理主体也可以最快的速度参与到应急响应中去。另一方面是缺乏有效的激励机制提高基层力量的参与度。如果"逆数字化"基层应急体系缺乏行之有效的激励机制，基层应急力量就会呈现成员组成单一和参与频率不高两种局面。基层力量各有所长，有些有丰富的资源，有些有突出的能力，有些有专业的技能，在应急状态下，这些资源或者能力都是非常关键和紧缺的。然而实际情况却是，基层力量组成成分单一且很少参与到社区应急风险评估、应急预案制作的过程中。有效的激励机制对于提高基层力量的参与热情是必不可少的。在"逆数字化"情况下，社会被"逆数字化"分裂成了"个体"，每个个体的力量是有限的，单个的个体无法很好地应对紧急情况。因此，需要一定的激励机制，激发基层力量的参与积极性，提升各主体间的协作水平，整合资源，共同应对紧急情况。

三　构建"预制指令＋网格应急"与基层应急管理体系的新型法治框架

在"逆数字化"的应急管理难题下，对于基层而言，对突发事件的有效处置往往取决于对客观情境的精准研判，以及建立在此基础上的充分决策权。立法应当充分总结地方应对突发事件的经验和教训，提升基层政府对突发事件的研判能力；运用"数字应急"法律条款赋权决策下沉；通过应急方案预先制定指令、网格化应急等方式，建立多元应急管理体系，提升基层应急管理能力。

（一）运用"数字应急"法律条款赋权决策权下沉

破解"逆数字化"下基层管理的困境，首要的就是衔接好县级以上政府应急指挥权与基层应急管理权，在紧急的"逆数字化"情况下，缩短决策权传达的时间，争取处理灾情的最佳时间。因此，在构建基层应急管理体系的新型法治框架时，以衔接县级以上政府应急指挥权与基层应急管理权为出发点，可以运用"数字应急"法律条款赋权决策权下沉。"数字应急"法律条款规定基层在"逆数字化"情况下以应对突发事件为目的，对原本应当由县级以上政府决策的事项临时拥有决策权以应对突发险情，保证应急时机不被延误。在运用"数字应急"法律条款赋权决策权下沉时有几点需要注意。

首先是"数字应急"法律条款所赋决策权的具体内容。任何政策的制定都需要对现状、预测、目标、因果、协调等各种知识进行组合，再根据不同的流程和知识基础，将决策权划分为议程设置权、目标设定权、问题界定与方案规划权、方案审查权、决断权。在"逆数字化"下，"数字应急"法律条款无须赋权全部的决策权，如议程设置权就完全不用赋权下沉。从应急救援的目的来看，"数字应急"法律条款主要赋权的决策权内容是基于目标知识的目标设定权，基于因果知识的问题界定与方案规划权，基于协调知识的方案审查权，以及基于目标知识、协调知识、因果知识的决断权。[①]

其次是"数字应急"法律条款所赋决策权的具体基层组织。街道办、村居两委是"数字应急"法律条款赋予决策权的主要基层组织，这些组织熟悉其管辖范围内的事项，对实施政策富有经验，具有现状知识、因果知识等优势，在"逆数字化"情况下能在最快的时间内做出反应。除此之外，由于相关职能机构具有协调知识优势，它们也可以作为"数字应急"法律条款赋予决策权的对象。

---

① 王礼鑫：《公共政策的知识基础与决策权配置》，载《中国行政管理》2018 年第 4 期，第 102 页。

最后是"数字应急"法律条款赋权基层决策权后的控制措施。"数字应急"法律条款并不是将决策权全盘转让给基层，而是在"逆数字化"的特定情况下由基层暂时享有部分决策权。因此在"逆数字化"情况消除之后，基层需要对暂时行使决策权的情况向该决策权的法定行使机关做出书面说明和备份。说明的内容包括所决策的内容、已实施的措施等，以方便上级组织对应急事项和决策内容有充分的了解和安排后续相关事项。

（二）制定基层应急预案中的预制指令

应急预案是对应急响应、处置和救援措施在组织、业务和保障等多个维度上进行统筹安排的综合性文件体系。针对"逆数字化"的特点，相关部门在制定应急预案的时候，需要制定预制指令来应对"逆数字化"带来的困境。从现有的国内外应急经验来看，风险评估是制定应急预案的基础，预案内容的完整性、预案在实际应急工作中的可操作性、应急处置的快速性是有效的应急预案所必须具备的三项特性。结合"逆数字化"带来的基层应急沟通渠道失效、应急部门协作机制失灵以及技术支撑手段失能的特点，而预制指令的内容又必须满足预案内容的完整性、预案在实际应急工作中的可操作性、应急处置的快速性的要求，[①] 基层应急预案中的预制指令可以做如下设定。首先是设定预制指令的风险评估和启动条件分级分类的规范化要求。将"逆数字化"的情形按照不同的危害后果，设定不同的风险级别。再针对不同风险级别的"逆数字化"情形应用不同的预制指令。设置预制指令是为了提高效率，因此预制指令的内容应当是简洁的，操作流程也应当是简洁的。因此，可以将预制指令模块化，根据应急的不同要求将预制指令的内容分成不同的模块，并且用不同的代号标记。在不同灾害类型、行业、地域或特殊时期下，可以将预制指令的内容分成三大模块：指挥协调模块 A、资源能力调动模块 B 和数字符号模块（＋、－）。指挥协

---

① 赖俊彦等：《应急预案体系标准化构建的初步研究》，载《灾害学》2021 年第 4 期，第 141 页。

调模块 A 主要是指在遭遇到"逆数字化"情形时，明确规定应该由哪些职能机关负责，按照不同的部分和职责再细分为更小的模块并编号。资源能力调动模块 B 是将"逆数字化"中基层组织所需要的人力、物力资源分门别类编号。数字符号模块（＋、－）是将 A、B 模块按照不同的风险级别要求与数字符号结合起来，例如[（A—1）＋（A—2）]＋[（B—1）－（B—1—2）]就是需要编号 A—1 和 A—2 的部门协作提供编号 B—1 的资源，但是不需要编号 B—1—2 的资源。通过预制指令的方式，灵活处理"逆数字化"的应急需要。同时预制指令也可以有效应对"逆信息化"带来的信息沟通不畅的问题——各职能部门只需要按照预制指令的要求做好自身的事，就能确保在没有沟通的情况下，各个部门能够协作处理灾情。

（三）建立"网格应急一体化"法治体系

"逆数字化"视域下的基层应急管理体系的法治化构建要以安全防控一体化为重心，以应急指挥一体化为重点，以应急救援一体化为手段，结合安全宣传一体化，集中基层各方力量，以社区网格化管理为基础，建立"逆数字化"下"网格应急一体化"的基层应急体系，以提高基层政府的应急管理效能。

应急指挥一体化指的是基层政府以网格为单位指挥"逆数字化"下的应急救援工作。在应急指挥中，为了避免不同部门的行政指令冲突，统一由基层政府的某一部门或者临时组建的部门发布统一的指挥命令，并由这个组织以网格为单位协调组织各部门的活动。安全防控一体化是指在"逆数字化"到来之前，基层政府要对所辖区域内的网格单位有清晰的划分。在"逆数字化"之前，基层政府统一对网格内的情况进行摸排调查，包括常住人口、特殊情况以及特殊药物需求等。在此基础上制定应对"逆数字化"的一体化预制指令，确定各个网格的应急场所以及制定具体的应急措施。① 安

---

① 参见朱秀梅、林晓玥、王天东《基层社区数字化应急管理系统构建研究》，载《软科学》2020 年第 7 期，第 72~73 页。

全宣传一体化是指在基层政府的统一部署下，以网格化的方式开展关于"逆数字化"的安全宣传。基层政府应当发动社会多方力量参与，引导舆论，宣传教育，在网格管理的模式下使人们正确认识到"逆数字化"带来的安全问题，从而使社会可以正确认识并重视"逆数字化"下应急管理体系的构建。同时基层政府可以在安全宣传中发动专家与科研机构教育和培训现有的基层工作人员，提高他们的应急能力和应急意识。同时可以提高居民应对"逆数字化"危机的能力和意识，鼓励居民参与"逆数字化"救援。

应急救援一体化是指以网格化为单位，统一规划救援力量和救援物资。在"逆数字化"情况下，基层政府在救援受灾群众时，应当统一部署，在防控一体化的基础上进行救援人员和救援物资的分派，以提高接入救援力量的速度。同时在加强医疗体系、军警系统和消防系统等应急队伍的多方联动体制机制建设的基础上，注意发挥社会组织和社区居民的辅助作用，提高基层与救援力量的配合度，高效救援。

结　论

"逆数字化"下基层应急管理面对的不仅仅是"逆数字化"本身的问题，还有基层应急管理本就有的难题。基层应急本身就面临人员和物资短缺，以及基层应急人员应急能力不够等问题。当这些问题遇到"逆数字化"时，情况会变得愈加复杂，应急部门的应急能力也会变得极度脆弱。因此，在"逆数字化"的风险下，如何提高基层应急质量、应急效率以及协调基层决策权和基层政府指挥权之间的矛盾，就成为基层应急管理体系法治化的重点问题和难点。同时也要考虑如何在实践中对接多元应急管理理论。在基层应急管理体系法治化的过程中，还应当细化基层应急管理权的运行和操作机制等原理，使基层应急管理权在理论和实际操作中都能更好地应对"逆数字化"带来的困境。

数字性犯罪：概念类型、现状综析和治改方略[*]

杨学科^{**}

【摘　　要】 在数字社会中，以互联网为媒介的数字网络空间已成为日常生活中不可或缺的重要基础设施，数字技术、网络空间与性暴力相结合的数字性犯罪也呈上升趋势。数字性犯罪是利用数字技术作为手段或工具，对他人进行性恐吓、胁迫、骚扰、羞辱或侮辱等行为，是将他人视为性玩物或侵犯其权利的性犯罪。数字性犯罪作为一种新型犯罪现象，发展迅激，犯罪猖獗，手法多样，而法律在预防或惩罚方面稍显迟缓、亟待完善。为此，刑事政策应以根除到底的姿态应对，不仅应通过修订法律，侧重于规定所犯罪行的内容和性质，有效防止数字性犯罪及其累犯，而且还应负责改进对数字性犯罪受害者保护和防止二次伤害的有效措施。

【关 键 词】 数字性犯罪；数字性诱骗；量刑；元宇宙

数字性犯罪令人发指且贻害无穷，是一个在数字时代自始即有、从未消失、至今仍未解决的问题，应是数字时代的"公众之敌"。在 2020 年主要针对女性的韩国"N 号房"事件后，2021 年 4 月第 2 起"N 号房"事件性别暴力的对象变成了男性，由此可见，数字世界中的性剥削食物链不仅

---

　　* 本文系国家社科基金重大项目"数字社会的法律治理体系与立法变革研究"（项目编号：
　　　 20&ZD177）的阶段性成果。
　　** 杨学科，广东金融学院法学院讲师，法学博士。

围猎女性，而且对男性也投掷诱饵。① 面对数字技术催生的一波针对年轻女性和女童乃至男性的数字性犯罪浪潮，民众开始呼吁出台针对数字性犯罪的新法律，数字性犯罪成为民众热议焦点。然而，2021 年人权观察的一份报告《我的生活不是你的色情：韩国的数字性犯罪》② 揭示，韩国对数字性犯罪的处理"不够"，实际上可能正在使受害者重新遭受创伤，数字性犯罪再次引发热议。

数字技术确确实实改变了个人和社会互动以及影响他人的方式，数字技术的可获得性促进了性犯罪的数字可获得性。美国艺术家安迪·沃霍尔（Andy Warhol）曾言，"性在屏幕上比纸面和床第上更令人亢奋"。③ 信哉斯言，产生性欲的并非性器官，而是大脑，④ 性也的确开辟了一个新的空间——数字空间，我们的身体不仅处于物理世界，也将置身数字世界中。在数字社会中，以互联网为媒介的数字网络空间已成为日常生活中不可或缺的重要基础设施，这次"人类经历的最深刻的变化"⑤ 也为数字性犯罪提供了"一个前所未有的大规模分发论坛"⑥ 和"超可视化的色情文化"，数字技术、网络空间与性暴力相结合的新型犯罪现象——数字性犯罪的数量也呈上升趋势，譬如在社交媒体和网站上暴露对方不想公开、被接触的图像之类的骚扰正在增加，色情复仇等正在世界各地发生。美国白宫报告称，全球有 85% 的妇女和女童遭受过某种形式的网络骚扰和虐待。在美国，三分

---

① 数字性犯罪中有大量男性受害者，30% 左右的受害者是男性。在我国 2017 年的一项网络调查中，女性曾遭受网络性骚扰的比例为 71%，男性则为 29%。参见叶佳惠、李梦玲、江剑平《网络性骚扰现状调查与分析》，载《保健医学研究与实践》2018 年第 1 期，第 19 页。

② Human Rights Watch，"My Life Is Not Your Porn：Digital Sex Crimes in South Korea"，Boletin De Rechos Humanos，（Jun. 16，2021），https：//boletinderechoshumanos. wordpress. com/2021/06/16/my-life-is-not-your-porn-digital-sex-crimes-in-south-korea/.

③ A. Warhol，*From A to B and Back Again：The Philosophy of Andy Warhol*，Pan Books，1976，p. 46.

④ 〔日〕上野千鹤子、田房永子：《从零开始的女性主义》，吕灵芝译，北京联合出版公司，2021，第 133 页。

⑤ 杨学科：《数字时代的"新法学"建设研究》，载《法学教育研究》2021 年第 2 期，第 63 页。

⑥ T. Sanders，*The Oxford Handbook of Sex Offences and Sex Offenders*，Oxford University Press，2017，pp. 11 – 12.

之一的 35 岁以下女性以及超过一半的 LGBTQIA +①人群，在网上遭受过性骚扰和跟踪。② 总之，数字性犯罪已成为世界范围内的一个问题，绝非"微小的偶发事件"。③ 但在韩国却是一个特别的问题，韩国长期以来是全球非法拍摄和分享露骨图像和视频的中心，堪称"世界数字性犯罪之都"。这种数字性犯罪像传染病一样蔓延于线上线下，具有严重的社会危害性，对受害者个人的生活会造成严重损害，其具有半永久性、可扩散性强等特点，能广泛、不断地传播和复制，甚至成为一个严重的颠覆现有性价值秩序的"手心里的地狱"。④ 然而，在某些地区的社会制度和观念中，数字性犯罪还被视为言论自由、轻微恶作剧和轻微犯罪，如赫伯特·乔治·威尔斯（Herbert George Wells）在《现代乌托邦》中所直言的那样，"犯罪和糟糕的生活是衡量一个国家失败的标准，所有的犯罪归根结底都是社会的犯罪"⑤，作如是观，一个国家在社会制度和观念上如果不认真对待数字性犯罪，那很难称得上是个文明的国家。可是，学界对数字性犯罪关注较少，亟待专门性研究。有鉴于此，本文以"数字性犯罪"作为基本术语，以数字性犯罪概念类型和现状分析为中心，探讨解决数字性犯罪问题之方略。

一 数字性犯罪的概念和类型

数字性犯罪是数字时代的新现象，电脑和手机的普及和可访问性日益增强，将性暴力带入了数字领域，性暴力案件越来越多地具有数字成分。

---

① LGBTQIA + 是指性少数群体，包括女同性恋、男同性恋、双性恋、变性人、双性人等。这种歧视主要体现在通过将 LGBTQIA + 与恋童癖和数字性诱骗联系起来，试图对 LGBTQIA + 的身份进行去人性化和去合法化。

② C. Crockett, R. Vogelstein, "Launching the Global Partnership for Action on Gender-Based Online Harassment and Abuse", The White House, (Mar. 18, 2022), https://www.whitehouse.gov/gpc/briefing-room/2022/03/18/launching-the-global-partnership-for-action-on-gender-based-online-harassment-and-abuse/.

③ 〔韩〕追踪团火花：《N 号房追踪记》，叶蕾蕾译，湖南文艺出版社，2022，第 110 页。

④ 〔韩〕追踪团火花：《N 号房追踪记》，叶蕾蕾译，湖南文艺出版社，2022，第 2 页。

⑤ H. G. Wells, *A Modern Utopia*, Charles Scribner's Sons, 1905, p. 144.

数字性犯罪就是随着数字信息通信、计算机、互联网、元宇宙等科技发展而出现的新型犯罪。然而，在数字性犯罪中，性犯罪的概念与传统性犯罪（强奸、强迫猥亵和卖淫等）不同，数字性犯罪是利用数字新技术作为手段或工具，对他人进行性恐吓、胁迫、骚扰、羞辱或侮辱等行为，是将他人视为性玩物或侵犯其权利的性犯罪，其线上线下性质超出物理空间的时空性，传播速度快，传播范围广，其犯罪形式已经超越了商品化，呈现犯罪产业化态势。而且，数字性犯罪只是实际使用的概念，法律上没有明确说明。随着数字媒介的发展，数字性犯罪正在演变，法律空白正在产生，因此需要对此专门探讨以周全应对。

（一）数字性犯罪的概念

数字性犯罪并不是一个法律概念，这一概念初肇于 2015 年韩国一个名为"数字性犯罪出局"（Digital Sexual Crime Out，D.S.O)[①] 的妇女组织，至今也只是作为政策术语在使用。实践中，它与网络性暴力/犯罪、在线性暴力/犯罪等术语淆混。网络性暴力/犯罪认为侵犯性自决权的行为发生的地方是网络空间，是指在网络空间发生的性暴力犯罪、非法传播（无论是否同意拍摄）、基于网络和通信媒体的淫秽行为、网上性骚扰等的统称。这样描述数字性犯罪是存在缺谬的，将最基本的非法拍摄之类的制作型性犯罪行为先行排除，置于概念范畴之外。在线性暴力/犯罪将犯罪/暴力行为限隔在在线空间，这样描述数字性犯罪是存在局限的，由于其作为数字内容的性质，在离线和在线空间都可以进行，表现出性犯罪的模式，因此将其界定为"在线性犯罪"存在违谬性，（离线性的）数字化拍摄或记录可以大规模传播到信息网络空间。这是因为数字信息具有可复制性，很难区分原本和副本。此外，由于数字信息容易被伪造和篡改的性质，其也可以进

[①] D.S.O 的前身是"Soranet Out Project"，是为了关闭互联网上拥有超过 100 万会员的付费网站"Soranet"。Soranet 是一个鼓励分享女性醉酒、被强奸场景以及酒店偷窥视频的偷拍自拍分享网站。据统计，从 2001 年到 2016 年，Soranet 上的偷拍视频高达 41400 多个，每天都有至少 100 张偷拍图片和 30 个偷拍视频被上传分享。

行复杂的编辑，因此，数字性犯罪可能意味着以数字设备和信息通信技术为媒介的线上和线下性犯罪，强调无限可复制性，允许跨越在线和离线、网络空间和现实空间边界。

总而言之，由于网络性暴力/犯罪、在线性暴力/犯罪等只是在网络或在线通信环境中实施的暴力/犯罪，因此无法反映通过数字设备（智能手机、可穿戴设备等）参与互联网传播、消费和参与非移动设备拍摄行为的性质。况且，网络性、在线性暴力/犯罪行为在现实空间内，即使没有身体接触，也会给受害者带来性羞耻，造成身体和精神上的伤害。再者，网络性/在线性暴力被界定为"基于（女性）性别的性、心理暴力和骚扰"，至于性犯罪，则是看其行为是否旨在满足自身性意图或对对方造成性羞耻的支配或控制，根植于"性欲—控制—支配"的循环。因此，数字性犯罪的概念更有助于析疑匡谬。早期网络性、在线性犯罪的概念更多指向网络空间（如互联网）中发生的犯罪，数字性犯罪①可能以数字设备或信息通信技术为媒介，包括了在线和离线犯罪，尤其是暗网犯罪。

数字性犯罪的保护法益不是身体的完整性，而是性人格和性自决权（人作为人不违背自己的意愿被性客体化的权利）。数字性犯罪是指以数字设备和信息通信技术为媒介的线上和线下发生的基于性别的暴力，可以不需要触摸，不需要强奸，但其数字化的身体受到侵犯，是侵犯他人自主权和人格权的失范行为。数字性犯罪具有可以在线或离线进行，数字化拍摄或记录具有可拓展性、累积伤害、匿名性强化、犯罪产业化的特征。具体而言，数字性犯罪具有以下特征。第一，犯罪客体上，数字性犯罪侵犯的客体是性人格和性自决权。在数字性犯罪中，将他人性对象化的行为完全可以以没有直接身体接触的非身体方式或以角色为对象的间接方式进行。因此，数字性犯罪不仅仅是侵犯性自决权，也包括个体不能被违背其意愿性对象化的性人格，只有从性人格角度才能解释非接触性侵犯的非法性。第二，受害者范围上，数字性犯罪是让我们所有人都处于危险之中的暴力

---

① 美国一般以数字性暴力（Digital Sexual Violence）指称数字性犯罪。

类型之一，但主要受害者是女性和儿童。数字性犯罪是通过数字手段或互联网实施的暴力行为，构成了贬低、伤害、影响人的尊严的暴力行为。第三，空间属性上，数字性犯罪超越物理时空，在数字空间造成损害，传播迅速而广泛。即使受害者与施暴者在物理上不在同一空间，也会发生这种情况。第四，技术特点上，数字性犯罪是通过技术进行性客体化的行为，数字技术将图像的合成、传播和消费的可能性扩展到无穷大。一旦传播和消费，就会被不特定的人反复传播和消费，难以完全在线清除。虚拟也是真实的，受害和侵害的构成是一对多，导致生产者和消费者之间的界限变得模糊不明确。第五，社会特征上，社会上人们普遍不把受害者图像和视频视为性暴力受害者的证据，甚至存在数字性犯罪没有受害者现象和受害者有罪论。常识是受害者不是罪犯，整个社会特征上，对加害者暴行的揭露不够，却将羞耻转嫁给了受害者，"妓女""婊子""贱货""淫荡"等污名化蔑称纷至沓来，不一而足。诚如上野千鹤子、田房永子所言，人会对他者的器官产生欲望，但不会对其人格产生欲望，唯有将他者的人格还原到器官上，才能产生欲望。① 例如陈某某事件中受害者张女士的照片被泄露后，大多数人急于网络搜索受害者艳照门照片（求资源），事后侃侃而谈人家的文身（愉悦无例外地依赖于牺牲、伤害和剥削②），裸照外流不是受害者的错，却成了受害者不可磨灭的性羞耻印记（没有思想和人格的肉体，供男性玩赏的"X"③）。况且，世俗观念认为，如果传播了经同意拍摄的视频，则不会被视为性暴力。更有甚者，通过数字性暴力赚钱的手段已经存在并正在产业化。第六，受害者的心理特征上，由于存在性拍摄作为损害的证据，受害者会因此遭受社会污名化，这是数字性犯罪造成的特殊心理恐惧：害怕指认，渴望删除。对再传播的焦虑往往导致人的社会信任感崩

---

① 〔日〕上野千鹤子、田房永子：《从零开始的女性主义》，吕灵芝译，北京联合出版公司，2021，第 131 页。

② 〔美〕凯瑟琳·A. 麦金农：《迈向女性主义的国家理论》，曲广娣译，中国政法大学出版社，2007，第 197 页。

③ 〔美〕凯特·米利特：《性政治》，宋文伟译，江苏人民出版社，2000，第 179 页。

溃。数字性犯罪是"灵魂谋杀"，威胁到人的完整性、尊严和隐私，造成心理、情感、性、身体、私人生活或形象的损害，以及对他们及其家人的道德损害，甚至许多受害者"终生受苦"，可能有创伤后应激障碍（PTSD）后遗症。然而，在调查、审判等过程中，还存在为了查明受害事实，必须公开拍摄物的情况，这就会造成额外传播可能。总之，数字性犯罪具有隐蔽性强，易于复制、再传播，容易造成损害，施害面广，法益恢复困难的特点。

（二）数字性犯罪类型分类

数字性犯罪是随着技术进步而发展起来的，范围不断扩大，而不是固定不变的。同时，数字性犯罪存在很多类型，据估计，数字性犯罪的类型达数百种。[①] 因此，根据某种方式将其类型化绝非易事，根据论者和分类标准的不同，可以有多种类型化方式。[②]

1. 犯罪载体媒介分类法

根据犯罪载体媒介分类，数字性犯罪一般分为在线和"在线 + 离线"犯罪。在线类别以犯罪者行为形式为中心，可分为使用拍摄物品的恐吓和性暴力、照片合成（深度伪造）、性骚扰、数字性诱骗四种类型。更具体地细分这四种类型，可详列如下。（1）使用拍摄物品的恐吓和性暴力可分为非法拍摄和非同意性传播。非法拍摄是指未经对方同意，擅自拍摄个人性行为或性暴力、拍摄公共场所或私人空间的某些身体部位（裸露的、未被遮挡的生殖器、臀部和女性乳房等可能引起性羞耻的身体部位）的犯罪，这是最具代表性的数字性犯罪。非同意性传播行为包括再传播、第三方传播。传播"合意性拍摄"是指未经同意，非法传播当时以合意方式拍摄的性行为或性身体部位暴露的视频。如分手后分享私密视频，同意拍摄不等

---

① 〔韩〕追踪团火花：《N 号房追踪记》，叶蕾蕾译，湖南文艺出版社，2022，第 196 页。

② 比较典型的是鲍威尔和亨利 2019 年提出的"技术促进性暴力"（technology-facilitated sexual violence）四维度：数字性骚扰、基于图像的性虐待、性侵犯和胁迫、基于性别和性的骚扰。参见 A. Powell, N. Henry, "Technology-facilitated Sexual Violence Victimization: Results from an Online Survey of Australian Adults", *Violence Against Women*, Vol. 56, No. 17, 2019, pp. 3637 – 3665。

于同意散播发布。（2）照片合成（深度伪造）是使用合成技术将特定个人的脸或身体图像与性照片合成以传播面部或声音的行为，主要以合成性剥削受害者的脸为原型，譬如阿黑颜（Ahegao）①。照片合成令人耻惧不安，伦敦大学的研究人员发表了一份报告，指出深度伪造是未来 15 年利用人工智能技术的犯罪中最危险和最严重的犯罪形式。② （3）性骚扰是指通过性内容上的诽谤侮辱、裸露或性暗示图片、性笑话或不想要的性对话，甚至包括自己的下体照片，来传播性暴力、性骚扰和未经同意的淫秽物品。其包括散布受害者性混乱等虚假事实、以受害人为性对象或性物化品评等行为、恶意八卦和谣言、社交媒体上的恶意评论或威胁、非法合成等与其他数字性犯罪相结合而发生的情况。（4）数字性诱骗（online grooming）③ 是广泛用来描述施虐者通过互联网对儿童进行性剥削的策略，是指通过网络、社交媒体、手机短信、游戏等接近青少年，引诱和驯服受害者，以便利或掩盖性暴力或制作描述相关儿童的色情材料。数字性诱骗的施暴者，以性接触、性剥削和性虐待为目的，首先物色受害者，一般假装成青少年，谎报自己的名字、年龄、性别、生活经历和其他信息，去接近他们，与他们在网上交谈，通过赞美、富有同情心的倾听或个人问题解决来赢得受害者的信任，建立亲密的关系，进而鼓励他们发送挑逗性、露骨性、色情性的照片和视频，这主要是网上性虐待。但对于施虐者而言，仅仅在网上交流和接收虚拟的性虐待材料是不能满足其欲望的，他们会要求离线见面性拍摄。在这两种方式中，他们可能以传播在线对话内容和分发图像视频文件等为借口，威胁要求受害者服从自己，从而获得额外的受害者照片和视频，或

① 女性在高潮时张开嘴巴"啊"或"嘿"的表情。

② M. Caldwell et al. ，"AI-enabled Future Crime"，*Crime Science*，Vol. 9，No. 1，2020，pp. 1 – 13.

③ 2016 年 6 月，国际劳工组织发布了《保护儿童免受性剥削和性虐待术语准则》，对性剥削和与儿童性虐待有关的术语达成共识。准则将"性诱骗"（grooming）定义为"亲自或通过互联网或其他数字技术与儿童建立关系，以便利与儿童进行在线或离线性接触的过程"。S. Greijer，J. Doek，" Terminology Guidelines for the Protection of Children from Sexual Exploitation and Sexual Abuse"，UN Human Rights，（Jun. ，2016），https：//www. ilo. org/wcmsp5/groups/public/ – – –ed_ norm/ – – –ipec/documents/instructionalmaterial/wcms_490167. pdf，p. 51.

寻求发生性关系等。网络空间允许犯罪分子匿名，迹象可能更难识别，随时随地轻松寻找和诱骗潜在受害者，从而导致数字性诱骗剧增，但施虐者采用心理操纵和说服利用信任转移受害者对什么是安全行为的期望，并利用恐惧和羞耻来让受害儿童保持沉默。简言之，数字性诱骗是成人骚扰儿童，加害者在心理上驯服受害者后实施性暴力的行为，一般会经历"选定受害者—积累信任—满足欲望—使之孤立—发生性关系—胁迫、性剥削等阶段"。①

当下在线和离线空间之间的界限日趋模糊，数字性犯罪中在线离线多为互嵌、混合，数字暴力不只停留在数字世界，也会在现实世界中造成伤害。"在线 + 离线"犯罪相关类别的分类多为网络犯罪的理论和研究所使用，是一种显示在线性犯罪与现实空间中发生的其他犯罪之间关系的分类，本文应用此类型方法是为显示在线的数字性犯罪与线下空间中发生的性暴力也有结合，并非全然独立于模拟或离线空间。离线的数字性犯罪侧重于使用图像进行传播和恐吓，并通过传播和恐吓犯罪行为达到犯罪目的。一般可将离线数字性犯罪的具体类型分为性胁迫、索要金钱、骚扰、约会暴力。

2. 犯罪行为分类法

数字性犯罪的参与者跨越生产者、分销商、参与者和消费者。数字性犯罪根据实施形式（以犯罪者为中心的行为类型）可分为"制作型"，未经当事人同意传播的"传播型"，利用非法拍摄品、个人信息身份等实施性暴力或通过评论、联络帖子进行同情的参与式的"参与型"，以及拥有、购买、观看数字性犯罪成果的"消费型"四种类型。制作型是制作图像或影像的行为，拍摄后未经对方同意而携带，或通过图像窃取或黑客获取图像后，在拍摄后进行二次加工。传播型是未经本人同意而传播的行为，传播的行为无论对方是否同意拍摄，或是否直接拍摄，在未经同意的情况下，为个人利益而传播的所有图像和个人信息。参与型是指使用用于传播的性

---

① 〔韩〕追踪团火花：《N 号房追踪记》，叶蕾蕾译，湖南文艺出版社，2022，第 43 页。

图像或个人信息实施其他性暴力，包括侮辱性评论，发表、煽动追加犯罪的情况，直接参与离线性暴力等。消费型是消费数字性暴力犯罪产品的行为，使用在线传播的数字性犯罪图像，客观上支持了性犯罪牟利行为。消费型加害者甚至没有加害意识，却成为将数字性犯罪集体暴力化的帮凶。

3. 犯罪对象分类法

根据"数字性犯罪物"的范围——使用隐形相机的非法拍摄物，合成、编辑（深度伪造等）图像，儿童、青少年淫秽物品（包括恐吓、胁迫、诱骗的拍摄物），未经同意传播的视频等，数字性犯罪也可类型化为以下七种。（1）非法拍摄。利用数码设备进行非法拍摄可能导致人羞耻的身体部分或特定行为，包括裙底、裸体、"便便"、性行为等。（2）传播、再传播。上传到色情网站、社交媒体等传播，这里的传播违背当事人的意愿，无论是否同意拍摄。（3）分发、共享。色情网站、社交媒体等的经营者和用户的分发、共享，包括色情报复①、熟人凌辱。（4）散播恐吓。威胁向熟人传播、分手后要求复合、以威胁和散布威胁索要钱财、以恐吓为借口强迫性行为、追加拍摄、身体摄像头网络钓鱼②等。（5）编辑、合成、加工、传播和再传播虚假图像。人脸、身体状况或声音的性合成、编辑和加工，特别是将受害者的日常照片与性照片合成后传播，或对编辑或复制品（包括复制品的复制品）进行可能引发羞耻感的传播和编辑。（6）性骚扰。网络空间内的涉及性内容的诽谤或侮辱，包括公开传播数字性犯罪受害者的个人信息、"文爱"（发送色情文字）、"磕炮"（语音挑逗）、"隔空猥亵"等。（7）拥有、购买、储存和观看。拥有、购买、储存和观看儿童和青少年性剥削，包括持有包含未成年软色情题材的信息，儿童不雅图片的收藏、交换和买

---

① 色情报复（revenge porn）是指未经个人同意或报复性将亲密关系中的伴侣的亲密、不雅或图像或视频发布到在线色情网站的亲密关系暴力。

② 身体摄像头网络钓鱼（body cam phishing）是一种通过淫秽视频通话等方式诱导对方发生性行为，或者黑客攻击联系人智能手机并获得他们通讯录的访问权限，以拍摄和传播淫秽照片或视频为威胁的犯罪行为。此项犯罪行为致使数字性犯罪受害者的男性人数激增。

卖（如糖果女孩①）。上述七种类型也可分为性内容的图像、音频或视频制作前后两阶段。制作前，未经他人同意或通过欺骗手段录制、录音、拍摄或制作真实或模拟的性内容的图像、音频或视频；制作后，在未经同意的情况下，公开、分发、传播、展示、复制、传输、交易、提供、交换和分享个人性内容的图像、音频或视频。

二 数字性犯罪的现状综析

数字网络空间可以是一个尽善尽美的"流奶与蜜之地"，也可以是一个罪恶贯盈的阽危之域。数字性犯罪作为一种新型犯罪现象，通常与受害者没有直接身体接触，事实上可以通过数字网络发展迅激，犯罪猖獗，手法多样，让数字网络空间不再"清朗"，给社会带来不小的挑战，而法律在预防或惩罚方面稍显迟缓、亟待完善。按照传统刑法理论，刑法是处理"侵害人的身体的犯罪"的法律制度。然而，数字性犯罪往往不直接针对人的身体。数字性犯罪的一个重要特点是，非法照片或视频一旦被张贴，就可以持续在互联网上传播，直到被删除。与其他性侵犯不同，数字性犯罪因快速、高效、匿名传播和信息共享难以快速删除的互联网特性，可以持续并进一步扩大范围，有可能造成二次伤害。从数字性犯罪的危害性而言，除治数字性犯罪应成为国家课题，积极寻求数字性犯罪综合对策、根治对策。

（一）数字性犯罪总体概况

如前所述，目前普遍采用的"数字性犯罪"概念不是规范术语，而是根据实际需要采用的术语，现实法律责任的承担需将数字性犯罪还原成规范意义上的行为类型。数字性犯罪的量刑标准也大多不明确，只能依靠法

---

① 糖果女孩（candy girl）是指越来越多的女孩（主要是未成年人）用自己的私密照片换取金钱或手机充值。

官的恣意判断、自由裁量。大多数数字性犯罪的肇事者是男性，而大多数数字性犯罪者受到的惩罚是缓刑或罚款，实际上很少有人被判最高刑罚。数字空间不是法外之地，却因网络的隐秘性、成本低廉性、聚合简易性、传播快捷性，成为数字性犯罪猖獗之地。全球范围内数字性犯罪总体上呈高发多发态势，形势日趋严峻。在全球最大的某中文偷拍自拍色情网站，每天大量分享上传自拍偷拍淫秽视频，经常见有人被抓判刑，却从未在技术上封停此网站。同时，针对青少年和儿童的数字性犯罪也在增加，利用网络作为犯罪媒介物色性暴力对象，直接利用网络对未成年人实施性犯罪的情况也与日俱增。而在法律上，我国司法实践多以《刑法》第363条制作、复制、出版、贩卖、传播淫秽物品牟利罪，《刑法》第364条传播淫秽物品罪来定罪，量刑多为有期徒刑、拘役，在量刑标准上，存在不少问题。笔者在聚法案例网以最大色情中文网站的名称为关键词，共搜索到32个真实案例，案例呈递增态势，只要以牟利为目的，判刑通常较重，起刑就是三年，但对于只是传播的，量刑多是拘役、缓刑，量刑标准差异较大。例如祁某某传播淫秽物品案［（2020）晋01刑终××号］只上传3部，总观看量超过20万次，认罪认罚，判处有期徒刑一年。然而，李某传播淫秽物品罪一审刑事案［（2021）冀0503刑初××号］上传的淫秽视频共计14段，合计点击数442673次，判处有期徒刑八个月，缓刑一年。与此案相似的赵某某传播淫秽物品罪一审刑事案［（2021）冀0304刑初××号］上传12个性交视频，浏览量达17万余次，坦白、认罪认罚，却是判处有期徒刑一年，缓刑二年。实际上，现实中更多相关案例是根据《治安管理处罚法》第42条处以行政拘留10日以下的处罚或者罚款，但每天大量的上新频率，也说明更多的是处于法律规制之外的以身试法、作奸犯科。总体上，未经对方同意在互联网上发布色情图片和视频的数字性犯罪是我国一个比较严重的问题，国家在法律上对数字性犯罪采取的措施和力度是存在欠缺的，规定的法律制裁与加害行为产生的后果相比较轻，其核心在于国家层面未能认识到数字性犯罪对受害者的影响有多深多大。易言之，与数字性犯罪严重程度相比，预防和处罚、支援受害者的法律和制度尚不完善。亦复如是，2021 年年底，江苏省高院的一起利用网络云盘贩卖淫秽物品牟利的审判监督典型案例——严某某制作、复制、出版、贩卖淫秽物品牟利案［（2017）苏刑再×××号］，就是对数字性犯罪认知存在偏差的案例。江苏高院网宣严某某卖 9256 部淫秽视频赚 120 元案再审改判效果好，这么重要的一个改判理由"牟利仅 120 元"竟然在再审判决中只字未提，也并未交代这 9256 部淫秽视频是否涉及未成年色情，是否为偷拍视频，对于再审改判的释法说理，裁判文书全无涉及、陋简不堪。当然这里提及此案，并非说其释法说理存在缺失，而是指这种陋简判决和片面的宣传会对数字性犯罪案件的类案类判乃至社会性道德产生严重的负面影响：错认为数字性犯罪都是轻罪（偷拍传播不是事儿，儿童情色也没啥）。倒是事后，最高人民法院、最高人民检察院就"利用网络云盘制作、复制、贩卖、传播淫秽电子信息牟利行为定罪量刑问题"的专门批复，揆理度法，明确指出"不应单纯考虑制作、复制、贩卖、传播淫秽电子信息的数量，还应充分考虑传播范围、违法所得、行为人一贯表现以及淫秽电子信息、传播对象是否涉及未成年人等情节，综合评估社会危害性，恰当裁量刑罚，确保罪责刑相适应"，然而，以上几点全然没在此判决书中有所体现。

数字性犯罪没有国界，韩国是全球数字性犯罪的一面警示的镜子。韩国作为数字科技强国，在数字性犯罪领域（流行程度、多样性和严重程度方面）也处于"世界领先"地位，这是韩国可耻的自画像。以特大恶性数字性犯罪事件"N 号房"为最，其犯罪行为种类之多，犯罪手段之残忍，参与犯罪行为的共同犯数量之巨（高达韩国男性人口的 1%），世之罕见。若不是 N 号房高付费、审核严格、隐匿不公开，可能韩国男性"沦陷"的比例更高，毕竟这是一个结婚率跌破 5‰ 的国家。个中原因在于，第一，如 N 号房"吹哨者"直陈，原因在于韩国的强奸文化痼疾，整个韩国社会中都隐藏着一种强奸文化，而且现实是，韩国社会对这种强奸文化等闲视之。① 第二，司法上的沉默和纵容。2008 年，韩国只有不到 4% 的性犯罪起

---

① 〔韩〕追踪团火花：《N 号房追踪记》，叶蕾蕾译，湖南文艺出版社，2022，第 110 页。

诉涉及非法拍摄。到 2017 年，这些案件的数量增加了 10 倍多，从 585 起增加到 6615 起，占性犯罪起诉的 20.2%。2018 年达到了 6085 件，占性犯罪起诉的 18.9%。2014 年、2015 年由于智能手机的日常化、普及化，曾分别达到 6735 起、7730 起，占性犯罪起诉的 24.1%、24.9%。尽管数字性犯罪势头不减，但韩国的法律处置却十分宽容。2019 年，检察官撤销了 43% 以上的性数字犯罪案件，据大检察厅统计，2019 年发生的四大暴力犯罪（杀人、抢劫、纵火、性暴力）中，性暴力犯罪所占的比例达到 91.3%（32029件），在性暴力犯罪中，数字性犯罪（利用摄像机等拍摄、利用通信媒体等）所占的比例为 28.6%（8879 件）。从数字性犯罪的司法案例来看，无罪和罚款占比最多，而最重的刑罚是强奸或强奸未遂。数字性犯罪量刑轻虚，使得加害者有恃无恐，N 号房事件等便是这种司法上沉默和纵容的产物。

（二）数字性犯罪专项分析

儿童不仅容易被灌输，而且容易被诱骗。数字性诱骗是网络空间中常见的犯罪行为，数字性诱骗或虐待未成年人（网上性骚扰和性虐待）越来越常见，甚至被认为是日常的"游戏文化"。事实却是，掠夺性的数字性诱骗对未成年人构成"严重和广泛的威胁"，因为新的数据显示，互联网上未成年人性虐待图像的规模破纪录，在各国犯罪分布中急剧增加。据估计，五分之一的女孩和九分之一的男孩在成年前会遭受性暴力，在德国，每天有 9 名儿童成为网络性暴力的受害者，每个班级都有 1~2 个受影响的孩子。在美国因与互联网相关的性犯罪而被捕的人中，约有三分之二是因为制作和拥有儿童色情制品。[①] 针对隔空猥亵未成年人行为，2018 年我国最高人民法院发布指导性案例（检例第 43 号），确立了无身体接触猥亵行为视同线下犯罪的追诉原则，2018 年至 2022 年 9 月，我国检察机关起诉利用网络

---

① W. G. Jennings, G. E. Higgins and M. M. Maldonado-Molina, *The Encyclopedia of Crime and Punishment*, John Wiley & Sons, 2016, p. 121.

"隔空猥亵"未成年人犯罪 1130 人，对未成年人实施"隔空猥亵"和线上联系、线下侵害的犯罪占性侵未成年人犯罪的 15.8%。[①] 但是，国际失踪和受剥削儿童中心指出，世界上三分之二的国家没有具体的法律来打击网上对儿童进行性剥削的性诱骗，而全球对该犯罪的定罪很少，[②] 只有英国、澳大利亚等 63 个国家实施了《网络诱骗处罚法》（截至 2017 年）。《保护儿童免遭性剥削和性虐待公约》（又称《兰萨罗特公约》）是专门针对网络犯罪的唯一国际法律文书，《兰萨罗特公约》明确规定了禁止性诱骗，并规定利用信息通信技术对儿童提出性要求的行为，即使没有直接见面实施，也可以视为构成犯罪，因为即便加害者仅仅通过网络与儿童接触，也会对儿童造成严重的伤害，索取儿童性视频和图像本身就是性犯罪。

色情报复出于报复目的，未经同意披露描绘前伴侣的亲密图像。在我国，色情报复处于法律灰色地带，尚无针对性的法律规定，受害者几乎没有专门的追索权选择，情节严重的才能在刑法上的侮辱、诽谤罪中选择，但多以行政处罚、民事手段处理，最一般的结果是犯罪者逍遥法外，实刑率极低。明鉴未远，色情报复的典型案件——2009 年的艾滋女事件[③]，当事人最终因利用互联网等侮辱、诽谤他人被判处有期徒刑三年，但传播报复性艳照并未被定为刑事犯罪，造成贬低前伴侣的色情报复以偷拍自拍的形式在色情网站泛滥。国内对专业性的色情犯罪集团的刑罚力度极大，但对于偷拍自拍形式存在的色情报复却尚未形成专门的刑法规制，多以行政处罚、隐私侵权的民事救济来处理。荒诞的艾滋女事件也没引起国内学界和实务界的关注。前事已忘，后事未渠已。2014 年墨西哥也发生过同样的色

[①] 张军：《最高人民检察院关于人民检察院开展未成年人检察工作情况的报告》，载《检察日报》2022 年 10 月 30 日，第 2 版。

[②] International Centre for Missing & Exploited Children，"Online Grooming of Children for Sexual Purposes：Model Legislation & Global Review"，International Centre for Missing & Exploited Children，（2017），https://www.icmec.org/wp-content/uploads/2017/09/Online-Grooming-of-Children_FINAL_9-18-17.pdf，pp. 39-56.

[③] "艾滋女"闫某前男友杨某某炮制博客及传单，在博客上公布了 279 名与闫某发生过性关系的男性手机号码及 400 张裸照，并称闫某身染艾滋病。后经证实，闫某并未患艾滋病，博客是杨某某冒名发布，事因是闫某提出分手而杨某某怀恨报复。

情报复案件——奥林匹娅案①，却促进了规范和惩罚互联网平台或社交网络上的欺凌、骚扰和传播性内容的"奥林匹娅法"的出台，刑罚范围为有期徒刑三年到六年和相应经济罚款。日本也在 2014 年制定了《复仇色情片受害防止法案》来遏制越发严重的色情报复问题。实际上，早在 2003 年，美国新泽西州就通过了第一个关于色情报复的具体刑事立法（最高 30000 美元的罚金或 3～5 年监禁），美国已有 25 个州进行了法律改革，将公开报复色情片定为刑事犯罪。在大多数色情报复中，肇事者必须有造成伤害的意图，并且应该知道公布材料是未经同意的。在国外有些司法判例中，除了将色情报复定为刑事犯罪以外，还有一定的民事补偿措施。

　　实践中，表情符号也以其模糊性在数字性犯罪中具有强烈的性暗示，因此，表情符号在性犯罪指控方面的案件中出现颇多。② 随着数字技术的发展，元宇宙（Metaverse）作为移动互联网的继任者出现，数字性犯罪的犯罪者的活动空间也在不断扩展，大部分性犯罪能在虚拟环境中进行，包括性骚扰、胁迫类似化身的性行为、跟踪化身和性剥削物的制作。在韩国，儿童、青少年经常使用的 3D 虚拟世界技术平台"Metabus"等网络平台上也出现了性骚扰事件。实际上，在虚拟空间（而不是现实世界）中，已经发生性侵犯他人虚拟替身（Avatar）或角色的性犯罪。典型案例如，1993 年

---

① 2014 年，一个勇敢的墨西哥女孩奥林匹娅·珊瑚·梅洛（Olimpia Coral Melo），在 18 岁时遭受前伴侣未经她同意发布她的性视频的"色情报复"后，向墨西哥普埃布拉州议会提交了一项将这些行为定为犯罪的法案，经过多年斗争，墨西哥议会于 2020 年 11 月批准了对联邦实体的《刑法典》以及《妇女获得无暴力生活的一般法》进行的一系列改革，这些法律改革包括对实施数字性犯罪的人处以最高六年的监禁，特别是在传播私密性内容方面，最高可判处六年监禁。这些旨在承认数字暴力并惩罚通过数字手段侵犯人们性亲密的犯罪的法律被称为"奥林匹娅法"。"奥林匹娅法"将数字暴力定义为"通过信息和通信技术实施的任何恶意行为，其暴露、分发、传播、展示、传输、交易、提供、交换或共享真实图像、音频或视频，模拟的、亲密的或性的内容，未经他们同意，未经他们的批准或未经他们的授权，并导致他们的心理和情感受到伤害"。"奥林匹娅法"从 2021 年起在墨西哥全国范围内适用，该法的最大特点在于男女都受到保护，首创了侵犯性亲密罪。从数字性犯罪和色情报复的受害者到"奥林匹娅法"的立法推动者，奥林匹娅是墨西哥性别平等绕不过去的界碑。

② 参见杨学科《视觉之治：表情符号的法律图景与法理检视》，载《新媒体与社会》2020 年第 1 期，第 286 页。

3 月，在 LambdaMOO 社区中曾发生一场利用程序编码控制女性虚拟化身持续进行了几个小时的虚拟强奸。2003 年，一名虚拟色魔将一名比利时玩家在游戏里扮演的虚拟女人给强奸了。2016 年，美国一名女子在玩虚拟现实（VR）游戏时遭到变态玩家袭胸猥亵。2020 年 11 月 26 日，一名女性在 Meta 的 VR 社交媒体平台 Horizon Worlds 上遭到性骚扰。在这些案件中，如果性犯罪者下定决心利用元宇宙空间实施数字性犯罪，那么阻止他们将会比现实中更为困难。这是因为现在的法律基本上是以现实空间为基础规划和构建的，因此很难应对超越现实空间的虚拟空间，正如上述这些案件，并没有现实空间的强奸罪所要求的直接身体（接触）侵犯，未经同意就强迫与其化身发生性行为，甚至表象上只是一个化身对另一个化身的骚扰。实际上这种骚扰针对的是隐藏在化身后面的真实主体。事后，Meta 推出"个人结界"功能以防范元宇宙性骚扰。一定程度上，在虚拟空间，服务运营平台的管理实际上是对用户保护体系的全部，管理规定相当于虚拟空间的"软法"。可见，数字性犯罪在全球范围内形式多样，总体态势很是严峻，亟待采取有效的治改方略。

三 数字性犯罪的治改方略

数字性犯罪作为反人伦犯罪行为，刑事政策应以根除到底姿态彻底应对，不仅应通过修订法律，侧重于规定所犯罪行的内容和性质，有效防止数字性犯罪及其累犯，而且还应负责改进对数字性犯罪受害者保护和防止二次伤害的有效措施。但法律不应被视为对数字性犯罪的唯一回应，也不能将技术作为唯一的回应，如果有人认为单一的法律可以解决数字性犯罪问题，那么说明他不了解数字性犯罪问题，也不了解法律和技术。因此，根除是一个无须等待的问题，应当根据数字性犯罪的特性，坚持多措并举、标本兼治、对症下药和软硬互补的系统化治理原则，有必要采取综合协同的对策以根除数字性犯罪：法律加大惩罚力度，监管者有效监管，受害者人权保障内实化，反数字性犯罪的文化和技术支撑。

（一）系统性制定数字性犯罪相关法规

在我国，数字性犯罪的相关法条以各种形式散落在《刑法》《治安管理处罚法》等法律法规中，问题是，数字性犯罪法规较为分散且不甚完备，缺乏系统性和有效衔接，有可能造成处罚空白甚至悖谬。尽管韩国的数字性犯罪状况饱受批评，但韩国政府系统性制定数字性犯罪相关法规，确立对数字性犯罪的零容忍原则。2017 年 9 月，韩国政府制定了《防止数字性犯罪受害综合对策》，2020 年，第 20 届韩国国会通过了《N 号房防止法》①，其中的新举措有数字性犯罪的部分法定刑被上调，而且只观看非法影像就进行刑事处罚，努力消除数字性犯罪。但是，数字性犯罪的问题没有从根本上得到解决，数字性犯罪率还在提高，数字性犯罪问题越来越严重。韩国这一失败经验的另一面也是一种启迪，即法律不足以完全控制数字性犯罪，仅凭修改法律很难彻底解决数字性犯罪的问题，根深蒂固的性道德文化和观念痼疾是很难改的，预防、识别和打击数字性犯罪不仅涉及法律改革，也是数字教育的事业。刑法虽是道德的最底线，在性领域，刑法威胁的背后，都存在一个模糊的道德概念，但刑法的任务不是强制规定公民的道德标准，只是必须保护所维持的性秩序免受干扰和严重骚扰。因此，刑法保护所维持的性秩序免受干扰和严重骚扰，就必须对以任何方式传播、曝光、泄露、储存、分享、分发、汇编、交易、索取、传阅、提供或发布，或威胁传播部分或全部裸体的、经处理和改变内容的图像、音频或视频，以及未经受害者同意或通过欺骗或操纵获得的任何色情或色情内容，无论是印刷的、录制的还是数字的，给予处罚。

法律必须伴随数字技术进步并涵盖物理世界和数字世界中发生的犯罪及情况，虽然数字世界中发生的许多犯罪及情况可能还能为传统法律法规所辖制，但重要的是对难以有效处理的特定类型进行立法并适应数字世界

---

① 《N 号房防止法》包括《〈性暴力犯罪处罚特例法〉修正案》《刑法修正案》《电子通信事业法修正案》《信息通信网法修正案》等一系列法案的条例增加与修正。

的新现实。针对以元宇宙角色性侵、言语性骚扰等新型非接触性犯罪，有必要将"性人格权"确立为独立受保护的法益，并将对其的侵犯定为犯罪，这样针对数字空间中的账号、头像等象征人格的事物实施性犯罪行为，就会被视为侵犯化身背后主体的性人格权。

性犯罪不仅是身体上的，而且也越来越多地体现在数字层面，有必要专门设立数字性犯罪。在我国刑法上，主要是制作、贩卖、传播淫秽物品罪，这已无法包含数字性犯罪的类型，且容易隐含性肮脏、性厌恶、性羞耻观念。比如，一对恋人或夫妻的性生活被人非法拍摄并上传到网络，按照我国法律最多就是违反刑法规定的传播淫秽物品罪，淫秽物品在刑法中的定义是"指具体描绘性行为或者露骨宣扬色情的诲淫性的书刊、影片、录像带、录音带、图片及其他淫秽物品"，人们正常的所谓"好"事的性行为被人上传到网络就成了淫秽、色情、诲淫，如果没有专门的数字性犯罪的新规定，这种赤裸的性肮脏观念会持续在相关判决中印证。再如，N 号房案涵盖了数字性犯罪的全貌，但是 N 号房这种事件在我国发生，最多只能以制作、贩卖、传播淫秽物品罪来处罚，这就相当于观看 N 号房只相当于看黄（毛）片儿，罪刑倒挂。性和爱并不肮脏，色情才肮脏，数字性物品也不全是淫秽物品，因此，有必要区分色情（淫秽）犯罪和数字性犯罪。制作、贩卖、传播淫秽物品罪旨在保护性道德，强调以牟利为目的；数字性犯罪旨在保护性人格和性自决权，强调性隐私和防止精神伤害，两者有着巨大差异，淫秽物品和数字性犯罪物品存在较大差异。因此，我国刑法亟待区分淫秽物品和数字性犯罪物品，以及淫秽色情犯罪与数字性犯罪。

（二）数字性犯罪的量刑和量刑标准规范性调整

考虑到数字性犯罪的隐蔽性强和迷惑性强、受害范围可迅速扩散、受害者难以康复以及新近此类犯罪频发等诸多因素，加上数字性犯罪的刑法规范和量刑实践上的量刑畸轻，应该对数字性犯罪的量刑和量刑标准做规范性调整。扩大刑事责任范围、大幅度提高法定刑、缩小减刑因素范围应该成为数字性犯罪的量刑和量刑标准规范性调整的重点方向。加强数字性犯罪的惩罚实效性，数字性犯罪与其犯罪的严重程度相比，刑期相对较短，因此处罚力度不够，应增加法定刑期，以重罪处罚。特别是对买卖儿童、青少年性剥削物品的行为设定刑罚下限等，惩罚及未经明确同意而泄露色情内容图像或视频的人，如果犯罪是由配偶，或与受害人曾经有感情、情感或信任关系的人，或公职人员实施的，也应加重处罚。可借鉴的有新加坡经验，主动向 14 周岁以下受害者发送下体等不雅照行为①，最高可判处两年监禁。墨西哥的刑法对亲密伴侣的数字性犯罪，规定最低限度的法定刑和最高限度的法定刑将增加一半。扩大身份披露也是规范性调整数字性犯罪的手段，从调查阶段开始，可积极披露严重嫌疑人的面部等个人信息，以进一步加强对数字性犯罪实施者的公开。同时，借鉴国外性犯罪者的社会治理措施，实施数字性犯罪者登记和社区通知，甚至美国向公众开放性犯罪者数据库（世界唯一这样做的国家），这相当于建立了数字监狱。

除了上述对淫秽色情犯罪与数字性犯罪的明确区分，也有必要制定新的数字性犯罪量刑标准。在我国，数字性犯罪被低估，鲜有最高刑罚，法律惩处力度犹如"棉棒处罚"，加剧了数字性犯罪受害者的脆弱性和无助感。因此，有必要制定清晰反映儿童性剥削和数字性犯罪的特点且有说服力的量刑标准。

（三）认真明确对待针对未成年人的数字性犯罪

儿童性剥削不同于一般色情，它是一种恶性性变态，以儿童和青少年为性对象，他们作为社会弱势群体，身心尚未完全发育，这种行为会给其一生带来创伤性后果。特别是由于数字媒体的性质，不特定多数人侵犯他们人权的行为可能会延续许久，更加深了二次人权伤害。况且，儿童性剥

---

① 这种行为被称为网络闪现（cyber-flashing），是指未经请求发送淫秽图片或视频片段的行为。通常通过点对点 Wi‒Fi 网络向不特定人随机发送生殖器的图像或视频记录。

削不需要涉及或伤害真实的儿童，虚拟儿童色情内容亦属于儿童性剥削的范畴。[1] 一些统计资料显示，互联网上 12% 的网站（内容）是色情的，三分之一的色情观众是女性[2]，1% ~ 5% 的（男性）人口可能对儿童有性偏好（恋童癖）[3]。在数字时代，针对儿童和青少年的性剥削大多从数字性诱骗开始，毫不虚言，任何儿童和青少年事实上都可能受到伤害，况且，对儿童的性暴力伤害比成人更严重，时间影响更长。正因如此，国外所有针对儿童、青少年的性犯罪都被规定为"性剥削"，儿童网络色情作品的拥有、获取或分发，都应受到惩罚。对此而言，国家应认真明确对待针对儿童和青少年的数字性犯罪。首先，应吸纳儿童权利优先原则，数字空间的未成年人的保护不只是审查问题，为未成年人创造一个安全的在线环境必须维护和加强其基本权利的保护，特别是参与无暴力数字空间的权利（包括免受有害和非法事件影响的权利）。对数字性诱骗，也不能解释为恋爱关系或协议下的性关系，这就是数字性犯罪，应将以诱骗、驯服儿童和青少年为名伪造同意的数字性诱骗入刑处罚。即使只是看了性剥削物品，也要受到规定最低期限的处罚。例如，根据韩国《儿童和青少年性保护法》第 11 条，明知是对儿童和青少年的性剥削，拥有和观看该物品者，处一年以上有期徒刑。美国堪萨斯州立法机关通过了一项法案，将通过互联网交易儿童色情内容的人添加到暴力性犯罪者名单中。其次，制定调查指南，以便立即实施（引入身份披露和伪装调查）。数字性犯罪中的沟通方式越来越隐蔽，由于具有封闭性和安全性，其很难被发现。因此，为了便于侦查和揭发，可引入调查人员伪装成未成年人等进行伪装调查（钓鱼执法），可先发制人，提前有效发现和预防针对儿童和青少年的数字性犯罪。最后，设立举

---

① F. M. Saleh, A. J. Grudzinskas & J. M. Bradford, *Sex Offenders: Identification, Risk Assessment, Treatment, and Legal Issues*, Oxford University Press, 2009, p. 305.

② R. Mahapatra, "One-Third of All Porn Viewers Are Women and It's Exactly Why the World Needs Feminist Porn", YKA, (Dec. 13, 2013), https://www.youthkiawaaz.com/2013/12/one-third-porn-viewers-women-exactly-world-needs-feminist-porn/.

③ B. Dombert et al., "How Common Is Men's Self-reported Sexual Interest in Prepubescent Children?", *The Journal of Sex Research*, Vol. 53, No. 2, 2016, pp. 214 – 223.

报奖金制。为了调动公民在网上发现数字性犯罪物品的积极性，建立针对儿童和青少年的数字性犯罪物品的举报奖金制。

（四）保护数字性犯罪受害者措施内实化

在犯罪学上，都是"从犯罪的一面看犯罪现象"，受害者却经常缺席。自从 1985 年联合国预防犯罪和罪犯待遇大会通过了《受害者人权宣言》后，受害者人权的国家义务成为犯罪学制度建构的一个重心。在数字性犯罪中，必须从受害者的角度来解释性犯罪。为数字性犯罪受害者提供全面的支持和预防，应建立以保护受害者人权为首要任务的受害者保护体系，保障数字性犯罪受害者被遗忘权。首先，快速永久删除受害者视频。韩国《防止性暴力和保护被害人法》新设了一项条款，首次将援助非法拍摄受害者等相关内容合法化，2020 年该规定再次修订后，删除支持对象不仅包括拍摄对象，还包括复制品（包括复制品的复制品）。同时，要简化快速删除、快速检测和自动滤镜技术。其次，设立专门的数字性犯罪受害者援助机构，旨在为数字性犯罪受害者提供咨询支持、删除援助、调查法律援助联系和医疗援助联系。最后，公私协同治理，要明确互联网运营商（包括网站、社交媒体、搜索引擎、流媒体和云）的责任，必须承担内容治理义务，互联网运营商发现数字性犯罪物品时应立即屏蔽删除，否则互联网运营商将面临惩罚性罚款以及可能涉及刑事责任。实践中，也确有一些儿童性虐待网站通过使用编码的数字路径将自己链接到合法网站，加载 URL 后，将显示合法站点。[①] 鉴于此，美国《儿童保护和性捕食者惩罚法》（CPPA）以及《保护青少年免受在线剥削法（修正案）》（SAFE）为在线服务提供商规定了多项义务，包括报告明显的儿童剥削行为证据的义务[②]，故意不报告的，可能导致最初被罚款 15 万美元，随后的违规行为将被罚款 30 万美元。

[①] R. Flora，M. L. Keohane，*How to Work with Sex Offenders：A Handbook for Criminal Justice，Human Service，and Mental Health Professionals*，Routledge，2013，p. 107.

[②] 仅为报告。美国为保护言论自由，对互联网运营商的删除屏蔽任务，仅限于青少年、儿童。

同时，法律规定了对履行法规规定的报告或保存责任的供应商的民事和刑事责任的限制。就我国而言，互联网运营商可能涉及以下刑事责任：拒不履行网络安全管理义务罪，帮助信息网络犯罪活动罪，以及涉诽谤罪、侮辱罪等。

（五）反数字性犯罪的文化和技术支撑

性犯罪罪恶不是固有的真理，而是一种文化建构。数字性犯罪不只是个人之间的问题，而是结构性和文化性暴力，在沉默和羞耻的文化中蓬勃发展，生产了一种宰制性文化。这种根深蒂固的"宰制性文化"，披上数字化的外衣继续戕害异性。但是，数字性犯罪不是特定性别的问题，而是所有人基本人权的问题，因此数字性犯罪的罪恶本质是将人（非单指女性）客体化和剥削。虽然从基本人权而不是性别问题的角度看待数字性犯罪是正确态度，但是，性别不平等的性文化（把女人当作工具的过度消费文化，对包括 LGBTQIA + 在内的少数群体的仇恨和歧视）与超高速数字网络（网络空间的非人化）相结合，造成构成数字性犯罪的标准不是根据女性遭受冒犯和羞耻的程度，而是略高于男性可以接受的冒犯和羞耻的程度，此等被男性化编码的法律架构，对男性欲望毫无底线的纵容，导致数字性犯罪剧增。这种"人欲杀虎，谓之戏；虎欲杀人，谓之凶"[1] 的意识形态既合理化男性化编码的法律架构的存在，也混淆了犯罪与正义的界限。因而，不能用与造成数字性犯罪问题的文化观念相同的文化观念去解决数字性犯罪问题，社会迫切需要进行对数字性犯罪认识的文化运动，既需要反对陈规定型的性别不平等模式（性暴力、厌女文化、性羞耻传统等），"通过轻视和否认性侵犯者的罪行，并向他们保证他们不太可能面临任何严重后果，从而为性侵犯者提供了社会许可"[2]，也不能支持所谓激进女权主义（男性

---

[1] G. B. Shaw, *Man and Superman*, *John Bull's Other Island*, *and Major Barbara*, Oxford University Press, 2021, p. 217.

[2] K. Harding, *Asking for It: The Alarming Rise of Rape Culture and What We Can Do about It*, Da Capo Lifelong, 2015, p. 41.

仇恨），例如韩国的"4B"运动①。同时，我们应认识到，数字性犯罪是基于性别的、不平等的条件形成的，离我们并不遥远，每个人随时都有可能成为受害者，因此，必须培养性友好型价值观，摒弃男性为数字性施暴者、女性为数字性受害者的单向结构性认知，性别平等也不能用性别去压制另一方，"毫不仁慈地批评彼此，毫无怜悯地惩罚彼此"，② 应在保护人性尊严的基础上促进、保护和保障个人在数字时代免受暴力侵害的权利。

数字性犯罪具有跨国性，使用的运营商都在国外，且服务器遍布全球，其传播平台也从网络或淫秽网站转移到了电报（telegram）、暗网（只能通过特定程序访问的网站）、加密货币等新平台。因此对其取证溯源调查，协调跨国司法系统追究违法者责任，也需要一定的技术支持，以应对完全删除或加密等反取证工具的出现。不仅需要引导国际调查合作，而且最重要的是运用密码解密技术、暗网分析技术、加密货币追踪技术、人工智能技术等压倒性的预防和侦查技术。其中，通过学习和识别行为模式来集成人工智能打击数字性犯罪将是趋势之一，利用人工智能的标准过滤技术能迅速有效地遏制非法拍摄导致的数字性犯罪和二次伤害的扩散。

---

① "4B"即"四不"：不结婚、不约会、不与男人发生性关系、不被男性致孕。
② 〔美〕贝尔·胡克斯：《激情的政治：人人都能读懂的女权主义》，沈睿译，金城出版社，2008，第17页。

个人信息保护法的守法研究

——基于对 80 款 App 的实证调研分析

肖惠娜 等[*]

【摘　　要】基于对社交类、新闻类、移动视频类、购物类、金融类、出行类、游戏类七个类别共计 80 个 App 样本近 60 天的调研，本报告从"关闭个性化广告和个性化推荐"、"隐私条款告知同意"、"第三方平台处理个人信息"和"企业收集不必要个人信息"四个方面考察 App 的整体守法状况及主要影响因素。调研结果显示，目前《个人信息保护法》的法律规定存在模糊性，重要法律术语尚未厘清，从而为 App 的法律规避和违法行为提供了空间。调研结果还发现，法律压力、社会压力和经济压力是造成这些 App 守法程度不同的重要原因。针对这些发现，调研小组提出以下制度建议，以期提高《个人信息保护法》的守法程度，具体包括：增加司法解释，填补法律漏洞；设置警报激励，提升社会压力；加大执法力度，强化法律压力。

【关 键 词】守法；个人信息保护；经济压力；法律压力；社会压力

一　研究背景和问题

当今时代，信息技术突飞猛进，数字经济不断发展。不同于传统的互

---

* 肖惠娜，澳门科技大学法学院助理教授，法学博士。本文共同作者还有陈柳熙、陈炜琳、李姝玥、李昕潞、童荣嘉、万言，均为澳门科技大学法学院学生。

联网，大数据使得信息高速率、大范围地流通，信息鸿沟逐渐出现在不同主体之间，个人在其中大多属于弱势一方。个人信息保护的问题凸显，利益保护的考量也从传统隐私保护扩张至对个人信息的保护。① 基于此，国内外在立法上均采取了相应措施。如欧盟于 2018 年 5 月 25 日颁布了《一般数据保护条例》（General Data Protection Regulation，GDPR），我国也制定了《个人信息保护法》，且在立法体例和内容上较大程度地借鉴了欧盟立法。② 2021 年 8 月 20 日，我国通过了《个人信息保护法》，自 2021 年 11 月 1 日施行，对个人信息保护做出全面化、体系化规定。该法的出台响应了数字经济时代的需求，标志着我国进入个人信息保护立法的新阶段。自此，我国个人信息保护的法治堤坝构筑中加入了《个人信息保护法》，与《国家安全法》《网络安全法》《民法典》《数据安全法》等法律法规交织并行。③

《个人信息保护法》主要是通过民事责任对侵害个人信息权益行为进行民法规制。相较于刑事责任、行政责任，对民事责任的保护显然更具有优越性，④ 该法因此值得重视。立法完备是确保其更好地保护个人信息的第一步。作为个人信息保护最新的重要立法，《个人信息保护法》有着鲜明的特色和亮点，但也因颁布时间尚短，还需在实践中不断完善。例如，在处理敏感信息方面，该法采取了"特定目的 + 单独同意"规则，是进一步强化个人信息保护的具体举措和重要亮点，也是对《民法典》关于个人信息保护制度的重大发展。⑤ 然而，该法之规定有待细化，在一些重要的方面尤具

---

① 参见张新宝《从隐私到个人信息：利益再衡量的理论与制度安排》，载《中国法学》2015 年第 3 期，第 43 页。

② 参见丁晓东《〈个人信息保护法〉的比较法重思：中国道路与解释原理》，载《华东政法大学学报》2022 年第 2 期，第 74 页。

③ 参见赵精武《〈个人信息保护法〉：构筑新时代个人信息权益保护的安全防护网》，中国网信网，2021 年，http://www.cac.gov.cn/2021 - 09/08/c_1632692967516943.htm，最后访问日期：2022 年 10 月 6 日。

④ 杨立新：《个人信息处理者侵害个人信息权益的民事责任》，载《国家检察官学院学报》2021 年第 5 期，第 39 ~ 40 页。

⑤ 王利明：《敏感个人信息保护的基本问题——以〈民法典〉和〈个人信息保护法〉的解释为背景》，载《当代法学》2022 年第 1 期，第 14 页。

争议。例如，对"个人信息"的界定过于宽泛，保护重点不明确，忽略了个体最希望被保护的是密切涉及人格尊严和人身财产安全的个人隐私。[①] 再如，模糊宽泛地界定"个人信息"，加之缺乏具体场景下的专项制度，难以满足现实中具体场景的需要，实践中个人信息过度收集现象屡禁不止。[②] 又如，知情同意规则是个人信息处理的合法性基础，[③] 但法律对告知同意的方式，不需要告知同意的情形、告知同意将妨碍国家机关履行法定职责的情形规定不明确，告知同意规则作用的发挥缺乏配套的监督与保障。[④] 这些具有模糊性的立法及其中尚待厘清的法律术语必然影响个人信息处理者对该法的遵守情况。

那么《个人信息保护法》公布之后，个人信息处理者是否遵守该法律的相关规定呢？什么因素影响他们的守法情况？在个人信息保护相关立法日益完备的今天，其所涉及的主体是否守法理所当然应被给予更多关注，如此才能看出立法和规制在解决问题上的效能，从而进一步优化法律制度。

App 是数字经济时代的主角，是个人信息保护相关立法所规制的主体中最具代表性的。在国外，诸如 Snapchat[⑤]、Pokemon Go[⑥]、Zoom[⑦]、Femtech[⑧]、

---

① 郭江兰：《个人信息保护制度的反思与改进：以主体利益冲突与衡平为视角》，载《科技与法律》（中英文）2021 年第 6 期，第 51 页。

② 参见李奕扉、王协舟、李典诰《个人信息保护场景化的现实困境、国际经验与改进建议》，载《情报资料工作》2022 年第 5 期，第 109 页。

③ 参见王洪亮、李依怡《个人信息处理中"同意规则"的法教义学构造》，载《江苏社会科学》2022 年第 3 期，第 102～103 页；姬蕾蕾《论同意规则在个人信息保护中的适用——以情景类型化为视角》，载《苏州大学学报》（哲学社会科学版）2022 年第 2 期，第 70 页。

④ 参见程啸《论个人信息处理者的告知义务》，载《上海政法学院学报》（法治论丛）2021 年第 5 期，第 80 页；张新宝《大型互联网平台企业个人信息保护独立监督机构研究》，载《东方法学》2022 年第 4 期，第 38 页。

⑤ Federal Trade Commission, "Complaint, In the Matter of Snapchat", Inc., FTC File No. 132 3078, Docket No. C – 4501 (F. T. C. May 8, 2014).

⑥ Valerie Strauss, "Pokémon Go Sparks Concern About Children's Privacy", *Washington Post*, Jul. 19, 2016, www. washingtonpost. com/news/answer-sheet/wp/2016/07/19/pokemon-go-sparks-concern-about-childrens-privacy/, 最后访问日期：2022 年 10 月 6 日；Laura Hudson, "How to Protect Privacy While Using Pokémon Go and Other Apps", *New York Times*, Jul. 14, 2016, www. nytimes. com/2016/07/14/technology/personaltech/how-to-protect-privacy-while-using-poke-mon-go-and-other-Apps. html? _r = 0, 最后访问日期：2022 年 10 月 6 日。

Uber①、Amazon's Alexa②、Google G-Suite③ 这样的大平台尚且存在各种侵犯个人隐私的情况：Pokemon Go 要求用户提供不必要的信息，Zoom 在设置中默认允许第三方访问用户的信息，Femtech 不经用户同意就获取用户的信息，Google G-Suite 甚至因非法获取大学生的个人信息被起诉，等等。《一般数据保护条例》颁布后，许多 App 争相修改隐私政策。④ 在国内，工业和信息化部、国家互联网信息办公室等相关部门几年间多次展开执法行动督促强化 App 个人信息保护。⑤ 国家市场监督管理总局专门制定《信息安全技术—移动互联网应用程序（App）收集个人信息基本规范》并多次修订。⑥ 2019 年，工信部建立完善 App 违规收集个人信息举报平台。截至当年 9 月，

（上页注⑦）Joseph Cox, "Zoom iOS App Sends Data to Facebook Even If You Don't Have a Facebook Account", 2020, Vice, www.vice.com/en_us/article/k7e599/zoom-ios-App-sends-data-to-facebook-even-if-you-dont-have-a-facebook-account, 最后访问日期：2022 年 10 月 6 日；Aaron Krolik and Natasha Singer, "A Feature on Zoom Secretly Displayed Data from People's Linked in Profiles", *New York Times*, Apr. 2, 2020, www.nytimes.com/2020/04/02/technology/zoom-linkedin-data.html, 最后访问日期：2022 年 10 月 6 日。

（上页注⑧）Danielle Citron, "A New Compact for Intimate Information", *William and Mary Law Review*, Vol. 62, 2020.

① Electronic Information Privacy Center, "EPIC Files Complaint with FTC About Zoom", 2019, Epic.org, https://epic.org/2019/07/epic-files-complaint-with-ftc-.html, 最后访问日期：2022 年 10 月 6 日；Mike Isaac, "Uber's C.E.O. Plays with Fire", *New York Times*, Apr. 23, 2017, www.nytimes.com/2017/04/23/technology/travis-kalanick-pushes-uber-and-himself-to-the-precipice.html, 最后访问日期：2022 年 10 月 6 日。

② Geoffrey Fowler, "Alexa Has Been Eaves Dropping on You This Whole Time", *Washington Post*, May 6, 2019, www.washingtonpost.com/technology/2019/05/06/alexa-has-been-eavesdropping-you-this-whole-time/, 最后访问日期：2022 年 10 月 6 日。

③ Emma Brown, "UC-Berkeley Students Sue Google, Alleging Their Emails Were Illegally Scanned", *Washington Post*, Feb. 1, 2016, www.washingtonpost.com/news/grade-point/wp/2016/02/01/uc-berkeley-students-sue-google-alleging-their-emails-were-illegally-scanned/, 最后访问日期：2022 年 10 月 6 日。

④ Ari Ezra Waldman, *Industry Unbound: The Inside Story of Privacy, Data, and Corporate Power*, Cambridge: Cambridge University Press, 2021, pp. xi-xii.

⑤ 参见《工业和信息化部关于开展纵深推进 App 侵害用户权益专项整治行动的通知》，工信部官网，2020，https://www.miit.gov.cn/jgsj/xgj/gzdt/art/2020/art_c5f69af7882247198657b2ac6777ad62.html, 最后访问日期：2022 年 10 月 6 日。

⑥ 参见《关于印发〈常见类型移动互联网应用程序必要个人信息范围规定〉的通知》，工信部官网，2021，https://www.miit.gov.cn/jgsj/xgj/gzdt/art/2021/art_4e535277ab4343ee9010dbbaf90aab64.html, 最后访问日期：2022 年 10 月 6 日。

该平台便收到网民举报信息近 8000 条。[①]

本文调查研究了我国《个人信息保护法》实施之后国内 App 的守法情况及其影响因素，以期评估立法和执法的有效性，发现问题并提出解决方案。

二 理论综述

本文在现有守法因素研究的基础上建立理论框架。影响守法的因素有很多，其中包括威慑（deterrence）、认受性（legitimacy）、同伴压力（peer pressure）和违法机会（illegal opportunity）等。[②] 不同的守法影响因素组合也会形成不同的守法因素，导致产生不同的守法行为。而且，由于守法者类型和执法领域不同，守法因素也会有所不同。根据不同的规制领域，研究者们可能会就上述守法因素的内涵和范围进行合并、扩大或缩小的解释。学界对企业守法因素存在不同的看法。例如，科干和绍尔兹认为企业不守法的三大因素是经济计算、原则不同意和组织能力。[③] 他们对三大因素的理解分别是：经济计算是指企业经常计算违法的成本和收益，只关注实施违法行为的代价；原则不同意是指当企业感到法律规则或规制行为不合理时，企业会选择不守法；组织能力是指企业是否有充足的资源或稳定可靠的管理体系，会影响企业遵守法规的难易度，成为企业不守法的诱因。又如，梅在建筑工地安全守法研究中，采用正面动力和负面动力的守法因素。梅认为正面动力包括认受性和社会规范，负面动力包括违法机会（守法能力）

---

① 参见《App 违规收集个人信息举报平台建立，收到举报信息近八千条》，澎湃新闻百家号，2019，https://baijiahao.baidu.com/s？id = 1644801160878626727 & wfr = spider & for = pc，最后访问日期：2022 年 10 月 6 日。

② 参见肖惠娜《人们为什么不守法？——守法理论研究述评》，载《中国法律评论》2022 年第 2 期，第 107 页。

③ Robert Kagan & John Scholz, "The 'Criminology of the Corporation' and Regulatory Enforcement Strategies", in Keith Hawkins & John M. Thomas, eds., *Enforcing Regulation*, Kluwer-Nijhoff Publishing, 1984, pp. 73 – 74.

和执法威慑所形成的经济压力。① 尼尔森与帕克在研究中认为，以下三类动力构成守法因素：经济动力是指企业对成本和收益的计算，社会动力是指社会对其他人的影响，规范动力是指人们内心对规制实体和程序的道德判断。② 格宁汉等人在关于企业环境守法的一系列研究中将守法的因素分为三类，分别是法律压力、社会压力和经济压力。③ 他们发现，由于邻居、社区成员和环保组织的压力，有些造纸厂受到的社会压力比执法压力更大，从而出现"超越守法"（beyond compliance）的现象。④ 关于"超越守法"，他们也提出了意见，认为企业可能会为了可见的自身利益，采取"超越守法"的行为，所以企业环境行为不能单纯地用威胁和守法的道德义务来解释，而随着企业行为的增加，应当从社会压力和经济压力约束之间的相互作用以及法律规制的内容方面来更好地解释"超越守法"。⑤

在这些相关的守法因素中，如科干和绍尔兹、梅的研究中都有涉及对影响因素之一——认受性的探讨，但由于对认受性之探讨需要结合调查访问内容进行考证，没有涵盖本文的调研范围，因此，本文更倾向于将理论

---

① Peter May, "Compliance Motivations: Affirmative and Negative Bases", *Law & Society Review*, Vol. 38, 2004, pp. 41 – 68.

② Vibeke Lehmann Nielsen & Christine Parker, "Mixed Motives: Economic, Social, and Normative Motivations in Business Compliance", *Law & Policy*, Vol. 34, 2012, pp. 428 – 462.

③ Neil Gunningham, Robert Kagan & Dorothy Thornton, *Shades of Green: Business, Regulation, and Environment, Stanford Law and Politics*, Stanford University Press, 2003; Dorothy Thornton, Robert A. Kagan & Neil Gunningham, "Compliance Costs, Regulation, and Environmental Performance: Controlling Truck Emissions in the US", *Regulation and Governance*, Vol. 2, 2008, p. 275; Robert Kagan, Neil Gunninham & Dorothy Thornton, "Fear, Duty, and Regulatory Compliance: Lessons from Three Research Projects", in Christine Parker & Vibeke Lehman Nielsen, eds., *Explaining Regulatory Compliance: Business Responses to Regulation*, Edward Elgar Publishing, 2011, pp. 37 – 58.

④ Neil Gunningham, Robert Kagan & Dorothy Thornton, *Shades of Green: Business, Regulation, and Environment*, Stanford University Press, 2003, pp. 51 – 84; Neil Gunningham, Robert A. Kagan & Dorothy Thornton, "Social License and Environmental Protection: Why Businesses Go Beyond Compliance", *Law & Social Inquiry*, Vol. 29, No. 2, 2004, pp. 307 – 339.

⑤ Neil Gunningham, Robert A. Kagan & Dorothy Thornton, "Social License and Environmental Protection: Why Businesses Go Beyond Compliance", *Law & Social Inquiry*, Vol. 29, No. 2, 2004, pp. 307 – 339.

框架建立在格宁汉等人的研究之上。格宁汉等人的守法因素作为理论框架，涵盖法律压力、社会压力及经济压力三个类别，① 下面将对其分别进行概念性解释（见图 1）。

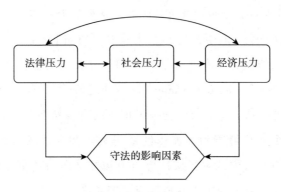

图 1　理论框架结构

首先，法律压力是指法律规定、执法威慑或准入要求。格宁汉等人认为企业如果对环保法律是认可的，在规制许可下会采取很多环境保护措施，有时甚至完成超越法律规定的守法要求即"超越守法"。他们指出"法规被认为是社会期望的衡量标准，所以也被解释为是组织的道德与社会指南"。企业认同法律就会遵守法律而满足守法的需求，甚至"超越守法"。

其次，社会压力是指来自社区、环保组织、雇员和媒体等的压力。他们也认为"社区、环境团体、社区成员以及周边民众会对一个企业产生的社会和其他元素有要求和期望"。这种要求与期望就会使得企业在被社会各组成部分关注的情况下为了维持口碑与好评需要守法，甚至"超越守法"。

最后，经济压力是指市场的竞争、企业规模、经济表现和其他的约束。松顿与卡尔在另一篇文章中认为在经济发达的民主国家，监管制度之间的差异已经急剧缩小，当地的经济资源、市场激励和企业环境管理就会成为企业层面、环境绩效和"超越守法"变化的主要决定因素。也就是说，经

---

① Neil Gunningham, Robert A. Kagan & Dorothy Thornton, "Social License and Environmental Protection: Why Businesses Go Beyond Compliance", *Law & Social Inquiry*, Vol. 29, No. 2, 2004, pp. 307 – 339.

济上的企业规模和市场化竞争会使得企业为了便于管理、满足监管制度的要求而选择守法，甚至"超越守法"。

这三个守法因素也是相互关联、相互影响的关系。法律压力与社会压力是相互促进的关系。较强的法律规制将使社区内的群体守法程度更高，久而久之会形成较好的守法环境，提升社会压力。而当某个社群中守法的社会压力较大时，受规制的主体也会感受到法律规制所带来的社会声誉受损问题，法律压力也会增大。另外，当企业的经济实力较强（即经济压力较大）时，企业的社会压力也会增大；反之亦然。而此时，企业也更害怕受到监管，因此法律所带来的压力也更大。

三　研究方法

本调研采用田野调查法。具体而言，调研小组在 2022 年 7 月 2 日至 8 月 31 日共 60 天内，深度使用和调查每一个 App 样本的隐私政策和具体实践，考察这些 App 对《个人信息保护法》的遵守程度，并分析影响守法行为的主要因素。

（一）案例选取

本调研选取了社交类、新闻类、移动视频类、购物类、金融类、出行类、游戏类七个类别共 80 个 App 样本。各个类别所选取的 App 数量为 7 个到 17 个不等。由于苹果应用市场的日排名变动幅度较小，且不包含其他应用市场可能存在的"装机必备应用软件"等会对分类 App 排名产生较大影响的因素，因此本调研小组统一选取 2022 年 7 月 14 日苹果应用市场中国地区各分类中当日排行靠前的 App 进行调查。其中，新闻类 App 由于苹果应用市场并没有显示中国地区的排行，因而采用华为应用市场排名前 11 位的 App 进行调查研究。尽管各应用市场新闻类产品排行榜在 2022 年 7 月 14 日当日的排名不尽相同，但头部的 App 产品基本固定，变数不大，所以在苹果应用市场数据缺失的情况下，选取华为应用市场作为调研样本是合理的。

另外，金融类 App 由于苹果应用市场中分类较为宽泛，因此在排行数据的基础上进一步结合细化的分类——支付类、投资理财类和银行类以及信息披露程度选取了样本。因此，金融类 App 共选取 10 个样本。出行类 App 中近年来最受关注的滴滴打车 App 因违规在本调研期间被责令下架整改，未能选做样本。此外，游戏类 App 的样本选取方式为从苹果应用市场游戏专区热门类别中每一分类优先选取排名靠前的产品，由于许多 App 游戏同属一个供应商以及榜单重复排名，所以按照排名顺序依次往下选取。最终，游戏类 App 所选取的调研数量为 17 个。

综上所述，本文选取的 App 样本总数为 80 个，其中选取的社交类 App 数量为 10 个、新闻类 App 数量为 11 个、移动视频类 App 数量为 10 个、购物类 App 数量为 12 个、金融类 App 数量为 10 个、出行类 App 数量为 10 个、游戏类 App 数量为 17 个（见图 2）。

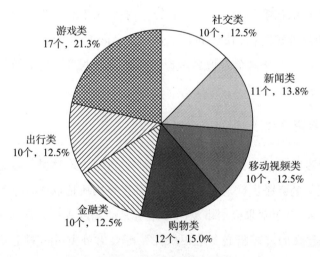

图 2　选取 App 样本类别数量及占比

（二）数据收集

数据收集内容主要分为两个方面，一是守法行为数据收集，二是守法因素数据收集。

1. 守法行为数据收集

本文主要研究 App 对个人信息保护的四种守法行为，分别是关闭个性化广告和个性化推荐、隐私条款告知同意、第三方平台处理个人信息、企业收集不必要个人信息。

第一是"关闭个性化广告和个性化推荐"的守法程度，具体内容包括"个性化广告、个性化推荐是否有关闭键""关闭的步数""关闭的具体程序""关闭的期限""撤回同意是否会影响使用产品或服务"。此设计的法律依据为《个人信息保护法》第 15 条第 1 款："基于个人同意处理个人信息的，个人有权撤回其同意。个人信息处理者应当提供便捷的撤回同意的方式。"以及第 16 条："个人信息处理者不得以个人不同意处理其个人信息或者撤回同意为由，拒绝提供产品或者服务；处理个人信息属于提供产品或者服务所必需的除外。"

第二是"隐私条款告知同意"的守法程度，具体包括"是否取得同意"及"隐私条款告知同意的程度"。如果 App 没有任何隐私条款告知同意即由使用者登录使用，则其知情同意的水平较低。如果 App 有告知使用者隐私条款，且要求使用者在规定阅读时间（例如 30 秒或 60 秒）内方可同意和使用 App，则其隐私条款告知同意的水平较高。如果 App 有告知使用者隐私条款，但没有任何限定，使用者点击同意即可使用 App，则其告知同意的水平中等。此设计的法律依据为《个人信息保护法》第 13 条第 1 款："符合下列情形之一的，个人信息处理者方可处理个人信息：（一）取得个人的同意；……"以及第 17 条："个人信息处理者在处理个人信息前，应当以显著方式、清晰易懂的语言真实、准确、完整地向个人告知下列事项：（一）个人信息处理者的名称或者姓名和联系方式；（二）个人信息的处理目的、处理方式，处理的个人信息种类、保存期限；（三）个人行使本法规定权利的方式和程序；（四）法律、行政法规规定应当告知的其他事项。前款规定事项发生变更的，应当将变更部分告知个人。个人信息处理者通过制定个人信息处理规则的方式告知第一款规定事项的，处理规则应当公开，并且便于查阅和保存。"

第三是"第三方平台处理个人信息"的守法程度，其中具体调研内容包括"第三方信息共享清单是否列明""第三方平台是否处理敏感信息""第三方平台处理何种敏感信息""是否单独同意"。其中，针对何谓敏感信息，本调研参照的标准为中华人民共和国国家标准《信息安全技术—个人信息安全规范》① 中附录 B 个人敏感信息判定的标准，即"个人敏感信息是指一旦泄露、非法提供或滥用可能危害人身和财产安全，极易导致个人名誉、身心健康受到损害或者歧视性待遇等的个人信息"。此设计的法律依据为《个人信息保护法》第 28 条："敏感个人信息是一旦泄露或者非法使用，容易导致自然人的人格尊严受到侵害或者人身、财产安全受到危害的个人信息，包括生物识别、宗教信仰、特定身份、医疗健康、金融账户、行踪轨迹等信息，以及不满十四周岁未成年人的个人信息。只有在具有特定的目的和充分的必要性，并采取严格保护措施的情形下，个人信息处理者方可处理敏感个人信息。"以及第 29 条："处理敏感个人信息应当取得个人的单独同意；法律、行政法规规定处理敏感个人信息应当取得书面同意的，从其规定。"

第四是"企业收集不必要个人信息"的守法程度，包括"企业是否列明个人信息清单""是否收集不必要的个人信息""如果企业收集不必要的个人信息，那么哪些信息是不必要的""收集不必要的个人信息是否可以撤回同意"几个具体维度。其中，对于何谓 App 收集的"App 必要个人信息"，本调研参考的标准为《信息安全技术　移动互联网应用程序（App）收集个人信息基本要求》②，其对于常见服务类型 App 必要个人信息范围及其使用要求进行了列举。通过分析与对比 App 提供的"个人信息清单"以及《信息安全技术　移动互联网应用程序（App）收集个人信息基本要求》中的

---

① 参见中华人民共和国国家标准《信息安全技术　个人信息安全规范》（GB/T 35273—2020），国家市场监督管理总局、国家标准化管理委员会 2020 年 3 月 6 日发布，2020 年 10 月 1 日实施，第 18 页。

② 参见中华人民共和国国家标准《信息安全技术　移动互联网应用程序（App）收集个人信息基本要求》（GB/T 41391—2022），国家市场监督管理总局、国家标准化管理委员会 2022 年 4 月 15 日发布，2022 年 11 月 1 日实施，第 10～21 页。

"App 必要个人信息",本调研罗列出各 App 所收集的"非必要个人信息",增加不必要个人信息研究。

2. 守法因素数据收集

本文测量企业对于《个人信息保护法》守法情况的影响因素,主要包括法律压力、社会压力和经济压力等三个方面。首先是法律压力,主要指 App 或 App 所属企业是否曾经被政府部门因违反个人信息保护的规定所查处、通报批评或处罚。本文对法律压力的内容进行了收集和整理,具体内容包括"处罚时间""处罚机构""处罚内容"。如果企业被处罚过,则法律压力为强;如果未被处罚过,则法律压力为弱。其次是社会压力,主要通过 WiseNews、百度、谷歌、微博等平台查询和收集了 2022 年 8 月 31 日之前各家 App 是否被重要媒体或者其他社会主体所投诉、曝光或报道有个人信息保护不充分的问题,进而判断社会压力程度。如果企业曾被媒体公开曝光个人信息保护不充分,则社会压力为高;如果没有被报道过,则社会压力为低。最后是经济压力,本文通过 App 营业收入状况、用户量等因素来衡量企业的规模大小,并由此来判断企业遵守个人信息保护法的经济动力。如果属于国有企业、上市企业或其控股公司是国有企业或上市企业,则其经济压力为强;如果是其他规模或类型的企业,其经济压力为弱。

四 调研发现

(一) App 个人信息保护的守法情况

本调研针对七类 App,从"关闭个性化广告和个性化推荐""隐私条款告知同意""第三方平台处理个人信息""企业收集不必要个人信息"四个方面共十项内容进行调查研究(见表 1)。根据表 1 的调查结果,对 App 的个人信息守法情况进行评分。评分标准如下:总分 9 分;"关闭个性化广告和个性化推荐"共 3 分,关闭个性化服务步骤以是否在四步及四步之内作为衡量其关闭是否便捷的标准;若便捷则得 1 分,反之不得分,其中对于部分游戏类 App 而言，不涉及个性化服务内容，因此该方面得满分；"隐私条款告知同意"共 2 分，较低水平的隐私条款告知同意方式不得分，中等水平的隐私条款告知同意方式得 1 分，较高水平的隐私条款告知同意方式得 2 分；"第三方平台处理个人信息"共 2 分，列明清单、不收集敏感信息各占 1 分，若收集敏感信息，单独同意也可得分；"企业收集不必要个人信息"共 2 分，列明清单、不收集不必要的个人信息各占 1 分，若收集不必要的个人信息，可以撤回同意也得分（见表 2）。

整体调研结果显示，总分平均值为 6.41，有 21 个 App 得到 8 分，属于高度守法；26 个 App 得 7 分；17 个 App 得 6 分；16 个 App 得 6 分以下。甚至有 2 个 App 为 0 分，属于严重违法。总体上大多数 App 守法情况良好，64 个 App 得 6 分以上，占总数的 80%。在四类调研内容中，"企业收集不必要个人信息"方面的守法情况最好，其次为"第三方平台处理个人信息"，再次为"关闭个性化广告和个性化推荐"，最后为"隐私条款告知同意"。表 3 展示了不同 App 类型对四类规则的守法平均值。调研发现，金融类 App 守法情况最好，平均值为 7.10 分，包含五个 8 分 App，比例为 23.8%；其次为出行类，平均值为 6.90 分；第三为社交类，平均值为 6.80 分，在达到 8 分的 21 个 App 中占了 7 个，比例为 33%；除去排名第四的移动视频类，购物类和游戏类的平均值也均达到 6 分以上；而新闻类最不理想，平均值为 5.00 分。综观新闻类各个 App，今日头条是当日下载量排名第一的应用，也是字节跳动旗下最受欢迎的产品之一。但该企业的守法情况却没有与其体量呈正相关。今日头条虽受到的监管力度较大，但是第三方平台所处理的个人信息种类最多，且仍收集不必要的个人信息。值得肯定的是，该应用软件在"关闭个性化广告和个性化推荐"的守法方面履行得较好，是本文所列举的 11 个新闻类应用软件中 3 个既可以关闭"个性化推荐"又可以关闭"个性化广告"的 App 之一。今日头条作为新闻类的领头羊，通过收集用户个人信息进行变现的能力也是最强的。因此，即使有政

表 1　App 个人信息保护守法情况（按分类）

类型	序号	App 名称	关闭个性化广告和个性化推荐			隐私条款告知同意	第三方平台处理个人信息			企业收集不必要个人信息		
			是否有关闭键	关闭的步数	撤回同意是否影响使用产品或服务		第三方信息共享清单是否列明	第三方平台是否处理敏感信息	是否单独同意	个人信息收集清单是否列明	是否收集不必要个人信息	收集不必要的个人信息是否可以撤回同意
移动视频类	1	抖音	是	4	是	中等水平	是	是	是	是	是	是
	2	快手	是	6	是	中等水平	是	是	是	是	是	是
	3	爱奇艺	是	6~7	是	中等水平	是	是	是	是	是	是
	4	腾讯视频	是	4	是	中等水平	是	是	是	是	是	是
	5	优酷视频	是	5	是	中等水平	是	是	是	是	是	是
	6	芒果 TV	是	5	是	中等水平	是	是	是	否	是	是
	7	哔哩哔哩	是	3	是	中等水平	是	是	是	是	是	是
	8	好看视频	是	3	否	中等水平	是	是	是	是	是	是
	9	搜狐视频	是	4	否	中等水平	是	是	否	是	是	是
	10	西瓜视频	是	4	否	中等水平	是	是	否	是	是	是
购物类	1	淘宝（集市）	是	6	否	中等水平	是	是	否	是	是	是
	2	天猫（商场）	是	6	否	中等水平	是	否	否	是	是	是
	3	闲鱼	是	5	否	中等水平	是	否	否	是	是	是
	4	京东	是	7	否	中等水平	是	否	否	是	是	是
	5	唯品会	是	6	否	中等水平	是	否	否	是	是	是
	6	得物	是	6	否	中等水平	是	是	否	是	是	是

续表

类型	序号	App名称	是否有关闭键	关闭的步数	撤回同意是否影响使用产品或服务	隐私条款告知同意	第三方共享清单是否列明	第三方平台是否处理敏感信息	是否单独同意	个人信息收集清单是否列明	是否收集不必要个人信息	收集不必要个人信息是否可以撤回同意
购物类	7	淘特	是	6	否	中等水平	是	是	否	是	是	是
	8	转转	是	6	否	中等水平	是	是	否	是	是	是
	9	拼多多	是	9	否	较低水平	是	否	否	是	是	是
	10	苏宁易购	是	6	否	中等水平	是	是	否	是	是	是
	11	饿了么	是	6	否	中等水平	是	是	否	是	是	是
	12	美团	是	5	否	中等水平	是	否	否	是	是	是
社交类	1	微信	是	4	否	中等水平	是	是	是	是	是	是
	2	小红书	是	4	否	中等水平	是	是	否	是	是	是
	3	QQ	是	3	否	中等水平	是	是	是	是	是	是
	4	微博	是	4	否	中等水平	是	否	否	是	是	是
	5	知乎	否	4	一	较低水平	否	是	是	否	否	否
	6	韩站	是	一	否	中等水平	是	否	否	是	是	是
	7	探探	是	3	否	中等水平	否	是	是	是	是	是
	8	Soul	是	3	否	中等水平	是	否	否	是	是	是
	9	MOMO陌陌	是	4	否	中等水平	是	是	是	是	是	是
	10	百度贴吧	是	4	否	中等水平	是	是	否	否	否	否

续表

类型	序号	App名称	关闭个性化广告和个性化推荐			隐私条款告知同意	第三方平台处理个人信息			企业收集不必要个人信息		
			是否有关闭键	关闭的步数	撤回同意是否影响使用产品或服务		第三方信息共享清单是否列明	第三方平台是否处理敏感信息	是否单独同意	个人信息收集清单是否列明	是否收集不必要的个人信息	收集不必要个人信息是否可以撤回同意
游戏类	1	王者荣耀	否	—	—	中等水平	是	是	是	是	是	是
	2	贪吃蛇大作战	否	—	—	中等水平	是	是	否	是	是	是
	3	洪恩识字	是	5	否	中等水平	是	是	否	是	是	是
	4	开心消消乐	是	2	是	中等水平	是	是	是	是	否	是
	5	原神	否	—	—	中等水平	是	是	否	是	否	否
	6	狂野飙车9：竞速传奇	否	—	—	中等水平	是	是	否	是	否	否
	7	蚂蚁嘟起：神树之战	否	—	—	中等水平	是	是	否	是	否	否
	8	地铁跑酷（官方中文版）	否	—	—	中等水平	是	是	是	是	否	否
	9	王铲铲的致富之路	是	4	否	中等水平	是	是	否	是	否	否
	10	最佳球会	否	—	—	较低水平	是	是	否	是	否	否
	11	欢乐找茬	否	—	—	较低水平	否	否	否	否	否	否
	12	奥比岛：梦想国度	否	—	—	中等水平	是	是	否	是	否	否

续表

类型	序号	APP名称	关闭个性化广告和个性化推荐			隐私条数告知同意	第三方平台处理个人信息			企业收集不必要个人信息		
			是否有关闭键	关闭的步数	撤回同意是否影响使用产品或服务		第三方信息共享清单是否列明	第三方平台是否处理敏感信息	是否单独同意	个人信息收集清单是否列明	是否收集不必要的个人信息	收集不必要个人信息是否可以撤回同意
游戏类	13	艾彼	否	—	—	中等水平	是	否	否	是	是	是
	14	钢琴块2	否	—	—	中等水平	否	否	否	是	否	否
	15	途游斗地主（比赛版）	是	2	否	中等水平	是	是	否	是	是	是
	16	纸嫁衣	否	—	—	中等水平	是	是	否	是	否	否
	17	闪耀暖暖	否	—	否	中等水平	是	是	是	是	是	是
新闻类	1	今日头条	否	5	—	中等水平	是	是	否	是	是	否
	2	网易新闻	否	—	否	中等水平	否	否	否	是	是	否
	3	腾讯新闻	是	5	否	中等水平	是	是	否	是	是	是
	4	搜狐新闻	是	5	否	中等水平	是	是	否	是	是	否
	5	新浪新闻	是	4	否	中等水平	是	是	否	是	是	是
	6	趣头条	否	4	—	中等水平	是	是	否	是	是	否
	7	人民日报	是	—	否	中等水平	是	是	否	否	是	是
	8	凤凰新闻	是	4	否	中等水平	是	是	否	是	是	否
	9	一点资讯	否	4	否	中等水平	是	是	否	是	是	是
	10	央视新闻	否	—	—	中等水平	是	是	否	是	是	否
	11	澎湃新闻	是	5	否	中等水平	是	是	否	是	是	否

续表

类型	序号	App名称	关闭个性化广告和个性化推荐			隐私条款告知同意	第三方平台处理个人信息			企业收集不必要个人信息		
			是否有关闭键	关闭的步数	撤回同意是否影响使用产品或服务		第三方信息共享清单是否列明	第三方平台是否处理敏感信息	是否单独同意	个人信息收集清单是否列明	是否收集不必要的个人信息	收集不必要个人信息是否可以撤回同意
金融类	1	支付宝	是	4	否	中等水平	是	是	是	是	是	是
	2	云闪付	是	5	否	中等水平	是	是	是	是	是	是
	3	京东金融	是	5	否	中等水平	是	是	是	是	是	是
	4	安逸花	是	4	否	中等水平	是	是	是	是	是	是
	5	中国人寿寿险	是	4	否	中等水平	是	是	是	是	是	是
	6	中国农业银行	是	4	否	中等水平	是	是	是	是	是	是
	7	招商银行	是	4	否	中等水平	是	是	是	是	是	是
	8	宁波银行	否	5	否	中等水平	是	是	是	是	是	是
	9	四川农信	否	—	—	中等水平	是	是	是	是	是	是
	10	无锡农商银行	否	—	—	中等水平	是	是	是	是	是	是
出行类	1	高德地图	否	5	否	中等水平	是	是	是	是	是	是
	2	百度地图	是	4	否	中等水平	是	是	是	是	是	是
	3	腾讯地图	是	5	否	中等水平	是	是	是	是	是	是
	4	嘀嗒出行	是	4	否	中等水平	是	是	是	是	是	是
	5	货拉拉	是	5	否	中等水平	是	是	是	是	否	否
	6	T3出行	是	5	否	中等水平	是	是	是	是	是	是

续表

类型	序号	App 名称	关闭个性化广告和个性化推荐			隐私条款告知同意	第三方信息			企业收集不必要个人信息		
			是否有关闭键	关闭的步数	撤回同意是否影响使用产品或服务		第三方信息共享清单是否列明	第三方平台处理个人信息		个人信息收集清单是否列明	是否收集不必要的个人信息	收集不必要个人信息是否可以撤回同意
								第三方平台是否处理敏感信息	是否单独同意			
出行类	7	花小猪打车	是	5	否	中等水平	是	是	是	是	否	否
	8	神州租车	否	一	一	中等水平	是	是	是	是	否	否
	9	瓜子二手车	是	4	否	中等水平	是	是	是	是	否	否
	10	一嗨租车	是	3	否	中等水平	是	是	是	是	否	否

表 2 App 个人信息保护守法得分（按从高至低排序）

序号	App 名称	App 类型	关闭个性化广告和个性化推荐	隐私条款告知同意	第三方平台处理个人信息	企业收集不必要个人信息	总分
1	搜狐视频	移动视频	3	1	2	2	8
2	西瓜视频	移动视频	3	1	2	2	8
3	微信	社交	3	1	2	2	8
4	小红书	社交	3	1	2	2	8
5	微博	社交	3	1	2	2	8
6	知乎	社交	3	1	2	2	8
7	探探	社交	3	1	2	2	8
8	Soul	社交	3	1	2	2	8
9	MOMO陌陌	游戏	3	1	2	2	8
10	王者荣耀	游戏	3	1	2	2	8
11	地铁跑酷（官方中文版）	游戏	3	1	2	2	8
12	艾彼	游戏	3	1	2	2	8
13	闪耀暖暖	金融	3	1	2	2	8
14	支付宝	金融	3	1	2	2	8
15	安逸花	金融	3	1	2	2	8
16	中国人寿寿险	金融	3	1	2	2	8
17	中国农业银行	金融	3	1	2	2	8
18	招商银行	金融	3	1	2	2	8

续表

序号	App 名称	App 类型	关闭个性化广告和个性化推荐	隐私条款告知同意	第三方平台处理个人信息	企业收集不必要个人信息	总分
19	腾讯地图	出行	3	1	2	2	8
20	瓜子二手车	出行	3	1	2	2	8
21	一嗨租车	出行	3	1	2	2	8
22	抖音	移动视频	2	1	2	2	7
23	腾讯视频	移动视频	2	1	2	2	7
24	哔哩哔哩	移动视频	2	1	2	2	7
25	淘宝	购物	2	1	2	2	7
26	天猫	购物	2	1	2	2	7
27	闲鱼	购物	2	1	2	2	7
28	京东	购物	2	1	2	2	7
29	唯品会	购物	2	1	2	2	7
30	QQ	社交	3	1	1	2	7
31	贪吃蛇大作战	游戏	3	1	1	2	7
32	开心消消乐	游戏	2	1	2	2	7
33	原神	游戏	3	1	1	2	7
34	蚁族崛起：神树之战	游戏	3	1	1	2	7
35	奥比岛：梦想国度	游戏	3	1	1	2	7
36	逃游斗地主（比赛版）	游戏	3	1	1	2	7
37	纸嫁衣	游戏	3	1	1	2	7

续表

序号	App 名称	App 类型	关闭个性化广告和个性化推荐	隐私条款告知同意	第三方平台处理个人信息	企业收集不必要个人信息	总分
38	趣头条	新闻	3	1	1	2	7
39	凤凰新闻	新闻	3	1	1	2	7
40	云闪付	金融	2	1	2	2	7
41	京东金融	金融	2	1	2	2	7
42	宁波银行	金融	2	1	2	2	7
43	百度地图	出行	2	1	2	2	7
44	嘀嗒出行	出行	3	1	2	1	7
45	货拉拉	出行	2	1	2	2	7
46	T3 出行	出行	2	1	2	2	7
47	花小猪打车	出行	2	1	2	2	7
48	快手	移动视频	1	1	2	2	6
49	爱奇艺	移动视频	1	1	2	2	6
50	优酷视频	移动视频	1	1	2	2	6
51	芒果 TV	移动视频	1	1	2	2	6
52	好看视频	移动视频	2	1	2	1	6
53	得物	购物	2	1	1	2	6
54	淘特	购物	2	1	1	2	6
55	转转	购物	2	1	1	2	6
56	拼多多	购物	2	0	2	2	6

续表

序号	App 名称	App 类型	关闭个性化广告和个性化推荐	隐私条款告知同意	第三方平台处理个人信息	企业收集不必要个人信息	总分
57	苏宁易购	购物	2	1	1	2	6
58	饿了么	购物	2	1	1	2	6
59	美团	购物	2	1	1	2	6
60	王铲铲的致富之路	游戏	2	1	1	2	6
61	钢琴块2	游戏	3	1	0	2	6
62	洪恩识字	游戏	2	1	1	2	6
63	搜狐新闻	新闻	2	1	1	2	6
64	新浪新闻	新闻	3	1	1	1	6
65	百度贴吧	社交	3	1	1	0	5
66	今日头条	新闻	2	1	1	1	5
67	腾讯新闻	新闻	2	1	1	1	5
68	一点资讯	新闻	3	1	1	0	5
69	澎湃新闻	新闻	2	1	1	1	5
70	四川农信	金融	0	1	2	2	5
71	无锡农商银行	金融	0	1	2	2	5
72	高德地图	出行	0	1	2	2	5
73	神州租车	出行	0	1	2	2	5
74	狂野飙车9：竞速传奇	游戏	0	1	1	2	4
75	最佳球会	游戏	0	0	1	2	3

续表

序号	App 名称	App 类型	关闭个性化广告和个性化推荐	隐私条款告知同意	第三方平台处理个人信息	企业收集不必要个人信息	总分
76	网易新闻	新闻	0	1	1	1	3
77	人民日报	新闻	0	1	1	1	3
78	央视新闻	新闻	0	1	1	1	3
79	韩站	社交	0	0	0	0	0
80	欢乐找茬	游戏	0	0	0	0	0
		平均值/满分	2.11/3	0.95/2	1.56/2	1.79/2	6.41/9
		百分比	70.3%	47.5%	78.0%	89.5%	71.2%

府不间断的威慑，今日头条出于经济效率的考量，仍在个人信息收集的红线边缘徘徊。而《人民日报》作为中国共产党中央委员会机关报，守法情况却较为糟糕。首先其应用软件并不能关闭个性化广告或个性化推荐，在撤回收集不必要个人信息的隐私政策中有打擦边球的嫌疑。相似的是，央视新闻是中央广播电视总台下属的新闻媒体中心，在个人信息保护方面本应该起到标杆的作用，但是事实上却大相径庭。央视新闻是少数几个没有关闭个性化广告按键的 App 之一。从单个 App 守法情况来看，韩站和欢乐找茬最为糟糕，各项评分无一得分。韩站作为社交类 App 下载量排名第六的 App，其平台功能却更偏向移动视频类，定位模糊；而该 App 无论是在隐私条款告知同意方式上，还是在各项清单列明情况上，均表现糟糕。欢乐找茬更为典型，在大多游戏都相对严格地告知隐私政策等规范时，此 App 并没有隐私政策等考察内容，软件使用安全性堪忧。

表3　App 各项守法总体情况（按类别）

单位：分

App 类别	关闭个性化广告和个性化推荐	隐私条款告知同意	第三方平台处理个人信息	企业收集不必要个人信息	总分
移动视频	1.80	1.00	2.00	1.90	6.70
购物	2.00	0.92	1.50	2.00	6.42
社交	2.70	0.90	1.60	1.60	6.80
游戏	2.29	0.88	1.18	1.88	6.23
新闻	1.82	1.00	1.00	1.18	5.00
金融	2.10	1.00	2.00	2.00	7.10
出行	2.00	1.00	2.00	1.90	6.90

　　除了各个 App 守法情况不一、各类 App 总分均值差异不小之外，对于本调研主要考察的四大项内容，各类 App 守法情况也不一，具体如下。

　　1. 关闭个性化广告和个性化推荐

　　调研发现，在提供个性化服务的 App 中，均没有对关闭个性化广告或个性化推荐的期限做出规定；且关闭的仅仅是个性化服务，并不能减少广告出现频率。除此之外，各 App 存在个性化广告推送权限默认开启的情况，用户不知是否开启或何时开启，自然难以想到关闭，这样的操作也难说全无问题。从分值来看，社交类 App 守法情况最好，平均值为 2.70 分；其次分别为游戏类、金融类、出行类和购物类 App，平均值在 2.10 分左右，相差不大；再次为新闻类，平均值为 1.82 分；移动视频类 App 最不理想，平均值为 1.80 分。

就移动视频类 App 而言，个性化功能可以快速锁定用户偏好，为其推荐与之兴趣相关的视频，从而带来更大的流量。近些年随着短视频的蓬勃发展，个性化功能显得尤为重要。尽管各个 App 均设有个性化广告关闭键，但部分 App 关闭步骤较为烦琐，如爱奇艺、快手等。大部分 App 关闭个性化功能后将影响使用产品或服务。

就新闻类 App 而言，仅有今日头条、新浪新闻和凤凰新闻三家 App 为个性化广告和个性化服务设置了关闭键，其余 App 只可关闭一项，或完全没有关闭个性化推荐或个性化广告的选项。在提供关闭个性化广告和推荐的新闻类 App 里，关闭的步骤都在合理范围内，较为便捷。

就购物类 App 而言，因其自身所具有的特点，以及伴随着网购的迅猛发展，App 收集了大量的用户数据。因此，平台是否严格按照法律法规收集和保护用户的个人信息显得格外重要。相较于传统的购物方式，购物平台可以根据收集到的个人信息制作出相应的用户画像，经过数据整合分析，向具有不同喜好和需求的用户精准推送个性化广告，实现平台利益的最大化，这也是平台提高盈利较为快捷的手段。从表 2 可见，关闭购物类 App 个性化广告推荐的步数普遍在六步以上，其中，关闭拼多多个性化推荐的步数高达九步，且关闭按钮位于十分隐蔽的地方。

而对于出行类 App，仅有少量样本个性化广告不可关闭。尽管如此，对于关闭便捷程度，有高达 50% 的样本不符合要求。个性化广告作为其收益的重要部分，本身存在一些必要的风险提示等信息，因此不可关闭，产生不守法现象。在调研使用期间，该类 App 中广告推送情况较轻微，未因频率或内容产生不适。

金融类 App 提供的服务均涉及财产交易等，针对性较强，因而相应的安全性要求高，用户信任至关重要。个性化广告在为 App 带来经济效益的同时，也必将会提高 App 的风险。为控制此类服务的外来风险，提高用户使用的放心程度，金融类 App 基本以洁净的页面保证 App 的主要收益来源，与其他各类 App 相比，其在页面上的个性化广告推送较为少见。在此情形下，个性化广告推送方式多以通知形式存在，用户可以通过关闭通知权限来关闭个性化广告，个别样本还可以细节性地调节推送频率。再者，出于上述风险和维持用户信任、保证主要收益的考量，关闭金融类 App 所需步骤大多较少，之后也普遍不影响使用；尽管个别样本未见关闭键，但在调研使用过程中，也未出现频繁或内容令人反感的个性化广告推送。总体而言，该类 App 此项服务遵守情况较好。

游戏类 App 中只有四个拥有关闭键，其中洪恩识字的关闭步数超过了五步，被认为不够便捷；关闭王铲铲的致富之路个性化推荐后再重新打开 App，App 又会自动开启个性化服务。所有 App 中仅有开心消消乐告知了取消个性化推荐的后果。调研发现，其原因是在游戏类 App 中，多数游戏的收入来源并非广告，拥有广告的游戏也不一定会使用个性化广告，大多是固定宣传广告。

社交类 App 作为得分最高的类别，除韩站以外，其余 9 款 App 均设置了关闭键，关闭步数平均只需 4 步，相对便捷。韩站 App 则在首次打开该 App 时就个性化服务弹出是否同意弹框。但就无法减少广告的出现频率而言，微信甚至在《第三方信息共享清单》中包含了广告服务。

2. 隐私条款告知同意

隐私条款告知同意已经成为每一个 App 进入市场的基础，除购物类、社交类、游戏类外的其他类别守法情况都较好。所有 App 中只有四个存在违法行为。基于个人信息保护法有关"隐私条款告知同意"规则，平台和企业需要及时更新用户注册协议，在收集、处理用户个人信息前，明示收集处理个人信息的目的、方式和范围，并征得用户同意。在被调研的 12 个购物类 App 中，仅有拼多多在收集个人信息的告知同意上处于较低水平，即无须点击同意隐私权限按钮，直接登录即可使用。社交类各个 App 除韩站告知同意水平较低外，其余均告知隐私政策，能够及时对未注册用户进行风险预判，相对严格。游戏类中，最佳球会只需要同意用户协议即可进入游戏，但在其游戏内部又有提及隐私条款。金融类 App 收集个人信息的告知同意方式均相对严格，可见该类 App 标准较为统一；但作为涉及财产的金融类 App，在其他类别 App 中的金融功能同意方式均在中等水平的情况下，金融类 App 经对比仍有可优化空间。

3. 第三方平台处理个人信息

就第三方平台处理个人信息而言，调研发现移动视频类、金融类、出行类 App 守法情况最好，并列第一，新闻类 App 最不理想，平均值为 1 分。所有新闻类 App 都列有第三方平台处理个人信息清单，并且都包括处理个人敏感信息。所处理的个人敏感信息的具体种类各有差异，但都包含了"精确地理位置"这一个人敏感信息。与新闻类 App 分值相近的还有游戏类 App。钢琴块 2 与欢乐找茬并没有列明第三方平台处理个人信息清单，而第三方平台多数会处理个人敏感信息。多数 App 没有单独列出第三方平台清单，只是放在隐私条款里打包同意，被视为没有单独同意。

社交类 App 与购物类 App 平均值居中。值得一提的是韩站 App 没有体现该项清单内容。法律规定，只有在具有特定的目的和充分的必要性，并采取严格保护措施的情形下，个人信息处理者方可处理个人敏感信息。除微信和部分购物类 App 外，其余 App 均处理个人敏感信息，包括地理位置、面部识别特征、身份证等。

而就移动视频类、金融类、出行类 App 而言，移动视频类 App 均列有第三方平台处理个人信息清单。结合中华人民共和国国家标准《信息安全技术 个人信息安全规范》中附录 B 个人敏感信息判定之内容，移动视频类 App 涵盖处理的个人敏感信息有：个人财产信息之交易和消费记录、流水记录；个人生物识别信息之指纹、面部特征；个人身份信息之身份证；其他信息之通讯录、行踪轨迹、网页浏览记录、精确定位信息。但就敏感信息而言，各 App 均做到"单独同意"，即用户可自行选择是否提供。在金融类 App 十个样本中，均有第三方平台且处理敏感信息，对于向第三方平台共享信息的用户同意问题在隐私条款中均有明示，表明需要共享时会取得用户的明示同意，且对于第三方处理个人信息的技术提出要求；进一步地，当用户撤回对该 App 个人信息收集的同意后，会同时努力要求第三方平台删除相关信息。但其中，存在同意方式松紧不一的情况，金融类 App 本身采用较统一的同意方式，即较高水平的告知同意；但第三方平台的告知同意则处于较低水平，略显混乱。出行类所调研样本均有第三方平台清单，且第三方平台处理敏感信息对用户可见，对于取得用户单独同意才向第三方共享信息这一点，隐私条款都有明示，没有违法，且对于用户在本 App 撤回同意将努力同步至第三方平台也有告知。值得关注的是，存在不同功能第三方平台同意方式不一的情况，常见为其中的金融相关功能，比如涉及用户财产时告知同意的水平较高。

4. 企业收集不必要个人信息

在企业收集不必要个人信息的问题上，调研发现购物类、金融类 App 守法情况最好，并列第一；其次为移动视频类与出行类 App，平均值为 1.90 分；新闻类 App 最不理想，平均值为 1.18 分。

购物类方面，京东将所收集的一些重要个人信息直接列出，用户无须点击进入隐私政策即可看到重要隐私政策内容。因其自身特点，购物类 App 对于用户的喜好和需求有着额外的关注，12 种 App 对于用户的浏览等操作日志行为都有收集，以此建立用户画像。而根据《信息安全技术　移动互联网应用程序（App）收集个人信息基本规范》中对网上购物类的最小必要信息的特别说明，法律法规要求的个人信息并非指用户操作行为日志。除此之外，12 种 App 都未向用户单独同意个人信息的共享，而是将其放在隐私政策中打包同意。在调研过程中，并未在淘特找到单独的个人信息共享清单，询问 App 客服后其表示淘特与淘宝共用一套个人信息共享清单，未单独列出，而再次登录淘特时，发现其平台将个人信息共享清单列出。

金融类方面，从金融类最小必要原则下收集个人信息的最新国家标准来看，所调研样本中均有违反该规范标准收集不必要个人信息的现象，如一些具体的特定身份信息——职业、教育信息、婚姻状况等，以及生物识别、位置信息等，不乏敏感的个人信息。尽管如此，其收集不必要个人信息后均可撤回同意，也算是守法之体现。

移动视频类 App 个人信息清单，除好看视频 App 外，其余 App 列明了个人信息清单，但均收集不必要个人信息。结合《信息安全技术 移动互联网应用程序（App）收集个人信息基本规范》之"App 收集个人信息基本要求"：当 App 运营者拟收集的个人信息超出服务类型的最小必要信息时，对于超出部分的个人信息，App 运营者应征得个人信息主体的授权同意。涉及个人敏感信息的，应逐项征得个人信息主体的明示同意。移动视频类 App 拟收集的个人信息超出服务类型最小必要信息的部分和涉及个人敏感信息的部分都符合逐项征求个人信息主体同意的要求，且用户可以在使用过程中随时撤回同意或部分在使用前禁止 App 开启该功能。

出行类方面，均有违反该规范的不必要个人信息收集，如语音收集等，隐私条款中也均有用户可撤回同意的表达，但个别 App 并未给出具体路径，仅说明可撤回，如此究竟是否存在有效撤回渠道就不可知了，虽得分较高，但难以认定其属于守法之列。

游戏类方面，大多数 App 守法情况良好，在游戏中的隐私条款里提供了可以删除或撤回个人信息的渠道。在"第三方平台处理敏感信息是否单独同意"方面，许多 App 没有单独列出第三方平台清单而被视为没有单独同意，但大部分是有第三方平台清单的。

社交类方面，韩站和百度贴吧均缺少《个人信息清单》内容。如前文所述，针对《个人信息清单》中不必要的个人信息，本调研参考国家收集个人信息基本规范对其余 8 个 App 进行分类，大致涉及即时通信、网上购物、网络社区、网络支付。而所有 App 在对应类别规范下均收集不必要的个人信息，如生日、相册、位置信息等。

新闻类方面，新闻类 App 收集的不必要个人信息主要是用户的"操作日志"，即用户点赞、关注、收藏、发布等操作行为。收集这一不必要个人信息的主要目的是推送广告。遗憾的是，没有一家新闻类 App 明确提供关闭收集用户操作日志的服务，并且在隐私政策中提及关闭操作日志相关信息的 App 也是少数：搜狐新闻表示用户可以通过不浏览、收藏、搜索、点赞、分享、关注、评论来拒绝提供上述信息，但这意味着用户要想不提供操作日志，只能通过不操作该 App 来实现；趣头条表示用户可以删除相应记录信息，但这意味着只要有浏览记录，平台就仍有收集信息的权利；凤凰新闻表示用户可以清理个性化推荐记录，同样这也不代表可以直接拒绝平台收集用户的操作信息。除此之外，平台为用户提供个性化广告和推荐同样也会使用到用户的地理位置信息，因此许多新闻类 App 在隐私政策中解释个人信息的使用方式和用途时，会表明用户的位置信息、操作日志都将被用于为用户展示或推送商品或服务。但是，本调研试图从应用软件的隐私政策中寻找能否关闭 App 收集用户操作日志的行为时，发现人民日报应用软件在隐私政策中写明："您还可以授权我们访问您的相机、照片、麦克风及您的位置信息……如我们会基于位置信息向您提供个性化的推荐，或基于该类授权权限向您提供更个性化的登录、评论、互动、信息分享或发布功能。当您需要关闭该功能时，大多数移动设备都会支持您的这项需求。"但是，可以关闭地理位置信息不等同于可以关闭收集操作日志的行为，如此行文，有引导读者误认为操作日志信息的收集也可以被关闭的嫌疑。平台之所以没有明确提供给用户拒绝平台收集其操作日志的权利，是因为平台收集用户操作日志是为了利用用户画像更好地推送广告以及资讯，但是如果用户对此反感，则可以通过关闭个性化推荐的按钮来达到目的，而不是从源头上直接提供给用户拒绝平台记录其操作日志的权利。并且，平台会认为服务日志并非个人敏感信息，且单独的操作日志信息是无法识别特定自然人身份的。总体而言，新闻类 App 守法程度适中，守法程度和应用软件排名之间并不是正态分布的关系。

（二）影响 App 个人信息保护守法情况的因素

考察完各类 App 在四类守法行为中的表现，本部分将探讨哪些因素影响 App 守法程度。首先，《个人信息保护法》的具体规定存在一定的模糊性，这导致 App 保护个人信息过程中存在规避法律的情形。

1. 法律的模糊性

2021 年 11 月 1 日《个人信息保护法》的实施，标志着我国对公民个人信息的保护进一步增强。然而，随着经济与科技的不断发展，个人信息的适用具有较大的伸缩空间，加之网络算法的不断精进，何谓敏感个人信息，不同的个人信息的叠加是否会造成用户的财产损失以及平台、用户和司法机关如何理解程度性语词的规定，在《个人信息保护法》中都难以找到准确的答案。准确定义法律概念以及避免法条用词模糊对于落实个人信息保护工作十分重要，因此，我们需要从根本上讨论现行的法律概念和范围是否能解决各方在个人信息保护上的现实难题和未来可能面临的困境。

第一，《个人信息保护法》第 15 条第 1 款规定"个人信息处理者应当提供便捷的撤回同意的方式"。但"便捷的撤回同意的方式"是模糊的。该法并没提供何谓"便捷"的标准，这就给予了 App 制定"便捷"标准的自由。这一规定的模糊性造成的结果是在本调研共 80 个不同类别的 App 中，关闭个性化广告、个性化推荐的步数浮动范围从 2 步到 9 步不等，差异显著。

第二，《个人信息保护法》第 16 条规定个人信息处理者不能以不同意处理个人信息或撤回同意为由，拒绝提供产品或服务，除非此举系"提供产品或者服务所必需的"。然而，何谓"所必需的"，目前立法仍有不足。尽管在《信息安全技术 移动互联网应用程序（App）收集个人信息基本要求》①中对于不同功能类型 App 的必要个人信息范围及其使用要求进行了列举，但很多 App 的功能类型是重合的，其处理个人信息的范围可能会扩大，这便给 App 提供了操作的空间。

例如，本调研所涉及的购物类 App 得物，包含了购物功能、支付功能

---

① 参见中华人民共和国国家标准《信息安全技术 移动互联网应用程序（App）收集个人信息基本要求》（GB/T 41391—2022），国家市场监督管理总局、国家标准化管理委员会 2022 年 4 月 15 日发布，2022 年 11 月 1 日实施，第 10 ~ 21 页。

和借贷功能。《信息安全技术 移动互联网应用程序（App）收集个人信息基本要求》中规定，"网上购物类 App 的必要个人信息范围包括：注册用户移动电话号码；收货人姓名（名称）、地址、联系电话；支付时间、支付金额、支付渠道等支付信息"，其收集支付信息作为必要个人信息的使用要求为"用于用户对网上购物订单付款"；网络支付类 App 的必要个人信息范围包括"注册用户移动电话号码；注册用户姓名、证件类型和号码、证件有效期限、银行卡卡号"。在实际使用得物 App 时，点击"探索"—"借钱·分期"，可以选择申请最高可用额度 200000 元的"借钱"，或者申请开通最高可获得额度 50000 元的"分期购"。"借钱"和"分期购"所属的上海佳物信息科技有限责任公司由得物所在的上海识装信息科技有限公司完全控股，这使得物 App 兼具了购物属性和金融属性。此类兼具多种属性的混合类型 App 多出现于社交类和购物类 App 中，还需要相关法律法规对其进行进一步规范，避免出现因为法律的模糊性而使 App 钻空子的情况。

第三，《个人信息保护法》第 17 条规定："个人信息处理者在处理个人信息前，应当以显著方式、清晰易懂的语言真实、准确、完整地向个人告知下列事项……"但是，何谓"显著方式、清晰易懂的语言真实、准确、完整地向个人告知下列事项"存在模糊性。本调研发现，大部分调研对象对于有关个人权益的重要内容都采取了加粗、下画线、斜体等显著方式进行提示，并且语言较为通俗不晦涩，但是对于"真实、准确、完整"的界定不明确，使部分 App 的隐私条款存在漏洞。如前文所提及的人民日报 App 隐私政策的用户向人民日报 App 所提供何种信息的部分中，人民日报 App 的语言表述有意引导用户认为可以关闭地理位置信息等同于可以关闭收集操作日志。虽然语言看似清晰易懂，却起到了误导用户的作用。而站在人民日报 App 的角度，大可以辩驳如用户详细阅读后便可以得知其指明的并非操作日志，读者理解错误则属于理解的问题。因此，对于何谓"显著方式、清晰易懂的语言真实、准确、完整地向个人告知下列事项"，还需要进一步定义或明确。

第四，根据《个人信息保护法》第 28 条第 1 款的规定，"敏感个人信息"为"一旦泄露或者非法使用，容易导致自然人的人格尊严受到侵害或者人身、财产安全受到危害的个人信息"。同时，以列举方式做补充说明。从《个人信息保护法》第28条第1款规定的表述可看出，立法采用了客观说，此处"敏感"即"造成侵害或危害结果上的容易性"。[1] 有学者从三个方面对此种判定标准的不清晰性进行总结。第一，"敏感"这一语词本身规范价值导向性不够明确，因而具有价值填补的必要。第二，该款中规定的"容易导致"一词本身就是一个含义不确定的表述，存在较大的语义空间，需要大量的实证资料来支撑。第三，"敏感个人信息"与"人格尊严受到侵害"或者"人身、财产安全受到危害"到底存在何种联系，后者范围如何，都需要进一步解释。[2] 这些不仅会使用户的个人信息权益无法得到保障，平台不知标准何在甚至推卸责任，也会影响司法实践中的法律适用和相关部门在敏感个人信息保护上的针对性研究和改进。除此之外，第28条所列举的六种类型（生物识别、宗教信仰、特定身份、医疗健康、金融账户、行踪轨迹）并不能完全适应现实情况以及体现出一个准确的标准，一些单个、简单的个人信息的组合就可能形成用户的敏感信息，比如，将用户的网络支付信息和打车软件上的位置信息结合起来，就可以得到用户较为精确的行踪轨迹。针对不同的对象，敏感信息的范围也不同，如明星的家庭住址、航班信息等一旦被别有用心的粉丝获取，就会给其带来巨大的困扰甚至危险，同样地，根据目的、场景的不同，敏感个人信息的标准也会有变化。这也正是有时收集信息并不会造成严重后果，但对大量的个人信息进行分析就会产生令人担忧的情况的原因。因此，"对于'敏感个人信息'的判断，不能仅仅采取'概括＋列举'的方式，对敏感个人信息的判断主要应依据法定标准，也有必要兼采'场景理论'"，即应当根据个人信息处理行为发生的具体场景，对围绕该行为的各个元素进行综合评价，确定某信息

---

① 程啸：《个人信息保护法理解与适用》，中国法制出版社，2021，第259页。
② 王苑：《敏感个人信息的概念界定与要素判断——以〈个人信息保护法〉第28条为中心》，载《环球法律评论》2022年第2期，第86页。

处理行为的对象是否属于敏感个人信息。①

《个人信息保护法》第 28 条第 2 款规定了处理敏感个人信息的限制条件，即只有在具有特定的目的和充分的必要性，并采取严格保护措施的情形下，在 GDPR 第 9 条中也有相关规定：一般情况下禁止处理个人的敏感数据，仅在规定的特殊情形下才能处理个人敏感数据。然而，"特定+充分"的组合本就是模糊、不确定的概念，"目的"理解的泛化和可能将会存在不同价值冲突的"必要性"，都无疑加重了上述情形下用户、平台和相关机构对法律理解的困境。有学者认为，对于敏感个人信息处理中的"特定的目的"需细致地理解，对此将会在立法建议部分进行阐述。

第五，《个人信息保护法》第 29 条规定："处理敏感个人信息应当取得个人的单独同意；法律、行政法规规定处理敏感个人信息应当取得书面同意的，从其规定。"同样，在 GDPR 第 9 条的规定中，也指出为了实现公共利益，可以在必要范围内处理敏感个人信息。而在上述的调研表格中，我们发现第三方平台处理了敏感信息且未单独同意的 App 有 28 个，超过所调研 App 总数的三分之一，由此可知，一些 App 在处理敏感个人信息时，往往是通过打包的方式向用户取得同意，使信息主体无法知道自己的敏感信息会被用来做什么。虽然《个人信息保护法》第 16 条和第 30 条分别从用户的使用权利和用户的信息权益来对其加强保障，但第 16 条仍说明："处理个人信息属于提供产品或者服务所必需的除外。"但书的出现使得前部分的"努力"再次面临挑战，又绕回法律具有模糊性的初始状态，如前文所述的购物类 App，平台还为用户提供了分期付款的选项，这就导致平台需要收集用户的敏感个人信息，以此判断用户是否具有一定的偿还能力。对于此类具有多重属性的 App，更应深入理解"单独同意规则"：在单独授权中，敏感个人信息以逐项授权方式进行，信息主体可以单独就某项信息的处理要求信息处理人如实告知被处理信息的范围以及用途，如此才能确保

---

① 王利明：《敏感个人信息保护的基本问题——以〈民法典〉和〈个人信息保护法〉的解释为背景》，载《当代法学》2022 年第 1 期，第 10 页。

信息主体的知情同意。① 因此，特别是对于此类 App，除了取得个人的单独同意，还应该要求处理者负有明确告知义务，否则不仅会导致用户的敏感个人信息去向不明，还会出现平台和第三方"踢皮球"的现象。

以上关键词在平台和监管部门存在理解模糊的可能，降低法律适用的效率，甚至可能会成为某些平台违规收集处理用户个人信息的借口。本文在此法律环境下，对所调研的 80 个 App 进行守法分析。

2. 不同守法程度 App 的守法影响因素分析

本文将所调研的 80 个 App 根据总分划分为两个守法程度——5～8 分为高度守法，4 分及以下为低度守法，然后汇总法律压力、社会压力和经济压力三类守法因素对 App 守法程度的影响（见表 4、表 5）。

表 4　不同因素对 App 守法的影响概况

序号	App 名称	App 类型	法律压力	社会压力	经济压力	守法程度
1	搜狐视频	移动视频	强	强	强	高
2	西瓜视频	移动视频	强	强	强	高
3	微信	社交	强	强	强	高
4	小红书	社交	强	强	强	高
5	微博	社交	强	强	强	高
6	知乎	社交	强	强	强	高
7	探探	社交	强	强	强	高
8	Soul	社交	强	强	弱	高
9	MOMO 陌陌	社交	强	强	强	高
10	王者荣耀	游戏	弱	弱	强	高
11	地铁跑酷（官方中文版）	游戏	强	强	强	高
12	艾彼	游戏	弱	弱	弱	高
13	闪耀暖暖	游戏	弱	弱	弱	高

---

① 王利明：《敏感个人信息保护的基本问题——以〈民法典〉和〈个人信息保护法〉的解释为背景》，载《当代法学》2022 年第 1 期，第 14 页。

续表

序号	App 名称	App 类型	法律压力	社会压力	经济压力	守法程度
14	支付宝	金融	强	强	强	高
15	安逸花	金融	强	强	强	高
16	中国人寿寿险	金融	弱	强	强	高
17	中国农业银行	金融	强	强	强	高
18	招商银行	金融	强	强	强	高
19	腾讯地图	出行	强	弱	强	高
20	瓜子二手车	出行	强	强	强	高
21	一嗨租车	出行	强	强	强	高
22	抖音	移动视频	强	强	强	高
23	腾讯视频	移动视频	强	弱	强	高
24	哔哩哔哩	移动视频	弱	弱	强	高
25	淘宝	购物	强	强	强	高
26	天猫	购物	弱	弱	强	高
27	闲鱼	购物	弱	弱	强	高
28	京东	购物	强	弱	强	高
29	唯品会	购物	强	强	强	高
30	QQ	社交	强	强	强	高
31	贪吃蛇大作战	游戏	强	弱	弱	高
32	开心消消乐	游戏	强	强	弱	高
33	原神	游戏	弱	弱	弱	高
34	蚁族崛起：神树之战	游戏	强	弱	强	高
35	奥比岛：梦想国度	游戏	弱	弱	强	高
36	途游斗地主（比赛版）	游戏	弱	弱	弱	高
37	纸嫁衣	游戏	弱	弱	强	高
38	趣头条	新闻	强	弱	强	高
39	凤凰新闻	新闻	弱	弱	强	高
40	云闪付	金融	强	强	强	高
41	京东金融	金融	强	强	强	高
42	宁波银行	金融	弱	弱	强	高
43	百度地图	出行	强	强	强	高

续表

序号	App 名称	App 类型	法律压力	社会压力	经济压力	守法程度
44	嘀嗒出行	出行	强	强	弱	高
45	货拉拉	出行	强	强	强	高
46	T3 出行	出行	强	强	强	高
47	花小猪打车	出行	弱	强	强	高
48	快手	移动视频	强	强	强	高
49	爱奇艺	移动视频	强	强	强	高
50	优酷视频	移动视频	强	弱	强	高
51	芒果 TV	移动视频	强	强	强	高
52	好看视频	移动视频	弱	弱	强	高
53	得物	购物	强	强	弱	高
54	淘特	购物	弱	弱	强	高
55	转转	购物	强	强	强	高
56	拼多多	购物	强	强	强	高
57	苏宁易购	购物	强	强	强	高
58	饿了么	购物	强	强	强	高
59	美团	购物	弱	强	强	高
60	王铲铲的致富之路	游戏	弱	弱	强	高
61	钢琴块 2	游戏	强	强	强	高
62	洪恩识字	游戏	强	弱	弱	高
63	搜狐新闻	新闻	强	弱	强	高
64	新浪新闻	新闻	强	强	强	高
65	百度贴吧	社交	弱	弱	强	低
66	今日头条	新闻	强	强	强	低
67	腾讯新闻	新闻	强	强	强	低
68	一点资讯	新闻	强	强	弱	低
69	澎湃新闻	新闻	弱	弱	强	低
70	四川农信	金融	强	强	弱	低
71	无锡农商银行	金融	弱	弱	强	低
72	高德地图	出行	强	强	强	低
73	神州租车	出行	强	强	强	低

续表

序号	App 名称	App 类型	法律压力	社会压力	经济压力	守法程度
74	狂野飙车 9：竞速传奇	游戏	弱	弱	强	低
75	最佳球会	游戏	弱	弱	弱	低
76	网易新闻	新闻	弱	弱	强	低
77	人民日报	新闻	弱	弱	强	低
78	央视新闻	新闻	弱	弱	强	低
79	韩站	社交	弱	弱	弱	低
80	欢乐找茬	游戏	弱	弱	弱	低

表 5　不同因素对 App 守法的影响程度统计

单位：%

守法程度	影响	法律压力	社会压力	经济压力
高度守法	强	71.88	62.50	84.38
	弱	28.13	37.50	15.63
低度守法	强	37.50	31.25	68.75
	弱	62.50	68.75	31.25

（1）高度守法

由表 5 我们可以看出，三种影响守法的因素都超过了 60%，其中经济压力的影响最大（84.38%），法律压力（71.88%）次之，最后是社会压力（62.50%）。高度守法的 App 中，数量最多的是游戏类 App，共有 14 个，数量最少的是新闻类 App，仅有 4 个。游戏类 App 总体受到的法律压力的影响仅有 35%，其中个别受到法律压力影响较大的 App 大都上线时间较长，如地铁跑酷（官方中文版）、贪吃蛇大作战、开心消消乐等，而受到法律压力影响较小的则大多为近年上线的游戏 App，如纸嫁衣、奥比岛：梦想国度、艾彼等。App 守法程度的高低，与经济压力、法律压力、社会压力密切相关，并且三个影响因素相互关联，由此形成影响企业守法的经济链条。

例如，本调研中微信在 App 个人信息保护守法中的得分为最高分 8 分，法律压力、社会压力、经济压力对于该 App 守法中的影响都为"强"，其是高度守法的 App 之一。微信作为一款国民社交软件，已经成为现代中国人的"刚需"，无论是疫情期间绿码出行，还是日常生活中的支付、聊天，都离不开微信。微信背靠深圳市腾讯计算机系统有限公司，而腾讯于 2004 年 6 月 16 日在香港交易所挂牌上市，是中国大陆规模最大的互联网公司之一。但是即便长居头部，在面对字节跳动、阿里巴巴、百度等强有力对手时，腾讯在巨大的市场竞争环境下所受到的经济压力也很大。在微信通过强社交关系链绑定了庞大的用户群时，也意味着数以亿计的 App 使用者在对其进行监督，可想而知其社会压力之大。与此同时，群众的监督也促使相关部门更加关注微信的守法合规情况。2020 年 12 月 16 日，上海消费者权益保护委员会通过对 600 款 App 广告行为进行分析后，正式发布了《App 广告消费者权益保护评价报告（2020）》，其中消费者反映想要关闭微信个性化推荐广告需要经过 11 道关卡，并且强烈反映包括微信在内的 App 广告关不掉的问题。2021 年 11 月 12 日，上海消费者权益保护委员会通过在微信公众号平台发文向微信提出疑问：如果消费者关闭了个性化广告推荐功能，腾讯对于消费者的行为数据是不再进行收集还是仍然进行收集但不使用呢？如果仍然在收集消费者行为数据，又是基于什么理由？微信这一调研对象反映了格宁汉等人的研究结果：执法威慑将会扩大社会压力的影响，即可以通过执法判断违法企业的信息，从而强化对这些企业的社会压力，相反，社会压力也将扩大执法威慑的作用。①

（2）低度守法

由表 5 中的三种影响因素可知，受强经济压力影响的 App 依旧超过了 60%，但弱法律压力和弱社会压力的 App 分别占 62.50% 和 68.75%，说明法律压力和社会压力对于 App 的低度守法起着重要作用。其中，低度守法中新闻类最多（7 个），接近低度守法 App 的一半，具有一定的指向性，特别是对于一些官方新闻 App 的监督，这也从侧面扩大了社会压力对新闻类

---

① Neil Gunningham, Robert A. Kagan & Dorothy Thornton, "Social License and Environmental Protection: Why Businesses Go Beyond Compliance", *Law & Social Inquiry*, Vol. 29, No. 2, 2004, pp. 307 – 339.

App 的守法影响。但对于购物类 App 而言，因着重于对用户消费的需求，其在"关闭个性化广告和个性化推荐"方面做得并不够好，关闭个性化广告推荐的步数普遍在六步以上。以拼多多为例，其竞争对手是京东、淘宝等巨头，加之以抖音和咸鱼为代表的直播带货和二手市场平台的浪潮掀起，以下沉市场为目标的拼多多所面临的竞争压力是巨大的。拼多多关闭个性化推荐的步数多达九步，且收集个人信息的告知同意方式为宽松，无须点击同意隐私权限按钮，直接登录即可使用。由此可以看出，当 App 面临激烈的竞争时，它们会懈怠于对用户个人信息的保护。根据前文所述，法律压力和社会压力相互影响，因此，在低度守法中两者都呈现明显变化。

五　总结与建议

基于对七类共计 80 个 App 样本近 60 天的调研，本文从"关闭个性化广告和个性化推荐""隐私条款告知同意""第三方平台处理个人信息""企业收集不必要个人信息"四个方面考察 App 的整体守法状况及主要影响因素。调研结果发现，首先，目前《个人信息保护法》的法律规定存在模糊性，重要法律术语尚未厘清，从而为 App 的法律规避和违法行为提供了空间。此外，法律压力、社会压力和经济压力是造成这些 App 守法程度不同的重要原因。针对这些发现，本文提出以下制度建议，以期提高个人信息保护法的守法程度，具体包括：增加司法解释，填补法律漏洞；设置警报激励，提升社会压力；加大执法力度，强化法律压力。

首先是增加司法解释，填补法律漏洞。《个人信息保护法》中一些关键性术语模糊，不利于规范 App 的守法行为。比如前文所列出的《个人信息保护法》第 28 条的"特定的目的"，有学者就认为需要从以下四个方面理解：特定目的必须是特定化的、具体的、明确的目的，而不是泛泛的目的；特定目的可以是立法机关和执法机关明确规定的目的；对特定目的的判断应当与充分的必要性相结合；对特定目的的判断不能泛化，在判断特定目的时，还要考虑信息处理者的职业、活动性质，以及处理敏感个人信息是否出于应对突发事件，是否为了实现公共利益等因素。① 因此，除了在对"敏感"的解释中增设"场景理论"外，还需要对法条中一些程度性、模糊性的语词进行更加详细的解释，建议与个人信息保护相关的立法部门可以在立法上考虑结合现有的判决案例与实际 App 监管中发现和存在的问题，增设有关 App 应如何参照个人信息保护法等相关的司法解释进行守法，从而填补法律存在的漏洞。

其次是设置警报激励，提升社会压力。设计投放一个 App 是容易的，监督上百万个 App 的任务是艰巨的。用户是最能直接感受个人信息泄露的，比如会时常收到骚扰电话和骚扰短信，因此鼓励用户投诉举报不合规的 App 不仅分担了监督执法部门的工作压力，同时也能提高社会监督水平，提升 App 的社会压力，从而督促它们完成自我守法的检视和内部制度提升。

最后是加大执法力度，强化法律压力。表 5 表明，在低度守法的 App 中，虽然经济压力仍然超过了 60%，但没有了法律压力和社会压力的影响，App 平台的守法情况会变得更糟糕。当企业面对更多的经济压力，如市场竞争和高制造成本时，社会规范对守法的影响将降低。因此，为了避免一些大型企业因受到过于激烈的市场竞争而放弃个人信息保护的情况，监督机构还需要对用户下载量高的 App 进行不定期抽查，将用户个人信息泄露风险降至最低，这也从侧面督促了相关企业重视、完善个人信息保护的问题。

---

① 王利明：《敏感个人信息保护的基本问题——以〈民法典〉和〈个人信息保护法〉的解释为背景》，载《当代法学》2022 年第 1 期，第 12 ~ 13 页。

算法歧视的法律规制模式再探

郑玉双　　鲍梦茹[*]

【摘　　要】相比于传统歧视，算法歧视往往难以察觉和举证。算法歧视对社会治理提出了新的挑战，成为亟待解决的现实问题。算法歧视具备一些特殊性，包括隐蔽性、复杂性、系统性、不可逆性。而算法歧视产生于人类社会固有的歧视和算法运作流程的某些技术特性。对此，算法歧视的法律规制应当坚持事前规制、事中审查和事后监管相结合，贯彻算法公开、提升透明度等形式要求，还要确保算法的可追溯性，赋予算法系统研发者可解释性的义务，将反算法歧视的理念贯穿于算法研发、设计、运行的全过程，以实现算法公正。

【关 键 词】算法歧视；法律规制；事前规制；事中审查；事后监管

人工智能的发展离不开数据、算法和算力三项要素，其中算法是人工智能的核心驱动。[①] 借助于大数据和算力的发展，算法技术走向社会的各个领域与行业，可以说人类已经进入了"算法社会"[②]。随着算法逐渐深度浸

---

* 郑玉双，中国政法大学法学院副教授，博士生导师；鲍梦茹，中国国家图书馆助理馆员。

① 参见〔英〕凯伦·杨、马丁·洛奇编《驯服算法：数字歧视与算法规制》，林少伟、林垚译，上海人民出版社，2020，第4页。

② 算法社会（Algorithmic Society）是杰克·M. 巴尔金（Jack M. Balkin）提出的概念。其意指算法（人工智能或机器人）不仅制定与社会经济相关的决策，而且该决策的落实也是由算法完成，机器人与人工智能的使用只是算法社会的一个实例而已。参见刘友华《算法偏见及其规制路径研究》，载《法学杂志》2019年第6期，第61页。

润到人类日常生活和社会管理的方方面面，算法技术看似没有掺杂人为操作，绝对客观中立，但实际上在越来越多的领域，其以更不易被察觉的方式影响社会公平正义。对算法歧视进行法律规制是对亟待解决的社会治理需求的回应，也是保护个人平等权利、维护社会公正的要求。

一　算法歧视的内涵与成因

算法（algorithm）最初源于数学领域，是将输入转换成输出的计算步骤的一个序列，是指任何良定义的计算过程，该过程取某个值或值的集合作为输入，并产生某个值或值的集合作为输出。[①]

算法的运行过程看似不掺杂人为的操作与影响，呈现客观中立的表象。人们在面对基于计算机做出的决策时更愿意无视或不去搜索相反信息，往往不会倾向于"偏离或者质疑"。[②] 但由于算法需要"投喂"数据物料，而且是由人为设计，因此难免存在歧视性风险。相较于算法引发的其他问题，算法的黑箱性、结果不可控性使得算法歧视比传统歧视更为复杂、更不可控、更难预测，给监管实践带来更大的挑战，成为亟待解决的社会治理难题。

我国法律法规中尚无对算法歧视的明确定义，目前的研究主要从算法的运行原理角度对算法歧视进行界定。结合算法与歧视的特点，可以将算法歧视定义为：算法运行过程中由算法系统导致的，对不特定人群产生的不公平、不合理的系统性可重复出现的不合理对待。最常见的是对不同人有不同的结果，或者是对相同或相似条件的人输出不同的结果。

---

① 〔美〕科尔曼等：《算法导论》（原书第 3 版），殷建平等译，机械工业出版社，2013，第 3 页。

② 谢里旦（T. B. Sheridan）关于人机关系的研究表明，人类在使用计算机系统的时候倾向于由机器进行完全的控制，从而放弃校正错误的责任。T. B. Sheridan, T. Vamos & S. Aida, "Adapting Automation to Man, Culture and Society", *Automatica*, Vol. 19, No. 6, 1983, pp. 605 - 612, 转引自汪庆华《算法透明的多重维度和算法问责》，载《比较法研究》2020 年第 6 期，第 171 页。

（一）算法歧视的独特内涵

算法歧视并非新兴科技发展催生的新鲜事物，而是算法技术与传统社会固有偏见融合的结果，即算法遵循的技术逻辑耦合了发生歧视的社会规律，成为歧视表达的新载体。[①] 过去的物理社会中产生的传统歧视更容易被人们察觉和识别，表达载体的不同使得算法歧视相比传统歧视具备一些特殊性，发现其特有的潜在风险点是实现算法歧视规制的前提之一。算法的技术特性使得算法歧视具有非常强的隐蔽性，有时甚至产生于算法技术人员无意识的歧视。[②] 总体来说，相比于传统歧视，算法歧视具备以下特征。

第一，算法歧视具有难以预测性。一方面，算法系统分析处理的指标是多种多样的，很难对受潜在算法差异影响的群体进行分类和定义，因此很难预测可能的歧视对象；另一方面，人与算法的相互作用并不是以人类习以为常的交往理论来展开的，而是通过算法直接输出结果，算法关注相关性而非因果性，在常规因果关系中无法预测算法输出的差异结果。

第二，算法歧视不可逆。根据算法技术目前的发展状况，人类无法真正控制算法输出结果的过程，并且其运行过程具有黑箱性，一旦算法系统输出歧视结果，即使是算法设计者可能也无法追溯和还原其逻辑原理，因而难以在不改变算法系统的情况下干涉歧视性结果的输出。此外，算法决策是通过自动化实现的，随着大数据技术的不断发展，歧视性结果输出后不仅影响相对人权益，还可能作为历史数据加剧原有的歧视。

第三，算法歧视具有隐蔽性，不容易被社会大众所察觉。"歧视特洛伊木马"在算法借助科技包裹的"客观、公正、科学"的外衣下不易被察

[①] 李成：《人工智能歧视的法律治理》，载《中国法学》2021 年第 2 期，第 128 页。

[②] 所谓的无意识歧视，指的是一个人可能非常诚实地相信自己在对待不同的种族、性别或其他身份群体的时候，秉持的是中立和同等对待的原则，但实际上他却是以非常不同的态度来对待他们。参见丁晓东《探寻反歧视与平等保护的法律标准——从"差别性影响标准"切入》，载《中外法学》2014 年第 4 期，第 1083 页。

觉，① 其黑箱性特征又使得识别算法歧视具有现实的困难。受心理因素和社会因素的综合影响，人们往往倾向于认为算法"客观中立"，因为算法的运行没有掺杂任何人为的操作。② 但事实上，算法输入数据后即使是研发人员可能也无法理解算法输出结果的产生过程，更不用说没有相关知识基础的普通用户，这给算法歧视的识别带来了极大的挑战。

第四，算法歧视的产生具有复杂性。算法的运作以大数据和强大的算力为支撑，算法更注重相关性而非传统的因果关系。因此，对于算法输出的歧视性结果，即使研发设计人员亦难以追溯输出的具体过程与实际逻辑。而且算法被运用于多领域，各个行业都具有不同的行业特征，从而对算法的数据采集与运行施加了不同的影响，使得算法歧视更具复杂性。

（二）算法歧视产生的原因

算法设计、运行、输出的全过程都存在歧视性风险，所以算法运行机制、数据的特性和人类社会的特征等内外部因素都可能导致算法歧视问题。具体来说，算法歧视的产生原因包括以下几方面。

第一，算法是人为设计的，难免受到个人价值观的影响。算法设计者的价值判断直接被糅合于算法的各个方面，人为评断贯穿算法运行的整个过程。即使算法设计者主观上没有性别歧视、种族歧视等不良观念，通常也难以完全避免在社会生活中潜移默化形成刻板印象与偏见。除了算法的研发设计人员，商业公司作为算法技术的服务提供者，其价值取向也会造成算法歧视。如果一些商业公司一味追求商业利益，而忽视了社会公平，算法歧视也就难以避免。③ 例如电子商务领域频频爆出的大数据"杀熟"案例，正是一些互联网企业一味追求商业利益而忽略社会公共利益的价值偏

---

① 汪怀君、汝绪华：《人工智能算法歧视及其治理》，载《科学技术哲学研究》2020 年第 2 期，第 103 页。
② 汪庆华：《算法透明的多重维度和算法问责》，载《比较法研究》2020 年第 6 期，第 165 页。
③ 汪怀君、汝绪华：《人工智能算法歧视及其治理》，载《科学技术哲学研究》2020 年第 2 期，第 103 页。

向导致的结果。

第二，不当地选择数据或选择了不妥当的数据可能会导致歧视性结果。数据本身反映的就是社会化的结果，完整地反映了人们的社会观念与看法，因此数据所反映的必然既包括积极正面的社会价值观念，也包括社会偏见等负面消极的价值观念，算法可能在数据中包含的歧视性观念的指引下进行。此外，如果运行算法时使用的数据不完整、不全面，或者出现错误，也有造成算法歧视的风险。此时算法会复制和扩大已有的歧视和缺陷，继而对弱势群体和相关类型做出不公正的决策。数据驱动的算法会重复、再现乃至强化数据中的偏见。算法对历史数据的深度学习需要进行统计抽样，而少数族群由于样本量较小，难免在训练学习中处于弱势地位，使得算法运行后输出的结果具有偏差性，导致算法歧视的最终产生。例如，有人曾尝试在谷歌的 Adfisher 系统上运行算法决策模式，结果该系统向男性用户推送高薪工作广告的数量是女性用户的 6 倍以上。由于实际就业市场中担任高薪职位的男性远远比女性多，因此谷歌的算法系统在抽样过程中更加"青睐"男性担任高薪职位。

第三，数据具有无处可藏的敏感属性。在海量数据中包含一些具有敏感属性的信息，即敏感信息，例如种族、民族、宗教信仰、个人生物特征等信息。敏感个人信息的输入极易导致歧视性结果的输出。虽然由于法律法规和行业规范的督促，大数据中这些敏感属性已经受到了相应保护，但它们依然或显式或隐式地被冗余编码在充足的特征空间中。即使删去数据中的一些敏感信息，大数据算法可能依然能够"拼凑"还原出数据的完整原貌，从而输出歧视性结果。例如，通过邮政编码可以还原目标对象居住地，从而关联到其身份信息。

第四，算法自身的技术特性也可能导致算法歧视问题。在算法的运作特征方面，算法不关注因果关系，只关注相关性。有学者甚至认为算法已经"陷入了概率关联的困境"，会从本来客观中立的数据中挖掘归纳出歧视性结果。并且在大量数据的训练学习后算法可能自我学会歧视，即在投入运行后因训练学习习得偏见而异化为具有歧视性色彩的算法。① 算法的性格"原型"脱胎于输入的数据本身，如果受包含歧视性信息的数据的影响，就可能会自我学会歧视。例如，聊天机器人 Tay 上线仅仅一天后，就在与用户的交流中习得了种族歧视、性别歧视等言论。

总体来说，算法歧视一方面是人类社会固有偏见的反映，另一方面源于算法运作流程的某些技术特性。也许，要真正规制算法歧视并非纯粹的技术问题，更需要努力消除人类社会中的固有歧视。

（三）算法歧视的识别标准

对算法歧视进行规制的基础首先在于辨别出算法运行中的歧视性风险与歧视性事实，只有明确判断是否构成了算法歧视，才能有效实现算法歧视侵权的追责与权利救济。判断算法的设计和运行是否具有主观的歧视性意图具有现实的困难，而且随着社会观念的进步与反歧视体系的规制，各个领域中恶意歧视大大减少，但随之而来的是无意识的歧视，在算法应用场景中亦然。对算法歧视进行判定和识别，应当结合歧视的特点与算法运行特征进行。

1. 差别性影响标准

对于算法歧视的判定，学界讨论较多的是"差别性影响标准"，该标准通过考量"行为与决策是否构成对特定群体的差别性的负面影响"判断是否存在歧视，② 这也是美国司法领域对算法歧视进行判定时所采用的标准。在差别性影响标准的基础上，有学者针对算法歧视治理提出了相应的"差异性影响审查模式"（或称"无过错算法歧视审查模式"），该模式并不注重考察算法决策者主观意图上是否在刻意"制造"歧视，而是看算法决策产生的实际结果是否导致了差异性影响。如果算法决策对相对人的权利实际

---

① 参见刘友华《算法偏见及其规制路径研究》，载《法学杂志》2019 年第 6 期，第 56 页。
② 参见丁晓东《探寻反歧视与平等保护的法律标准——从"差别性影响标准"切入》，载《中外法学》2014 年第 4 期，第 1091 ~ 1092 页。

产生了差异性影响,^① 就可以认定这种算法决策构成了算法歧视。由于算法技术的复杂性难以对是否存在歧视意图进行考量，因此对所形成的结果或造成的影响是否构成歧视予以判断，是一种更为直观有效的路径。

在美国司法实践中，法院针对差异性影响、商业必要性^②和可替代算法决策^③这三个核心要素对算法是否存在歧视进行审查或认定。公众缺乏理解算法运行逻辑的专业知识，也难以了解算法歧视的产生过程，因此对于商业公司的反驳往往难以对抗。实践中，往往通过将算法决策对相对人与其他社会公众的影响进行对比来判定是否存在算法歧视。若相对人提出一项算法对其产生的不利影响大于对其他社会公众的影响，就满足了差异性影响标准，则可能构成算法歧视。此时算法研发主体或算法平台可以进行反驳或举证证明该算法设计是出于商业必要性。如果这种不利影响与对其他社会公众产生的影响相同，则此时并不存在算法歧视；如果存在差异性影响，但商业公司证明其使用该算法是基于商业必要性理由，则可以进行反驳。例如简历筛选算法中对于求职者学历的权衡，虽然对低学历者造成了不利的求职地位，但实际上这是满足就业市场正常需求的一种权衡方式，是满足招聘需求的必要性理由。但存在商业必要性并非一定不构成算法歧视，除非不存在不会对相对人产生此种不公平的不利影响的其他类型算法作为替代，即无可替代算法决策。

2. 算法歧视的类型

对实践中的算法歧视进行类型划分，对于识别算法歧视也有重要的参考意义。根据算法产生的原因，结合算法运行的过程及特点，可以将算法歧视划分为三种具体类型。

（1）偏见代理的算法歧视。偏见代理的算法歧视，又称为"关联歧

---

① 郑智航、徐昭曦：《大数据时代算法歧视的法律规制与司法审查——以美国法律实践为例》，载《比较法研究》2019 年第 4 期，第 112 页。

② 商业必要性是指，算法决策中的目标变量的选择和使用是否与商业公司追求的合法的商业目标之间存在直接的相关性。

③ 即使算法决策者证明其算法决策与商业需要有关，也不能排除算法歧视的可能性，除非没有其他的算法能够替代这种对算法决策相对人产生不利后果的算法决策。

视",是指算法输入的数据本身并不含歧视性,但算法借助强大的算力做出相关性分析后基于数据间的关联性进行歧视性的输出。① 这种情形下,算法歧视并不一定掺杂了人的主观意图。例如在犯罪预警算法中,邮政编码本身不具备歧视性色彩,但因为邮政编码和地址的关联性导致算法借助该信息将黑人住址与犯罪进行关联。虽然邮政编码数据合法且不包含敏感属性,但算法的强大算力基于相关性分析使得看似客观中立的数据与相对人建立起某种"虚假的关联",最终造成标签化的歧视。这种情形中,一些敏感性信息蕴藏在其他可合法获得的看似客观中立的数据中,但最终被大数据算法还原了其隐藏的敏感性信息。

(2)特征选择的算法歧视。特征选择的算法歧视,是传统歧视在算法社会中的一种体现,是社会固有偏见在算法中的折射。算法具有"偏见进,则偏见出"的特点,若性别、种族等敏感数据被直接作为算法决策的数据物料,则会在输出的结果中体现出来。并且通过算法的反馈回路,还可能会进一步强化这种原有的偏见,进而加剧对某些群体的偏见。在谷歌算法歧视案中,搜索非裔名字得到犯罪相关搜索结果的概率更大,这种搜索结果其实是谷歌用户历史搜索行为模式形成的印象,并非谷歌的算法设计人员主观造成。② 但这种算法结果亦会反向促使雇主更仔细地审查非裔求职者的犯罪记录,发现更多非裔人群的犯罪记录,继而强化对非裔的固有偏见。

(3)大数据"杀熟"。大数据"杀熟"往往发生于电子商务领域,即基于用户画像对不同个体采取不同的对待。个人偏好与行动可以通过数据记录、反映,算法可以通过大量数据进行训练学习,从而为这类算法歧视的产生提供了现实条件。此类算法本质上是由算法研发人员或使用者的主观意图导致的。基于借助算法技术获得更高的商业利益的追求,在对用户历史数据进行深度学习的基础上,针对不同群体乃至具体个人进行推送或

---

① 郑智航、徐昭曦:《大数据时代算法歧视的法律规制与司法审查——以美国法律实践为例》,载《比较法研究》2019年第4期,第113页。
② Daniel R. Shulman, "What's the Problem with Google?", *Sedona Conf. J.*, Vol. 15, 2014, pp. 17 – 18.

定价。这种算法歧视本质上是经营者滥用市场支配地位，借助算法技术对普通消费者实施差别待遇，以排除、限制市场竞争攫取商业利益的垄断行为。[①]

二 算法歧视引发的伦理危机及其监管困境

（一）算法歧视引发的伦理危机

人是目的而非手段，不应将人作为客体对待，肯定人的主体性就应当尊重个体的独特性，进而禁止歧视。

第一，算法歧视影响了人的自主性。有研究表明，算法工具可以实现"超轻推"[②]及"微控制"[③]，从而影响人的自主性。算法将"轻推"提升至极致的精度水平，能够将任意的决定施加他人，这些决定对个人而言微乎其微，且无法诉诸法院，但日积月累对人们的生活就会产生重大影响。目前，我们会在算法的帮助下做出许多日常生活中细小甚至微不足道的选择，例如选择行车线路、选择阅读的新闻。由此产生的算法工具网络将监控并追踪我们的行为，并向我们发送提示和提醒，这意味着我们将会成为许多算法大师的"被支配者"，他们会监视我们的生活，创造一个允许或可接受的行为空间。[④] 如果我们循规蹈矩待在这个行为空间里则相安无事，并且这些生活可能看起来也是自主的，而一旦我们越界脱节，就可能意识到算法大师的存在。值得注意的是，算法工具对自主性的破坏与以往其他方式具

---

① 李成：《人工智能歧视的法律治理》，载《中国法学》2021 年第 2 期，第 128 页。
② "超轻推"是凯伦·杨提出的概念，是对桑斯坦提出的"轻推"概念的延伸，"轻推"通常作用于人类推理中的潜意识偏见。凯伦·杨认为，算法外包技术将"轻推"提升至极致的精度水平。
③ "微控制"是汤姆·奥谢（Tom O'Shea）提出的概念，用来阐述残疾人所经历的控制形式。这种现象是指，能够将任意的决定施加他人，这些决定对个人而言微乎其微，且无法诉诸法院，但日积月累对他们的生活就会产生重大影响。
④ 参见〔英〕凯伦·杨、马丁·洛奇编《驯服算法：数字歧视与算法规制》，林少伟、林垚译，上海人民出版社，2020，第 275 页。

有差异，它正以前所未有的规模、范围和速度破坏自主性。

第二，算法歧视威胁了人的主体性地位。人不应被当作客体、被物化，数据和电子痕迹虽然能反映人的一些个性化特征，但毕竟不能完全反映人的本质。算法通过大数据技术，对反映个人特质的各种数据按照特定的标准区分类别，按类别评分并按评分排序，进而自动输出大量的决策结果。上述运算过程导致人作为主体做出决策的随机性和理性相结合的特质被弱化，而上述"结合"才是人"真实的自我"，算法歧视让这种自我在人类社会的层面趋近于"无关紧要"。[①] 因此，算法歧视削弱了人的主体性地位，违背了人的尊严的价值目的。一方面，依赖算法决策缺乏相应的规制导致算法歧视削弱了决策者的主体地位。算法由技术人员研发、设计，算法运行的物料由人类收集并输入，在形式上人类似乎参与了算法的决策过程，但实质上是由算法自动做出决策，人类并不能主导算法输出的结果。作为用户，表面上是人在使用产品，而实际上可能是人被算法及其开发人员"控制"。另一方面，受算法歧视影响的相对人的主体地位也受到了削弱。算法歧视之下，人成为可以被轻易识别和分类的客体，体现为客观化的一系列数据。社会中的每一个人都是独特的社会化的复杂个体，将人简化为数据极有可能忽略人的复杂性从而输出歧视性结果。

第三，算法歧视挑战了平等权。平等是人的尊严的应有之义，平等权要求个人的存在本身不受他人歧视，也不可歧视他人，不得侵犯他人个人生活领域，保障自身个人生活领域不受违法行为侵犯。[②] 算法歧视显然违反了平等原则，虽然合理的差别对待与平等并不冲突，但算法歧视中相对人获得的差别对待并没有合理合法的正当性基础。具体到算法的运用中，形式平等要求算法运行中所收集、使用的数据是绝对客观中立的，但在实践中显然难以做到。因为数据收集本身即是人的行为，如何收集数据、收集

---

① 洪丹娜：《算法歧视的宪法价值调适：基于人的尊严》，载《政治与法律》2020 年第 8 期，第 34 页。

② 洪丹娜：《算法歧视的宪法价值调适：基于人的尊严》，载《政治与法律》2020 年第 8 期，第 34 页。

哪些数据及如何利用收集到的数据都是由人的决策来决定的，而一般理性人的决策是不可能达到理性意义上的全面完整和客观的。相应地，既然算法是由人类设计的，那么算法从设计研发之初就难以避免地受社会固有偏见的影响。因此，歧视与算法相生相伴，如果不对算法进行有效规制，难免产生歧视问题。基于实质平等，算法做出的特定规则亦可能违背平等的内涵。因为一些算法系统的逻辑设计只考虑了个性化而不考虑整体性和同一性，缺乏正当性基础。[①] 例如，电子商务领域的大数据"杀熟"，就是根据消费者的个性化特征进行价格歧视。

（二）算法歧视的监管困境

算法技术往往掌握在少数几个高新技术企业手中，然而企业的逐利性与法律所追求的公平正义之间存在显著矛盾，由此导致算法歧视的规制存在一些监管困境。

第一，算法公开的可行性困境。由于算法系统具有高度的复杂性和专业性，算法输出结果的过程并不容易为人所知晓，算法运行的过程存在黑箱，使得人们对算法运行的过程或输出的结果产生公正性的质疑。以电子商务领域为例，一些大型电商平台基于庞大的用户量获取了大量消费者数据，其通过算法对消费者偏好进行分析，然后进行个性化差异定价，冲击了消费市场的公平和秩序，但普通消费者却无从知晓自己的个人信息如何被商家所用。有观点认为算法崛起带来的最大挑战在于算法的不透明性，通过公开参数、模型等方式实现算法公开，就能有效消除算法黑箱带来的不公正现象。但实际上，算法黑箱是由算法的技术性特征造成的，而非人为刻意保持造成。因此机械地要求公开算法的源代码和架构可能缺乏实际意义，因为在算法公开情况下普通用户依然无法真正了解算法的逻辑。要求人工智能中的算法实现透明性，这"听上去很好，但实际上可能没什么

---

① 参见崔靖梓《算法歧视挑战下平等权保护的危机与应对》，载《法律科学》（西北政法大学学报）2019 年第 3 期，第 39 页。

帮助，而且可能有害"。①

第二，个人数据赋权的局限性。个人数据赋权以算法的物料基础——数据为切入点对算法进行法律规制，通过法律赋予主体以数据权利，权利内容包括对相关数据的知情权、控制权、使用权，与权利相对应的是这些数据被赋予了同等的义务，包括安全保障、禁止滥用及维护数据质量等。②个人数据赋权模式在实际应用中也面临一些现实困境。个人用户常常无法在数据收集时做出合理判断。数据在算法中的地位难以被普通用户理解，普通用户就无法真正规避算法歧视风险。首先，在数据被收集时，用户无法理解或冗长或隐蔽的平台收集用户数据手段；其次，从实际生活习惯和常理可以轻易推出，用户一般情况下并不会真正详细阅读和准确理解电子平台的相关授权协议；最后，与普通用户认知判断的局限性相对，反对权难以真正有效地行使。启动权利救济程序的前提是知道或应当知道权利被侵犯，在算法歧视的违法行为中，用户作为事前一般人，无法接触到一些关键信息，例如个人数据是否被收集或处理、个人数据被进行何种处理、个人数据在何时被处理等。但这些问题本都是基数最大、最易被侵犯的普通用户无法知道或应当知道的，因此权利救济难以实现。算法歧视中可能存在的侵害主体多种多样、无法预测，侵权过程极其隐蔽，普通用户对于权利受侵害无法知道或应当知道，且个人寻求权利救济面临诉讼成本高昂、难以提供证据及证明因果关系等现实问题，给权利救济带来了诸多障碍，而无法真正行使的权利不是真正的权利。

第三，反算法歧视的现实障碍。现实中既有歧视可能以算法歧视的面貌反映出来，应消除算法中来源于现实社会身份歧视与偏见的投射，这也是当下被较多讨论的算法规制手段。具体来说，现实社会中普遍存在的歧

---

① Curt Levey and Ryan Hagemann, "Algorithms with Minds of Their Own", *The Wall Street Journal*, November 12, 2017, https://www.wsj.com/articles/algorithms-with-minds-of-their-own-1510521093, July 30, 2018.

② 参见丁晓东《论个人信息法律保护的思想渊源与基本原理——基于"公平信息实践"的分析》，载《现代法学》2019年第3期，第96~97页。

视，包括种族歧视、性别歧视、宗教信仰歧视、地域歧视、阶级歧视和贫富差距歧视等，应当在设计算法时予以合理规避。此外，还应尽可能消除数据中的身份偏见，以反对非恶意歧视或无意识歧视。但在监管实际中，避免上述歧视会对算法提出较高要求。歧视存在的重要原因之一是群体社会性导致的排异思想。算法和歧视同样存在于人类社会中，算法歧视存在于算法之中，但并不完全寄生于算法。即便是在算法中禁止反映身份信息，算法存在的现实中仍然无法避免带来歧视的结果。即便人类社会能够脱离或完全掌控算法自动化决策或辅助决策对人的影响，人与算法共同存在于人类社会之中，仍然无法避免在歧视问题上交织交融，彼此助长。

三　事前规制：强化算法歧视风险防范

（一）明确算法研发者的信息披露义务，实行参数规制

算法公开是解决"黑箱性"难题最直接的方式。鉴于对商业秘密等其他利益的保护，采取向行政机关报备的方式能够"兼顾商业利益与公众保护之间的平衡"，[①] 避免机械的算法公开导致的算计和商业秘密问题。

第一，区分不同的算法拥有者，对不同主体施加不同的公开义务。算法公开制度首先应当是有意义和有特定指向的决策体系的公开，而非一般性的算法架构或源代码的公开与解释。[②] 对于政府机关所使用的算法，因为公权力机构具有权力垄断性质，应当以公开为原则、非公开为例外。政府机关的算法决策一般运用在事关医疗健康、补贴等对个人利益与社会公平影响深刻的领域，且公权力使用算法决策导致算法歧视，普通民众举证及维权难度不言而喻；对于纯粹商业性的非垄断机构所使用的算法，一般不

---

① 汪庆华：《算法透明的多重维度和算法问责》，载《比较法研究》2020 年第 6 期，第 167 页。
② 丁晓东：《论算法的法律规制》，载《中国社会科学》2020 年第 6 期，第 144 页。

应强制要求算法公开，这不仅是为了防止出现前文所述的算计，也能保护商业公司的知识产权，鼓励企业创新。

第二，明确规定算法研发者应当向行政监管机关履行参数报备义务。算法研发者应当向行政监管机关审批备案，具体内容至少应包括：算法利用的数据、设计规则、运算过程以及在运行过程中可能存在的偏差。算法研发者须履行对算法技术原理的解释说明义务，特别是数据内容、数据特征选择以及权重等重要信息；对于设计阶段的价值判断，应当以便于主管机关理解和审查的方式进行记录归档；在后续的迭代升级中，也应当就算法的设计、部署和运行贯彻参数报备义务的要求，将系统升级的价值判断按要求记录归档。针对算法研发者报备的参数，主管机关应当进行综合评估，考察是否具备针对不特定对象产生显著差异影响的风险。对于可能造成歧视性结果的算法系统，可以要求算法研发者进行修改，并再次提交审查。

第三，结合各行业特征对算法歧视相关重点事项进行针对性审查。根据各个行业的实际情况，监管部门可以会同各行业监管机构有针对性地确定各领域算法参数报备的重点事项，并重点审查各行业算法系统中涉及的歧视风险较高的重要信息。例如，针对金融市场风险具有传导性的特点，金融行业的主管机关应当重点审查算法系统的设计是否会影响金融市场的稳定、损害投资者的正当利益，以防止智能投资顾问等算法平台破坏金融市场秩序。算法系统在金融、医疗、政事等领域广泛应用，事关社会稳定与公共利益，由于各行业具备不同的特征及风险点，因此有必要具有针对性地开展重点事项审查，以最大限度地防范歧视性现象。

（二）保障数据主体的知情同意权，强化个人数据权利

知情同意规则是指，数据主体的个人信息被收集、使用和转让时，其享有对相关数据活动覆盖的个人信息范围、目的等信息的知情权，进而做出是否同意的决定。这可以为数据主体创造识别个人信息风险并自主决定

是否同意使用的条件。① 因为数据主体在知情权的基础上，可以根据自身的具体情况做出分析判断，决定是否同意相关数据活动的开展，保障算法运行中数据收集行为的合法性、正当性及数据质量。

第一，保障数据主体对于算法平台收集、使用、保存个人数据情况的知情权。明确规定算法平台有义务通过用户便于理解且不影响用户体验的方式告知其收集、使用个人数据的各项信息，并且要以合理的方式提请用户注意该提示信息（可以借鉴《民法典》关于格式条款的规定②）。对个人数据使用情况的事先知情是对算法平台处理数据主体个人数据的前提，因此必须保障个体知晓算法平台收集、使用、处理其个人数据的用途、方式、风险及应对方法。至少应该向受算法决策影响的相对人进行充分且有意义的说明，使其有机会介入算法评估过程，了解算法预测类型、输入数据以及算法逻辑等信息，以便他们对阻碍其获得信贷、工作、住房或其他重要机遇的算法决策提出质疑或挑战。③ 这不仅能通过确保数据来源正当性减少歧视风险，也为后期可能产生的算法歧视侵权的问责奠定基础。

第二，明确算法平台收集、使用个人数据需获得数据主体的同意。算法平台对于个人数据的获取与使用，只有取得数据主体的同意才能具备正当性基础，例如在界面首页主动做出肯定性动作，对其个人数据的获取和处理做出明确授权；算法平台还应当明示数据主体的个人信息查询、更正、删除以及账户注销的方式、程序，不得对账户信息查询、更正、删除以及用户注销设置不合理条件；对于收集、使用个人敏感信息，如身份证号、

---

① 参见宁园《个人信息保护中知情同意规则的坚守与修正》，载《江西财经大学学报》2020年第 2 期，第 121 页。

② 《民法典》第四百九十六条第二款规定："采用格式条款订立合同的，提供格式条款的一方应当遵循公平原则确定当事人之间的权利和义务，并采取合理的方式提示对方注意免除或者减轻其责任等与对方有重大利害关系的条款，按照对方的要求，对该条款予以说明。提供格式条款的一方未履行提示或者说明义务，致使对方没有注意或者理解与其有重大利害关系的条款的，对方可以主张该条款不成为合同的内容。"

③ Danielle Keats Citron & Frank Pasquale, "The Scored Society: Due Process for Automated Predictions", *Washington Law Review*, Vol. 89, No. 1, 2014, pp. 26 - 27, 转引自解正山《算法决策规制——以算法"解释权"为中心》，载《现代法学》2020 年第 1 期。

个人生物特征等，平台应当以足以引起用户注意的方式明确易懂地向用户告知收集、使用敏感个人信息的用途，并取得用户的明示同意。有学者指出，基于防范算法歧视赋予用户删除数据退出算法服务的权利会影响算法决策的高效运行，但平等权显然应当高于对效率的追求。

（三）对算法歧视高风险点加以特别关注

大规模使用敏感信息极有可能引发群体性的算法歧视，基于个人用户画像做出的影响个人权利的算法决策也往往与歧视相关，结合具体领域的安全敏感性及应用场景，算法被运用在新闻算法、搜索算法、自动化行政等不同场景中，其中在刑事司法、医疗、民事等领域，一旦发生不公正的算法歧视，会引发"政治与道德风险"。[①] 上述算法显然具有更高的歧视性风险，应当加以更高级别的关注，进行重点评估。

1. 建立数据清洁机制，去除敏感数据的歧视"基因"

个人敏感数据一旦被非法提供、泄露、滥用，具有极高的损害个人权利、违反社会公平性的风险，典型的个人敏感数据有种族、收入情况、年龄、性别等。由于社会因素的复杂性，此类敏感信息具有较高的歧视性风险，因此"通常受到特殊保护"。[②] 算法通过强大的算力可以还原甚至强化敏感数据中隐含的歧视，在算法工具中输入包含敏感信息的数据极易导致歧视性结果，即特征选择的算法歧视。此外，敏感数据的不当保存与使用也极易损害数据主体的合法权益。因此，有必要对个人敏感数据进行专门规制。有学者将此种规制算法歧视的方式归纳为"数据清洁制度"，[③] 即通过禁止将具有显著歧视性特征的数据作为算法模型的训练数据，实现算法自动决策的形式平等。

---

① 参见汪怀君、汝绪华《人工智能算法歧视及其治理》，载《科学技术哲学研究》2020 年第 2 期，第 105~106 页。

② 汪全胜、方利平：《个人敏感信息的法律规制探析》，载《现代情报》2010 年第 5 期，第 24 页。

③ 参见张恩典《反算法歧视：理论反思与制度建构》，载《华中科技大学学报》（社会科学版）2020 年第 5 期，第 61 页。

第一，算法平台对于敏感数据的获取与使用，应当获得数据主体明确的授权。个人敏感数据的获取来源应当为数据主体自身提供，基于敏感数据的特殊性质不应从其他渠道获取相关信息，必须由数据主体本人通过做出书面同意和肯定性动作①等积极性行为进行授权，这是处理和使用个人敏感数据的基础。由于敏感信息具有极大的歧视性风险，一旦泄露或被不当使用，都有可能造成歧视性结果，因此在获取和使用敏感数据时有必要针对这一风险对用户进行更高级别的风险提示，并需获得用户的明示同意，此时若可以采取默示同意，则不利于有效地防范歧视风险，切实保障用户的知情同意权。

第二，算法平台应对包含个人敏感信息的数据进行数据"脱敏"，采取技术手段删去具有敏感属性的信息，从而洗去数据中内含的可能造成歧视性结果的信息。算法平台对于敏感数据的收集、使用、保存应采取相应的更高级别的安全措施，对大量接触个人敏感信息的人员进行背景审查，并在定期审查中针对敏感数据进行专项检查。首先，对种族、性别、年龄、宗教信仰等具有显著歧视性特征的数据进行"清洁"；其次，针对代理型算法歧视应注意防止使用邮政编码等数据作为"冗余编码"进行"代理"，例如，在个人信贷信用评分算法中，邮政编码可能会与种族信息联系在一起。② 因为这些看似不掺杂歧视性因素的数据可以被算法通过相关性分析还原出其内含的歧视性信息，因此此类隐含歧视因素的信息也应进行数据清洁。通过数据"脱敏"可以去除算法物料中的歧视性"基因"，从数据方面斩断歧视滋生的一个重要源头。

2. 对公共领域算法和公共数据进行专门规制

由于政府部门具有特殊地位，一旦政府自动化决策产生算法歧视问题，

---

① 肯定性动作包含个人信息主体主动做出声明（电子或纸质形式），主动勾选，主动点击"同意""注册""发送""拨打"等，主动做出肯定性动作亦可以体现出用户的明示同意。

② 参见 Melissa Hamilton，"The Biased Algorithm：Evidence of Disparate Impact on Hispanics"，*Am. Crim. L. Rev.*，Vol. 56，2019，p. 1553，转引自郑智航、徐昭曦《大数据时代算法歧视的法律规制与司法审查——以美国法律实践为例》，载《比较法研究》2019 年第 4 期，第 111 ~ 112 页。

普通民众难以针对自己权益受损的事实进行举证，从而不能有效维护自己的合法权益。因此，有必要针对政府机关等特定机构进行专门规制。而且，算法决策在公共领域的应用，既可能会对社会产生重大影响，也可能会"对个人和特定团体的权利产生实质影响"。① 综上，公共领域的算法运用具有相对更高的歧视性风险，有必要进行专门规制。

第一，设立专门机构负责对公共数据驱动的算法决策进行监督管理。"各自为政、政出多门、数据封锁等孤立化、碎片化的组织管理体制"将给算法歧视的监管带来现实的障碍。② 组建专门机构负责公共数据收集、使用、存储情况的监督与管理，可以实现对公共领域数据的集中式管理，避免分散监管的权责不明确的弊端，通过一体化权力运行强化对公共数据的整体性监管，依靠政府部门的行政力量，充分调动社会资源对公共数据的收集、运用进行一体化考量。

第二，制定对公共领域算法自动化决策歧视风险进行审查的规则。对公共领域算法进行审查可以及时发现潜在的歧视风险，应当针对预防歧视性风险和发现歧视性事实两个方面进行审查。可以借鉴纽约市的做法，设立专门的工作组负责公共领域算法决策系统技术研发和运行过程中的风险评估、风险沟通和风险管理，由有关部门或组织牵头和算法技术专家组成审查小组，作为独立的外部力量监督政府机构所使用的自动化决策算法是否存在歧视风险或造成了歧视性事实。同时，由于公共领域算法所使用的数据往往涉及大量敏感信息，应当针对所收集、使用的公共数据的渠道、来源、内容、处理方式等进行审查，确保算法输入的公共数据收集合法，且符合该算法所要实现的公共服务目的的必要性范围。

---

① 参见张欣《算法影响评估制度的构建机理与中国方案》，载《法商研究》2021 年第 2 期，第 108 ~ 110 页。

② 夏义堃：《论政府首席数据官制度的建立：兼论大数据局模式与运行机制》，载《图书情报工作》2020 年第 18 期，第 23 页。

四 事中审查：进行实时动态监管

（一）建立定期监测和报告公示机制，实现动态监管

算法平台的使用、运营是一个动态的过程，歧视性风险贯穿于运行全过程。针对算法运行过程中的阶段，定期的算法歧视监测可以通过事中审查及时发现算法歧视风险的存在，减少不良影响。此外，基于保障用户知情权和舆论监督两方面的考虑，向社会公示审核报告可以更好地实现防止算法歧视的实际效果。

第一，监管部门针对是否存在歧视风险对算法平台的运营情况进行定期和不定期审核。审核应坚持"过程审查与结果审查并重"，即算法决策对相对人法律地位、权利或自由构成了不利影响，或者在此之外，对相对人的个人境遇、行为或选择、社会评价等产生不利影响，并因而使其受到歧视从而被限制、剥夺某种权利或机会。要针对算法的运行过程和所输入数据的收集与处理进行歧视风险审查，另一方面审查算法做出的决策是否造成了歧视性事实。在算法歧视审查标准上，应当坚持"差别对待标准与差别性影响标准相结合"，既要审查算法模型设计中是否"具有差别对待的主观歧视"，又要审查算法模型的输出结果是否"对受保护群体产生不成比例的歧视后果"。① 算法监管部门应当可以进入算法系统对其模型等信息进行评估，若出现损害公平的算法歧视情形，监管部门应依法做出具体行政行为，要求算法平台在规定的期限内进行改正或整改，并向社会公开处理意见。

第二，算法使用者定期对其所使用的算法就是否存在歧视风险进行自查，并向社会公示。企业自查这种方式既可以极大地强化算法平台对算法

---

① 参见张恩典《反算法歧视：理论反思与制度建构》，载《华中科技大学学报》（社会科学版）2020 年第 5 期，第 63 页。

歧视的自我甄别及防范意识，又因为避免外部审查力量的介入而降低了审核成本、提高了监管效率。算法给公众的生活带来了重大影响，因此应当接受公众的监督，防止算法成为社会公众的"生活的宰制者"。①企业自查应当结合本行业的特征针对潜在的歧视性风险点进行重点自查，如在线购物算法的价格歧视风险、简历筛选算法的性别歧视风险。审核报告公示机制一方面可以保障社会公众对于算法歧视风险的知情权，另一方面又可以通过商业信誉倒逼企业主动采取防范措施积极消除歧视风险。此外，还应当通过法律明确算法平台公示的算法歧视审查报告不准确或虚假披露的法律责任，防止企业公布虚假不实公告而使报告公示制度成为摆设。

（二）赋予数据主体删除权、更改权，提升数据质量

数据是造成算法歧视的重要原因之一，保障数据收集的正当性和赋予用户决定退出数据服务的权利可以从数据源头上阻断算法歧视。②而通过强化数据主体对其个人数据的控制权，可以保障算法输入的数据高质、准确，从而减少因数据不准确引发的算法歧视。在算法运行过程中，用户作为数据主体通过行使积极的权利加强对其个人数据的控制，主动维护自身权利，可以从数据源头减少算法歧视。

第一，根据不同场景与对象确定个人数据赋权的内容。具体来说，赋予数据主体的权利类型与强度应根据应用场景和对象的不同而不同：（1）如果相关数据的收集与使用有利于相关个体或者能促进公共利益，就应当更多允许相关主体收集和处理个人数据；③（2）如果并非为了促进个人或公共利益，而是被用于支配个体，那么此时应对数据的收集与处理行为施加更严格的限制，即设置更高的个人数据赋权标准。例如，在新冠疫情防控常态化期间，为了更好地对病毒进行追踪溯源，政府平台可以基于保护公共利

---

① 参见〔美〕凯西·奥尼尔《算法霸权：数学杀伤性武器的威胁》，马青玲译，中信出版社，2018，第 17 页。
② 参见郭哲《反思算法权力》，载《法学评论》2020 年第 6 期，第 33 页。
③ 参见丁晓东《论算法的法律规制》，载《中国社会科学》2020 年第 12 期，第 146 页。

益收集普通公民的行动轨迹、人脸等个人数据。而在纯粹的商业场景中，则应要求收集、处理主体履行法律法规的一系列规定。

第二，赋予算法平台用户删除、更改权。有学者指出，数据退出机制能够使个人就其是否自愿接受大数据处理的服务进行"真正选择"，[①] 建立酌情退出大数据算法服务的渠道。如果算法平台收集的数据可能会用于涉及民生、利益分配等对个人权益或社会公平产生重大影响的领域，则此时的歧视风险更高且可能造成的负面影响更深远。应当提供数据主体选择退出数据服务的选项，并且可以要求算法平台采取相关措施：（1）以足够引起用户注意的方式告知其所接受的服务受算法决策影响；（2）告知用户算法模型如何过滤搜索结果，所参考的因素及其选取意义；（3）提供退出使用并删除其个人数据的选项，设置用户对算法平台所储存、使用的不准确数据进行更改的渠道。通过赋予用户删除、更改权，可以赋予数据主体对其个人数据的积极权利，从而实现对自身数据的有效控制，提升算法输入数据的质量，从保障数据的完整性和准确性角度，减少基于数据产生的特征选择型与偏见代理型算法歧视。

（三）赋予数据主体异议权，提升算法可解释性

"卢米斯案"[②] 是算法解释的一个例证，美国《信贷机会均等法》[③] 与

---

① 参见郭哲《反思算法权力》，载《法学评论》2020 年第 6 期，第 36 页。

② 该案被告认为，法院裁判借助了再犯风险评估算法报告（该算法全称为"以替代性制裁为目标的惩教犯管理画像"，其利用个人犯罪记录等公共数据以及当事人对 137 项问题所做的回答而提供的信息，预测其再犯风险从而为其量刑或假释提供依据），且该算法做出的风险评估不充分并侵犯了他的正当程序权利。被告因此提出了"打开"再犯风险评估算法之请求。然而，上诉法院（威斯康星州最高法院）并不认同卢米斯的诉请，在算法公平与商业秘密之间，法院站在商业秘密一边，拒绝支持卢米斯"打开"算法的请求，并最终驳回了他的上诉。但其中有多数法官还是坦承：对再犯风险评估算法缺乏理解仍是本案的一个重大问题，虽经法庭反复询问，但当事人对再犯风险评估算法的原理或功能要么三缄其口，要么只言片语。

③ 可以要求贷方就不利的算法评分向金融消费者进行解释，包括拒绝提供信贷、拒绝录用或提供保险服务等其他信用评估输出结果的具体原因，且消费者有权就信用报告中不准确或不完全的信息提出质疑。

欧盟 GDPR①均规定了算法解释权。采取以主体为中心的解释，明晰相关算法与数据会给主体带来哪些影响更符合实际需求。其不但不会威胁知识产权，反而为相关主体提供了有意义的决策参考。

第一，算法平台应当以不影响用户使用的方式，通过用户可以理解的方式向用户解释说明算法的必要信息，包括算法决策所需的数据及其类别、权重、相关性解释，以及个人画像如何建立、与自动化处理的相关性与处理情况等。这是用户对算法运行的基本信息进行了解的有效渠道。普通用户难以理解算法的运行逻辑，可以说基本处于被动接受算法平台提供的服务、产品或其他影响个人权益的结果的地位。显然，这与正当性原则相悖，并将因此引发算法歧视性危机。用户了解行使数据权利时所必需的算法信息，才能实现真正意义上的个人数据赋权。例如，在频频爆出大数据"杀熟"的电子商务领域，只有购物平台用户充分了解定价算法的基本逻辑，才能识别该平台的定价推荐算法是否基于用户画像实施了差别待遇②。

第二，赋予算法平台用户算法歧视异议权。明确用户有权对依据算法自动决策而做出的具有歧视性的决定提出申诉，算法平台应于法定期限内给予答复及合理解释。在用户向平台提出算法歧视异议后，算法平台应当停止处理其个人数据。因为用户是数据主体，平台对于数据的收集、使用来源于数据主体的授权，用户有权在任何时间反对算法平台处理其个人数据，中断自动化算法决策对个人数据的处理行为。作为知情权的一部分，算法平台应于数据收集阶段以及数据处理启动后，告知数据主体是否存在自动化决策，这也是行使异议权的前提和基础。针对用户提出的算法歧视异议，对不同的情形可以采取不同的处理方式：（1）若因数据错误导致算

---

① GDPR 第 13 条第 2 款第（f）项、第 14 条第 2 款第（g）项规定：当算法控制者正在或打算收集个人数据时，且若存在算法决策，即应向相对人披露自动化决策之信息，包括决策系统适用的逻辑以及此类自动化处理对于相对人的意义及可能后果等"有意义的信息"。

② 《国务院反垄断委员会关于平台经济领域的反垄断指南》中规定分析是否构成差别待遇，可以考虑：（一）基于大数据和算法，根据交易相对人的支付能力、消费偏好、使用习惯等，实行差异性交易价格或者其他交易条件；（二）实行差异性标准、规则、算法；（三）实行差异性付款条件和交易方式。

法歧视，那么相对人可要求算法平台根据其提供的准确数据或在删除错误数据后重新进行决策；（2）若歧视性决策是由算法设计不当或模型错误导致的，那么相对人既可要求算法平台对算法模型进行修正，也可选择退出该算法决策。

五 事后监管：完善算法歧视问责与救济体制

（一）完善算法歧视问责机制，提升可责性

由前文所述可知，算法歧视相较于传统歧视更加难以确定责任并进行追责，提升算法歧视的可责性显然应当成为事后监管的要义。

第一，设立专门的算法监督问责机构。目前，我国没有专门的国家层面的算法管理和追责机构，主要由各个行业的主管机构进行监管，而每个行业的监管标准和监管力度迥异。一方面，可以综合考量我国现有国家机构的权力格局、职权种类和权限配置等因素，设立国家层面的算法管理和追责机构。这种模式的优点是能够按照统一的标准对各行业各领域的算法进行管理和追责，实现集中统一式的监管。另一方面，按照《深化党和国家机构改革方案》①的要求，坚持精简高效的要求，可以根据我国算法技术发展的阶段性特征，结合算法歧视监管的现实需要，将算法监督问责的权力赋予现有的行政机构。这种方式可以在现有的行政机关体系内实现对算法歧视的有效监管，节约人力物力，同时也能实现对算法歧视侵权相对人的权利保护。算法监督问责机构主要负责对算法平台的算法歧视责任进行评估和认定、处理用户的权利救济请求、对算法平台就算法歧视问题进行整改的情况进行检查等。

第二，明确算法平台造成算法歧视需承担责任的法定情形。由于算法

---

① 参见 http://www.gov.cn/home/2018－03/22/content_5276728.htm，最后访问日期：2022 年 3 月 5 日。

歧视具有多方责任主体，因此提升算法歧视问责性的前提是具备完善的责任分配体系。出现算法歧视时，算法平台需承担赔偿责任的法定情形应该包括：（1）算法平台人员或系统原因导致歧视性结果产生；（2）系统错误导致歧视性结果产生，而算法平台未及时采取补救措施或未采取恰当补救措施；（3）算法平台未按规定进行数据留痕导致无法确定责任的，由算法平台承担不利责任，此时亦应承担赔偿责任。关于算法歧视的损害赔偿形式，可以参考《民法典》第一百七十九条①、第一千一百六十七条②的规定，包括经济赔偿、消除影响、恢复名誉、赔礼道歉等。如果违反了市场监管规定，行政机关可依据相关规定对算法平台做出相应的行政处罚。

第三，对于是否构成算法歧视的判定，应当由具备专业能力的算法监管机构进行，针对是否对相对人造成了与其他社会公众具有显著差别的不利影响且不具备正当必要性等因素，确定是否造成了算法歧视事实。例如，针对是否构成大数据"杀熟"歧视，若经过考察确实对相对人做出了明显具有差别的价格歧视，且线上购物平台没有提出充分的必要性理由，则构成算法歧视；但如果算法平台虽然对相对人做出了相较于其他对象具有显著差别的结果，但具备正当的必要性，则不构成算法歧视。例如在就业领域，若雇主有必要的正当理由需要高学历的劳动者，则此时简历筛选算法针对学历做出看似具有"歧视性"的分析结果，但基于满足实际用工需求的正当必要性，此时不构成算法歧视。

第四，实行事后算法审计，对算法歧视后果开展评估。基于算法歧视事前、事中规制要求，算法平台有义务全面、真实地记录收集、处理、使用数据的过程，并定期开展歧视性风险自查，制定应对可能产生的算法歧视风险的相关措施。算法决策的过程具有"黑箱性"，但数据留痕为算法歧

---

① 《民法典》第一百七十九条规定，承担民事责任的方式主要有：（一）停止侵害；（二）排除妨碍；（三）消除危险；（四）返还财产；（五）恢复原状；（六）修理、重作、更换；（七）继续履行；（八）赔偿损失；（九）支付违约金；（十）消除影响、恢复名誉；（十一）赔礼道歉。

② 《民法典》第一千一百六十七条规定，侵权行为危及他人人身、财产安全的，被侵权人有权请求侵权人承担停止侵害、排除妨碍、消除危险等侵权责任。

视侵权责任的确定与评估创造了条件。若出现了算法歧视性后果，则算法监管机构可以对算法平台上述义务的履行情况进行审查，从而通过考量算法运行过程的留痕对造成歧视性结果的具体环节、责任主体进行评估。此时，企业有义务主动提供相关资料、数据配合有关部门的审查。

（二）建立算法歧视侵权救济体制，维护用户权益

第一，算法输出结果将对用户的权益造成影响，用户作为算法决策相对人应当可以针对算法运行结果是否存在歧视性提出异议，并要求算法研发平台或算法使用平台进行解释。普通用户难以获取算法运行的相关信息，无从了解也无法理解算法的运行原理及过程，但用户享有知情权，在其认为自身遭遇算法的歧视性对待时，可以对算法运行结果提出异议和要求解释。这是用户确定自身是否遭遇算法的显著性差别性待遇的重要保障。《民法典》侵权责任编在《侵权责任法》的基础上，细化了网络侵权责任的具体规定，完善了权利人通知、网络服务提供者转通知的具体规则，[①] 对于算法歧视的权利救济具有一定的可借鉴价值。具体来说，如果发生了损害权利人正当权益的算法歧视侵权事实，权利人有权通知算法平台采取必要措施，通知应当包括构成侵权的初步证据及权利人的真实身份信息；算法平台接到通知后，应当及时对通知中的相关事实进行核查，对用户提出的异议事项进行解释，以容易理解的方式向用户阐明相关的算法设计原理、数据处理原则等事项，并根据构成侵权的初步证据和服务类型采取必要措施。同时，为了维护算法平台的正常运行秩序，应当同时明确权利人因故意或重大过失做出错误通知造成算法平台正当商业利益损害的，应当承担侵权责任。

第二，用户应当有申请针对算法歧视开展行政审查的权利。由前文所述可知，算法监管机构应当依职权主动开展行政审查。同时，为了维护用

---

① 参见《民法典侵权责任编的主要制度与创新》，http://www.npc.gov.cn/npc/c30834/202010/daca1384df3e4be7ad0af9ca2d3475d2.shtml，最后访问日期：2022 年 4 月 28 日。

户利益和增强算法公信力，应当赋予用户申请算法监管机构就歧视性结果开展行政审查的权利。用户应当向有关部门就自己的相关权利受到算法歧视侵害的初步事实提供基本材料，向算法监督管理机构提起对算法平台开展行政审查的申请。监管部门收到公民的申请后，对申请人递交的申请材料进行审查，并结合算法平台事前进行的参数报备等信息，在法定期限内做出是否开展算法歧视审查的回复，拒绝进行行政审查的需向申请人说明理由。为了高效地处理公民的行政审查申请，算法监管机关可以设置专门部门或安排专门人员负责相关申请事项的处理。

第三，可实行算法歧视保险制度对算法歧视侵害进行专项赔偿。由于算法歧视具有系统性，且由于"黑箱性"等技术特性不易识别和举证，因此，为了及时对那些由算法歧视造成权利损害的相对人进行补偿，可以成立算法歧视专项保险。保险金由算法研发者、算法使用平台在算法履行完事前规制程序后按比例缴纳，如果算法平台对于用户提出的算法歧视事实没有异议，或经过行政审查后得出最终判定结果，则可以从专项保险中获得现行赔付。一方面，商业企业必然面临一定的经营风险，而算法歧视的潜在对象一般是系统性标签人群，事先设立保险金可以确保相对人能够不受企业经营状况的影响获得相应的赔偿；另一方面，这也是提高算法歧视权利救济效率的有效渠道，使相对人不必须经过司法程序就能获得赔偿，节约司法资源与人力物力。

结　语

随着算法社会的到来，算法歧视引发的社会治理问题越来越多。相比于更容易发觉的传统歧视，算法歧视给法律规制与监管带来了一系列难题。机械地运用算法公开和个人数据赋权等规制模式无法取得良好的规制实效，应当结合当前算法发展的特点及应用场景灵活运用各种规制模式。这给现实的监管带来了极大的挑战，需要平衡各方利益，如保护商业利益和维护社会公平。

　　针对算法歧视问题频频发生，法律应正视并矫正算法歧视，结合我国的国情，通过算法治理实现反算法歧视，保障算法技术的健康、良性发展。为了解决算法决策带来的歧视问题，应从算法歧视产生的根源——算法和数据进行双向法律规制，来实现算法应用的公平性。目前讨论较多的算法公开、个人数据赋权以及反算法歧视等模式，不宜机械地采取任何一种方式，否则会产生一系列现实难题。算法歧视的法律规制要兼顾在实施上具备可操作性、保护公民正当权利以及对技术发展具有鼓励作用，应当采取场景化的规制思路，以灵活地处理这种人机交互的决策形式。不仅应当符合平等的实质要求，也要贯彻算法公开、提升透明度等形式要求，还要确保算法的可追溯性，赋予算法系统研发者可解释性的义务，通过事前、事中、事后规制，将反算法歧视的理念贯穿于算法研发、设计、运行的全过程，以实现算法公正。

数字法治背景下人脸识别的立场抉择与应对[*]

闻志强[**]

【摘　要】伴随人工智能、大数据等新兴科技的发展，数字时代来临并促进了数字法治的诞生和发展，人脸识别逐步从理论设想走向实践，并日益普遍应用于生产生活各个公私领域。人脸识别作为一项个体生物信息识别和身份真伪核实认证技术，因其具有的自然性、非接触性、并发性等属性和优势，显示出相较于其他生物识别技术的优越地位，但也在实践运用和理论研究方面引发了争议和分歧，进而引发了对于该项技术用与不用、怎样使用、如何规制等问题的思考。根据法益衡量的基本原理，应当对人脸识别的使用采取有限开放的基本立场。在人脸识别技术应用的采集、存储、比对认证等各个环节，都可能存在相应的法律风险和适用问题，应当采用五大原则检验，即可替代原则、知情同意原则、主体适格原则、目的正当原则、合比例原则，进行合法性、必要性、合比例性、正当性等多角度、全方位的考察和判断，同时辅以配套具体措施予以解决。

【关 键 词】人脸识别；个人信息；有限开放；比例原则

---

* 本文系广东省哲学社会科学"十三五"规划项目"人脸识别的法律风险前瞻与刑法应对"（项目编号：GD20YFX01）的阶段性成果。

** 闻志强，广州大学法学院讲师，法学博士，早稻田大学比较法研究所研究员，广东省社会科学研究基地"国内安全与社会稳定研究中心"研究员。

引　言

　　人类社会的发展和进步离不开科技的助力。进入 21 世纪后，新兴科技发展速度不断突破既有范式，规模越发庞大，领域越来越广泛，节奏日新月异，给人类的生产生活、工作学习带来了新的革命性突破和大幅度推进，数字时代悄然来临，数字法治应运而生。随着信息网络的普及和物联网、大数据、云计算、AI 等新兴科技的深入发展和持续引领，公民个人信息范围越来越大，类型越来越多样，也更容易受到侵犯和滥用，滋生诸多关联犯罪并扩散蔓延，这对法治建设构成了新的威胁、提出了新的挑战。如何应对这些犯罪、采取什么措施消解其中存在的风险以实现利益最大化，是我们必须直面的现实问题，数字时代的法治问题促进了数字法治的应运而生。我们日益领略到科技的魅力，但同时也忧心忡忡，因为凡事都如硬币的一体两面，科技亦是一把"双刃剑"。在这些令人叹为观止的新兴科技中，人脸识别技术可谓别开生面。轻轻一扫，迅速比对，无从察觉，但威力惊人。人脸识别技术在大数据时代、人工智能迅速发展的信息网络社会和全时空数据化环境下，自然给我们带来了快捷、便利、舒适，但也隐藏了诸多法律风险，滋生了为数不少违法犯罪的温床。生物识别信息作为与公民人身、财产紧密相联的特殊、隐秘的个人信息，正在被越来越多地采集和使用于公共场景和私人领域，一旦泄露、滥用将产生难以估量的潜在风险和巨大现实损害。近年来，接连发生的滥用生物识别信息违法犯罪行为越来越多，犯罪手段和方法花样翻新，特别是以滥用人脸信息实施违法犯罪、"ZAO 换脸软件风波"、"深度伪造"、"颜值检测"等事件为典型侵害他人合法权益，紧急状态下以维护公共安全的名义随意采集、广泛获取储存、过度使用公民人脸信息进行定位追踪、审查比对、打击和预防犯罪等。对此，如何看待日益普遍发展和广泛使用的人脸识别技术，如何界定生物识别信息的类型和范围，如何明确诸如指纹、虹膜、人脸等生物识别信息的法律属性及其保护法益的定位，在发挥益处的同时消除隐患、降低风险，如何平衡公共利益与私人利益、信息共享与个人隐私、信息快捷与信息安全之间的博弈，针对生物识别信息泄露、滥用等类型化行为及其引发的社会和法律风险，如何合理妥当运用前置法与刑法进行应对，在划清行政执法与刑事司法界限的前提下，高效衔接和合力打击以人脸识别为代表的涉生物识别信息违法犯罪行为，成为当下我们必须深入思考和亟待研究解决的重大理论问题和现实问题。在现代民主法治社会和信息网络时代环境下，人脸识别技术必须接受法治的检验和考验，从而依法而行。对于人脸识别可能引发的法律风险我们必须认真考察，对其进行必要的、合法的正当规制亦应提前、尽早布局并贯穿于人脸识别全过程。针对其中存在的违法犯罪行为，同样需要根据刑法的规定进行具体分析，并发挥刑法解释的作用，从而依法、准确定罪量刑，最大限度地兼顾和平衡保护公民个人的合法权益和社会公共利益。

一 问题的提出：从人脸识别的发展进程与两面性切入

进入信息网络社会后，身份识别和真假判断是一项工作量非常大、效率要求极高、现实意义巨大的工作。人脸识别技术是在大数据、人工智能等新兴科技影响下迅速发展的一项生物识别技术。通过迅速抓取对象物的生物体征数据进行实时比对，以实现身份识别的技术叫作生物识别技术，而所谓人脸识别技术亦为生物识别技术中非常重要、应用广泛的一种，系指通过对人脸生物特征数据的提取、分析计算、搜索比对进行身份识别的一项生物识别技术，它与指纹识别、虹膜识别并称为"三大能够进入实用阶段的生物特征识别技术"。人脸识别技术，从狭义上看特指通过人脸进行身份确认或者身份查找的技术或系统，从广义上看包括构建人脸识别系统的人脸图像采集、人脸定位、人脸识别预处理、身份确认以及身份查找等一系列相关技术。人脸识别技术是基于人的脸部特征，对输入的人脸图像或者视频流首先判断其是否存在人脸，如果存在人脸，则进一步给出每个脸的位置、大小和各个主要面部器官的位置信息，并依据这些信息，进一步提取每个人脸中所蕴含的身份特征，并将其与已知的人脸数据进行对比，从而识别每个人脸的身份。人脸识别技术从模型构建到问世发展经历了一个较长的过程，从理论设想到实践应用并非一蹴而就，其利弊优劣可"窥一斑而知全豹"。

（一）人脸识别的历史沿革

人脸识别技术的发展有赖于人工智能的发展和应用。人工智能与基因工程、纳米科技并称为 21 世纪三大尖端技术，其发展经历了一个从"黑暗时代"到基于知识的系统的过程。[①] 1940 年前后，英国数学家阿兰·图灵经过一系列思考和实践提出了"机器能否思考？"问题，并通过图灵模拟游戏考察机器能否通过智能行为测试，这奠定了人工智能发展的基础。直至 20 世纪 90 年代前后，借助于解决问题思路的转变，理论研究与应用实践在专家系统的知识构建、人工神经网络领域、进化计算向文字计算的过渡、模糊逻辑理论运用等领域的发展支撑下取得了较大突破和进展，由机器向人类学习到自主学习的人工智能发展有了跨越式提升，其自适应性、运算速度、容错能力都在迅速提高，人工智能发展迈入了"快车道"。伴随人工智能的发展，作为机器智能服务于社会生产和人类生活的重要应用体现，人脸识别技术应运而生并迅速发展和完善。

进入 21 世纪以来，人脸识别技术作为新兴高科技的"阳春白雪"，在理论研究领域集中于人脸正面模式的研究，从对人脸识别所需要的面部特征进行研究到人机交互式识别阶段再到完全实现自动识别阶段，并从二维人脸识别技术进化为三维人脸识别技术。在实践运用方面人脸识别技术"飞入寻常百姓家"，并于 2017 年被誉为最火爆的"黑科技"，逐步扩大和广泛应用于公共领域、日常生活领域，代表性的如苹果公司最新推出 Face ID 技术用于各种电子产品加密和人脸解锁，微信、支付宝等新型网络支付

---

① 〔澳〕Michael Negnevitsky：《人工智能——智能系统指南》，陈薇等译，机械工业出版社，2012，第 3 页。

工具开发应用扫脸支付等，不一而足。社会公众广泛使用的手机、电脑等各类电子产品，从以往的密码解锁到指纹解锁再到人脸识别解锁、刷脸支付，进入一个新的发展阶段。人脸识别从理论走向实践，从攻克技术难题到普遍、广泛应用于公共安保、行政执法、日常生活，实现了跨越式提升与发展，这不仅得益于经济社会发展的需要，特别是对于海量数据获取、快速计算和身份信息真伪验证的需要，也与其本身的独特属性、技术优势等特点密切相关。在人脸识别的发展过程和实际应用中，一系列问题也接踵而至：如何确立人脸信息的采集标准，如何建立和完善并不断更新、安全运行人脸识别的数据库，如何降低光照、视角、外观和主观价值判断等各种主客观因素对于人脸同一性比对的核验结果影响，如何最大限度地降低和消除人脸识别误差，如何平衡保护公民个人隐私和公共安全的关系，都成为进一步影响其深入发展和成熟应用所面临的问题。

（二）人脸识别的优势与不足

生物识别技术的种类虽然不少，但是人脸识别独具一格，与其他生物特征识别技术如指纹识别、掌纹识别、虹膜识别、DNA 检测等相比，其具有快捷性和可靠性，在搜集样本的难度、技术操作复杂度、花费时间成本等方面都具有突出的优势。人脸信息属于个人生物信息，具有独特性、直接识别性、不可更改性、易采集性、不可匿名性等特征。目前，人脸识别技术在实践中参差不齐，误差很大，尽管其可能会在一定程度上节省人力成本，但其风险也不可小觑。[①] 从优势角度而言，主要体现在如下几个方面。

一是自然性。人类与其他生物都是自然界的组成部分，都具有与生俱来的、不可更改（此处主要是指非人为强行性更改）的生物密码，这些生物密码具有天然的自然性。人脸就是这些为数不多而又非常重要的生物密码系统之一，相应地，通过对人脸所独有的生物特征的提取和比对以验证

---

① 参见邢会强《人脸识别的法律规制》，载《比较法研究》2020 年第 5 期。

真伪，进而形成的人脸识别检测技术，其仍然保留了人类最为原始和最具自然性的生物体征数据，这集中体现在该识别检测技术与人类（甚至其他类别生物）进行个体识别时所利用的生物特征相同，即该识别检测技术与人类自身验证身份真伪都是借助观察、提取、比较人脸来区分彼此，进而确认身份。与此同时，该识别检测技术所依赖的人脸数据本身不会因为自身或外在因素的变化而发生根本性改变，可靠性和信任度都明显高于其他识别检测技术。

二是非强制性与非接触性。其他生物识别技术都需要被搜集对象的主动配合甚至被动检测，如掌纹、指纹和 DNA 检测都需要送检对象的主动配合，尤其是在司法实践领域经常采用的 DNA 检测，很多时候是针对犯罪嫌疑人和被告人的，这种检测显然是被动接受的。但是人脸识别却具有明显的主动性、积极性和非接触性，被识别的人脸图像信息可以由机器设备主动获取而不被被测个体察觉，它无须被检测对象的知晓和主动配合即可完成。在介入被检测对象方面，它打破了既往生物识别技术、检测设备与被检测对象的接触性这一必需要件，从而使得检测比对的运用对于被检测对象而言显得更为亲切和易于接受，相应地也降低了不少时间成本和菜单成本。

三是快捷性与并发性。由于人脸识别不需要额外地花费时间、精力进行检测主体与检测对象之间的沟通、接触，只需"轻轻一扫"即可迅速进行比对和识别，因而节省了时间和费用，在一个追求快节奏、高效率的现代信息社会，更显得特别重要和值得期待。此外，在人脸识别的实际应用场景中，其可以同时性、大范围、高强度、高精准度地进行多个人脸的分拣、比对判断及识别，更凸显了其所具有的独特优势。

但是，新兴科技代表的人脸识别同样也存在不少难以回避和忽视的问题，需要认真关注和思考，并寻求应对举措甚至法律干预规制。

一是弱隐私性。人脸识别通过获取人脸信息并进行比对识别，从而判断身份真伪。但在信息网络时代，获取他人图像较为普遍，且较为方便，不易被人察觉，导致人脸这一特殊生物信息容易被滥用，进而违背高效识别身份真伪和进行身份认证的初衷，而且容易诱发侵犯公民个人人身权和财产权等合法权益的违法犯罪行为，需要法律的强力介入。

二是高强度的信息安全风险。生物特征信息的特殊性与唯一性产生的受侵犯风险与危害程度呈几何级倍增，远非传统个人信息受侵犯所能及，人脸识别将人脸这一最为重要的集公民个人信息、隐私、数据于一体的对象作为交互工具，在信息网络时代背景下的风险抵抗能力较差，风险系数非常高。人脸识别将造成公民个人信息安全受到威胁甚至实际损害，而且作为特殊类型的生物信息，如果完全按照传统的一般个人信息保护路径进行保护，可能存在保护不足，导致保护力度远远不能适应大数据时代信息网络发展的要求。

三是人脸识别率参差不齐，技术发展成熟度有待进一步提高和优化，可能引发"误认""不识"等问题，并可能诱发歧视，隐蔽差别化对待而难以发现和识破。人脸识别技术通过运用人脸这一具有专属性、唯一性的个人生物特征进行身份识别和真伪核验，但仍需依靠和借助强大的计算机分析比较技术，在不能完全满足相关指标要求的既定技术或者应用情景条件下，人脸识别算法的有限性可能导致技术系统和核验机制只能进行有限的试错判断，而无法完全"排非去误"。客观环境、年龄增长、身体变化、面部表情人为刻意制造等各种因素的制约，也会影响人脸识别技术系统判断。人脸识别技术安全漏洞的存在以及其"易破解"的特征，决定了涉人脸识别数据的犯罪今后很可能有增无减，技术的运用和相关的"黑灰产业"始终如影随形。[①] 此外，在相关数据库的建构与筛选完善过程中，人脸识别的检测点与筛选因素可能会基于大数据技术形成技术惯性或既有结论（偏见）依赖，进而引发隐蔽性的差别对待甚至歧视。

四是人脸识别可能挑战既有法律保护体系，造成维权困境。如 2015 年以来，Google、Snapchat、Facebook 和其他公司都面临涉人脸识别违法的法律诉讼。但美国芝加哥某法院的法官驳回了相关诉讼，理由在于原告仅仅

---

① 周光权：《涉人脸识别犯罪的关键问题》，载《比较法研究》2021 年第 6 期。

是被被告采取的人脸识别技术拍摄了脸部，并没有受到现行法体系下的"具体伤害"或实质伤害，难以谓之侵权，这显示出人脸识别对既有法律保护公民个人信息的规范体系适用提出了难以忽视的挑战，需要予以认真考察和思考，以寻求应对举措。

二　人脸识别的现实运用与立场抉择

（一）人脸识别的现实考察

我国在人脸识别技术及其实践应用方面已经取得了较大进展，并进行了各个领域的现实应用和商业开发。首先，在违法犯罪打击和防控领域，一些行政执法部门和公安机关等已经采用大数据分析和人脸识别技术，开展犯罪嫌疑人比对、锁定和抓捕，甚至通过该技术抓获了潜逃十余年的罪犯，收获颇丰。其次，在公民日常生活和公共交通领域，逐步采用人脸识别进行身份认证和审核，快递收取领域如丰巢快递柜采用人脸识别软件进行身份识别开展取件服务，城市公共交通领域如北京城市地铁全面运行人脸识别以开展乘客身份识别、认证，教育领域如不少高校采用人脸识别进行师生身份认证和校外人员核查，清华大学、北京大学等在学校各个出入口使用人脸识别，中国药科大学在教学区域中的各个教室安装人脸识别摄像头，进行学生身份识别、上课检查、教学监督等服务。在商业开发及其应用方面，国内主要互联网和科技巨头如阿里巴巴、腾讯、华为以及各类银行、金融服务机构都在大量通过人脸识别进行身份认证、网络刷脸支付等服务。由此观之，人脸识别在我国各领域发展迅速，并取得了一些良好的效果，这反映出人脸识别的优势与有利的一面，是值得肯定的。

然而，人脸识别也存在一些负面新闻且接连不断地出现，例如前述丰巢快递柜所采用的人脸识别软件技术含量较低，被小学生用打印的静态照片代为识别而被解锁事件，又如 ZAO 换脸软件出现后引发的公民个人信息泄露以及侵犯明星、影视作品人物形象等合法权益事件，再如某市动物园强制采集游客人脸信息、推行使用人脸识别，被消费者郭某一纸诉状起诉至法院引发的所谓"我国人脸识别纠纷第一案"，诸如此类，不一而足。特别是地铁、高校等区域场所大量广泛甚至实时动态采取人脸识别出入、认证，引发了不少师生和社会公众的关注、批评与质疑。这些涉及人脸识别的案件多为违反行政法、民法等前置法引发相应的行政处罚、民事责任，特别是郭某诉某市动物园强制人脸识别一案，最终仍然定位于民事领域的消费者服务合同纠纷，难以触及问题的本质。2021 年 4 月 12 日，郭某诉某市动物园强制人脸识别一案在杭州市中级人民法院迎来二审判决。法院判决被告某市动物园删除原告顾某办理指纹年卡时提交的包括照片在内的面部特征信息以及指纹识别信息。随后，"天津人脸识别第一案"在 2022 年 5 月 18 日做出二审判决，要求物业公司删除原告顾某的人脸信息，并为其提供其他进小区的通行验证方式。或许，当地法院有意无意回避本案的深层问题或有其他顾虑，难以探知和公开，但至少有一点是明确的，那就是案件引发的法律责任属于民事法律责任，尚在可控范围之内，仍然可以容忍。但是，一些犯罪分子利用人脸识别技术实施犯罪行为引发的恶劣后果和严重影响便不得不引起社会公众和政府部门的重视和反思了。其中尤为值得关注的案件当数"中国人脸数据刑事第一案"。2018 年 7 月开始，被告人张某、余某等人以牟利为目的，利用已非法获取的公民个人信息，通过使用软件将相关公民头像照片制作成公民 3D 头像，从而通过支付宝人脸识别认证，并使用上述公民个人信息注册支付宝账户。张某、余某等人通过这种方式来获取支付宝提供的邀请注册支付宝新用户的相应红包奖励（包括邀请新人红包、通用消费红包、花呗红包等），非法获利数万元。公安机关从被告人处查扣近 2000 万条涉及人脸数据的公民个人信息。浙江省衢州市中级人民法院对本案被告人实施的行为分别认定为构成侵犯公民个人信息罪和诈骗罪，数罪并罚。①

针对人脸识别存在的法律风险和现实问题，从国家到地方都在积极采

---

① 具体案情参见（2019）浙 08 刑终 333 号。

取措施予以应对，首要的是开展精准立法予以规制，但是各级各地的具体做法和态度不尽一致。在地方层面，天津市地方立法机关通过地方性法规明确否定了人脸识别的商业应用，但对政府机关使用人脸识别则未予明确。天津市人大常委会于 2020 年 12 月 1 日表决通过了《天津市社会信用条例》，于 2021 年 1 月 1 日起施行。其中规定，市场信用信息提供单位采集自然人信息的，应当经本人同意并约定用途，法律、行政法规另有规定的除外。市场信用信息提供单位不得采集自然人的宗教信仰、血型、疾病和病史、生物识别信息以及法律、行政法规规定禁止采集的其他个人信息。南京市住房保障和房产局也明确禁止辖区商品房售楼场所开展针对客户的人脸识别，并要求拆除现有的人脸识别系统。杭州市则通过《杭州市物业管理条例》明确规定，物业服务人不得强制业主通过指纹、人脸识别等生物信息方式使用共用设施设备。但与此相对，安徽省、兰州市、北京市等地的物业管理条例也就业主个人信息保护进行了明文规定，但都没有明确涉及包括人脸识别在内的生物信息收集问题，态度可谓暧昧不清，留有余地。在法学理论研究领域，有学者坚决反对人脸识别的普及和应用，特别是在公共场所和其他非必要领域，如在小区、校园、地铁等公共交通工具、商场超市禁止使用。

综上所述，人脸识别技术发展至今，已经开始从理论走向现实，从设想转变为场景应用，与社会大众的日常生产生活紧密相连。从现实层面来看，人脸识别技术的现实应用仍然存在很多问题，不仅涉及技术层面，而且涉及道德层面、法律层面，特别是社会公众对于人脸数据信息收集、获取、使用的深层担忧和安全性、合法性质疑等现实问题越发凸显，同时也暴露出人脸识别可能被不法分子利用，从而实施严重的侵犯公民人身财产的犯罪行为等亟待刑法关注和规制的重要问题。人脸识别技术具有的独特属性和技术优势，使得其在诸多生物识别技术和身份识别手段中脱颖而出，广泛应用于多个领域，但由此也产生了一些争议和分歧，这在人脸识别的实践应用中得到了鲜明、集中的体现。归结起来，主要表现为以下几方面问题：一是应当肯定还是否定人脸识别并决定是否应当继续发展这一生物识别技术；二是在肯定发展人脸识别技术的前提下，是否要将其纳入法律的规制范畴进行必要的法治管控；三是在肯定对人脸识别技术进行法律规制的基础上，应当采取何种立法模式和应对举措进行有效的规制并预防、规避可能存在的风险。

（二）有限开放的基本立场及其理由

人脸识别的诞生，改变了人们对于人脸数据信息的关注和重视程度，也暴露出技术、道德、法律等方面的很多问题，值得引起社会各界认真反思和探究。通过上述国内外对于人脸识别的态度和立场，可以发现人脸识别的优势和益处不言而喻，但是存在的问题也不容忽视。对于人脸识别的大规模应用，赞成、支持、拥护与反对、批评、质疑的声音此起彼伏。人们对于人脸识别的应用范围和具体领域存在不同看法和意见，人脸识别在使用过程中的法律规制和法律规则构建在国内外也存在不同做法：有的放任不管，有的立法严格监管；有的限制私人主体开展人脸数据收集、储存和使用，有的则主要针对公共权力机关特别是警察等执法部门和公共安全管理部门进行约束和限制。据此，人脸识别与其他科学技术一样，存在一体两面，需要从法律的角度予以深度思考和全面检视，以求趋利避害，确立人脸识别的法律规制路径和法律规则体系，从而化解观点冲突与对立，消解社会公众的担忧和质疑，实现人脸识别过程最优化和利益最大化。

对此，笔者认为讨论人脸识别首要的就是要明确基本态度和立场，一概反对、禁止人脸识别和一味肯定、推广普及甚至滥用人脸识别都是错误的，以偏概全地评价人脸识别断然不能推进人脸识别合法健康有序的发展和使用。笔者认为，应当对人脸识别秉持有限开放的基本立场，并针对不同主体、不同场景、不同情境采取和完善对应的规制举措。

一者，绝对禁止人脸识别的发展和使用，实质上否定了以大数据、人工智能为代表的新兴科技的优势，也难以符合当下身份核验、确认真实身份的效率追求，断然予以否决，将使得相关场景、区域、海量行为、随机验证等耗费大量的人力物力和时间金钱，这不符合经济原则和合理原则。

因而，出于时代发展的需要和对效率价值的重视，人脸识别应当得到肯定。

二者，肯定和支持发展人脸识别，并不意味着绝对放开、不设任何限制地任由其野蛮生长、恣意妄为，对于人脸识别的弊端和潜存风险我们不能回避和等闲视之，而应采取必要措施特别是法律手段予以规范和规制，从而使得人脸识别在法治的轨道上应用和发展，而不能突破法律、权利和自由的既定边界。

三者，不同主体使用人脸识别所依托的权力或权利基础并不截然相同，事实上很多时候存在对立和冲突，因而有必要区分不同使用主体予以分类讨论。同时，人脸识别在不同场景下使用，对于权利主体的知情与同意判断显然存在差异，不能"一刀切"地仅以同一规则进行认定，有必要根据场景的差异予以分别考察，并结合具体情况开展情境化的场景式分析，这样才能得出合理妥当的结论。原则上来看，笔者认为结合人脸识别的应用场景、使用主体、保护的利益对象等标准，并运用利益衡量和优越利益保护原理，可以大致分为两类场景：一类是社会公共利益与个人利益的冲突场景，对此应当坚持公共利益优于个人利益，使用目的合法、手段合理且保持在必要限度内，经过严格的程序批准，可以允许不经个人知情或同意的人脸数据信息采集与存储使用等一系列人脸识别操作规程；另一类是单纯的个人利益场景或者社会公共利益并不明显优位于个人利益的场景，对此应当否定借由保护公共利益的理由损害个人利益即对个人进行人脸识别和采取一系列的操作规程。

四者，结合现实来看，事实上，从我国目前各地的人脸识别运用实践来看，大体上对人脸识别持相对积极的态度，一边不断地发展、完善和普及、运用人脸识别技术，一边通过相关立法和其他措施来逐步完善对人脸识别滥用的规制、预防，保护公众信息、数据安全。这也促使我们思考一味严令禁止人脸识别的发展和运用，实质上无异于自绝于新兴科技的技术红利和人类生活对生存发展品质的更高追求，毕竟效率和便捷也是不容回避的重要法律价值和人类发展追求之一。并不存在绝对有利无弊之物，信息、数据的海量增长和身份核验、公共利益、社会公众安全、个人利益保护的多重利益纠葛和反复博弈，必然导致只能选择一个衡平各方利益的妥协方案，而且信息、数据并非纯粹静态存置即可发挥其对公民个人和社会的最大化利益与最优价值。事实上，自由流动和综合化、最优化利用也是亟待挖掘和实现的利益诉求和价值追求，因而在场景化、动态化的视域下更需要给人脸识别留下必要的发展空间，这是人脸这一对象的特殊之处所内在需要的，更是在技术不断发展完善的现实背景下加强和完善法律监管所要求的，从而逐步建立和完善对人脸识别的全法域、全视域、全流程的立体、动态、科学、合理规制的综合体系。

三　人脸识别的问题审视与法律应对

人脸识别的迅速发展和大范围普及应用，引起了人们的不少质疑和担忧，其中不乏对其所具有的风险的前瞻性认识，引发了一系列值得关注的现实问题和需要深思的理论问题。从目前的人脸识别使用实践来看，可以对人脸识别的社会风险进行全景扫描。社会各界之所以对人脸识别存在争议和分歧，根本原因在于人脸识别可能存在的不确定性、不安全性和潜在甚至现实的社会风险，特别是对于高度重视公民个人信息安全和隐私保密这一信息化时代、网络化环境最高要求的现代法治社会而言，法律规制的必要性和重要性更加凸显。因而，有必要系统、全面、深入地扫描人脸识别可能存在的法律风险点，逐一进行个人信息安全保护视域下的检视和剖析，并构建和完善相应的法律规则体系以形成合法、妥当的解决路径。

（一）人脸识别的问题审视

从人脸识别的全过程、全环节来看，潜在的甚至现实的法律风险不容忽视，其已在国内外出现的各种事件中初现端倪。从人脸的法权定位到前置法保护体系的局限性，再到刑事法治规制的衔接与补足，人脸识别在生活中的广泛应用带来的一系列法律问题值得关注和思考，公共场域下的人脸识别在搜集个人信息、维护公共安全、打击犯罪与侵犯公民个人隐私、保障人权之间存在一些冲突和矛盾。人脸识别是一种主动的、积极的、未经同意的采集公民个人信息的行为，其合法性和正当性存疑。公民在被动的、未知的甚至是未经同意的情形下，个人信息被采集和存储、散播，即使是在维护公共安全、加强社会治理、完善智慧社会建设的背景和目的追求下，也依然存在被泄露、侵犯的威胁和危险。因而，有必要认真审视这一技术推广使用的限度和尺度，其介入社会公共生活的范围和领域必须得到规制，从而使得其伴生的法律风险可控化，对此，法律必须采取相应的措施，刑事法领域作为社会保护的第二道最强有力的防线和最后一道屏障，同样必须有所作为。

从法律专业视角审视人脸识别，目前在立法、司法适用、法学理论研究等方面也暴露出一些问题。在立法上，针对包括人脸在内的生物识别信息滥用行为，由于行政前置法一直处于长期缺位的状态，刑法不得不冲锋在前，这也引发了刑法扩张和有违谦抑的理论争议。随着《数据安全法》和《个人信息保护法》等相关法律法规于 2021 年相继颁行生效，行政前置法得以补位，法律规范供给侧缺位状态得以缓解，但是刑法既有规定的规制和应对却显不足，并在已有罪名的选择适用上呈现明显、集中的偏向性。对于强有力威慑的后置法和社会最后一道保护防线刑法而言，全面深入考察既有法学理论研究，可以发现存在以下特点和样态。一是既有研究集中于从宏观、整体层面出发分析侵犯公民个人信息罪的构成要件和立案追诉标准，但对其中最为特殊的生物识别信息关注不够，未能充分、深入地关注到其所具有的有别于其他公民个人信息的特殊性质，存在混同化、等质化问题。与此同时，针对普通个人信息得出的一般性研究结论的普适性存在疑问，简单复制应用于生物识别信息不妥，需要进一步精细化研究。此外，目前刑事立法规制滥用生物识别信息的主要选择罪名是单一化的侵犯公民个人信息罪，对于新型滥用行为的归纳、总结和类型化提炼未能与时俱进，刑法规制仍显不足。二是既有研究在界定公民个人信息范围和类型方面过度跟随现存立法和司法解释，经常摇摆，对生物识别信息存在范围不清、界限不明以及法益定位静态化、简单化问题，使得关联行为的行政违法与刑事司法界限模糊，亟待厘清。对于不同类型的生物识别信息统一评价，类型化区分程度不高。个人信息、个人隐私、个人数据、敏感信息等没有深入把握本质差异，亦未做分层、梯度评价，尚需深化。三是既有研究对于生物识别信息的法律属性认定存在争议和分歧，且主要侧重"信息"属性评价，忽视其所具有的"数据"特性，对其"隐私性"重视不够，司法实务中对于侵害生物识别信息的数据和隐私特性涉罪罪名适用则极少甚至缺乏，使得司法规制方向单一，规制尺度和范围较为局限，存在评价不足、保护不够等问题。因而，需要立体考察和类型化分析生物识别信息隐私、信息、数据"三性合一"情形下法益指向与涉罪罪名选择。在此基础上，行政前置法与刑法后置法在认定和保护生物识别信息的法益定位方面存在偏差和分歧，在采取违法一元论与违法多元论、保护统一性与保护独立性方面存在差异，尚需深入研究以确立合理的立场选择。四是既有研究对于生物识别信息的研究视角和语境主要集中于线下物理空间评价，忽视日益普及、广泛传播的信息网络虚拟空间的特殊性。由此，既有研究对于生物识别信息的刑法保护法益定位更侧重公民人身权保护，忽视财产权、信息权等其他法益保护，更未触及个人信息数据权的本质内涵和大数据背景下的大数据权益。五是既有研究对于生物识别信息的法律保护偏向于民法、行政法等前置法保护体系构建，对其进行的刑法保护有限，呈现"刑先行后"的态势，且主要集中于静态入罪评价，动态评价和分析欠缺。既有研究对于生物识别信息集中于末端的事后刑法规制，但是对刑法与前置法的衔接、协调体系研究存在薄弱环节，如何在民法、行政前置法建构的体系基础上实现刑法规制与前置法规制的衔接与协调并明确二者的处罚界限等问题，仍然有待进一步观察、思考和展开深入、细致的分析。从未来规制的长远规划来看，尚需统筹和构建生物识别信息的法律保护系统论，特别是要协调和发挥民法、行政法、刑法三大实体法和对应的程序衔接体制机制，建立健全国内、区际、国际等多边全覆盖的统一、流动、互通的内外保护体系。

（二）人脸识别的法律应对

针对人脸识别存在的法律风险和相关问题，要全面、深入、具体地审查人脸识别在各个环节的法律风险并做好防范、化解，构建人脸识别合法性、必要性、正当性的基本标准、基本原则等评价体系，对此，结合目前我国对于公民个人信息保护确立的一般原则特别是《个人信息保护法》的立法规定和司法实务经验，笔者认为人脸识别应用合法合理的判断必须坚持五大基本原则：可替代原则、知情同意原则、主体适格原则、目的正当原则、合比例原则。同时细化配套措施和可操作性机制，从实际操作层面强化和落实人脸识别的及时、有效、动态监管，以促使其在合法合理的轨道上发展完善。

第一，可替代原则，或曰必要性原则，即审查人脸识别运用是否具备充足必要性。可替代原则作为第一个需要审查的基本原则与标准，实质上考察的是人脸识别运用的必要性是否充足、充分的问题。人脸识别在使用中涉及巨大体量的收集、储存、使用、比对人脸数据信息，大力提倡人脸识别甚至大力推广人脸识别实际上主要是追求效率，然而效率并非人类追求的唯一目标与价值，安全可靠从来就没有被人类和立法者忽视、遗忘，在必要的情况下，效率需要让位于安全。故而，审查人脸识别的第一步是必须判断开展使用人脸识别是否具有必要性，如果在可以通过其他手段方法如身份证件与本人相貌现场比对，且并未明显损害效率的情形下，予以替代则不满足必要性要求，不得使用；如不能通过其他手段方法予以替代，存在使用人脸识别的唯一性或近乎绝对性需求，则满足必要性要求，可以在法定限度内使用。据此，针对一些使用人脸识别无甚必要或无充足必要性的应用场景，如单纯的门禁查验、校园课堂出勤率考勤、非高强度唯一性人脸识别需求的公园、影剧院以及出租车、公交车、地铁等交通工具，则应反对、禁止人脸识别的使用，通过采用其他具有较高效率、风险低的技术识别手段予以解决。对于满足必要性要求，允许使用人脸识别的应用场景，则需要进行下一条件的检视。如此，则可在较大程度上限制人脸识别的应用场景与使用范围。与此同时，对于不同意人脸识别的选择，相关机构部门等主体或者服务提供方应当给予其他选择的渠道和途径，不得变相要求不同意人脸识别则不得使用相关产品或者享受相关服务，否则应当承担相应的法律责任。

第二，知情同意原则，这是合法原则的题中之义。任何人地人脸信息和数据之采集、保管存储、提供使用等所有关联行为必须在权利人明确知晓的前提下，获得权利人的同意或授权。这种同意可以根据不同情形分为三大类：明示同意、默示同意、推定同意。知情意味着权利人对于人脸采集、存储、使用等存在明确的、准确的认识，知晓涉人脸识别相关行为的存在和意义，同意意味着权利人在知情的前提下，对涉人脸识别相关行为的主观态度和相应的外在的法律意义上的意思表示。明示同意是最为普遍、最为常见的同意情形，比较容易把握和判断，但在人脸识别领域，笔者认为鉴于同意对象的特殊性和敏感性，应当排除单纯的口头同意，而应采取书面同意。默示同意，则是基于权利人明示同意做出的意思表示范围宽泛、不够具体，存在概括同意或授权，从而认定其在某些情形下获得权利人同意，但基于人脸信息数据的敏感性、特殊性与极端重要性，对此应当做出必要的限制。笔者认为以下情形可以考虑排除默示同意：一是权利人的相对方采用格式条款等类似性质的协议或规定的，不得认可权利人默示同意；二是权利人相对方未采用简洁明确、通俗易懂、明显高亮等合法合理妥当的方式告知权利人同意的后果，或者极有可能导致权利人产生误解、做出错误表示的；三是默示同意明显与权利人相关操作、行为或意图实现的目的不符或不相当的；四是明显或较大程度上导致权利人利益减损或造成明显不利于自己的选择及其后果的；五是其他可能造成权利人不利处境或者对社会公共利益造成重大不利的。推定同意，有的认为也属于广义上的默示同意范畴，虽然二者存在共同之处，即都未获得权利人明示同意，但二者也存在一些差异，笔者认为二者不能等同。推定同意是一种典型的事后同意，可能根本不存在明示同意的前提或者授权允诺，也无从依据明示同意范围进行扩张解释而认定为默示同意，而是在满足特殊情形或者紧急事态要求的条件下，来不及取得权利人同意或者存在重大障碍等不利因素，例外地认可权利人的同意或允诺，但如果推定同意的效果有利于最大限度地保障权利人利益，亦应予以认可。如权利人遭遇重大自然灾害或处于重病状态，亟须取得权利人同意以规避潜在甚至现实的人脸滥用或重大违法犯罪行为，可采取推定同意，以使相关行为合法化或阻却犯罪，从而消解公共利益与私人利益之间的明显冲突与重大失衡，实现二者的协调与平衡。总的来说，应当明确以明示同意且书面同意为原则，一般不得认可默示同意，审慎允许推定同意。当然，需要注意的一点是，知情同意原则只是解决了个人信息处理行为合法与否的问题，而非意味着发生侵害个人信息权益的违法行为时，处理者可以据此免予承担任何法律责任，更不能以告知同意规则的履行来排除其他个人信息保护规则的适用。① 从法律性质来看，知情同意可以作为违法阻却事由成为免除行政违法行为的行政责任和犯罪行为的刑事责任的重要理由，但并非一劳永逸，仍然有可能承担民事等法律责任。

第三，主体适格原则，实际上这也是合法原则的重要内涵与体现。这意味着在进行人脸收集、存储、使用、识别的全过程，必须由合法授权或法律允许的主体实施，不得超越法定授权或允许主体范围，任意扩大人脸识别全过程涉及的实施主体。除了形式上考察和判断相关涉人脸识别主体是否合法合规，还需要对转委托、转授权等持严格保留立场，与此同时，考察人脸收集、存储、使用、识别全过程相关涉事主体的资格与能力，如人脸收集、保管、存储、使用公司企业的主体资格形式上是否充足的资质合法性要求，实质上是否具备相当程度的收集能力、技术处理水平与安保能力、风险预防机制等。

第四，目的正当原则，其中也体现着合法使用的内在要求。在人脸识别运作的全过程中，我们必须关注和重视人脸收集、存储、使用、识别全过程相关行为人和组织的主观意图。在满足人脸识别必要性场合和符合主

---

① 程啸：《个人信息保护法理解与适用》，中国法制出版社，2021，第 123 页。

体适格原则的前提下，所有涉人脸识别行为必须契合目的正当原则要求。

第五，合比例原则，又称比例原则。在满足前三项原则的前提下，并不必然采用人脸识别，还需要进行合比例原则的检验。比例原则作为限制公权力滥用的一项重要准则，在公法理论上甚至被誉为宪法意义上的基本原则，其地位不言而喻，这对于检验人脸识别同样具有重要的现实参考意义。比例原则实际上关注和强调的是行为在实施过程中追求手段适当性与目的正当性之间的协调与平衡，防止过度强调目的正当性导致手段适当性失衡，或者过度强调手段适当性而偏离目的正当性设定。究其本质，笔者认为这是一种法益衡量的思想体现。过度强调手段或过度强调目的实际上都代表和体现着各自背后潜藏的法益，正是因为二者不可能时时、事事保持一致，故而需要运用比例原则作为调节二者冲突和矛盾的"度量衡"和"标度尺"。在人脸识别运作全过程，同样可能存在使用手段与追求目的之间的不一致不协调现象，此时比例原则强调不能用过度的手段追求所谓的正当目的，同样不能允许使用妥当的手段但无法契合或达到正当目的要求，手段与目的必须保持必要的制衡关系，这同样适用于人脸识别运作全过程。在一些追求正当目的如效率的场合，人脸识别的公共运用场合特别是城市地铁、机场、大型群众性活动聚集场所等，毫无疑问属于重要场合，从理论上和实际需求来看，似乎都可以认为已经达到充足可替代原则要求，但此时产生了高效与安全、公民个人隐私权益与公共安全秩序之间的隐性冲突，如果采取人脸识别就等于认可绝对的效率取向超越了安全、公民个人合法的隐私权益应当让位于公共安全秩序，这难以为比例原则所认可和接受。诚然，此等情境已经在相当程度上满足了可替代原则、主体适格原则、目的正当原则要求，但是在所采取的手段与所欲实现的目标上已经突破了比例原则的要求，其中的冲突法益可能不适合或者难以进行绝对的优劣判断，这在根本上也就难以契合比例原则对于手段与目的之间协调"度"的要求，是无法得到肯认的。从实证的角度来看，上述情境中的身份核验是否完全不能通过其他技术手段予以实现也是大可怀疑的，这将直接否定可替代原则的要求，退一步讲，即使认可满足可替代原则、知情同意原则等前置原则要求，但认为人脸识别的效率一律超越其他技术检测手段，实际上也难以证实，遑论采用人脸识别的技术手段与所欲实现的高效目标保持了适当的均衡制约"度"，这恐怕难以契合比例原则的内在要求，因而难以获得支持。

在风险社会，需要对新技术带来的风险与收益进行衡量。新技术和与其相伴而生的制度所带来的风险是一种"人造风险"，它们有可能会超越自然风险而成为风险社会的主要内容。[①] 在对某些行为进行规制时，也可以通过立法的形式对不同主体的相关风险、成本和收益进行衡量从而制定出更为合理的规则。[②] 前已述及对于人脸识别技术的开放态度，笔者认为应根据优越利益原则来判断，而不能采用无差别开放或者一律禁止这样的"一刀切"做法。优越利益原则或曰利益衡量原则，易言之就是对不同法益进行比较、权衡以做出更妥当的选择，当两种法益发生冲突时应选择维护具有更高位阶的法益并做好二者的协调与平衡。人脸识别技术的运用无外乎涉及两种利益，即个人利益和公共利益。"一刀切"的做法都是片面地偏重某一方面，我国基于隐私保护不可能完全开放人脸识别，同时出于法经济学的考虑不会做出全面禁止的决定。因此，有限开放才是人脸识别技术的正确路径。针对人脸识别技术的有限开放，目前国内外实践中存在两种模式，一是禁止向政府开放，同时有限开放非政府主体对人脸技术的使用，二是两者皆为有限开放。例如，美国的旧金山市于 2019 年 5 月决定禁止该市的所有政府部门使用人脸识别技术，而欧盟则对政府与非政府主体采取统一立法，赋予被收集者信息自决权，同时限制对技术的滥用。笔者认为应采取第二种模式，对两者皆有限开放。同时也应区分公私部门配置不同的规制重心，对政府部门使用人脸识别技术应以事前事中规制为主，对非政府部

---

① 参见范如国《"全球风险社会"治理：复杂性范式与中国参与》，载《中国社会科学》2017年第 2 期。

② 参见张新宝《从隐私到个人信息：利益再衡量的理论与制度安排》，载《中国法学》2015年第 3 期。

门使用人脸识别技术应以事中事后规制为主。[①]

其一，对于商场、超市、公司企业等非政府主体，人脸识别技术的运用应仅仅限定在支付领域。有些商场，通过与人脸识别公司合作，安装人脸识别抓拍机，对性别、年龄、消费能力等做出预测，以便精准营销。然而，对于采集到的人脸信息，民众根本无法监督其储存和使用，这就给个人信息的泄露埋下了隐患。单纯的商业财产利益无法与公民所享有的人脸信息利益相比，同时，未经个人同意就私自采集人脸信息，侵犯了公民的知情同意权。此外，商场还会辩称人脸识别系统可以用于防盗，但是盗窃只是极少数，没有必要冒着暴露人脸信息的风险来进行控制，且人脸识别并不是应对盗窃唯一的方法。综上所述，商业主体并没有收集人脸信息的权利，一切未经个人同意的做法都是没有法律依据的，商业主体要合法收集人脸信息必须经过个人的同意。而刷脸支付并不关涉采集人脸信息的问题，收集到的人脸信息会传输到收单机构服务器和数据库，通过"1∶N"验证模式进行识别。在这种情况下，处理人脸信息的是银行、支付宝、微信等主体，而这些主体收集人脸信息，是为了交易的安全和个人财产的保护，征得或推定征得了信息主体的同意，是合法的。

其二，对于各项 App，人脸识别技术的开放应限定在公共安全与支付安全相关的身份认定上。例如，疫情下各个地区的核酸码、携程出行与公共安全相关，可以使用人脸识别技术。又如微信、支付宝等具有支付功能的 App，人脸识别便是验证身份的重要途径，可以有效防止盗刷的发生。除此之外，不应过度收集人脸信息，例如 ZAO 软件，以 PS 为名大量收集人脸信息，便是超出了必要性。

其三，对于银行，笔者认为可以使用人脸识别技术。自助终端可以办理开卡、变更密码等多种业务，涉及个人的支付问题，人脸识别用于身份验证可以有效保护个人的财产安全。同理，线上业务、柜面系统、VIP 客户识别等也涉及身份确认问题，保障了财产安全，笔者猜测这种场景的人脸

---

① 邢会强：《人脸识别的法律规制》，载《比较法研究》2020 年第 5 期。

识别具有较高的可接受性。

其四，对于小区、学校、医院，笔者认为不应使用人脸识别技术。一方面，对于小区和学校，若要推行人脸识别系统，必定会涉及收集和管理的问题，而小区和学校对于信息入侵的防御能力值得质疑。而且，人脸识别技术使用的必要性遭到质疑，笔者认为，与其在大学的门禁处安装人脸识别系统，还不如在取外卖处设置一个摄像头。此外，笔者认为小区、学校不应贸然推进人脸识别系统的使用，因为系统的购入、管理、运行和养护都需要金钱，一旦使用，管理者会尽可能做到全面推进。若大部分人都配合信息收集，剩下的小部分人即使不同意，也不得不与大家保持一致，这就无形地侵犯了少数人的权利。另一方面，基于场所的特殊性，医院存在大量的病人隐私，这是个人极为私密的领域，更加不适用人脸识别技术。

其五，对于政府对人脸识别技术的使用，美国的一家民间组织提出了特别许可使用制度，政府在获得法院许可的情形下，可以使用人脸识别信息。笔者认为，一方面，我国政府使用人脸识别技术并不需要法院同意，一是没有这种惯例，二是会增加法院的工作量，三是会降低公安机关的工作效率。另一方面，即使程序上确定了特许制度，我国政府与法院的联系还是过于密切，监督力度不足。笔者认为，涉及人脸识别技术的使用，应尽可能发挥民意的作用，例如举行听证，让民众共同决定。同时，还要区分不同的部门以及不同级别的机关，相对应地颁布法律、法规、规章等来限制对人脸识别技术的使用。

与此同时，在坚持上述原则的基础上，还需要进一步细化各项举措以使其具有可操作性和实效性，笔者认为可以考虑逐步细化和完善以下操作执行机制和细则。

一是逐步建立和区分生物识别信息等敏感个人信息与其他普通个人信息的分层保护，这可以体现在各部门法的处罚上，特别是在刑法相关罪名立案追诉标准和法定刑升格方面起到必要的指引和制约协调作用，总体而言应当降低针对人脸信息等敏感个人信息入罪的门槛，即在立案追诉标准方面，相较于其他普通个人信息在数量、危害程度、影响方面要降低要求，在法定刑具体量刑方面，同等情形下要保持与针对其他普通个人信息犯罪处罚的适度升格和从重处罚，从而凸显对于包括人脸在内的敏感个人信息的特别保护。

二是对生物识别信息的法律定位、属性与对应的权利性质不应局限于传统理论范畴，更不能拘泥于静态的信息领域，而应当围绕数据、信息、隐私等多个不同角度和维度开展综合评价，这一点在国外已有体现。例如，美国《加州消费者隐私法》（CCPA）将人脸定位于个人隐私，伊利诺伊州《生物信息隐私法案》（BIPA）则将其置于个人信息范畴，欧盟《通用数据保护法规》（GDPR）将其纳入个人数据范围。从规范与学理角度看，包括人脸信息在内的个人信息与隐私权之间存在交叠关系。对人脸信息的收集和使用既有可能侵害到公民的隐私权，也有可能泄露公民的个人信息。① 从静态的信息与流动的数据关系看，事实上，个人信息具有双重属性：个体属性与公共流通属性。简单地强调个人信息的某一种属性均不足以阐述个人信息的本质特征，也不足以为个人信息保护搭建合理的法律框架。② 笔者认为我们应当明确生物识别信息特别是人脸的复合性特质，即信息、数据、隐私"三合一"的三重法律属性，以此指导相关法律规范的理解和适用，坚持具体问题具体分析，从动态而非静态视角来观察和评价人脸的法权属性，给予合法合理的认定。当人脸识别技术具体应用中，人脸是以不同形态或者对象呈现时，应当分别将其认定为信息、数据、隐私，从而结合刑法中对应的罪名予以规制相应行为，避免陷入侵犯公民个人信息罪"一家独大"从而窄化人脸的对象范畴而难以为其他刑法罪名保护的尴尬境地。

三是对应人脸"三合一"属性，我们应当在司法实践中运用场域理论，动态化、场景化判断涉案人脸的法权属性并具体分析其定性，从而合理处置不同案件和情形，以实现动态与静态相结合的人脸识别规制。从个人信

---

① 郭春镇：《数字人权时代人脸识别技术应用的治理》，载《现代法学》2020 年第 4 期。
② 丁晓东：《个人信息的双重属性与行为主义规制》，载《法学家》2020 年第 1 期。

息的基本属性出发，个人信息保护应当采取基于场景的行为主义规制。[①] 依据个人数据在不同场景中所涉权益的性质，我国刑法对个人数据的保护共有四种模式，即经济秩序保护模式、人格权保护模式、物权保护模式与公共秩序保护模式。[②] 各种模式皆有优劣，需要在不同场景下，结合人脸的"三合一"属性予以具体判断，从而选择更为妥适的刑法适用路径和具体罪名。

四是针对人脸识别不当使用产生的法律责任，可以考虑建立针对违法行为人的强制先行赔付机制、举证责任倒置机制和惩罚性赔偿（处罚）机制，以最大限度地保护权利人或者被害人的利益，并产生强大威慑力和预防效应。一旦发生人脸识别违法使用事实，不必考虑被害人是否受到实际损害或者损害难以具体化、明确化的情形，政府相关管理部门、消费者协会和其他被授权主体有权要求行为人先行高额赔付于被害人产生的损失，可以借鉴《食品安全法》的十倍赔偿标准。同时在诉讼机制上，针对使用人脸识别技术的公司企业等使用方或者行为方主体，由其承担举证责任以证立其采用人脸识别符合上述五个原则的证明责任分配机制。此外，还需辅以惩罚性而非填补性的处罚机制，从而强化和压实人脸识别使用方的监管责任和保护义务，多措并举、发挥合力以维护权利人合法利益。

---

① 丁晓东：《个人信息的双重属性与行为主义规制》，载《法学家》2020 年第 1 期。
② 劳东燕：《个人数据的刑法保护模式》，载《比较法研究》2020 年第 5 期。

当事人任意创设互联网管辖连接点的司法审查[*]

——基于 1686 个案例的分析

欧 丹 麦晓彤[**]

【摘 要】当事人任意创设互联网管辖连接点直接表现为滥用互联网连接点规避依法具有管辖权法院的管辖。任意创设管辖连接点的主要形态有制造收货地管辖连接点、滥用协议管辖连接点以及虚列共同被告和第三人。法院在审查收货地作为合同履行地过程中引入实际联系点标准，能遏制当事人利用制造收货地创设互联网管辖连接点的情形。依赖后置依职权审查容易造成管辖审查结构失衡，管辖协议审查采取宽松的标准甚至鼓励的态度并不妥当，管辖异议的审查仅停留在纠纷的外观而不予审查案件实体纠纷无益于对抗任意创设行为。针对当事人任意创设互联网管辖连接点行为，应当强化立案阶段审查管辖事项，执行严格的起诉准入门槛。针对管辖协议的审查，法院应当从"形式审查"转向"实质审查"。针对虚列共同被告和第三人的审查，法院管辖异议审查应转向以开庭为主的实质性审查。

【关 键 词】创设管辖连接点；网络交易合同；协议管辖；司法审查

近年来，当事人任意创设互联网管辖连接点的新型诉讼不诚信行为时

---

　* 本文系 2021 年度广东省教育科学规划课题（项目编号：2021GXJK006）的阶段性成果。
** 欧丹，广东财经大学法学院、法治与经济发展研究所研究人员，华东政法大学博士后；麦晓彤，广东财经大学法学院硕士研究生。

有发生。它直接表现为当事人通过隐瞒或者利用双方当事人信息不对称创设不当的互联网管辖依据从而规避具有管辖权法院的管辖。任意创设行为利用不当管辖依据隐瞒或者欺骗受诉法院，冲击民事诉讼诚信原则和诉讼"两便原则"的贯彻运行。不仅如此，任意创设互联网管辖连接点的行为还会侵害诉讼相对方的程序权利。为此，本文拟讨论针对当事人任意创设互联网管辖连接点不诚信诉讼行为司法审查的局限与应对。

一　任意创设互联网管辖连接点的主要形态

在司法实践中，当事人任意创设互联网管辖连接点行为的形式多样。为深入了解其特征，我们有必要通过梳理司法案例进行类型化分析。为此，我们以"创设管辖连接点"为关键词在威科先行法律数据库中进行检索，共检索出 240 份民事裁定书。[①] 从案件类型来看，"任意创设互联网管辖连接点"案件类型主要是网络购物合同纠纷，少数是其他合同纠纷与侵犯知识产权纠纷。[②] 根据筛选，样本中共有 221 件涉"创设互联网管辖连接点"的案件，占全部样本的 92.1%。[③] 从样本数据来看，当事人任意创设互联网管辖连接点的主要形态有制造收货地管辖连接点、滥用协议管辖连接点、虚列共同被告和第三人。

（一）制造收货地管辖连接点

制造收货地管辖连接点是当事人利用规则任意创设互联网管辖连接点

---

① 参见威科先行法律信息库，https://law.wkinfo.com.cn/judgment-documents/list，最后访问日期：2021 年 12 月 31 日。

② 根据统计，240 件案件中网络购物合同纠纷为 203 件，其他合同纠纷包括借贷合同纠纷、信息网络侵权纠纷、一般购物合同纠纷等共计 17 件，侵犯知识产权纠纷为 8 件，不正当竞争案件为 2 件。

③ 本文仅选取涉及互联网连接点纠纷案例，仅选取民事裁定书，在同一案件公开裁定书中仅选取管辖异议终审裁定。221 件涉及"创设互联网管辖连接点"的案件中网络购物合同纠纷共 203 件，其他合同纠纷包括借贷合同纠纷、信息网络侵权纠纷、一般购物合同纠纷等共计 17 件，侵犯知识产权纠纷为 0 件，不正当竞争案件为 1 件。

的最主要形式之一。从数量上来看，当事人通过制造收货地任意创设连接点行为在网络购物合同纠纷中也较为常见。我国民事诉讼法司法解释对合同履行地的确定方法采用了"三分法"：通过信息网络交付的标的，买受人住所地为合同履行地；通过其他方式交付的标的，收货地为合同履行地；合同对履行地有约定的，从约定。① 在合同履行地存在约定的案件中，管辖地的确定并不存在适用困难的情形。如果协议未明确合同履行地，买受人住所地、收货地、被告所在地都有管辖权。由于我国立法及司法解释都明确规定收货地可以直接作为合同履行地，当事人可以通过制造一个与合同履行或当事人实际生活无任何联系的地点作为收货地进而制造案件的管辖连接点。实践中，实务界与理论界在"收货地为合同履行地"问题上存在一定争论。② 为此，部分当事人往往通过制造收货地管辖连接点选择对己方有利的法院进行诉讼。

（二）滥用协议管辖连接点

随着当事人协议管辖范围的扩张，部分当事人滥用协议管辖连接点任意创造缺乏实际联系的地点，企图控制纠纷管辖选择权的情形时有发生。一般而言，协议制定方为创设连接点主体，任意创制行为往往发生于诉前阶段。我国立法允许当事人事前约定合同履行地，但立法要求采用协议履行地管辖的前提是合同必须真实履行。合同实体权利义务的履行地应当与诉讼程序上确定管辖的法院地保持一致。然而，立法及司法解释未明确规定合同签订地、标的物所在地等地理位置同样可以适用事前约定。毕竟，当事人约定的合同签订地及标的物所在地可能与实际发生的地理位置并不

---

① 参见《最高人民法院关于适用〈中华人民共和国民事诉讼法〉的解释》（以下简称《民事诉讼法解释》）第 20 条。如无特别说明，本文所称《民事诉讼法解释》皆为 2022 年 4 月 10 日修正之后的《民事诉讼法解释》。

② 参见毕文轩《网购收货地侵权管辖地之理论证成》，载《北京理工大学学报》（社会科学版）2020 年第 4 期。另外，最高人民法院在某空调公司与某电器公司、某贸易公司专利侵权纠纷管辖权异议案中确立了"专利法上的销售行为地通常不包括网络购买方可以随意选择的网络购物收货地"。参见最高人民法院（2018）最高法民辖终 93 号民事裁定书。

一致，这可能造成对方当事人诉讼不便利。实践中，网络服务运营商往往利用特有的专业优势预先拟定包含协议管辖条款的用户协议。这样用户要么概括接受要么拒绝，进而导致用户作为合同相对方的磋商自由受到限制。[①] 从形式上来看，通过用户协议指定与己方注册、经营地或者形式上实际联系的合同签订地作为管辖地，网络服务运营商存在滥用优势地位任意创设互联网管辖连接点之嫌。

（三）虚列共同被告和第三人

虚列共同被告和第三人是当事人任意创设互联网连接点的另一种重要形式。任意创制行为集中发生于诉中阶段。在线下交易中，法律关系形成之初交易主体就已互相开示相关信息，诉讼发生时当事人的信息是可得且确定的。在线上交易中，法律关系形成离不开网络交易平台的数据供给。与线下交易不同，线上交易往往涉及多方参与主体。我国《电子商务法》第 38 条明确规定，知道或者应当知道平台内经营者销售的商品或服务不符合要求或有其他侵权行为，电子商务平台须承担连带责任；对平台内经营者资质未尽到审核义务或对消费者未尽到安全保障义务，造成消费者损害的，平台须承担连带责任。[②] 实践中，电子商务平台会因监管责任、注意义务履行不当等被牵连进涉案纠纷当中。由于涉案当事人数量的增加，案件适用的管辖连接点范围也会相应扩大。为此，部分当事人会通过虚列共同当事人创设管辖依据，挑选受诉法院。

二 任意创设互联网管辖连接点审查的司法实践

根据样本，法院处理当事人任意创设互联网管辖连接点中以规制当事人滥用合同履行地为主。

---

① 参见林旭霞《论网络运营商与用户之间协议的法律规制》，载《法律科学》2012 年第 5 期。
② 另外，《消费者权益保护法》第 44 条同样规定了类似的平台责任。

（一） 以处理滥用合同履行地为主要对象

制造收货地管辖连接点是当事人利用规则任意创设互联网管辖连接点的最主要形式之一，他们主要通过另设收货地制造新的合同履行地。样本中网络购物合同纠纷占绝大多数，共计 203 件，其他合同纠纷共计 17 件，涉及合同的案件共计 220 件。从数量上来看，当事人通过制造收货地任意创设连接点行为在网络购物合同纠纷中最为常见。如表 1 所示，样本案件中法院认定当事人行为构成"任意创设管辖连接点"的比例为 95.0%，网络购物合同纠纷中当事人行为构成比例为 98.0%。为避免不同法院裁定书用语差异导致统计误差，我们又以"网络购物合同纠纷""收货地为合同履行地""制造连接点"为关键词进行检索，得到相关案件共 193 件，法院认定当事人行为构成任意创设管辖连接点行为的共计 188 件，认定构成"任意创设管辖连接点"的案件占 97.4%。① 从数据上来看，前后两个不同统计口径所得的情况基本一致。可见，法院以处理滥用合同履行地为主要对象。

表 1 法院认定当事人行为构成"任意创设管辖连接点"情况

单位：件，%

类型	总数	构成	构成占比	不构成	不构成占比
网络购物合同纠纷	203	199	98.0	4	2.0
其他合同纠纷、侵权纠纷	17	11	64.7	6	35.3
不正当竞争纠纷	1	0	0.0	1	100.0
总计	221	210	95.0	11	5.0

（二） 收货地管辖连接点的处理分歧

在裁判结果上，法院在处理创设管辖连接点争议过程中认定不构成创设行为的情形并不多。但是，法院在处理创设管辖连接点争议过程中对同

---

① 其中，193 件检索案例全部发生于 2019～2021 年。参见威科先行法律信息库，https://law.wkinfo.com.cn/judgment-documents/list，最后访问日期：2021 年 12 月 31 日。

种诉讼事由也存在做出不一致裁判的情形。具体而言，针对同一当事人向同一法院提出多件案件起诉的情形，多数法院都认为当事人构成任意创设连接点行为，否定其主张收货地作为合同履行地的管辖依据。有个别法院则采取相反的裁判思路。例如，在孙某某与某贸易公司、某饮品公司网络购物合同纠纷案件中，一审法院审查证据材料后认定原告孙某某以与本人生活、工作、居住并不存在密切关系的江阴市华士镇作为网络购物合同收货地，并以此作为合同履行地进行起诉是任意创设无关连接点博取诉讼利益的行为，裁定移送被告所在地法院管辖。二审法院却又仅以《民事诉讼法解释》规定的"收货地为合同履行地"为由推翻一审法院查明的收货地联系不足的论证，转而认可原告的主张，否认原告创设连接点行为，从而撤销一审裁定。① 根据统计，法院否认收货地作为合同履行地的依据与承认该连接点的案例比例为 1∶1.4。② 在司法实践中，法院对收货地是否具有管辖权的处理方式缺乏统一的标准。

（三）收货地实际联系标准逐渐形成

实践中，收货地管辖连接点的确认采用实际联系标准已逐渐形成。从内容上来看，样本中法院通常都援引"从民事诉讼管辖的两便原则出发，收货地应理解为与原告居住、工作生活等有密切联系的地址"作为说理依据。如表 2 所示，在网络购物合同纠纷中，法院认定构成创设行为的裁判理由大致有五种情形。原告未举证证明收货地与工作生活具有实际联系的证据是法院认定构成创设行为的主要原因。如果原告履行举证的义务，则法

---

① 参见孙某某与某贸易公司、某饮品公司网络购物合同纠纷案（2020）苏 02 民辖终 201 号裁定书。

② 为了解法院"网络购物合同收货地"的态度，我们再次以"网络购物合同""邮寄""收货地"为关键词在威科先行法律数据库中进行检索，共检索到 732 件案件。其中，法院认定原告构成任意制造互联网连接点的案件共计 193 件。法院直接表明收货地作为合同履行地，合同履行地法院具有管辖权案件数量为 176 件。通过否认管辖协议效力而认定原告选择收货地作为合同履行地管辖依据的案件为 90 件。认定原告选择收货地具有管辖权的案件共计 266 件。为此，否定收货地与肯定收货地的比例为 1∶1.4。

院会因证据无法达到证明有实际联系的程度或者收货地与原告经常居住地不一致否认原告的起诉管辖依据。此外，原告因出差、旅游等的短暂外住行为同样也不构成与居住、生活或者工作有实际联系的管辖依据。可见，法院在审查收货地作为履行地过程中已经引入实际联系标准。正因如此，当事人利用制造收货地创设互联网管辖连接点的情形得到一定遏制。①

表2　网络购物合同创设连接点行为裁判理由

单位：件，%

裁判理由	数量	占比
原告未举证证明收货地与工作生活具有实际联系的证据	122	61.3
法院无法确认原告所举证明收货地与工作生活具有实际联系的证据的真实性	8	4.0
法院否认原告短暂外住（因出差、旅游等）的收货地为合同履行地	9	4.5
法院认定当事人之间管辖协议效力，否认收货地法院的管辖依据	2	1.0
原告经常居住地与收货地不一致（未在收货地居住满一年以上）	58	29.1
总数	199	100.0

三　任意创设互联网管辖连接点审查缺乏有效标准

如前所述，当事人任意创设互联网管辖连接点的主要形态不仅包括制造收货地管辖连接点，还包括滥用协议管辖连接点与虚列共同被告和第三人两种情形。实践中，法院不仅在审查收货地管辖连接点过程中缺乏统一标准，在管辖协议有效性以及虚列共同被告和第三人等方面也缺乏有效标准。

（一）任意创设行为依职权审查标准不明

如表3所示，法院对管辖依据的审查阶段大致分布在受理阶段、答辩阶

---

① 样本中，2019～2021年涉嫌"任意创设连接点"的案件分别为135件、83件、14件。可见，网络合同纠纷诉讼中涉嫌"任意创设连接点"的案件呈现下降的趋势。

段以及庭审阶段。这主要是因为"我国管辖权的审查程序采立案庭前置职权主动审查为主，业务庭基于管辖权异议后置被动审查为辅的双重构造"。[①]实践中，法院针对创设互联网连接点行为的审查集中在答辩阶段和庭审阶段，个别案件在受理阶段。在受理阶段，法院都是依职权审查。受理之后，法院审查的情形则有所不同。受应诉管辖原则影响，被告应诉之后法院则具有管辖权，无须依职权进行审查并裁定移送管辖。为此，法院在案件受理后通常依据被告提出管辖异议才进行审查。

如表 3 所示，受理之后被告并未应诉答辩的，法院通常都会依职权进行审查，此类案件数量占绝大多数；部分案件被告应诉答辩且未提出管辖异议的，法院仍依职权裁定移送管辖。当然，针对此种不诚信诉讼行为，法院依职权进行审查也并无不妥。另外，还有少数案件法院并未直接依职权进行审查而是向被告进行释明，释明之后法院再依申请进行审查。从内容上来看，法院对当事人任意制造互联网管辖连接点依职权审查的标准略有不同，主要体现在两个方面。第一，法院针对任意创设管辖连接点依职权审查的阶段存在明显差异。受理之后，法院同样依职权审查。第二，法院针对创设行为并不直接依职权审查，而是释明之后再进行审查，它本质上已经排除法院立案之后依职权审查管辖事项。

表 3　法院针对创设连接点行为的审查阶段及裁判结果

单位：件，%

审查阶段	裁判结果	数量	占比
案件受理前调查	裁定不予受理	2	1.0
案件受理后，未开始计算答辩期	依职权裁定移送管辖	1	0.5
已经开始计算答辩期，被告未提出管辖异议	依职权裁定移送管辖	12	6.0
已经开始计算答辩期，被告未应诉答辩	依职权裁定移送管辖	116	58.3
被告于答辩期间主动提出管辖异议	裁定异议成立，移送管辖	10	5.0

① 段文波：《我国民事管辖审查程序的反思与修正》，载《中国法学》2019 年第 4 期。

续表

审查阶段	裁判结果	数量	占比
被告于答辩期间经法院释明后提出管辖异议	裁定异议成立，移送管辖	2	1.0
其他未提及诉讼阶段（多为实体审查阶段），被告应诉情况	依职权裁定移送管辖	56	28.1
	总计	199	100.0

（二） 管辖协议认定标准不明

管辖协议是网络合同交易案件确定连接点的另一种重要方式。甄别当事人任意创设互联网管辖连接点的另一个切入点就是审查约定互联网连接点的管辖协议的有效性。为更充分了解此类案件的审查情况，我们再次以"网络合同""管辖协议"为关键词在威科先行数据库中检索近三年案例，共检索到1836件，主要涉及的网络合同类型为网络购物合同以及网络服务合同。① 根据统计，法院对于通过格式条款方式签订的管辖协议的效力肯定与否定态度大致相当。其中，管辖协议有效认定比例略高一点。如表4所示，法院认可管辖协议效力共计548件。其中，通过一审裁定被告管辖异议成立认可协议效力为343件，通过二审裁定驳回消费者方提起上诉为176件，通过二审裁定经营者方上诉理由成立的为29件。法院否认管辖协议效力共计458件，其中，通过一审驳回被告管辖异议为243件，通过二审驳回经营者方提起上诉为113件，通过二审认定消费者方上诉理由成立，撤销原民事裁定的为102件。数据显示，法院对网络交易合同的格式管辖协议效力并不存在明显的偏向性。不过，法院对协议效力保持一种比较宽容的态度。可见，管辖协议的认定很大程度上依赖裁判者的自由裁量。自由裁量的标准不确定则可能诱发当事人任意创设互联网管辖连接点行为。

---

① 以"网络合同""管辖协议"为关键词检索 2019～2021 年相关民事裁定书，共检索到 1836 件。网络购物合同纠纷为 1285 件，网络服务合同纠纷为 433 件。其中，涉及管辖协议效力认定的案件有 1006 件。参见威科先行法律信息库，https://law.wkinfo.com.cn/judgment-documents/list，最后访问日期：2021 年 12 月 31 日。

表 4　管辖协议的效力认定

单位：件

	一审	二审		总计
	驳回被告管辖异议	驳回消费者上诉	撤销原民事裁定	
协议有效	343	176	29	548
	认定被告管辖异议成立	驳回经营者上诉	撤销原民事裁定	
协议无效	243	113	102	458

（三）参诉当事人范围认定不一

参诉当事人范围是影响管辖连接点确定的另一重要因素。在被告存在多人的情况下，共同被告的所在地也将被纳入管辖法院选择范围。根据统计，近半数网络合同纠纷被告为两人及以上，平台方、网络运营商以及用户同时参诉的情况并不鲜见。这主要是因为网络交易平台提供商、网络运营商和网络用户之间存在平台服务契约关系、服务合同关系、网络购物合同和网络服务合同关系等多种法律关系。[①] 案件涉及两种甚至更多的法律关系就会产生不同诉由能否合并审理的问题。与此同时，还会产生不同连接点尤其是购物合同之间的履行地以及用户与平台间协议管辖地应当何以选择的问题。实践中，法院对将网络服务平台列为共同被告做法的态度并不完全一致。部分法院对原告将网络服务平台列为共同被告的做法持否认态度。[②] 另外，法院认为网络购物平台制定的《平台服务协议》仅针对平台用户与平台经营者，该协议有关管辖条款并不约束同为平台经营者以及平台用户。法院未要求原告就收货地与其生活、居住有实际联系进行证明，直接认可原告收到商品地作为合同履行地的主张。[③] 另外，还有部分法院对共

---

① 杨立新：《网络交易民法规制》，法律出版社，2018，第 38～39 页。
② 参见（2021）鲁 01 民辖终 409 号、（2021）黑 06 民辖终 34 号、（2021）桂 07 民辖终 35 号、（2021）豫 07 民辖终 150 号等民事裁定书。
③ 参见（2020）鲁 15 民辖终 36 号、（2020）湘 07 民辖终 8 号、（2019）皖 0504 民初 3553 号等民事裁定书。

同被告持默示许可态度。① 当平台以及平台经营者同时为被告时，法院认定平台用户协议管辖效力优先于经营者与平台用户的购物合同履行地。②

四 任意创设互联网管辖连接点审查混乱的成因

从实践来看，法院对当事人任意创设管辖连接点行为审查的标准较为混乱，其有多方面的成因。其中，审查方法不当是导致审查标准混乱的重要原因之一。

（一）受后置职权审查模式的影响

我国立法对管辖权审查模式采用以立案庭前置职权审查为主、业务庭后置审查为辅的混合模式。在原告起诉之后，立案庭会对管辖权进行审查。如果法院认为没有管辖权就应当告知原告向有管辖权的法院起诉。法院不应存在明知无管辖权而受理案件再通知被告应诉答辩的情形。正因如此，法院立案之后业务庭并不会主动审查管辖事项。如表3所示，法院针对当事人任意创设互联网管辖连接点的行为主要集中在立案之后进行依职权审查。可见，针对当事人任意创设互联网管辖连接点的行为的审查深受职权主义审查模式的影响。③ 从审查阶段来看，它采用的是后置依职权审查模式。如表3所示，在近30%的案件中法院在庭审阶段仍依职权审查管辖事项。在职权主义审查模式下，2021年《民事诉讼法》引入的应诉管辖会沦为一个多余的"摆设"。④ 由于立案庭针对管辖事项采取形式审查方式，如果立案之后业务庭未针对当事人任意创设互联网管辖行为进行审查，那么对方当事人又可能遭受诉讼不便的影响。为此，针对当事人任意创设互联网管辖

---

① 参见李某某、某网络公司网络购物合同纠纷案（2020）黑01民辖终48号二审民事裁定书。
② 参见贾某某、某文化传播公司及某信息技术公司网络购物合同纠纷案（2021）豫1502民初7977号民事裁定书。
③ 虽然我国民事诉讼法对法院职权进行了一定弱化，但是我国民事诉讼法仍以职权主义模式为主要特征。参见江伟主编《民事诉讼法学》，复旦大学出版社，2002，第82~83页。
④ 段文波：《我国民事管辖审查程序的反思与修正》，载《中国法学》2019年第4期。

连接点行为，法院采用后置职权审查模式会陷入两难境地。

另外，在不同诉讼阶段，管辖事项举证责任的承担主体并不完全一样。我国立法规定起诉必须满足受诉法院具有管辖权的要件，要求原告在起诉时应当对管辖根据合法性进行证明。在立案阶段，原告应承担法院具有管辖权的举证责任并承担举证不能的法律责任。在管辖异议阶段，被告需要针对提出异议的事项承担初步的举证责任。正因如此，过分依赖当事人通过管辖异议程序审查当事人任意创设互联网管辖连接点行为会加重被告针对管辖事项的举证责任。

（二）协议管辖受形式审查标准的影响

网络交易合同纠纷的虚拟性与超地域性导致传统地域管辖规则出现适用困境。[①] 实际上，协议管辖也存在两面性。一方面，基于意思自治和诉讼管辖确定性、可预见性，协议管辖能够最有效地解决涉网案件管辖连接点难以认定的困境。另一方面，协议管辖可能会造成互联网审判中的"挑选法院"（forum shopping），当事人滥用协议管辖之权利，虚用与合同纠纷有形式上实际联系表征的连接点约定，挑选对己方最有利的审判法院，排斥法定法院的管辖。[②] 正因如此，管辖协议审查采取宽松的形式标准甚至鼓励的态度并不十分妥当，它同样存在引发当事人创设互联网连接点的风险。

第一，网络服务平台往往通过《用户网络服务协议》（以下简称《用户协议》）等格式合同垄断协议管辖的订立权，他们通常以当事人《用户协议》勾选作为自愿订立协议管辖的意思表示。从检索大型服务商平台《用户协议》的情况来看，大多数格式合同都约定平台服务商经营地、所在地作为争议管辖法院地，而又借告知方式提示约定法院的物理位置。[③] 然而，

---

① 参见苏伟康、穆帅《在线司法与协议管辖》，载《湘江青年法学》第 4 卷第 2 辑，湘潭大学出版社，2020，第 66～79 页。

② 参见孙益武《互联网法院的协议管辖及意义》，载《民主与法制时报》2018 年 9 月 27 日。

③ 参见《支付宝服务商平台服务协议》《滴滴出行企业版平台服务协议》《好大夫在线服务协议》《微信支付用户服务协议》等。

此种情形在相当大程度上削弱了缔约双方平等协商效果。对格式合同接受方而言，他们在订立协议阶段已经被排除对协议管辖权提出异议的权利。当涉网合同纠纷产生时，他们将受制于管辖协议，仅能向特定法院提起诉讼。如果当事人选择协议法院以外的法院提起诉讼，被告则可以依据管辖协议提出管辖异议。实际上，这还可能导致诉讼迟延，变相消减协议管辖原有的精简程序功能。如表4所示，在收货地与格式条款管辖协议并存情况下，法院否认格式条款协议效力的情况不在少数，法院认定格式条款协议有效的情形也不在少数。①

第二，"实际联系原则"条款属于罗列式协议连接点的"等外等"情形。换言之，《民事诉讼法》列举的协议连接点以及"等外等"其他连接点可能只存在实际联系的表征，而不一定具有实际联系。② 理论上，网络合同双方当事人可以在被告住所地、合同履行地、合同签订地、原告住所地、标的物所在地之外约定其他管辖连接点，只需满足与合同争议有外观上的实际联系的条件即可。③ 为此，当事人诉称网络合同电子数据发送、传输、接受的服务器所在地或者数据经多个服务器中转，每个服务器所在地都是与纠纷有形式上的"实际联系"的连接点的主张被接受，将无疑会导致"实际联系原则"形式化泛滥的不良后果。为此，采用形式审查明显无法应对当事人任意创设互联网管理连接点的行为。

第三，在网络交易合同纠纷中，无论用户以何种案由起诉，在网络服务平台、商家、用户均为案件当事人的情况下，三方之间存在两个管辖协议，分别是商家与平台签订的服务协议、用户和商家签订的用户服务协议。如果用户与商家进一步磋商，还将出现三方当事人手握三份管辖协议的局面。由于不同管辖协议涉及的当事人数量往往不同，当事人会通过虚列共

---

① 在网络购物合同纠纷中，法院认定格式管辖协议有效案件548件，认定格式管辖协议无效案件458件，有效认定率为1.2:1。

② 参见裴净净《互联网法院涉网案件协议管辖规则构建研究》，载《东莞理工学院学报》2020年第8期。

③ 袁发强、瞿佳琪：《论协议管辖中的"实际联系地"——立法目的与效果的失衡》，载《国际法研究》2016年第5期。

同被告、第三人等方式扩充协议管辖的范围。为此，法院仅采用形式审查很难识别当事人虚列共同被告的情形。

综上所述，虽然当前网络合同《用户协议》约定管辖已是大势所趋，但是格式合同中双方协商权利平衡、多份管辖协议之效力认定以及"实际联系原则"连接点限制等管辖协议规则缺失都可能影响当事人任意创设管辖连接点行为。采用形式审查标准对管辖协议进行审查并不能有效应对当事人任意创设管辖连接点行为。究其根本原因，我国立法缺乏针对协议管辖的效力认定机制，没有认可管辖协议条款的独立性。[1]

（三）管辖异议效果受形式审查影响

管辖异议裁定是识别、纠正当事人任意创设管辖连接点行为的最后一道防线。有限的形式审查却因无法发挥最大的保护功能而受到诟病。实际上，当面对当事人通过强行加列被告、第三人或者挑选起诉案由的方式创制互联网连接点时，管辖异议的审查若仅仅停留在纠纷的外观而不予审查案件实体纠纷，无益于对抗任意创设行为。实践中，法院对于介乎形式与实质之间的"当事人适格"审查标准的把握非常困难。例如，共同被告的适格问题以及合并审理问题都非常难以通过简单的形式审查予以确定。毕竟，某些适格被告的判断必须深入纠纷法律关系本身，追问当事人之间的利害关系，它可能属于"权利义务归属主体问题"。如果管辖异议的审查程度仅停留于受理的标准——有明确的被告，那么法院无法有效应对以虚列被告作为强行创设管辖连接点的行为。另外，合并审理状况审查不仅要尊重管辖规则，还要尊重当事人的意思表示。对于非必要共同诉讼，法院应允许被告以管辖异议作为拒绝合并审理的理据，将纠纷拆分为独立诉讼分别审理。针对必要共同诉讼，法院同样应当依赖部分实体关系进行审查，或依赖"适格被告"进行审查。[2] 可见，当案件涉及管辖权问题时，法院应

---

① 参见王福华《协议管辖制度的进步与局限》，载《法律科学》2012 年第 6 期。
② 参见袁琳《民事诉讼中被告适格的审查与裁判》，载《法学》2021 年第 8 期。

当针对被告是否适格进行实质性审查。在网络交易纠纷中，如果潜在的纠纷主体不确定，权利义务归属不清，当事人则有虚列、多列共同被告寻求管辖机会的空间。如果法院仅从形式上审查被告适格，那么法院无法应对当事人任意创设管辖连接点的行为。

实际上，最高法院对管辖异议的形式审查已经做出了调整。在厦门某科技公司与青岛某种业公司等管辖权异议上诉案中，最高人民法院确认当部分被告成为确定管辖的连接点，其是否适格直接影响到受诉人民法院对案件的管辖权时，则应在管辖权异议阶段对该部分被告是否适格问题进行审查。在该案中，最高法院在管辖权异议阶段采取了实质性审查。[1] 另外，部分知识产权法院同样做出了调整。具体而言，针对唯一管辖连接点的被告，法院需要在管辖异议审查阶段对被告是否适格进行审查，并且依据审查结果做出裁定。[2] 可见，法院允许对部分以被告作为唯一管辖连接点的案件做有限性的实体审查。当然，被诉行为是否构成违约、侵权，当事人是否应当承担责任的"败诉后果"依旧属于实体审判阶段处理问题，管辖异议阶段不得僭越。正因如此，现行简略的书面审查方式可能面临严重的挑战。毕竟，法院审查程序痕迹模糊，异议申请的书面性审查高度依赖法官的能动性。这又与抑制法官过度进行案件实体审查存在紧张关系。此外，异议申请人通过书面呈状以及书面举证难以实现有效抗辩。

五　任意创设互联网管辖连接点审查方法的矫正

（一）依职权审查模式的优化

如前所述，针对当事人任意创设互联网管辖连接点行为的依职权审查模式内嵌于立法确定的管辖权混合审查模式之中。为此，针对任意创设行

---

① 参见（2020）最高法知民辖终 349 号民事裁定书。
② 2018 年 7 月 19 日北京知识产权法院管辖权异议二审案件情况通报会，中国法院网，https://www.chinacourt.org/article/detail/2018/07/id/3404153.shtml。

为依职权审查模式的优化同时也是对管辖权混合审查模式的优化。笔者认为，应当强化立案阶段审查管辖事项。针对当事人任意创设互联网管辖连接点行为，法院在立案审查阶段就应当执行严格的起诉准入门槛。一方面，它能在案件启动阶段筛查不当诉讼行为；另一方面，它能减轻法院与被诉当事人不必要的诉累。如前所述，司法实践中法院往往采用受理之后进行审查的模式。在后置依职权审查模式中，法院即便审查认定当事人存在任意创设连接点行为，也只能通过移送管辖方式处理，对法院受理案件量实则并无减缓作用。针对网络交易合同纠纷案件，法院应当适当前置管辖依职权审查。当然，强化在立案阶段审查当事人任意创设管辖连接点行为的前提是法院能有效识别上述行为。笔者认为，法院在审查当事人提出的收货地、管辖协议以及共同被告等连接点时都应坚持"实际联系原则"。

在立案阶段，法院应当审查案件管辖的合法性。根据举证原则，案件管辖依据的举证责任由原告承担。换言之，唯有对合同履行地承担具有实际联系的充分履行举证义务，原告起诉方能成立；否则原告将承担不利后果。在王某与徐某某等人网络购物合同纠纷系列管辖异议案中，原告前后 18 次向上海市奉贤区人民法院提起诉讼，每一项诉讼针对不同的合同出卖方，声称被告采取快递邮寄方式交付的商品存在质量问题。被告住所地虽分布于全国多地，原告却以同一拟制的奉贤区为收货地将所有网络购物合同集中起诉。[①] 法院经查明发现原告填写的收货地为某一快递代收点，与原告户籍地显示江苏省某市不符。原告未提供其在收货地经常居住满一年的证明材料，集中多次以同案由起诉的行为有滥用诉讼权利之嫌，因此认定原告系通过创设连接点选择受审法院，依法裁定移送管辖。

在强化立案阶段依职权审查的同时，法院立案之后针对当事人任意创

---

① 参见王某与徐某某等多人网络购物合同纠纷管辖异议系列案。参见（2019）沪 0120 民初 24850 号之一裁定书，（2020）沪 0120 民初 5805 号、5806 号裁定书，（2020）沪 0120 民初 5808 号、5809 号裁定书，（2020）沪 0120 民初 5811 号、5813 – 5819 号、5821 – 5822 号、5845 – 5847 号裁定书。

设行为的审查也应当优化。根据应诉管辖原理，案件受理之后法院通常不应依职权主动审查管辖事项。① 如表 3 所示，在近30%的案件中法院在庭审阶段仍依职权审查管辖事项。针对此种情形，法院应当严守应诉管辖的原则，当事人应诉答辩之后法院通常不再审查地域管辖事项。如果在答辩期间法院认为当事人存在任意创设互联网管辖行为，可以向对方当事人释明，当事人提出管辖权异议，法院则进行审查；如果当事人释明之后未提起管辖权异议，法院则不应依职权进行审查。当然，如果当事人因各种原因未应诉，那么法院认为确有必要仍可以依职权进行审查。这样既可以保障当事人的意思自治，也可以有效保障弱势一方当事人的合法权益。

（二）管辖协议从形式审查转向实质审查

由于互联网的虚拟属性，网络交易合同中用户与平台之间存在信息严重不对称性。为此，法院对协议管辖态度不宜过度宽容，不可盲目主张扩张协议管辖适用。实际上，北京、杭州、广州互联网法院集中管辖权对协议管辖优先性的适用规则也做出部分调整。当事人约定的应当由某一特定法院管辖的案件，如果隶属于互联网法院受案范围，仍依照司法解释采取集中管辖态度，但应当尊重管辖协议的地域约定；对于约定非互联网法院所在地的其他法院，管辖协议依然具有优先性。此外，针对管辖协议的审查法院应当从"形式审查"转向"实质审查"，以确保协议内容的有效性。法院应允许当事人对管辖协议本身效力提出异议。在异议过程中，当事人应当承担对异议事项的相关举证责任。法院应当综合以下几方面审慎确认管辖协议的效力，对无法确认效力的协议应当适用其他管辖规则进行裁判。

第一，管辖协议合意真实性及协商一致性程度。意思表示真实是管辖协议生效的要件之一。有学者就指出，意思表示不真实可能直接导致合同

---

① 参见曹志勋《民事地域管辖制度释疑——兼对〈民诉法解释〉规则的述评》，载《法学家》2015 年第 6 期。

无效、可撤销等情形。① 我国《民事诉讼法解释》第 31 条规定，消费者合同中管辖协议未采取合理方式提请消费者注意，消费者主张管辖协议无效，人民法院应当予以支持。可见，法院应当审查格式合同的提示方式及提示方式是否必需且合理，并足以引起缔约相对方的注意。如前所述，网络交易合同管辖协议条款大多数被格式化的《用户协议》吸收。为此，格式合同制定方应当采用简明突出方式展示条款重点内容，必要时应当单独设置附件协议提请缔约相对方注意，单独附件不宜堆砌过多不必要内容而混淆缔约相对方的注意力。

第二，针对协议内容的不同，法院应当采用不同的审查方法。具体而言，针对约定某特定法院管辖与约定相关确定管辖法院的连接点条款的情形应当采用不同审查方法。针对直接确定管辖法院，法院应侧重于协商一致性的审查。针对确定法院的连接点的约定条款，法院应侧重于审查连接点与涉案纠纷"客观的实际联系"状况。例如，双方约定某地点为合同履行地，法院应当在庭前审查时查明合同是否在约定的地点实际履行，厘清约定连接点与案件纠纷的实际联系。针对当事人利用格式合同制定的信息不平等地位任意创制连接点的管辖协议行为，法院应当采取明确的否定态度。

第三，审查管辖协议内容时适当参考英美法系普遍认可的"合理性"标准。如果有合理的确信表明在签订选择法院条款时，自由签订民商事合同的当事人已经考虑了在被选择法院进行诉讼的不便利，那么当事人应当遵守管辖协议。另外，美国法院还总结出"合理性规则"，即执行管辖协议会导致不公平与不合理的结果、管辖协议是通过欺诈或者利用强势地位达成、执行管辖协议会对公共政策造成重大影响、被选择的法院对当事人非常不便利甚至会剥夺当事人起诉的权利。② 例如，将管辖权限定在经营者所

① 参见韩世远《合同法总论》（第 4 版），法律出版社，2018，第 207～208 页。
② 参见王吉文《我国统一协议管辖制度的适用问题研究》，中国政法大学出版社，2016，第 44～46 页。

在地法院的排他性管辖协议就属于此类情形。我们认为此类排他性管辖协议构成免责条款无效。[①] 为此，法院审查在约束诉讼当事人滥用协议管辖权利行为的同时，必须坚持"实际联系原则"优先。

（三）管辖异议审查形式的调整

为有效遏制当事人任意创设管辖连接点行为，法院应当对管辖异议审查形式进行调整，强化关系异议审查程序的实质化。在异议人主张原告虚列、多列共同被告，且被告又为确定案件管辖的唯一条件的必要情况下，法院应当将审查被告适格资格提前至管辖异议审查阶段，允许法官在此阶段做出"纠纷权利义务归属"实体性审查决定。实践中，网络交易纠纷的法定诉讼管辖连接点不单一。除被告住所地以外，其他连接点都由合同行为或者侵权行为事实决定，被告适格与否不影响案件管辖确定。如果原告选择加列、虚列被告而放弃其他连接点的应用，那么选择该连接点的原告也相应负有证明连接点具有合法的管辖依据的证明责任。不仅如此，此时被告适格与否便与管辖是否正确直接挂钩，法院进行"纠纷权利义务归属"的实体性审查合理且必要。[②]

另外，管辖异议的内部审查也应当向外部当事人平等抗辩转变。具体而言，应外化管辖异议程序审查的过程。这可以有效预防法官滥用实体审查权的不良后果。实践中，我国管辖异议由法官根据案件具体情况决定是否开庭审查，具有一定的随意性。其中，大多数情况下，法院都未开庭进行审查。相比而言，域外主要国家把管辖异议程序与实体处理都置于对抗式抗辩的公开审理的法庭活动中，充分给予当事人证明任意创设管辖连接点行为言辞表达权利。例如，美国联邦地区法院《民事诉讼规则》第 12 条规定，法院应当给予当事人申请管辖异议的机会，并应当在开庭审理前进行听证并做出决定，但法院命令将听审和决定推迟到开庭审判时进行抗辩

---

① 参见刘哲玮《诉的基础理论与案例研习》，法律出版社，2021，第 151～152 页。
② 参见陈杭平《民事诉讼管辖精义原理与实务》，法律出版社，2022，第 192～193 页。

的除外。① 法国民事诉讼法规定上诉法院以开庭方式审理当事人提出的管辖异议。② 程序性的审查也应突出管辖异议程序当事人对立抗辩地位，强化对诉讼当事人程序权利的保障。法院应当采取当事人出庭抗辩或者听证方式处理管辖异议纠纷，强化管辖异议的审查效果，有效处理任意创设管辖连接点的行为。针对当事人任意创设互联网管辖连接点的管辖权异议，应当坚持以开庭审查为原则与书面审查为例外。

结　语

在网络交易纠纷中，当事人任意创设管辖连接点行为日渐成为高发的不诚信诉讼行为。为回应实践需求，法院应当矫正依赖后置依职权审查方法、重构管辖协议的审查方法及调整管辖异议审查形式等方式。从长远来看，当事人任意创设管辖连接点行为的规制问题应当纳入立法修正的考量之中，进而彻底破解任意创设互联网管辖连接点行为的困局。

---

① 参见吴如巧编著《美国联邦民事诉讼规则的新发展》，中国政法大学出版社，2013，第 185 ~ 186 页。

② 参见《法国新民事诉讼法典》（上册），罗结珍译，法律出版社，2008，第 158 ~ 159 页。

去中心化自治组织是有限公司吗？[*]

——美国《怀俄明州去中心化自治组织法案》评析

吴 烨 舒润文^{**}

【摘 要】去中心化自治组织系元宇宙的重要组织形态，是由一系列智能合约所控制的虚拟组织，不需要任何中介或权威机构。代码及其中包含的协议，允许全球匿名主体进行无信任交易。上述特点必然带来一系列法律问题，去中心化自治组织是否系法律意义上的组织？若是，又是何种组织？其能否被既有法律规范所调整？对此，美国《怀俄明州去中心化自治组织法案》首次将中心化自治组织纳入有限责任公司范畴予以规范，并创新地制定了诸多配套方案。其中，既有值得我国借鉴之处，也有难以直接适用于我国的局限性，需要一分为二予以区别对待。

【关 键 词】去中心化自治组织；智能合约；区块链

一 引言

去中心化自治组织（Decentralized Autonomous Organization，DAO）是由

---

* 本文系教育部人文社会科学研究基金青年项目"关系契约视角下智能合约的私法构造研究"（项目编号：20YJC820050）、中央高校基本科研业务费专项资金项目"交易安全视域下大数据交易法律监管研究"（项目编号：21lzujbkyjh007）、2022 年度甘肃省优秀研究生"创新之星"项目"私法视角下智能合约的法律问题研究"（项目编号：2022CXZX-039）的阶段性成果。

** 吴烨，兰州大学法学院副教授，法学博士，兰州大学民法典研究院副院长；舒润文，兰州大学法学院硕士研究生，兰州大学民法典研究院研究人员。

一系列能够自主运行的智能合约所控制，而不需要任何中央中介或权威机构的特殊组织。区块链运行环境及智能合约代码允许全球匿名独立方进行无信任交易。无论何种类型或规模，去中心化自治组织的功能都可归纳为：将松散的社交群体转变为一个由贡献者驱动的团体，团体成员达成治理规则的基本共识，以实现团体目标。传统组织通常等级鲜明，人工内部计票，且其部分活动具有秘密化倾向。与之相比，去中心化自治组织通常是平等且完全民主的，不需要可信中间人即可自动计票并执行结果，所有活动公开透明。①

奥瑞·布莱福曼等人在出版于 2006 年的著作《海星模式》中，介绍了去中心化自治公司（Decentralized Autonomous Corporation，DAC），并较为详细地阐述了其特征、构成和原则等内容。2014 年，维克拉姆·迪隆提出了区块链语境下的 DAO，进一步拓展概念应用。② 如今，我们所讲的去中心化自治组织，其应用场景不仅局限于金融交易，还包括慈善捐赠、协议管理、人力资源管理等领域。故此，2021 年，哈佛大学教授哈桑给出了更简捷也更宽泛的去中心化自治组织定义，即去中心化自治组织是一个基于区块链的组织系统，通过部署在公共区块链上的一组自动执行规则，使人们能够在独立于中央控制的去中心化的系统中协调和治理自己。③

技术发展必然产生新变革。去中心化自治组织目前拥有数十亿美元的资产，并在许多不同的行业运营。从金融科技到房地产，去中心化自治组织的迅速发展也对相关监管提出了挑战。去中心化自治组织不再是一项区块链实验，不少国家已经开始通过立法方式对其予以规制，以促进区块链产业的健康发展。在该进程中，结构最完整、规制最清晰的应数美国《怀

---

① Ethereum, *Decentralized Autonomous Organizations (DAOs)*, https://ethereum.org/en/dao/, Oct. 19th, 2022 last visited.

② V. Buterin, *DAOs, DACs, DAS and More: An Incomplete Terminology Guide*, Ethereum Blog, No. 6 (6 May 2014), https://blog.ethereum.org/2014/05/06/daos-dacs-das-and-more-an-incomplete-terminology-guide, Oct. 19th, 2022 last visited.

③ Samer Hassan & Primavera D. Filipp, "Decentralized Autonomous Organization", *Internet Policy Review*, Vol. 10, No. 2 (2021), pp. 1 – 10.

俄明州去中心化自治组织法案》（Wyoming Decentralized Autonomous Organi-zation Supplement)。① 该法案于 2021 年 4 月 21 日经美国怀俄明州议会正式批准且通过州长签署，并于 2021 年 7 月 1 日正式生效。该法案的通过，意味着去中心化自治组织的法律地位得到认可，即允许去中心化自治组织根据怀俄明州的《有限责任公司法》注册并成为一种特殊的有限责任公司。该法案明确了去中心化自治组织在设立、治理、成员权利义务等方面的法律适用。法案支持者认为，它不仅可以使去中心化自治组织作为普通合伙企业免于被起诉，还可以明确去中心化自治组织作为法人的权利，并为许多去中心化自治组织提供了清晰的组织构造。虽然该法案并未完全解决与去中心化自治组织相关的所有问题，但它确实在一定程度上消除了组织成员面临的诸多潜在风险。因此，该法案的通过是去中心化自治组织成为一种法律实体的重要里程碑。

二 法律困境：去中心化自治组织是公司吗？

近年来，与去中心化自治组织有关的法律风险频发，其中最为著名的就是"The DAO"代码漏洞事件。该事件给区块链行业敲响了警钟，其不仅对"代码即法律"这一理念提出了拷问，更反映了一个更为深层次的问题，即从法律角度究竟应如何看待去中心化自治组织，其是何法律形态？区块链世界并非法外之地，如何解释去中心化自治组织，直接决定着既有法律规范能否对该类组织进行调整，以及发生纠纷时司法能否以及如何介入等现实问题。

（一）"The DAO"代码漏洞事件引发的思考

2016 年 4 月 30 日，一家名为"SLOCK. IT"的 IT 公司通过以太坊区块

---

① SF0038—Decentralized Autonomous Organization Supplement, Orginal Senated, 21 April 2021, https://www.wyoleg.gov/Legislation/2021/SF0038.

链平台发起了名为"The DAO"的众筹项目。该项目可被定义为"由程序代码管理的自治的风险投资基金"，目标是为商业组织和非营利企业提供一种新的分散式商业模式。"The DAO"是去中心化自治组织的首次落地。[①]"The DAO"项目运用区块链、智能合约等技术，形成对账本记录的共识，代码自动执行，使各节点同步更新并防止任意篡改，用时间戳使得组织内部的会计数据、运行数据永久记录，力图避免道德风险和代理风险。其在信任成本较高、披露规则不规范的领域具有参考意义。[②]

具体而言，"The DAO"项目主要包括五个账户：DAO 主账户（DAO Main Account）、DAO 盈利账户（DAO Reward Account）、额外余额账户（Extra Balance Account）、子账户（Child Account）和红利账户（Reward Account）。五个账户相互独立又彼此联系（见图 1）。额外余额账户用来存放通证上涨带来的额外以太币，在特殊条件下才参与投资。对于投资项目，在投资议案投票通过后，智能合约会将主账户的以太币转入指定的投资项目账户中。若用户不同意该投资项目，其相对应的投资资金即转入子账户不参与投资。若投资项目盈利，相应的以太币会发送至 DAO 盈利账户中。DAO 盈利账户连接 DAO 主账户和子账户，参与者可以申请将 DAO 盈利账户中的数字货币转入上述两账户。若用户申请分红，其可以将以太币从 DAO 主账户转入至 DAO 盈利账户，红利根据用户的通证份额分配，并将不再用于后续投资。[③] 简言之，项目通过预置的智能合约代码使用和分配所筹集的资金，意图构建一种全新的资产管理方式：在以太坊区块链上发布智能合约，通过智能合约众筹资金（以太币，ETH）并发放代表参与者权力

---

① 王延川：《"除魅"区块链：去中心化、新中心化与再中心化》，载《西安交通大学学报》（社会科学版）2020 年第 5 期。

② 朱晓武、魏文石：《区块链的共识与分叉：The DAO 案例对以太坊分叉的影响分析及启示》，载《管理评论》2021 年第 11 期。

③ Jordi Baylina, *Understanding the DAO accounting*, https://daowiki. atlassian. net/wiki/spaces/DAO/pages/3440657/Understanding + the + DAO + accounting, Oct. 19th, 2022 last visited.

的通证，通过"通证股东"投票的集体决策方式达成对投资标的的共识。①

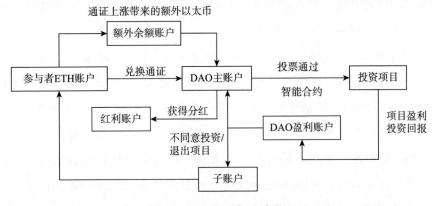

图1 "The DAO"账户关系

2020年6月17日，黑客利用重入（Re-Entrance）攻击，将资产从"The DAO"资金池中分离。对分离后的资产，黑客继续利用代码漏洞，避免资产被销毁。由于缺少中心化管理者和对维护开发行为进行有效激励，至6月18日，黑客共转出360多万枚以太币，价值约6000万美元。为应对这一攻击，以太坊基金会紧急进行讨论。当时较有影响力的团队主张修改交易记录，以找回被转出的以太币。另一部分参与者则坚决反对，认为这种做法违反"代码即法律"的基本理念，将根本性冲击区块链交易的核心价值，即不可篡改性。最终，以太坊基金会决定实施硬分叉，即通过修改以太坊的底层代码，创建一个新版本的网络，此后，所有用户需要在新旧两种网络之间进行选择，该做法客观上使黑客所盗的以太币作废。②

硬分叉下，以太坊被分成两条不同的、彼此独立的区块链。89%的矿工投票赞成并选择新网络，11%的矿工决定停留在旧网络上，其中，新网络被称为以太币（ETH），而拒绝修改的旧网络叫作以太经典（ETC）。目前来

① 朱晓武、魏文石：《区块链的共识与分叉：The DAO 案例对以太坊分叉的影响分析及启示》，载《管理评论》2021 年第 11 期。

② 王延川：《"除魅"区块链：去中心化、新中心化与再中心化》，载《西安交通大学学报》（社会科学版）2020 年第 5 期。

看，虽然两个分支均有参与者参与，但分叉显然影响以太坊社区的发展，硬分叉的反对者认为以太坊基金会开启了中心服务器功能，完全违背区块链运行去中心化和不可逆的理念。

"The DAO"事件后，美国证券交易委员会（SEC）认为，该组织所发行的"DAO Token"系美国《证券法》的调整范畴。① 那么，这一定性是否准确？"The DAO"的法律性质是公司吗？若是，又是何种公司形态？……此类问题均有待立法予以澄清。该事件表明，去中心化自治组织的法律性质不明，会带来一系列法律风险。一方面，当去中心化自治组织与其他民事主体发生交易时，可能无法有效划分组织本身和成员间的责任；另一方面，在黑客袭击事件发生后，组织自身与现有法律均无法保障去中心化自治组织成员的财产权益，破坏了区块链的信赖基础，进而也必然限制去中心化自治组织的长远发展。

（二）去中心化自治组织的运行机制

去中心化自治组织是由编码为计算机程序的规则管理的新型组织形态。其中，智能合约是去中心化自治组织的核心。智能合约界定了组织的规则，并持有组织资金库。一旦在以太坊上启用合约，除非表决通过，否则任何人都不能修改规则。任何违背代码规则和逻辑的行为都将失败。简言之，在去中心化自治组织中，应用智能合约技术有助于在规定的条件下进行自动化组织治理和决策，改善共识机制以吸引更多小股东的参与，并减少组织日常管理的时间和成本。同时，去中心化自治组织运行于区块链上，使得组织的财务和交易记录可以保存在安全的数字分类账上，组织成员可实现对其出资的实时控制。区块链自身具有防篡改特性，从而可以防止他人伪造或更改系统数据。智能合约当事人信赖智能合约的共识机制及区块链组织，认为其可以给自身带来所期待的利益，所以才会在不能完全知晓执

---

① The U. S. Securities and Exchange Commission, *Report of Investigation Pursuant to Section 21（a）of the Securities Exchange Act of 1934：The DAO*, July 25, 2017.

行结果的情形下，依旧选择信赖智能合约系统。就此而言，面对非经当事人充分协商的智能合约，需格外关注当事人的信赖基础，这不仅是技术驱动下的制度选择，亦符合发展至今的私法理念趋势。[①]

代码的不可更改属性，意味着一旦智能合约部署到网络上，就无法对其进行修改。因此，智能合约可以执行组织决策、投票甚至自动利润分配等诸多任务，通过这一系列的操作完成组织的运营。通过智能合约，去中心化自治组织可以使用外部信息并根据该信息执行任务和命令。智能合约通常必须包括某种形式的代币创建及发行程序。此后，代币可以由组织使用，用于激励某些特定活动或进行投票表决。这是因为，代币的重要功能之一便是明确投票权。有关组织的决定，通常是通过组织成员投票提案产生。

举例而言，一款名为"DAO stack"的去中心化自治组织构建了一种新型的治理框架（governance scheme），它已经具有了社团结构的雏形。在该组织中，用户被称为"代理"（Agency），他们是去中心化自治组织的基本单位。该智能合约的治理规则如下：第一，加密资产分配，每个用户都可以发行或分配加密资产，尤其是分配给系统中的突出贡献者；第二，加密货币分配，用户可以通过智能合约系统转移或获取加密货币，此功能旨在补偿组织内的特别贡献者或服务提供者；第三，名誉分配，系统设置了"名誉分值"，这类似于信用评估分数，"名誉"仅属于用户，并且无法转让，这是对用户十分重要的信用凭证，因为其直接影响用户权限。[②] 上述去中心化自治组织的治理功能通过两种治理规则实现：一是"可做的"（do's），二是"不可做的"（don'ts）。对于该规则的判断，主要是通过共识机制表决完成。其中，"可做的"是指被共识机制允许的事项或程序性规则。譬如，若多数当事人达成共识，同意发行某一种新代币，那么智能合约将会被自动触发

---

① 吴烨：《论智能合约的私法构造》，载《法学家》2020年第2期。

② DAO Stack White Paper, *An Operating System for Collective Intelligence*, April 22, 2018, http://daostack.io/wp/DAOstack-White-Paper-en.pdf, Oct. 19th, 2022 last visited.

并执行。而"不可做的"则是共识机制认为必须予以禁止的事项。

因此，去中心化自治组织的核心并不在于"去中心化"，其本质在于"去信任化"。它们使世界各地既不认识也不信任彼此的人们可以朝着共同目标努力，所有这些都没有且不需要中介。信任度与成本成反比。信任度越高，沟通成本、交易成本越低；信任度越低，沟通成本、交易成本越高。① 去中心化自治组织不需要信任，因为组织的规则和治理都嵌入在程序代码中，该代码是透明的、不可变的、任何人都可以验证的。就此而言，去中心化自治组织从人际信赖迈向了技术信赖。②

（三）小结

若去中心化自治组织不是被法律所认可的组织，那么，发生在去中心化自治组织与其他主体或该组织内部的任何法律关系，理论上都只是直接发生在该组织成员之间的关系罢了。乍一看，这一结论似乎逻辑自洽。因为，似乎并不影响去中心化自治组织的正常运转，讨论去中心化自治组织是否具有主体地位，抑或是否为一种新型组织，诸如此类的问题看起来也丧失意义。但问题在于，若去中心化自治组织不能从传统的、正式的法律框架中抽象出来，那么相关责任仍然会落在具体的成员身上，这必然会带来一系列的法律难题。以税收为例，需要确定去中心化自治组织的收入来源。而不将去中心化自治组织视为一种组织的话，可能会忽略部分收入。③此外，对于去中心化自治组织的业务认定，通常需要结合外部服务提供者（如编程的创建者）综合判定。忽视去中心化自治组织的整体性，仅观察成员行为，必然无法揽视去中心化自治组织的功能与业务。更何况，从现实主义角度而言，确定去中心化自治组织所有参与者的身份并不可行。

---

① 赵磊：《商事信用：商法的内在逻辑与体系化根本》，载《中国法学》2018 年第 5 期。
② 吴烨：《智能合约：通过合同的自治框架》，载《河南财经政法大学学报》2022 年第 5 期。
③ David Kerr & Miles Jennings, *A Legal Framework for Decentralized Autonomous Organizations*, June 2022, https://a16zcrypto.com/wp-content/uploads/2022/06/dao-legal-framework-part – 1. pdf.

三 《怀俄明州去中心化自治组织法案》的主要内容

去中心化自治组织能否被视为具有权利或承担义务的民事主体呢？民事主体地位的基本要求之一是民事行为能力，指民事主体可以独立实施民事法律行为。若去中心化自治组织并非法律认可的民事主体，它可能不具有民事行为能力，更难以成为权利和义务的主体。因此，若要承认去中心化自治组织是一个法律实体，具有民事主体地位，则需要通过立法明确赋予去中心化自治组织主体地位。对此，美国《怀俄明州去中心化自治组织法案》（以下简称《法案》）将去中心化自治组织界定为有限责任公司，这对规范区块链组织发展具有深刻意义。

《法案》（SF0038）分为两大部分（section），第一部分为法案主体，共16条，第二部分明确法案自2021年7月1日生效。第一部分的内容可分为两大模块。第一模块（W. S. 17 – 31 – 101 ~ W. S. 17 – 31 – 104）对去中心化自治组织及相关概念进行明确，即对"区块链、去中心化自治组织（DAO）、数字资产、有限责任自治组织（LAO）、多数成员、成员利益（membership interest）、公链（open blockchain）、法定出席数（quorum）、智能合约"进行定义。在赋予去中心化自治组织有限责任公司法律地位的同时，对《怀俄明州有限责任公司法》（Wyoming Limited Liability Company Act）如何适用于去中心化自治组织进行细化，并规定去中心化自治组织与有限责任公司（LLC）之间如何转换。第二模块（W. S. 17 – 31 – 105 ~ W. S. 17 – 31 – 115）从去中心化自治组织治理的角度出发，主要可分为三大类：其一是去中心化自治组织的形成和成立、解散与清算；其二是章程和组织管理规则部分，包括内容、修订与重述及规则之间的效力位阶；其三是成员行为准则、成员权益、成员进入及退出。

（一）法律性质：一种特殊的有限责任公司

《法案》认为，去中心化自治组织是一种类似于有限责任公司的新型组织形态，赋予去中心化自治组织有限责任公司的法律地位。[①]《法案》指出，除去中心化自治组织法案或州务卿另有规定外，《怀俄明州有限责任公司法》适用于去中心化自治组织，即去中心化自治组织属于有限责任公司法的调整范畴。上述规定明确了去中心化自治组织在怀俄明州属于合法组织形式的法律地位。同时，怀俄明州有限责任公司可以根据该法案选择转换为去中心化自治组织。[②]

传统有限责任公司是不同于组织成员的法律实体，它是法律拟制的产物，具有法人资格。为应对灵活的商业实体的需求，怀俄明州创建了有限责任公司。该实体削弱了公司形式中僵化的公司手续，从公司和合伙企业那里各取其长：股东的有限责任和合伙人的非正式决策程序。《法案》承认了去中心化自治组织是有限责任公司的独特形式，赋予了去中心化自治组织有限责任公司的多重利益特征，包括其所有者的有限责任、比其他公司形式允许的更灵活的管理结构，以及潜在的更有利的违约规则。

与此同时，去中心化自治组织不同于传统有限责任公司。为区别于传统有限责任公司，去中心化自治组织在其登记名称中必须包含"DAO"、"LAO"或"DAO LLC"等字样。[③] 在组织章程中，必须说明该组织系去中心化自治组织，并且陈述组织成员权利与其他有限责任公司的成员权利存在重大区别。例如，根据《法案》W. S. 17 – 29 – 410 条款，成员无权单独检查或复制分散自治组织的记录，该组织没有义务在开放区块链上获得信息的情况下提供有关该组织活动、财务状况或其他情况的任何信息。

根据《法案》规定，去中心化自治组织应在章程中写明该组织为成员管理（member managed）的去中心化自治组织还是算法管理（algorithmically

---

① 17 – 31 – 102, Definitions, （ii）"Decentralized autonomous organization means a limited liability company organized under this chapter", SF0038—Decentralized Autonomous Organization Supplement, Orginal Senated, 21 April 2021, https：//www. wyoleg. gov/Legislation/2021/SF0038.

② SF0038—Decentralized Autonomous Organization Supplement, § 17 – 31 – 104, Orginal Senated, 21 April 2021, https：//www. wyoleg. gov/Legislation/2021/SF0038.

③ SF0038—Decentralized Autonomous Organization Supplement, § 17 – 31 – 104（d）, Orginal Senated, 21 April 2021, https：//www. wyoleg. gov/Legislation/2021/SF0038.

managed）的去中心化自治组织，在没有规定时则推定为成员管理。该规定将去中心化自治组织分为成员管理型和算法管理型，这其实是对去中心化自治组织管理的误读。所有的去中心化自治组织都以智能合约为基础，不存在脱离智能合约而单独存在的去中心化自治组织，其成员在智能合约的限制下进行活动。有观点认为，"去中心化自治组织本质上是精密的智能合约体系"。[①] 去中心化自治组织是智能合约技术发展到一定阶段的产物，也是智能合约的应用实例之一，与智能合约密不可分。在上述法案的分类中，事实上将成员型去中心化自治组织与智能合约相分离，忽视了智能合约在去中心化自治组织中的基础性作用。

2022 年 3 月，怀俄明州依据实施情况对去中心化自治组织法案进行了修订。《法案修正案》（SF0068）分为三大部分（section）。第一部分是对部分条款的修改及增补，涉及定义、技术修正、成员义务等，同时对解散事由、公开标识符（publicly available identifier）等内容进行完善。第二部分对与事实或实践不相符的部分进行废止。第三部分规定了修正案的生效时间，即"本法案在完成法案成为法律所需的所有行为后立即生效"。修正案对这一误读进行更正，将其改为"组织章程中的声明应规定成员应如何管理去中心化自治组织，包括在多大程度上按照算法进行管理"。章程主要对成员如何管理去中心化自治组织进行规定，组织管理以成员管理为基础，在一定程度上有算法参与，算法参与的程度需在章程中声明。

（二）组织结构：基于智能合约的公司治理规则

根据《法案》规定，在组织运行过程中，其主要受四类规则的管理，效力从大到小依次为：怀俄明州州法典、智能合约（smart contract）、组织章程（the articles of organization）和经营协议（the operating agreement of a DAO）。为解决组织章程、运营协议和智能合约之间可能存在的冲突，《法

---

① Henning Diedrich, *Ethereum: Blockchains, Digital Assets, Smart Contracts, Decentralized Autonomous Organizations*, South Carolina: Create Space Independent Publishing Platform, 2016, p. 31.

案》规定，如果组织章程和运营协议的基础条款发生冲突，组织章程应优先于任何冲突条款。如果组织章程和智能合约的基础条款发生冲突，智能合约应优先于任何冲突条款，但某些有限的例外情况除外。①

首先，去中心化自治组织法案将去中心化自治组织定义为有限责任公司，除去中心化自治组织法案或州务卿另有规定外，《怀俄明州有限责任公司法》适用于去中心化自治组织。怀俄明州有限责任公司亦可根据该法案，选择转换为去中心化自治组织。② 上述规定明确了去中心化自治组织在怀俄明州属于合法组织形式的法律地位。同时，该法案仅对成立于怀俄明州的去中心化自治组织有效，州务卿不得为外州去中心化自治组织颁发授权证书。③

其次，去中心化自治组织法案将智能合约定义为 "W. S. 40 - 21 - 102 (a)（ii）中定义的自动交易，或任何实质上类似的交易，由执行协议条款的代码、脚本或编程语言组成。可能包括根据特定条件的发生或不发生，保管和转让资产，管理与分散自治组织有关的成员利益投票，或为这些行动发布可执行指令"。④ 去中心化自治组织本质上为智能合约的集合，其完全由代码组成，无须由人来操作，也不受任何人控制。⑤ 即使去中心化自治组织依赖的是一个弱人工智能系统，由于人工智能系统本身没有任何主观能动性，智能合约将总是按照底层代码确定的规则来运作，几无违背预先界定的治理规则运行的可能。⑥ 故此，智能合约的效力在去中心化自治组织

---

① SF0038—Decentralized Autonomous Organization Supplement, §17 - 31 - 115, Orginal Senated, 21 April 2021, https://www. wyoleg. gov/Legislation/2021/SF0038.

② SF0038—Decentralized Autonomous Organization Supplement, §17 - 31 - 104（a）&（b）, Orginal Senated, 21 April 2021, https://www. wyoleg. gov/Legislation/2021/SF0038.

③ SF0038—Decentralized Autonomous Organization Supplement, §17 - 31 - 116, Orginal Senated, 21 April 2021, https://www. wyoleg. gov/Legislation/2021/SF0038.

④ SF0038—Decentralized Autonomous Organization Supplement, §17 - 31 - 2, Orginal Senated, 21 April 2021, https://www. wyoleg. gov/Legislation/2021/SF0038.

⑤ 〔法〕普里马韦拉·德·菲利皮、〔美〕亚伦·赖特：《监管区块链：代码之治》，卫东亮译，中信出版社，2019，第 160 页。

⑥ 〔法〕普里马韦拉·德·菲利皮、〔美〕亚伦·赖特：《监管区块链：代码之治》，卫东亮译，中信出版社，2019，第 164 页。

运行体系中仅次于法典。相较而言，法律是通过外部强制力实现其效力，而智能合约则是基于其本身不可篡改、自动执行的特性。《法案修正案》进一步厘清智能合约的概念，即认为智能合约是指 W. S. 40 – 21 – 102（a）（ii）中定义的自动交易，或任何实质上类似的模拟，或依赖区块链的代码、脚本或编程语言……①即从技术角度对智能合约进行定义，其并非由代码、脚本或编程语言组成，其本身就是代码。该修订使法案对智能合约的定义更符合技术本质。

再次，组织章程对组织的基础事项进行规定，即去中心化自治组织的章程应当包括声明该组织为去中心化自治组织的内容，并规定 W. S. 17 – 29 – 201 要求的事项。除另有规定外，组织章程和智能合约应适用于：成员之间以及成员与分散自治组织之间的关系；个人以成员身份在本章下的权利和义务；去中心化自治组织的经营及其开展；修改经营协议的方式和条件；成员的权利和表决权；成员权益的可转让性；退出成员资格；解散前对成员的分配（distributions to members prior to dissolution）；修改组织章程；修订、更新、编辑或更改适用智能合同的程序以及去中心化自治组织的所有其他事项。②《法案修正案》对智能合约修改条款的表达进行完善，从"修订、更新、编辑"改为"更新、修改或以其他方式修改"。③ 修正后的表达更贴合智能合约不可编辑的技术特性。组织章程在下列情况下应当修改：分权自治组织名称发生变化；组织章程中有虚假或者错误的陈述；去中心化自治组织的智能合约已经更新或更改。同时在组织章程中新增"争议解决"条款，④ 由于去中心化自治组织不在任何特定的司法管辖范围内运作，该条使

---

① SF0068—Decentralized autonomous organizations amendments，§17 – 31 – 2，Orginal Senated，9 March 2022，https://wyoleg. gov/Legislation/2022/SF0068.

② SF0038—Decentralized Autonomous Organization Supplement，§17 – 31 – 106，Orginal Senated，21 April 2021，https://www. wyoleg. gov/Legislation/2021/SF0038.

③ SF0068—Decentralized autonomous organizations amendments，§17 – 31 – 106（x），Orginal Senated，9 March 2022，https://wyoleg. gov/Legislation/2022/SF0068.

④ SF0068—Decentralized autonomous organizations amendments，§17 – 31 – 106（xi）Dispute resolution，Orginal Senated，9 March 2022，https://wyoleg. gov/Legislation/2022/SF0068.

去中心化自治组织将归入特定的司法辖区，为后续司法权的介入打下基础。

最后，操作协议为智能合约或组织章程未尽事项之补充，效力最弱。"如果组织章程或智能合约未对 W. S. 17 - 31 - 106 中所述事项做出其他规定，则去中心化自治组织的运营可通过操作协议（an operating agreement）予以补充。"①《法案修正案》对操作协议的内容进行细化，规定操作协议可对"权利、义务和成员责任"进行规定，其本身可能是一种智能合约，即允许以智能合约的形式设置运营协议。②

基于区块链等相关技术的智能合约，可以将法律或合同条款转化为简单而确定的代码，并由区块链网络自动执行。③ 通过将法律转换成技术规则，法律条文就可以由底层技术框架自动执行。④ 去中心化自治组织从外部法典强制到内部智能合约依照其规定事项的基础程度划分其效力，借助确定的代码规则，构筑其治理体系。

（三）去中心化自治组织的设立及解散规则

1. 设立规则

《法案》还规定了去中心化自治组织成立的四个要件。成立去中心化自治组织的必备条件为组织章程、注册代理人和目的合法，即任何人都可以通过签署并提交（deliver）一份或多份组织章程成立去中心化自治组织。同时，每个去中心化自治组织应持续保持在本州拥有一名注册代理人（a registered agent）。去中心化自治组织的组织者不必是组织的成员。去中心化自

---

① SF0038—Decentralized Autonomous Organization Supplement, §17 - 31 - 108, Orginal Senated, 21 April 2021, https://www. wyoleg. gov/Legislation/2021/SF0038.

② SF0068—Decentralized autonomous organizations amendments, §17 - 31 - 108, Orginal Senated, 9 March 2022, https://wyoleg. gov/Legislation/2022/SF0068.

③ 〔法〕普里马韦拉·德·菲利皮、〔美〕亚伦·赖特：《监管区块链：代码之治》，卫东亮译，中信出版社，2019，第 333 页。

④ 〔法〕普里马韦拉·德·菲利皮、〔美〕亚伦·赖特：《监管区块链：代码之治》，卫东亮译，中信出版社，2019，第 214 页。

治组织可以出于任何合法目的成立和运作，无论是否具有营利性。①

对于"DAO LLC"的管理，该法案规定，组织章程可以将去中心化自治组织定义为成员管理的去中心化自治组织或算法管理的去中心化自治组织。② 如果没有另行规定组织类型，将被推定为成员管理的去中心化自治组织。只有当底层智能合约能够更新、修改或以其他方式升级时，算法管理的去中心化自治组织才能设立。③ 去中心化自治组织法案修正案取消了二分法，废止了成立算法管理去中心化自治组织的特殊条件。

2. 成员管理

对于成员管理型去中心化自治组织的成员权益的计算，去中心化自治组织法案设置了两种计算方法，以其数字资产计算份额或一票一权。其一，成员管理型去中心化自治组织的成员权益应通过将成员对该组织的数字资产贡献除以投票时对该组织贡献的数字资产总额来计算；其二，如果成员不将数字资产作为成为成员的先决条件贡献给一个组织，则每个成员应拥有一个成员权益，并享有一票表决权。同时强调，法定出席数应不少于有投票权的股东权益的多数。④

《法案修正案》取消了法定出席人数的限制，同时对投票计算规则进行简化，直接以其数字资产总额计算投票份额。如果所有成员均未贡献数字资产，则以成员人数计算，一票一权。⑤ 成员责任亦在去中心化自治组织法案中得以明确，法案似乎通过默认放弃成员的信托义务，最大限度地发挥了合同自由原则。根据该法案，有限责任公司的成员对公司和其他成员负

---

① SF0068—Decentralized autonomous organizations amendments, §17 – 31 – 105, Orginal Senated, 9 March 2022, https://wyoleg.gov/Legislation/2022/SF0068.

② SF0038—Decentralized Autonomous Organization Supplement, §17 – 31 – 104 (d) & (e), Orginal Senated, 21 April 2021, https://www.wyoleg.gov/Legislation/2021/SF0038.

③ SF0038—Decentralized Autonomous Organization Supplement, §17 – 31 – 105 (d), Orginal Senated, 21 April 2021, https://www.wyoleg.gov/Legislation/2021/SF0038.

④ SF0038—Decentralized Autonomous Organization Supplement, §17 – 31 – 111, Orginal Senated, 21 April 2021, https://www.wyoleg.gov/Legislation/2021/SF0038.

⑤ SF0068—Decentralized autonomous organizations amendments, §17 – 31 – 111, Orginal Senated, 9 March 2022, https://wyoleg.gov/Legislation/2022/SF0068.

有忠诚和关怀的传统信托义务，仅受善意和公平交易的默示合同契约的约束。除非组织章程或经营协议另有规定，否则分权自治组织的任何成员对该组织或任何成员均不承担任何信托责任。[①]

《法案》对成员退出做出严格限定，并对其退出后的相关事项予以规定。成员只能根据组织章程、智能合约或经营协议（如适用）中规定的条款退出去中心化自治组织。即使未能返还成员的出资，去中心化自治组织成员也不得因此而要求解散该组织。成员退出后即丧失所有成员权益，包括任何治理或经济权利，除非该组织的组织章程、智能合约或经营协议另有规定。

《法案修正案》新增了第四款，对去中心化自治组织成员资格的取得与退出予以规定。在组织章程、经营协议和智能合同没有特别规定时，如果该人购买或以其他方式取得成员权益或其他财产的所有权，并赋予该人在去中心化自治组织内的投票权或经济权利，则该人应被视为成员；如果该人转让、出售或让渡所有成员权益或其他赋予其在去中心化自治组织内的投票权或经济权利的财产，并不再保留其中的所有权，则该人应不再是成员。[②] 总而言之，以其在组织是否享有相关权利作为是否认定为组织成员的标准。这也与 W. S. 17 - 31 - 102 中对"成员权益"的定义从原有的"份额"（share）改为"权利"（right）一脉相承，成员权益即指成员在组织中拥有的所有权。

3. 解散规则

《法案》专条规定了去中心化自治组织的解散事由，包括到期、成员投票、特定事件发生、出现僵局、非法目的。具体而言，去中心化自治组织在发生下列事件时解散：确定的组织期限到期；由成员管理型去中心化自治组织的大多数成员投票表决；智能合约中规定的事件，或组织章程及经

---

① SF0038—Decentralized Autonomous Organization Supplement， §17 - 31 - 110, Orginal Senated, 21 April 2021, https：//www. wyoleg. gov/Legislation/2021/SF0038.

② SF0068—Decentralized autonomous organizations amendments， §17 - 31 - 113 （d）, Orginal Senated, 9 March 2022, https：//wyoleg. gov/Legislation/2022/SF0068.

营协议中规定的时间或事件发生；该组织在一年内未批准任何提案或采取任何行动；根据州务卿的命令，去中心化自治组织被视为不再履行合法义务。在本节第（a）小节规定的任何事件导致分权自治组织解散后，该组织应尽快以州务卿规定的形式签署解散意向声明。①

在此情形下，智能合约不仅对去中心化自治组织的治理拥有"话语权"，其对于去中心化自治组织的解散同样拥有"话语权"。当去中心化自治组织陷入"僵局"长达一年时，去中心化自治组织应当被解散。此处的"僵局"类似于"公司僵局"，指去中心化自治组织不能批准任何提案或不能采取任何行动，这与我国《公司法》及其司法解释异曲同工。我国司法解释就未能召开股东会或股东大会规定的是两年期限，② 但《法案》未规定其他"僵局"情形的持续时间。

《法案修正案》对解散事由予以完善。首先，拓宽了投票解散的组织类型，取消法定人数限制，"多数成员投票决定"即可解散。其次，与成立事由的必备要素相对应，当组织不再执行合法目的或不再受至少一个自然人控制时，即应解散。最后，当全部成员退出时，组织即解散，即根据W. S. 17 – 31 – 113，去中心化自治组织的所有成员均已退出。③

《法案修正案》新增了"公开标识符"条款作为行政权力干预下的强制解散事由之一，即"如果根据本节第（a）小节提交的组织章程不包括W. S. 17 – 31 – 106（b）要求的公开可用标识符，则提交人应有三十天的时间向州务卿提供公开可用标识符。如果在三十天内没有提供公开可用的标

---

① SF0038—Decentralized Autonomous Organization Supplement，§17 – 31 – 114，Orginal Senated，21 April 2021，https://www. wyoleg. gov/Legislation/2021/SF0038.

② 《最高人民法院关于适用〈中华人民共和国公司法〉若干问题的规定（二）》第1条规定："单独或者合计持有公司全部股东表决权百分之十以上的股东，以下列事由之一提起解散公司诉讼，并符合公司法第一百八十二条规定的，人民法院应予受理：（一）公司持续两年以上无法召开股东会或者股东大会，公司经营管理发生严重困难的……"

③ SF0038—Decentralized Autonomous Organization Supplement，§17 – 31 – 114，Orginal Senated，21 April 2021，https://www. wyoleg. gov/Legislation/2021/SF0038.

识符，州务卿应解散分散的自治组织"。①

同时，《法案修正案》还新增了"司法解除"内容。任何利益相关方可在发生规定的任何解散事件时，请求具有管辖权的法院解散去中心化自治组织。法院在发现发生规定的一个或多个事件后，应发布命令，解散去中心化自治组织。② 司法解除可以是任何利益相关方进行申请，请求法院解除，亦可以是法院发现解散事由发生后依职权解除。这与我国《公司法》由持公司全部股东表决权 10% 以上的股东可请求司法解散不同，其范围更加宽泛。③

四 《怀俄明州去中心化自治组织法案》的借鉴意义

《法案》是第一部较为完整的、体系化的对去中心化自治组织的相关问题做出规范的法案，对去中心化自治组织运行管理的规范化做出创新性的制度设计。由于去中心化自治组织不在任何特定的司法管辖范围内运作，而是运行在无处不在、遍布全球的区块链节点上，故而政府将面临如何适用本国法的问题。《法案》通过注册代理人制度解决了区块链组织的管辖权和责任承担的问题。《法案修正案》则体现了怀俄明州在去中心化自治组织立法问题认识上的进一步深化。

首先，《法案修正案》取消了"成员管理"和"算法管理"的错误二分法，肯定了成员与组织之间的密切关系。原法案要求去中心化自治组织在"成员管理"和"算法管理"之间进行选择，该错误的二分法最终被怀俄明州放弃，因为即使是最自主的去中心化自治组织也需要成员互动来决

---

① SF0038—Decentralized Autonomous Organization Supplement，§ 17 – 31 – 105（e），Orginal Senated，21 April 2021，https://www. wyoleg. gov/Legislation/2021/SF0038.

② SF0068—Decentralized autonomous organizations amendments，§ 17 – 31 – 114（c），Orginal Senated，9 March 2022，https://wyoleg. gov/Legislation/2022/SF0068.

③ 《公司法》第 182 条规定："公司经营管理发生严重困难，继续存续会使股东利益受到重大损失，通过其他途径不能解决的，持有公司全部股东表决权百分之十以上的股东，可以请求人民法院解散公司。"

定和执行交易，该二分法并不符合去中心化自治组织的运行实质。以太坊官网将成员资格的获取分为基于代币、基于份额和基于信誉三种。[①] 基于代币的成员资格通常无须许可，取决于使用的代币。这些治理型代币大部分可以在去中心化交易所进行无限制交易。其余部分要通过提供流动性或者进行工作量证明才能赚取。无论以何种方式，只要持有代币就可以参与投票。基于份额的去中心化自治组织通常拥有更多权限，但仍然相当公开透明。任何潜在的成员都可以提交加入去中心化自治组织的建议，通常以代币或工作的形式提供有价贡献。份额直接代表投票权和所有权。成员可以随时带着资金库份额退出。在基于信誉的去中心化自治组织中，信誉代表参加选举的证明，授予成员选举权。不同于代币或共享成员资格，基于信誉体系的去中心化自治组织不会将所有权转让给贡献者。信誉积分不能被购买、转移或授权；去中心化自治组织成员必须通过参与获得信誉积分。潜在成员可以自由提交加入去中心化自治组织的建议书，并要求获得信誉积分和代币，作为换取他们贡献的奖励。

其次，修正案中取消了对法定出席人数的限制。在传统商业组织中，要求法定人数来验证公司行动，意义在于抵消可能导致利润损失的代表性不足的董事会行动。去中心化自治组织是充满活力的新型组织实体，而怀俄明州最初决定要求去中心化自治组织至少 50% 的成员参加投票以使提案有效的制度设计，可能会扼杀这一创新。例如，由 10 名成员组成的去中心化自治组织，始终至少有 5 名成员参加提案表决很简单。然而，随着去中心化自治组织规模的扩大，达到 50% 的法定人数参与投票可能变得越来越困难。成员提交的提案数量将同时激增，从而增加了每个成员必须分配给投票的时间，降低了决策效率。故此，《法案修正案》取消了法定出席人数的限制，同时对投票计算规则进行简化，直接以其数字资产总额计算投票份额。如果所有成员均未贡献数字资产，则以成员人数计算，一票一权，使

[①] Ethereum, *Decentralized autonomous organizations (DAOs)*, https://ethereum. org/en/dao/, Oct. 19th, 2022 last visited.

其更符合商业运行的实际逻辑。

最后，争议解决条款明确了司法管辖权问题。新增的司法解散条款以外部强制力加强对去中心化自治组织的监督和管理。事前审查、事后强制的制度设计能够有效控制去中心化自治组织的合法性，同时也在一定程度上给予去中心化自治组织自由发展的空间。《法案》的发布，使作为元宇宙自治基石的去中心化自治组织得到了真实世界的法律的保护，由此得到了进一步发展的机会。这亦在事实上确认了在虚拟数字世界中"代码即法律"的逻辑。①

五 《怀俄明州去中心化自治组织法案》的局限性

目前，不少学者关注"去中心化自治组织"对公司法的冲击与影响，笔者无意于公司法的立法或修法问题，更多关注去中心化自治组织的具体实践与合规问题。在我国的既有法律框架内，去中心化自治组织很难被直接认定为某一种组织形态。我国并没有专门针对去中心化自治组织的统一认识，因此在我国语境下，去中心化自治组织至多只能被称为一种组织雏形。至于它适合哪一种组织框架，有待于结合具体的场景予以综合判定。换言之，去中心化自治组织是一种构建组织的技术形态，但要想厘清其法律性质，则需要结合去中心化自治组织运营的范围和目的、与去中心化自治组织运营相关的法律风险和税务责任、去中心化自治组织成员的规模和永久性、去中心化治理程度等具体事项判定。对此，《法案》仍然存在诸多局限性。

第一，《法案》能否切实落实，仍存在不确定性。智能合约是去中心化自治组织的核心。代码是智能合约的表彰载体，而法律规则是用自然语言写成的。② 法律语言和代码语言之间的差异体现为模糊性与确定性、抽象与

---

① 程金华：《元宇宙治理的法治原则》，载《东方法学》2022 年第 2 期。
② 吴烨：《论智能合约的私法构造》，载《法学家》2020 年第 2 期。

具体。① 即使规定了去中心化自治组织内部治理规则的效力位阶，但除法典外其实质上均为代码本质的智能合约，底层智能合约、组织章程、治理规则仅是依其规定事项的基础程度做出划分。去中心化自治组织则是智能合约的集合。将法律转化为代码的过程并非没有缺陷，依靠严格的代码语言来规范个体行为存在危险性，并非所有的法律都能顺利地编译成代码。②

第二，司法解散条款的加入有无必要，仍有待商榷。选用智能合约进行交易的优势在于避免纠纷发生与去中心化。以"智能合约"作为检索关键词进行文书检索，相关判例极少涉及对智能合约本身的性质或效力的讨论。原因之一或为区块链的架构设计是去中心化，而司法机构则为中心化争议解决平台，二者的基本理念可能会存在逻辑不恰。"The DAO"黑客攻击事件反映了一个问题——智能合约运行下的去中心化自治组织是否有司法介入的可能性？黑客攻击在可以强制执行的智能合约的区块链系统中继续有效。尽管硬分叉是有效的，但其最终裁决从法院机构转移到有效节点的政治下。硬分叉的成功与否取决于大多数区块链网络里的算力是否采取它。

第三，将去中心化自治组织定性为有限责任公司是否准确，仍存在争议。与那些设有董事会的标准组织不同，去中心化自治组织不需要人来管理，而是完全由代码控制，且仅由一系列智能合约来记录和执行这些代码规则。③ 其组织内部并不存在中心化的决策机构或执行机构，去中心化自治组织的组织者亦不必是组织的成员。将去中心化自治组织置于公司结构，是否会稀释其去中心化的目的？对此需要注意，去中心化自治组织成员仍然可以自由做出集体决定（例如，购买艺术品或捐赠并将资产直接用于特定事业或项目），去中心化自治组织也可以保持自下而上的分布式治理模

---

① 朱岩等：《智能法律合约及其研究进展》，载《工程科学学报》2022年第1期。
② 〔法〕普里马韦拉·德·菲利皮、〔美〕亚伦·赖特：《监管区块链：代码之治》，卫东亮译，中信出版社，2019，第218页。
③ 〔法〕普里马韦拉·德·菲利皮、〔美〕亚伦·赖特：《监管区块链：代码之治》，卫东亮译，中信出版社，2019，第166页。

式。就此而言，去中心化自治组织类似于合伙企业，但不完全与合伙企业相同；类似于公司，但又与公司治理结构存在区别。

另外，在我国以《公司法》为核心的商事主体体系下，以有限责任公司的形态对去中心化自治组织加以规制，可能存在结构上的固有缺陷。去中心化自治组织是否需要实体形式存在争议。《法案》要求去中心化自治组织在怀俄明州有一家注册代理。而去中心化自治组织的精髓在于，以无边界和互联网原生的方式运作，这种维护实体基础设施的要求对去中心化自治组织来说相当冗余。此外，商事主体是以营利为目的的民事法律主体，是市场经济的重要成员，它包括自然人、合伙和法人三种商事主体类型。[①]但无论是去中心化自治组织法案，还是实际运作中的去中心化自治组织，营利性均非去中心化自治组织成立的必备要件。

结　论

目前，去中心化自治组织的法律性质尚不明确，虽然美国《怀俄明州去中心化自治组织法案》认为去中心化自治组织以有限责任公司的形态运作，但是在我国并没有相应的法律规定。因此，去中心化自治组织要想在中国落地，则需要与我国既有法律框架衔接。在学界，有观点认为去中心化自治组织是一种伙伴关系或新型公司，也有观点认为去中心化自治组织是一种投资合约甚至证券。但是无论如何，去中心化自治组织终究只是一种技术，至于它可以成为哪一种组织形态，则需要结合具体的交易结构及功能定位，方可给出答案。

一方面，关于去中心化自治组织的司法救济，可能会面临技术上的挑战。这是因为，考虑到区块链及智能合约的特殊性，有关纠纷难以提前预防，也难以通过事中干预予以阻断。因此，关注事后救济的传统司法便成为重要手段。不过，若只依靠传统司法予以救济，还需要解决诸多难题。

---

① 沈贵明：《基本商事主体规范与公司立法》，载《法学》2012 年第 12 期。

譬如，在区块链环境中，区块链开发者无法控制交易当事人。法院难以通过司法手段强制改变投票结果，组织成员既可能选择接受，但也可能选择不接受。一个可以考虑的对策是，引入司法程序的技术介入，将司法纠纷解决程序、在线纠纷调解程序及一键仲裁程序等嵌入智能合约系统中。

另一方面，去中心化自治组织不应脱离现行法律框架，其不仅会涉及合同、侵权等民事法律规则，也会涉及《电子商务法》《电子签名法》《个人信息保护法》等部门法，还会涉及《公司法》《合伙企业法》等商事法律，甚至会涉及《仲裁法》《民事诉讼法》中的证据规则。因此，亟待在既有法律框架内夯实有关法律适用基础。在代码程序和法律制度之间不应当此消彼长，而应当构建一种相互促进的关系。从私法自治的角度而言，我们也许可以认可去中心化自治组织的团体自治功能，但这并不意味着其是"法外之地"。另外，还需厘清去中心化自治组织成员的信赖基础与团体自治属性，通过技术手段搭建"自力救济＋公力救济"双轨救济机制，这将有助于迈向基于公平原则进行利益衡量的司法逻辑转变。

"算法"对法秩序的挑战[*]

〔德〕Mario Martini^{**} 著 李 剑^{***} 译

【摘 要】 在现代软件应用程序中使用的（计算机）"算法"已经发展成为数字社会的中央控制机构，它们对我们的生活产生越来越大的影响。但是，它们的功能运行类似于一个"黑箱"。如何驯服"算法"所带来的潜在风险，这是现有法律制度需要面对的挑战。本文提出了一种初步的监管构想，借助这些构想人们可以让数字化流程的发展潜力与法律体系的基本价值相互协调，特别是在信息的自决权和不受歧视的自由之间形成平衡。

【关 键 词】 算法；法律风险；法秩序；算法歧视

一 算法是数字知识世界的关键

在越来越多的现有生活领域中，算法控制下的不同类型的程序在虚拟

* 本文是德国联邦司法和消费者保护部资助的第三方项目"物联网中的算法控制"的核心成果，德文标题为 Algorithmen als Herausforderung für die Rechtsordnung，该成果也收录于 2018 年出版的专著中。本文要感谢 Michael Kolain 和 Jan Mysegades，以及前雇员 Wiebke Fröhlich 和 Saskia Fritzsche 对内容的贡献。本文为湖南省教育厅科学研究项目（青年项目）"人工智能安全性保障的法理基础与法律风险规制研究"（21B0236）的阶段性成果。

** Mario Martini，德国施派尔行政科学大学教席教授，德国公共行政研究所"数字化"项目负责人。

*** 李剑，德国慕尼黑大学法学博士，中南林业科技大学政法学院讲师，研究领域为宪法与行政法、法教义学与法学方法论。

的世界中不断发展，并做出了以前为人类所特有的差异化决策：作为对社会和个人偏好无处不在的控制系统——软件应用程序①和算法②，它们会影响到我们的购买行为、我们获得贷款的条件、我们阅读的报告以及我们所认识的人。③"算法"提供了对"（预言）水晶球"的洞察力，通过数据分析它们可以了解我们的未来行为。同时，勇敢的新"智能化"世界的预言塑造了我们的个性，并让我们的生活变得更加透明。

二　算法可能的风险

（一）对市场和舆论力量的垄断

Amazon 公司借助庞大的数据孤岛可以更准确地预测潜在客户的意愿，其借此可以向客户提供更多的商品和服务。同时，不仅从过去的购物偏好，而且从 Facebook 上的"喜欢"按钮，④ 甚至从敲击键盘的节奏中，其都可以借助技术分析的方法得出关于客户消费倾向的结论。⑤ 令许多消费者感到满意的是，他们不再需要长时间寻找适合自己的产品，而是可以对个性化的建议和激励做出反应，甚至他们可以享受专属于个人的折扣。这也使得他们的行为更加易于被预测，并且随着用户数量的增加，算法推动了市场

---

① "软件应用程序"（Softwareanwendung）是指由程序代码控制的整个系统，该程序代码由终端传达，对用户产生外部影响，无论是基于下载的程序还是基于诸如电子商务平台之类的电信媒体服务。与"硬件应用程序"（如机器人）相反，它在现实世界中不会产生物理影响，但仅限于信息技术系统中的数据处理和决策过程。

② 算法是解决（数学）问题的分步说明方式。因此，它们本身并不是数字时代的现象，参见 Barth, Algorithmik für Einsteiger, 2. Aufl. , 2014, S. 10 ff. ; Hoffmann-Riem, AöR 142 (2017), 1 (2 f.)。如果本文使用术语"算法"（到目前为止在新闻和法律讨论中盛行），则它始终牢记计算机算法，并理解可以转换为编程语言的程序。计算机在有限的时间内完成特定的任务。

③ 例如可参见 Coglianese/Lehr, *Georgetown Law Journal* 105 (2017), 1147 ff; Hoffmann-Riem (Fn. 2), 4 f; Tutt, *Administrative Law Review* 67 (2016), 1 (2).

④ 参见以下实证研究 Youyoua/Kosinski/Stillwell, PNAS 112 (2014), 1036 (1037 ff.).

⑤ 另可见于 Christl, Kommerzielle digitale Überwachung im Alltag, 2014, S. 21. 其他线索参见 Epp/Lippold/Madryk, CHI 2011, 715 ff.

力量的发展。在市场平台中典型的网络和规模经济的推动下，① 这一过程开始变得越来越快。

在最坏的情况下，它使数据公司能够阻碍新参与者进入市场，② 从而损害竞争作为一种（价值）发现过程的顺畅运行，进而控制社会舆论形成过程并密切监视人类行为。即使在今天，与政府的执法措施相比，还是有不少公民更害怕（社交媒体上的）负面"分数评价"。自从有关 Facebook 在美国大选中扮演了一定角色的传闻出现以来，人们一直怀疑（隐藏的）政治影响力也是无处不在的算法数据分析风险中的一部分。③

（二）不透明性

算法的"数学—逻辑"问题解决模式保证了其客观性。它的决策标准被转换成程序代码，对于软件应用程序的用户来说这一过程仍然是一个谜。④ 算法获得结论的方法被隐藏了，毕竟算法世界是基于数学公式来运转的。

因此对于那些受到影响的人而言，不透明的决策是难以理解的决策，它对基本社会价值构成了危险。⑤ "算法黑箱"⑥ 不仅让人产生被监视的沉闷感觉，而且这是一种无法确定谁在收集和阅读相关内容的沉闷感。从个人数据中得出结论，也可能引发基于不透明决策标准而被歧视或将个人退化为控制对象的趋势。同时，缺乏对软件应用程序的洞察力使得消费者无

---

① 例如可参见 Bundesministerium für Wirtschaft und Energie, Weißbuch Digitale Plattformen-Digitale Ordnungspolitik für Wachstum, Innovation, Wettbewerb und Teilhabe, 2017, S. 28, 58。

② 此外，通常还有市场力量来决定在数字世界中参与基础设施服务和取得市场成功的条件。例如，如果您不想接受 Google Play 商店或 Apple Store 的合同条款，那么智能手机世界中的核心市场实际上将对用户保持关闭。

③ 有人怀疑 Facebook 故意压制来自保守派人士的新闻，从而操纵有利于其他政治潮流的所谓热门话题。可参见 Meier, Macht Facebook geheime Politik gegen Konservative?, Welt online vom 11.5.2016。为了回应这些指控，这家互联网公司至少发布了一些内部选择指南。

④ 至少适用于专有软件应用程序。对于开源软件，程序代码本身已经对所有人开放。但是，对于普通消费者而言，解密通常是很难实现的。

⑤ 另可参见 Hoffmann-Riem（Fn. 2），32 f.。

⑥ 概念界定参见 Pasquale, The Black Box Society, 2015（passim）geprägt。

法保护自己：因为决策的合法性①只能由那些了解并理解数据基础、操作顺序和决策权重的人来审查。

（三）歧视

算法是由人类来建模设计的，其中还包括其创建者的观点、倾向和价值模式。算法本身不是客观的或中立的。它们的评估在结构上遵循决策者的目标模式，因此通常更具创造力的经济理性远胜于人类社群的价值观。在此决策过程中，它们将社会现实转化为二进制代码，该代码根据度量标准类别构造输入变量，并将其与自己的模式进行比较：基于算法的决策是基于随机推理对网格进行分类的结果。就其本质而言，算法仅决定相关性，而不决定因果关系。② 具备程序解析算法（Profiling-Algorithmus）的应用程序根据组概率对个人进行描述——并越来越多地自主决定如何权衡那些标准。它们对社会群体的量化渗透也使它们能够进行任务分解，这可能导致一种自我参照的决策机制，这种机制可以加强或巩固现有的结构性不平等。居住地信息已经可以帮助确定谁可以获得贷款或谁被允许付款。与柏林－夏洛滕堡这些富裕地区的人相比，住在 Neukölln 或 Mainz 火车总站附近（平民区）的人都必须为迎接更恶劣的条件做好准备。③ 根据历史数据分析，电子商务平台可以为富裕的 Apple 客户提供比价格敏感的 Medion 客户更高价格的同一类产品。④ 像含有"Mandy"、"Kevin"或"Mohammed"这类名字

---

① 另可参见 Hildebrandt, Smart technologies and the end（s）of law, 2016, S. 261, 263；Hoffmann-Riem（Fn. 2），6, 11 ff.

② 例如根据大量数据获得的知识表明，青少年食用巧克力的频率高于平均水平，并且经常患有痤疮，但目前尚不能理解巧克力为何会导致痤疮。算法很容易产生这样的误解。还可参见 Martini, DVBl 2014, 1481（1485）。

③ 可参见 Álvarez, Im Netz hat jeder seinen Preis, Tagesspiegel Online vom 5. 4. 2016。美国科学家已经在针对这种现象制定对策和检测措施，可参见 Hannak/Soeller/Lazer et al., Measuring Price Discrimination and Steering on E-commerce Web Sites, in：Williamson/Akella/Taft（Hrsg.），IMC'14, 2014, S. 305（307 f.）；Vafa/Haigh/Leung et al., Price Discrimination in The Princeton Review's Online SAT Tutoring Service, http://techscience. org/a/2015090102/（22. 11. 2016）。

④ 可参见 Mattioli, In Orbitz, Mac Users Steered to Pricier Hotels, Wall Street Journal vom 23. 8. 2012。

的人，算法通常将其与低可靠性联系在一起，他们经常会在自动申请程序中被排除，所以他们不会获得像面试邀请这样的机会。[1]

在美国威斯康星州，人们对算法的强大功能十分有信心，以至于 Compas 软件可以计算出人们犯罪的可能性。最后但并非最不重要的一点是，该制度应摒弃种族偏见的价值模式。然而，情况恰恰相反：该软件证明，皮肤黝黑的人有着与白人相比明显高于实际复发率的犯罪风险，而他们的预测复发率与实际复发率之间的偏差是白人的两倍之多。[2]

这些例子表明，《德意志联邦共和国基本法》第 3 条和《欧洲人权公约》第 21 条的"禁止歧视"原则基本上与软件的二进制性质无关。[3] 在许多情况下，与人类决策的波动性相比算法要更具优势，但这并不是出于一种歧视性，因为"算法"中缺乏道德的指南针。

由于使用自适应系统（机器学习程序），[4] 人们在技术上越来越难以进行控制。因为机器学习方法不能通过静态方案来运转：它们不是根据代码的线性模型编程的，[5] 而是根据其操作环境动态调整其知识库和决策结构的——并且它们还是独立进行的。[6] 机器学习的逻辑核心是数据与模型之间的对话：能够进行学习的软件应用程序在数据训练的基础上扩展其分析能力，并对通过学习所获得的知识进行概括。结果，即使在不确定的情况下，它们也越来越能够识别可用数据的模式和规律性，[7] 并能够准确区分重要和不重要的数据。它们可以从数据堆中自适应地得出结论，而无须针对特定形

---

[1] 关于使用在线人格测验预选申请人的风险和机会，可参见 Lischka/Klingel, Wenn Maschinen Menschen bewerten, 2017, S. 22 ff。

[2] 有关 Compas 分析的种族歧视倾向，请参见 Angwin/Larson/Mattu et al., Machine Bias, https://www.propublica.org/article/machine-bias-risk-assessments-in-criminalsentencing。

[3] 另可参见 Grundmann/Hacker, ERCL 13 (2017), 255 (278 f.); Martini/Nink, NVwZ-Extra 10/2017, 1 (9 f.)。

[4] 这是指不仅使用（静态）线性动作序列，而且使用（动态）机器学习过程的软件应用程序。

[5] 例如，请参见 Schlieter 书中神经网络如何工作的清晰图示, Die Herrschaftsformel, 2015, S. 24 ff。

[6] 关于各种支持运算的（数学）模型，可参见 Ertel, Grundkurs Künstliche Intelligenz, 4. Aufl., 2016, S. 195 ff。

[7] Ghahramani, Nature 521 (2015), 452 (452).

式的问题解决方案进行明确编程。这使它们能够以最少的人工投入来从根本上完成任务。[1] 从外部看不到它们是如何得出结果的，因此监督机制也无法理解它们。所以在这种模式中人们无法以传统方式跟踪和消除错误。[2]

三　对算法的监管建议

消费者无法通过自己的谨慎行为而轻易地躲开数字时代机器中的危险区域。在高度复杂且通常令人好奇的应用程序中捍卫自己的隐私，人们很快就会不知所措，因为这些应用程序具有他们无法理解的技术功能。他们的行为也经常遵循马太福音的座右铭："心灵固然愿意，肉体却软弱了。"在对个人信息自决的坚持与执行个人的意愿之间，它们的差距并非总是可以弥合的，例如通过严格阅读同意声明[3]（所谓的隐私悖论[4]）。通过在可用时间资源与隐私保护工具相关联的研究和准备工作以及个人使用数字服务之间实现直观的平衡，用户通常会采用最吸引人的方式——通过提出疑问来赢得自我安慰（但并不真正关心如何解决问题）。在计算个人机会成本的前提下，希望通过个人阅读同意声明的方式来确保隐私保护的规范性主张并不会取得圆满成功。然后，应该更强烈地（也）将数据保护概念化为一种类似于对财产的集体保护，即作为对共同的基本价值的保护，这从个人行为对社会的影响中得出了其有效性的限制：[5] 用户和程序提供者在使用

---

① 可参见 Tutt（Fn. 3），8。

② 也可参见 Barocas/Selbst, California Law Review 104（2016），671（692 f.）；Martini/Nink（Fn. 18），12。

③ 也可参见对"同意"概念的批评意见，Hoffmann-Riem（Fn. 2），21 ff。

④ 另可参见 etwa Athey/Catalini/Tucker, The Digital Privacy Paradox: Small Money, Small Costs, Small Talk, 2017 mit einem Experiment unter 3000 Studierenden, das der Leitfrage verschrieben war: Pizza over privacy?；Wagner, in: Wolff/Brink（Hrsg.），BeckOK DatenschutzR, 21. Ed., Stand: 1. 8. 2017, Grundlagen und bereichsspezifischer Datenschutz-Landesdatenschutz, Rn. 79；详细的不同意见可参见 Dienlin/Trepte, European Journal of Social Psychology 45（2015），285（286 f.）；更多信息可参见有关该现象的社会学分析。

⑤ 相关概述也可参见 Golla, Mehr als die Summe der einzelnen Teile? Kollektiver Datenschutz, in: Taeger（Hrsg.），Recht 4.0, 2017, S. 199（202, 207 f.）。

（电视媒体）报价时违反法律监管规则。这包括不将同意声明的检查交由个人掌握：国家应使他们服从更严格的法律监管制度，以有效地分析利益的平衡和与个人互补的执法上的结构性不对称。尤其是欧盟《通用数据保护条例》第 7 条第 4 款的要求，它是朝正确方向迈出的第一步，但仍落后于人们理想的要求。

针对性的法律监管制度还包括对"算法黑箱"进行有效控制的程序性方法：如果在日益复杂的数字世界中，个人无法解释、理解和控制技术系统，则法律制度应该变得更加重要。有可能在技术设计中直接嵌入基本的社会价值，① 并开发出有效的控制它们的机制。这种方法提出了一个问题，即我们希望如何生活在一个日益算法化的社会中，以及应通过立法量身定制什么样的法规来抵消我们与数字世界的不对称性。

立法机关必须掌握一个艰难的平衡操作：算法监管处于有效的隐私保护、公司和商业秘密的保护，以及与数字价值创造潜力的促进之间的复杂张力之中。

为了实现它们的竞争目标，立法机关可以从时间轴上的几个点着手：预防性（第一步），与软件应用程序的使用并行（第二步），并伴随着自我调节（第三步）和事后处理（第四步）。

（一）预防性监管工具

1. 《通用数据保护条例》第 22 条

欧盟立法者已经在"施工现场"（Baustelle）采取行动，对基于算法的程序进行立法监管：新的《通用数据保护条例》赋予受影响者抵御自动决策程序的权利（《通用数据保护条例》第 22 条第 1 款）。该法规基于核心基本权利指导原则：在软件应用程序的决策过程中，不应允许算法将人们降格为纯粹的对象。站在欧洲议会面前的是英文喜剧系列《小不列颠》中的反乌托邦故事"计算机说不"，借此警告人们应反对由不透明的二进制数位

---

① 关于"设计上的隐私"的基本思路，可参见 Art. 25 I DSGVO；也可参见 Cavoukian Privacy by Design-The 7 Foundational Principles, 2011, 3。

逻辑决定的社会现实。

《通用数据保护条例》第 22 条的规范效力半径比 "［包括概要文件］标题" 所建议的要窄：一方面，它允许该原则规定的许多例外情况；另一方面，① 它仅涵盖了在没有任何人为影响的情况下做出的决定——但不是针对基于算法的人为决定。② 因为对一个人的自动评估（例如，关于他的信誉度）并不是要以这样的方式来决定。程序评估只是一个准备过程。③

2. 透明度

（1）贴标签的义务，尤其是使用视觉符号

只有那些能够识别和证明由基于算法的程序引起了侵权的人才能有效地为自己辩护。但为此，相关人员必须首先知道这样的行为将完全影响到他们的权益。

如果软件应用程序的决策是在 "黑箱" 中进行的，那么设定透明性义务可能是一种合适的监管工具，它可用来阐明敏感的决策过程。因此，对于初始的模块构建，建议在个性敏感字段中标记算法的使用（尤其是在 "自适应" 情况下）。④

原则上，《通用数据保护条例》规定人们有告知义务 ［《通用数据保护条例》第 13 条第 2 款第（f）项和第 14 条第 2 款第（g）项］。这就像《通用数据保护条例》第 22 条一样，它仅限于 "自动化决策" 的情况，即那些

---

① 尤其是在获得同意的情况下，或者如果对于签订合同或履行合同是必要的（Art. 22 II lit. a, c DSGVO）。但是在这种情况下，负责人必须采取措施保护数据主体的利益（Art. 22 III DS-GVO）。关于这些保护措施的详细内容可参见 Martini/Nink (Fn. 18)，3 ff.

② 对此的批评意见也可参见 Hoffmann-Riem (Fn. 2)，35 f.

③ 《通用数据保护条例》第 22 条仅在导致自动决策（即无人为干预）的情况下记录此内容。因此《通用数据保护条例》第 22 条第 2 款第（b）项并未打开成员国的评分规则，正如新的《联邦数据保护法》第 31 条（基本上与《联邦数据保护法》旧版本第 28 条相对应）所涵盖的那样，《联邦数据保护法》第 6 条第 1 款第（e）项也没有（"为公共利益而处理"）。评分对金融行业很重要；实际上，它是整个经济体的润滑剂。但是，如果宏观经济利益已经足够，则可以为大量加工业务证明公共利益是合理的，并且可以轻易规避《通用数据保护条例》体系。该条例致力于特定公共任务的处理，而不是出于私人经济目的的处理。贷款准备金不是其中之一。因此，新版《联邦数据保护法》第 31 条违反了欧盟法。

④ 立法机关必须通过足够精确的分类标准来详细说明这些领域中的哪些领域以及法规应从哪个相关阈值生效。

不受人类直接影响的决策。

法律制度不应停滞不前，但标记义务应扩展到人格敏感领域中所有基于算法的程序。这种标记应借助易于识别的，并且实际上能被公民识别的符号来进行，否则它可能只会是扩展另一个（未读）段落中的数据保护信息而已。

（2）有责任说明基于算法的决策过程

说明理由的义务可以解决基于算法的决策过程中固有的缺乏透明性的弊端。理想情况下，应该在程序代码中实现对单个调整点的审查。比如借鉴药品法，人们可以想到"数字包装说明书"的方式，它以一种简单易懂的方式解释了基于个性敏感算法的决策过程。[①] 然后，服务提供商必须向人们提供算法生成的决策信息，这不仅包括比较组和参数的信息，还包括指导个别情况下决策过程的原则信息。[②] 原则上，还必须提供对决策中所包含的个人信息的数据基础，以便进行准确性检查。

在软件应用程序中设定合理性义务（基于《行政程序法》第 39 条第 1 款所规定的模式）将给程序员带来挑战。尤其是在神经网络下复杂的机器学习过程中，[③] 即使是其创建者也常常只能回想说已经做出了决定——但说不清是出于什么原因。然而，在技术上看来困难的事情，在规范意义上并不是不可能的。[④]

规范上要求的辩护深度应与各自决策对象固有的歧视风险和对人格威胁的程度大小相对应。[⑤] 但是，并不存在公开软件应用程序代码的一般义

---

① 另请参见以下规定 Art. 12 I 1 DSGVO。

② 另可参见 Martini/Nink（Fn. 18），11。

③ 神经网络根据人脑的功能机制工作，因此它们基于其神经可塑性：它们开发的解决方案取决于各个网络节点做出的无数个体加权决策。也可参见 Fn. 20。

④ 对于追溯神经网络输出的第一种方法，请参见 Beuth, Die rätselhafte Gedankenwelt eines Computers, Zeit Online vom 24. 3. 2017；Voßberg, Wie Forscher dem Computer beim Denken zusehen, https://www.ferchau.com/de/de/blog/details/2017/06/19/wie-forscher-dem-computer-beim-denken-zusehen。

⑤ 在某些机器学习的应用形式（如神经网络）的情况下，查看程序代码无济于事，因为它既没有明确概述也没有描绘出动态决策模式。

务。① 仅仅为相关人员提供有关已实现算法所基于的基本决策的结构信息是足够的，但也是必要的，以便使个案的决策原则易于被理解。②

（3）基于算法的消息选择服务的特殊透明度要求

随着诸如 Google 新闻或 Facebook Newsfeed 之类的新闻采编器的出现，③它们对公众舆论形成的影响也日益增强——舆论的力量也随之增强。④ 任何情况下保护公众舆论不受影响，这形成了向它们施加透明度义务的合理要求，从关键的意见形成规模阈值来看，程序提供方都必须向公众提供对其新闻选择和优先级排序技术流程的说明。⑤ 可能的利益冲突，例如，经济上的相互依存关系引发了系统地降级或排除某些服务或内容（相对于其他服务或内容）的动机，对此人们必须予以识别（可处以罚款）。这种透明性可以成为保护自由民主社会中公正的形成意见的规范框架之稳定基础。另外，引入多元化或必须承担的义务则超出了目标要求：⑥ 根据其基本职责，新闻采编者应允许偏好驱动的选择，而不是去反映普遍的观点。

3. 个人应用程序

在敏感的个人应用程序领域中对基于算法的决策过程的内容进行事前

---

① 《通用数据保护条例》将第 13 条第 2 款第（f）项和第 14 条第 2 款第（g）项的告知义务扩展到算法所基于的逻辑；但是，这基本上将其限制在《通用数据保护条例》第 22 条规定的情况下，即完全自动化的决策。关于解释的最低限度内容，《通用数据保护条例》——与提供信息的义务不同——用"至少在这些情况下"这一短语来表示对其他应用领域的开放。但是，它留下了提供解释义务的其他应用领域。

② 只有在有合理怀疑或通过内部摄像程序的情况下，才有必要在监管或司法控制级别上洞悉程序代码。对此可着重参看下文第 3 章第 2 节第 1 部分。

③ "新闻采编器"是一种服务的提供者，该服务可以自动整理，列出并不断更新来自各种来源的新闻（基于算法）。除了实施某种算法外，其基本上根据相关性或真实性内容排除了任何人工处理。

④ 也可参见 Hoffmann-Riem（Fn. 2），11 f.，14，38。

⑤ 在法规方面，对《广播电视州际协议》第 54 条第 2 款的相应补充是有意义的。另外，旨在改善社交网络执法的法律（《网络数据法》，请参阅《联邦议会文件》BT-Drs. 18/13013）追求的目标是不同的，它规定了社交网络在处理犯罪和其他方面的法定报告义务：犯罪内容（《网络数据法》第 2 条）、有效的投诉管理（《网络数据法》第 3 条）以及任命国内代表（《网络数据法》第 5 条）。

⑥ 关于该要求可参见 Broemel，MMR 2013，83（85）；Hentsch，MMR 2015，434（437）；Kluth/Schulz，Konvergenz und regulatorische Folgen，Oktober 2014，S. 36 f.，98。

监管，这是一种状态监管程序，特别是对敏感的个人应用程序,[①] 其软件应用程序必须经过此种审查状态才能被使用。

这种"TÜV 算法"（事前算法监管)[②] 的测试范围不仅应包括确定性程序的代码，还应包括数据库的正确集成方式。它还应检查自适应软件应用程序的训练过程[③]是否符合标准化规范，其目的是使机器学习过程受到所输入之规范的影响，从而表征出后来的模式识别和组合，并以此"教育"算法智能。

对于官方软件应用程序，原则上应强制进行初步检查；它仅适用于在敏感的个人应用程序领域中使用软件应用程序，或者在威胁到其他非公共机构的重要法律利益时才被允许使用。

4. 《平等待遇法》（AGG）

限制程序中基于算法的歧视风险，这一监管目标与《平等待遇法》的保护使命息息相关：两者均旨在防止面临歧视风险的人们（通常是少数群体）处于不利地位。

《平等待遇法》尚未将基于软件的程序排除在其范围之外；它被设计成技术中立的。但是与此同时，它仅限于生活领域中的一小部分规范，即雇佣关系、教育和社会福利以及可供公众使用的福利（《平等待遇法》第 2 条和第 19 条)。[④] 法律仅适用于劳动法范围之外的私人之间，即所谓的大众商业保险合同之中——它涵盖了从迪斯科舞厅到健康保险的领域，无论是类似的还是虚拟的各种情况。[⑤]

---

① 关于需要指定法规生效的应用场景和重要阈值的信息，请参见 Fn. 32。

② Dräger, Ein Tüv für Algorithmen, Handelsblatt vom 21. 8. 2017；Martini, DÖV 2017, 443 (453).

③ 用于后续的连续例行验证，尤其是在管理过程中对自适应系统的验证，可参见 Martini/Nink（Fn. 18），12 ff。

④ 相关争议问题在于，§ 2 AGG 是否定义了 §19 I AGG 的适用范围。Thüsing, in：Säcker/Rixecker/Oetker et al.（Hrsg.），MüKo-BGB I, 7. Aufl., 2015, § 19 AGG, Rn. 4（bejahend）；a. A. wohl Wendtland, in：Bamberger/Roth（Hrsg.），BeckOK BGB, 43. Ed., 2017, AGG § 19, Rn. 3 ff.

⑤ 在任何情况下，都会记录提供者通过邀请广告要约进行广告宣传的所有交易，相关论证可参见以下立法草案：BT-Drs. 16/1780, S. 25 f., 32；Franke, in：Däubler/Bertzbach（Hrsg.），AGG, 3. Aufl., 2013, § 2, Rn. 56；Nickel, NJW 2001, 2668 (2669)；也可参见 OLG Karlsruhe, NJW 2010, 2668 (2669)；a. A. Thüsing, NJW 2003, 3441 (3442 f.). 不同意见参见 Scoring Moos/Rothkegel, ZD 2016, 561 (563 f.)。

相比之下,《平等待遇法》并未涵盖基于软件过程的众多专业领域。在《平等待遇法》第 2 条第 1 款的应用案例目录中增加了值得关注的第(9)项——基于算法的数据分析或自动决策而在私人之间产生的不平等待遇。

(二) 伴随监管错误和风险管理

相反,并非所有软件应用程序都需要预防性批准监管,而是在有特殊说明的情况下,预防性批准本身不足以有效应对因基于算法的动态决策而导致的生活世界的风险。

对于敏感的个人应用领域中的复杂软件程序,持续监管的必要性是由于它们在使用过程中经常像变色龙一样改变其行为——无论是通过更新,还是由于机器学习过程。针对歧视性软件的成功判决(在侵权行为发生两年内具有法律约束力)已经过时。

1. 控制算法和机器学习过程的标准化

无论如何,对于自适应软件应用程序,只有对学习机制和基础数据库以及它们产生的结果具有深刻的了解,才能实现可靠的合法性审查——因为很难从外部理解机器学习的过程。因此,在敏感的个人领域中使用机器学习的任何人都应遵守持续的监管义务。[①] 这些过程必须确保对旨在保障对基于算法的合法决策技术和组织措施进行定期检查。规定的测试范围必须特别扩展到机器训练的环境之中,测试数据的有效性以及自适应软件应用程序数据库的正确性。

系统分析软件对应用程序决策结果的控制算法可能是重要的测试工具。它们遵循的指导原则是:"您应该通过它们的行为来识别它们。"经过测试的过程可以找出哪些因素特别受算法加权的影响。人们可以通过保密措施,

---

① 但是,立法机关在此也应免除那些能够自动学习的、可能所造成损害的程度仍低于实质性阈值(尚待确定)的软件应用程序(可能是分级的)标准。也可参见 Merkmal der Persönlichkeitssensibilität auch bereits Fn. 32。

尤其是内部摄像程序，充分考虑有关服务提供商的合法保密义务。[①]

2. 风险管理系统和风险评估的发布

任何在其软件应用程序中实施算法的人都可能会面临重大的个人风险，尤其是歧视性风险，他们原则上必须创建风险预测：他们必须分析并披露数字系统在多大程度上会危害受到保护的基本商品权利，以及为避免权利侵害而提供的技术、组织和法律保护机制。[②]

在自动决策机制的个人敏感应用领域中，尤其是在公共部门（例如在自动化行政程序中），用户也应有义务使用风险管理系统。[③] 他们的任务是确保软件应用程序——尤其是自适应应用程序——不会做出任何无法预料的、不正确的尤其是歧视性的决策。如果链接到特别敏感的数据（例如性取向或种族出身）或在结构上增加间接歧视的风险，则系统可以触发自动决策的（人为）审查。

到目前为止，《通用数据保护条例》的（数据保护）法律适用和未来的监管制度都没有义务将风险管理系统整合到其数据处理流程中，或发布影响评估的结果（《通用数据保护条例》第 35 条）。但是，在敏感的个人应用程序领域中，特别是在自适应性强的软件应用程序中设定此类义务是适当的。最后但并非不重要的一点是，它们使受影响的人能够根据自己的意愿做出决定，从而在知情的基础上承受与使用特定应用程序相关的风险。

但是，在运行风险管理系统和履行影响评估的公布义务时，需要有一定的比例意识：考虑到相关的资源支出，要求立法机关在经济利益和个人利益之间建立合理的平衡规范。

---

① 另可参见 Martini（Fn. 13），1485 f.。关于行政法中的录像程序可参见 Neumann, DVBl 2016, 473。

② 《通用数据保护条例》第 35 条第 1 款规定自 2018 年 5 月 25 日起对高风险处理的数据保护影响进行评估（《通用数据保护条例》第 99 条第 2 款）。但是，根据《通用数据保护条例》的保护要求（《通用数据保护条例》第 2 条第 2 款），审查范围通常会缩小到保护个人数据的范围（但这是至关重要的）。

③ 关于（自动）税收程序中的风险管理系统，可参见 i. S. d. § 88 V S. 3 AO Braun Binder, DÖV 2016, 891（895 f.）；Braun Binder, NVwZ 2016, 960（961 f.）；Martini/Nink（Fn. 18），8 ff.；Schmitz/Prell, NVwZ 2016, 1273（1273 f.）。

3. 记录程序的顺序

检查、确定和证明或反驳任何违法行为的可能性都要求有效保存证据——这既涉及软件应用程序的建模，也涉及所使用算法的决策参数（必要时包括学习步骤）。为了保证这一点，对程序序列和反馈过程的大量记录也应作为基于算法过程的风险管理的一部分。

《通用数据保护条例》第 30 条所规定的负责人进行处理活动的清单并未达到要求：它仅限于基本数据（尤其是负责人的联系方式、处理目的和类别）的数据主体和接收者。[①] 程序过程和决策参数不属于该清单范围。

尤其是对于分布式、高度网络化或自适应的应用程序，全面的系统日志记录及其评估可能非常耗时，并且很快会成为一种过度的负担。因此，报告义务应根据其对个人权利的敏感性和商业模式的扩展强度，以及其规范范围和深度进行衡量，并应包括"不利情况条款"（Härtefallklauseln）。

（三）自我调节：负有解释义务的算法责任守则

对敏感的个人应用程序领域提供应用软件的任何人，不仅在其系统可能引发的风险方面拥有卓越的专业知识，他也最有可能知道有效的问题解决机制并且克服它们。考虑到政府机构有限的监管能力以及现代（尤其是自适应）基于算法的系统的复杂性和动态性，在尝试对相关风险进行监管时，人们有必要考虑利用这种可调节的自我审查的潜力。尽早将程序服务提供者纳入监管程序和审查责任中，可以增加对他们以后行动的限制和提高他们对遵守规则的接受度。

自我（监管）承诺尚未成为数字经济中成功的有力模式。[②] 这些规章制度的调整对象（服务提供商）经常将其当作无花之果：他们假装认真而努

---

① 另可参见 Hartung, in: Kühling/Buchner (Hrsg.), DS-GVO, 2017, Art. 30, Rn. 16 ff.; Martini, in: Paal/Pauly (Hrsg.), DS-GVO, 2017, Art. 30, Rn. 2 ff.

② 另可参见 Hoffmann-Riem (Fn. 2), 39; 来自数据保护法上的观点可参见 Martini, NVwZ-Extra 3/2016, 1 (9 f.); Meltzian, in: Wolff/Brink (Hrsg.), BeckOK DatenschutzR, 21. Ed., Stand: 1. 8. 2017, § 38a BDSG, Rn. 3; Petri, in: Simitis (Hrsg.), BDSG, 8. Aufl., 2014, § 38a, Rn. 16。

力，但是却没有将自己的承诺与对公众有效的承诺联系起来或是希望将它们联系在一起。欧盟委员会利用自我监管来促使 Facebook 适当及时地处理诽谤和种族主义言论的努力充分体现了这一点。

自愿承诺模式的监管经验表明，如果没有指导性激励措施和制裁机制，它们几乎不会取得预期的效果。修改后的模式——就像有"牙齿"一样的自我管控——可能有助于有效发展出良好的自我监管意识（包括受规则执行影响的意识）。对于"守则"内容的更严格的最低要求以及综合的法定声明义务特别适合作为监管标准。

在这方面，《股份公司法》第 161 条提供了一种混合模式。这不涉及国际立法的问题。相反，它更多的是代表了由专家业务代表组成的私人委员会①的经验知识。② 它的专业知识通过《股份公司法》第 161 条的杠杆产生了间接的规范作用：立法机关要求监管对象每年声明他们是否遵守了守则中的建议，特别是他们没有遵循哪些建议以及为什么不这样做。③

基于这种"遵守或解释"的基本理念，立法者应责令对个人特别敏感的应用程序提供商，尤其是自适应软件应用程序提供商，必须声明自己设置了遵守算法责任的代码。在理想情况下，它将由各个团体的民选代表组成的政府委员会起草。与上市公司必须向股东和潜在投资者（为了投资透明性）透露公司的相关行为与营利活动的方式类似，在个人敏感领域提供软件应用程序的服务商必须表明其立场：他们必须公开声明其是否遵守了行为守则，并以合乎道德的方式使用基于算法的程序，如果偏离了代码中制定的良好数字道德规范的基本规则，则无论如何都必须说明为什么以及在何种程度上不遵循相关规则。

对公众做出最低限度的原则承诺可以帮助平衡用户和服务提供商之间

---

① 该委员会被称为"政府委员会"（§161 I 1 AktG）（由于联邦司法和消费者保护部长任命了其成员）。但这并没有改变这样一个事实，即它没有被整合到国家结构中，而是以私人身份将其专长（及其利益）带入招募而来的机构成员中。

② Hölters, in: ders.（Hrsg.），AktG, 2. Aufl., 2014, § 161, Rn. 3.

③ Vetter, in: Henssler/Strohn（Hrsg.），GesR, 3. Aufl., 2016, AktG § 161, Rn. 9.

结构性的知识不对称。声明所产生的自我承诺约束和对真理的主张对服务商施加了遵守规则的压力，尤其是在理想情况下：《算法责任守则》敦促服务提供商以符合社会认可的算法基本规则负责任地进行活动，如果情况与他们的公开声明相抵触，理想情况下它不仅会触发市场的制裁效果，而且相当于在消费者之中使他们永远地丧失了声誉。这种声明义务也应包括在《反不正当竞争法》第 58 条、第 5a 条中。[①] 通过将遗漏或不正确的遵守声明与制裁联系起来，也可以对服务提供商进行罚款处罚。

但是，无一例外地要求每家公司都对其产品中的算法承担声明的义务，将使监管目标难以实现。只有当软件应用程序超出法律规定的数字权利和与人身权利相关之风险的严格限制（由法律更详细规定）时，相关公司才有义务提供适当的声明。在此，对公司的规模、业务模式的可扩展性和产品报价范围也应予以考虑。

为了真正实现在数字世界中的规范性使命，并让相关公司承担符合声明的义务（理想情况下以欧盟法为基础）——就像服务提供商要承担的其他义务一样——这不仅涉及在德国的公司及其分支机构，还涉及德国之外的公司及其分支机构应遵循经营活动所在地（管辖）原则。[②]

（四）事后保护

如果"算法黑箱"妨碍了对消费者保护的法律执行，则责任和程序法也应对由此产生的"知识不对称"做出反应。

1. 责任

（1）举证责任的分配

在缺乏对软件应用程序决策过程的洞察力的情况下，消费者无法识别出（更不用说证明）违规、因果关系、违反交通安全义务以及服务提供商

---

① 《反不正当竞争法》第 5 条第 1 款第 1 句第 （6） 项仅在法律上提及公司同意的行为准则，而不是宣告国家施加的行为的法定义务，可参见 Bornkamm/Feddersen, in：Köhler/Bornka-mm/Feddersen（Hrsg.），UWG, 35. Aufl., 2017, § 5, Rn. 7. 1。

② 对于整个数字监管政策，还请参见 Spindler/Thorun, MMR Beilage 2016, 1 (24)。

的过失等内容。这种结构性信息失衡的风险要求服务商对使用基于算法的系统所造成的损害承担责任。例如，在做出选择决定（如给予贷款或工作）时，医生和程序提供者承担赔偿责任：① 在处理由产品问题造成的侵害时，受害方通常需要证明自己与损害之诉的因果关系。而在基于算法的案件中，原告通常无法证明损害（如不平等待遇）是基于不可接受的决策参数（如性别），因为歧视性因素已进入算法（黑箱）。同样难以证明对所用软件应用程序的编程或对其进行监督时缺乏注意（比如，违反交通安全义务）。因为受害方几乎不了解算法如何控制程序用户的这些内部过程。

鉴于这种结构上的不对称，法院应在责任确认过程中与敏感的个人软件应用程序的用户——遵循程序平等的原则——逐步增加举证责任：那么消费者只要提出事实就足够了，② 这样做就已经表明程序提供者有很大的可能性正在输入不允许的参数。然后，软件应用程序的提供者必须通过提交已记录的程序日志使自己摆脱违法行为的指控。这些记录包括对技术过程进行充分监督的证据，③ 或对侵权的因果推定产生其他质疑的证据。在这种情况下，程序提供者当然必须（尽可能广泛地）披露内部信息（以及以录像方式提供部分程序代码④）或承担责任。如果有迹象表明该错误是可以识别的，那么责任负担就会增加——随之而来的是确定程序操作员的责任范围。

（2）严格责任

软件应用程序通常不会造成操作危害。在特别敏感的个人应用领域，例如数字化医疗应用或护理机器人的使用领域，基于动物主人、道路交通

---

① 联邦最高法院关于生产者责任的运作基础可参见 NJW 1969, 269 (273 ff.)；也可参见 Wagner, in: Säcker/Rixecker/Oetker et al. (Hrsg.), MüKo-BGB VI, 7. Aufl., 2017, § 823 BGB, Rn. 858 m. w. N. 关于医生的责任参见 Wagner (Fn. 60), § 823 BGB, Rn. 909 f, 915. 在《民法典》第 630a 条及以上部分中，立法机关对德国联邦最高法院关于医疗责任的判例法进行了部分编纂。尤其是对《民法典》第 630h 条第 5 款，规定了在发生严重治疗错误的情况下，责任因果关系的举证责任可以倒置。

② 关于 AGG 以及 BAG，也可参见 NZA 2012, 1345 (1348)。

③ 关于使日志记录成为法律义务的要求，请参见本文第 3 章第 2 节第 3 部分。

④ 另可参见本文第 3 章第 2 节第 1 部分以及 Fn. 50。

和毒品责任的模式，应对数字自动化过程设定严格责任——至少在它们对重大的法律利益，尤其是对身体和生命的利益有可能造成（让人感到恐惧的）特别持久的损害时。

根据侵权责任法进行风险分配的指导原则是：从（特别是自适应的）软件应用程序中受益的任何人也应对其错误和风险负责——尤其是在系统出现不可预测的活动时。为了使受害方的索赔要求不至于落空，他们可以起诉有偿付能力的主体。对此，立法机关应将严格的责任与保险义务联系起来。

2. 扩大诉讼程序范围

（1）授权向竞争对手发出警告

为了有效地保护消费者免受不允许的但不透明的软件应用程序的侵害，国家可以并且应该利用其竞争对手的警惕性和专业知识：让他们时常会基于经济上的诱因来防止他们的竞争对手开发基于非法算法的程序。因此，立法机关应结合《反不正当竞争法》第 12 条第 1 款第 1 句、第 8 条第 3 款第（1）项、第 5 条第 1 款第 1 句以及第 2 句第（6）项之规定的警告权，针对歧视性或其他形式破坏性的软件应用程序采取措施。

（2）消费者协会和专业仲裁委员会针对算法歧视和其他人格侵犯行为的结社权

作为消费者，虽然其权利受到不利影响，但他们的整个生活并未受到永久损害，所以通常消费者都倾向于不去承担法律程序所要求的财务和时间风险。长期的法律纠纷和不确定的结果以及司法程序的形式主义大大降低了消费者的维权意愿。因此，受影响的人通常宁愿放任违法行为所造成的损害，以减轻进一步的损失。从合理地计算程序成本的角度来看，执行法律的相关努力通常与纠正违法行为的风险不成比例。而这种监管过程的社会利益通常大于个人利益，所以规定保护集体利益的防御机制便是适当的。[①]

作为消费者利益的"保护人"，法律体系可以而且应该（除竞争者之

---

① 也可参见 Golla（Fn. 27），S. 204 f。

外）将消费者协会纳入执行针对歧视和其他针对个人违法行为的规范中。由于规模上的经济性，专业协会承担法律程序风险的门槛通常比个人低：在理想情况下，它们拥有执法所需的技术和法律专业知识。这使它们能够更有效地发现针对歧视现象的审查模式，并通过一系列由法律手段和其他引人注目的手段所组成的措施，从而充分打击非法商业活动。因此，有必要考虑在《一般交易条件法》（UKlaG）的基础上扩展消费者协会的集体诉讼权（另请参见该法第 2 条第 2 款第 1 句第（11）项和第 2 句），以便将敏感的个人软件应用程序（特别是自适应的）所在的应用领域包括进来。然后无论具体情况如何，经过批准的协会可以采取行动打击非法行为，尤其是基于歧视性算法的决策。①

由国家所支持的仲裁委员会将作为替代性争议解决方案的一个实例，②其在算法程序方面具有特殊专业知识，可以降低发起司法程序的门槛和降低消费者的法律执行成本，从而提高法律的实际效果。

（3）附带效果：民事法院的职权

如果立法机关要有效地保护受到人格侵犯的人，特别是让人民免受使用歧视性或反竞争性算法的风险，它还可以调整"司法判决法律效力的范围"。民事诉讼程序已经积累了大量的法治国的司法经验，如果程序法超出了民事程序法的法律效力范围（参见《民事诉讼法》第 325 条），则超出了各方之间有效的法律效力：立法机关可以扩展法律效力（如《一般交易条件法》第 11 条）或授予民事法院对附带效果的管辖权（只要其与民事诉讼中的形式真理原则相符）。这可能会与《平等待遇法》程序有关，它是公认的歧视性或以其他方式非法操作的软件应用程序的审查标准。例如，也可以通过扩大《平等待遇法》第 23 条的范围，让消费者协会加入纠纷解决过

---

① 对于其他集体诉讼权，可参见 § 3 UKlaG，§ § 63 f. BNatSchG，§ 15 BGG，§ 8 III Nr. 2 – 4 UWG；扩大数据保护法中的集体诉讼权，可参见 Halfmeier，NJW 2016，1126 ff.；Spindler，ZD 2016，114 ff.

② 关于法律体系中的其他仲裁委员会，可参见 § 214 VVG，Looschelders，in：Langheid/Wandt（Hrsg.），MüKo VVG，2. Aufl.，2016，§ 214，Rn. 1 ff.；Müller，VuR 2010，259 ff.

程，以此来实现这一程序经济的目标，然后由消费者协会反过来在法院程序中提出申请，以避免涉及争议的算法。

结 论

我们一方面越来越不了解算法的工作原理，另一方面越来越多地委托算法来组织我们的生活。相反，现代软件应用程序引擎中的算法却越来越了解我们的工作方式。即使在数字化时代来临之际，受基本权约束的国家也被要求保护个人的自治权，使其免受日益自治的（软件程序）系统所造成的人格侵害。其任务是使用有效的控制系统来涵盖现代（特别是自适应）软件应用程序的许多可能用途：它必须确保我们社会的基本道德价值观也适用于自动化系统的功能中。

与其他技术风险（如基因工程或纳米技术）类似，鉴于基于算法的过程具有不可否认的社会价值，因此一味禁止也是不合适的，一般性的公开源代码的义务也无济于事（由于机器学习的特殊性）；鉴于触及的商业运营和商业机密，它超过了一般目标。立法者应注意不要把闸关得太紧，以免减弱"人工智能"和"大数据"在未来领域的创新潜力：国家不应使用太多的监管手段来针对那些开放的初创机构，这些监管手段会使初创机构的创新能力丧失必要的发展空间。相反，监管的强度必须与公司的业绩和规模相对应。

作为给个人和集体的信息自决提供保护的合适监管工具，针对算法炼金术公式的除了有基于算法的决策过程的记录和证明义务以及（在技术上可行的情况下）有效的事前监督控制选项（"TÜV 算法"）外，人们还可以设计一个用于实施、执行和发布风险评估的风险管理系统。此外，规范使用算法和机器学习的代码（基于公司治理代码的监管模型的"算法责任代码"），竞争性警告权和专门的仲裁委员会也是监管工具包中的有效手段。

在理想情况下，立法机关不应以孤立的国家解决方案为目标，而应奉行统一的联合监管策略。在众多领域中，尤其是在数据保护法（《欧盟条约》第16条第2款第1句）中，国家立法机构都缺乏像《鲁滨孙漂流记》中那样的监管权限。目前，有预兆表明通过滥用新技术以算法方式侵权的现象将会比实际中的法律侵权行为更为广泛。即使这种危险情况不是海市蜃楼，立法机关也不应仅将对某种现象的恐惧作为其在日新月异的数字世界中采取行动的主要动机。当谈到未来出现反乌托邦式的数字化场景时，遭遇沉船的鲁滨孙·克鲁索的智慧教会我们应保持审慎和分寸感，正如小说作者丹尼尔·笛福所告诫的那样："对危险的恐惧比危险本身还要大一万倍。"

算法消费者[*]

〔以色列〕米加·S. 加尔　尼瓦·埃尔金-科伦[**] 著

李亚娟　王延川[***] 译

【摘　　要】下一代电子商务将由基于算法的数字代理进行，这些算法不仅会做出购买推荐，还会预测我们想要什么，做出购买决策，为消费者谈判和执行交易，甚至自动组建买家联盟，以享受更优惠的交易条件，最终取代人工决策。算法消费者有可能极大地改变我们开展业务的方式，带来新的概念性和监管性挑战。这种颠覆性的技术发展给监管带来重大影响，监管应该适应消费者通过算法做出购买决策的现实。尽管存在这一挑战，目前的学术研究主要关注的还是由供应商所使用的商业算法。本文试图填

---

[*] 原文载于《哈佛法律与技术杂志》第 30 卷第 2 期，2017 年春季。杂志中的论文版权由哈佛学院主席及全体研究人员（President and Fellows of Harvard College）享有，论文的版权由作者米加·S. 加尔、尼瓦·埃尔金-科伦享有。我们要感谢哥伦比亚大学和纽约大学学术讨论会和海法/洛约拉专题讨论会的与会者，Oren Bar-Gill、Anu Bradford、Ariel Ezrachi、Zohar Goshen、Asaf Hamdani、Andreas Heinemann、Nicholas Petit、Maurice Stucke 和本杂志编辑对前几稿的最具帮助意义的意见，以及来自 Omer Balas、Lior Frank、Gal Marom 和 Matan Gold-Blatt 有益的研究帮助。这项研究得到了以色列科学基金、规划和预算编制委员会 I-CORE 方案（1716/12）的资助，以及海法大学法学系 Minerva 极端条件法治中心、地理与环境研究系，以色列科学、技术和空间部的支持。任何错误或疏漏均由作者承担。本文系国家社科基金重大项目"数字社会的法律治理体系与立法变革研究"（项目号：20&ZD177）的阶段性成果。

[**] 米加·S. 加尔（Michal S. Gal），以色列海法大学法学院教授，该校法律与市场论坛主任，国际竞争法学者协会（ASCOLA）主席，哥伦比亚大学访问教授（2016 年秋季）；尼瓦·埃尔金-科伦（Niva Elkin-Koren），以色列海法大学法学院教授，该校法律与技术中心主任，哈佛大学伯克曼-克莱因互联网与社会中心教员助理。

[***] 李亚娟，西北工业大学公共政策与管理学院副教授，法学博士；王延川，西北工业大学马克思主义学院教授，博士生导师，法学博士。

补这一空白。我们首先探讨正在塑造算法消费者的技术进步，并分析这些进步如何影响市场中的竞争动态。然后，我们分析了这些技术进步对监管的影响，并确定了三个主要的监管挑战，即减少访问消费者的壁垒、减少访问相关数据的壁垒和应对竞争性算法的排他性行为。

【关 键 词】人工智能；算法；算法监管；反垄断

一　导言

你的自动驾驶汽车可以独立决定在哪里购买燃料，什么时候自己开车去加油站，从哪个修车厂订购备用零件，或者是否把自己租给其他乘客，所有这些都没有和你商量过一次。另一种算法将同步与健康相关的数据，这些数据来自宠物携带的传感器、宠物食品袋中的传感器，以及与宠物季节性疾病相关的数据。当宠物食物不足时，该算法会自动寻找最好的交易，并订购最适合您的宠物需求的食物。

这是科幻小说吗？不再是了，研究人员说，下一代电子商务将由基于算法的数字代理进行，这些算法能够处理整个交易：从使用数据预测消费者的偏好，到选择要购买的产品或服务，再到谈判和完成交易，甚至自动形成买方联盟，以确保最优的条款和条件。① 人类的决策完全可以被绕过。这些算法可能是消费者为了自己使用编写的，也可能是由外部公司提供的。② 我们将这些数字助理称为"算法消费者"。

---

① See, e. g., Minghua He, Nicholas R. Jennings & Ho-Fong Leung, "On Agent-Mediated Electronic Commerce", 15 *IEEE Transactions on Knowledge & Data Engineering* 985, 985 – 90 (2003).

② See, e. g., Christopher Steiner, *Automate This*: *How Algorithms Came to Rule Our World* (2012); Theo Kanter, TEDx Talks, "Ambient Intelligence", Youtube at 15: 13 (Feb. 3, 2016), https://www. youtube. com/watch? v = 1Ubj2kIiKMw [https://perma. cc/9VAU-P2Z2]; Don Peppers, "The Consumer of the Future Will Be an Algorithm", Linkedin (July 8, 2013), https://www. linkedin. com/pulse/20130708113252 – 17102372 – the-consumer-of-the-future-will-be-an-algorithm [https://perma. cc/ZW3G – 23FQ].

这不是一个巨大的技术飞跃。未来已来,在一些行业,例如股票交易,算法已经自动地将结果转化为购买决策。① 智能个人助理,如谷歌助手(Google Assistant)②、亚马逊回音 (Amazon Echo)③ 和苹果西瑞 (Apple Siri)④,都能根据用户的输入(如进度约束)和各种在线资源(如天气或交通状况) 为个人用户执行任务。消费者已经可以从三星和 IBM 开发的W9000 系列中购买一台洗衣机,该系列使用 IBM 的 ADEPT 技术(自主分散点对点对等遥测)来自主订购和支付(如购买洗涤剂),然后通过智能手机更新所有者。⑤ 2015 年出现的这项技术就是物联网(the Internet of Things, IoT) 的代表,通过物联网连接的设备可以自动处理无数的日常任务。⑥ 随着技术的变化,许多人设想,由于交易量大幅增加,算法消费者将成为原则,而不是例外,进而实现了这样一个世界愿景:"当涉及日常生活的小决

---

① 一个相对较早的例子涉及麻省理工学院的两个媒体实验室项目,该项目可以追溯到 2000 ~ 2002 年。Impulse 和 Mari (多属性资源中介) 是一种应用程序,在这些应用程序中,购物者可以设置产品类型、价格和其他考虑因素(例如,保修的有效性或制造商的声誉)等偏好。该系统与潜在的卖方进行协商,并在达成交易时向购物者发出警告。交易是在买方确认的情况下达成的。S. Keegan, G. M. P. O'Hare & M. J. O'Grady, "Easishop: Ambient Intelligence Assists Everyday Shopping", 178 *Info. Sci.* 588, 589 – 90 (2008); Gaurav Tewari, Jim Youll & Pattie Maes, "Personalized Location-Based Brokering Using an Agent-Based Intermediary Architecture", 34 *Decision Support Sys.* 127, 127 – 30 (2002).

② Google Assistant, Google, https://assistant. google. com/[https://perma. cc/L44Q – QHE4].

③ Greg Miller, "Amazon Echo: The World's Smartest Assistant", Wall Street Daily (Aug. 4, 2015, 4: 00 AM), https://www. wallstreetdaily. com/2015/08/04/amazon-echo-assistant/[https://perma. cc/9H3P – 8EVU].

④ Sheetal Reehal, "Siri—The Intelligent Personal Assistant", 5 *Int'l J. Advanced Research in Computer Engineering & Tech.* 2021 (2016).

⑤ Stan Higgins, "IBM Reveals Proof of Concept for Blockchain-Powered Internet of Things", Coindesk (Jan. 17, 2015, 7: 12 PM), http://www. coindesk. com/ibm-reveals-proof-concept-blockchain-powered-internet-things [https://perma. cc/4UE5 – 77WU]; IBM Institute For Business Value, IBM, Adept: An IoT Practitioner Perspective 13 (Draft Copy for Advance Review, Jan. 7, 2015), http://www. scribd. com/doc/252917347/IBM-ADEPT-Practitioner-Perspective-Pre-Publication-Draft – 7 – Jan – 2015 [https://perma. cc/87UL-ZPT6].

⑥ See OECD, DSTI/ICCP/CISP (2015) 3/Final, The Internet of Things: Seizing The Benefits and Addressing The Challenges 9 (May 24. 2016).

策时，人类几乎不用思考了。"①

算法消费者有可能极大地改变我们的经营方式，以及市场的竞争动态。在这个生态系统中，消费者不会直接做出购买决策，而是将这些任务外包给算法，并因此使自己购买决策的直接作用最小化。算法消费者的使用也会影响市场需求和交易条件。这在一定程度上是因为算法消费者可以显著降低搜索和交易成本，帮助消费者克服偏见，做出更理性、更复杂的选择，并创造或增强买方的力量。更重要的是，算法能不动声色地让消费者放弃其主观选择，甚至可能影响消费者的购买决策。这些效果可能对市场需求以及供应商的营销策略、交易条款和产品报价产生深远的影响。

这些发展提出了新的、重要的概念性和监管性问题。事实上，关于市场如何运作的一些最基本的概念可能需要重新评估。例如，当消费者喜好被算法定义、预测和塑造时，谈论消费者的选择有意义吗？市场的需求和供应会受到怎样的影响？监管机构必须重新评估它们的监管工具，以便更有效地应对这一生态系统中可能出现的市场和监管失灵。这些问题很快将成为电子商务的基础，使对所提出的监管挑战的审查变得必要和及时。②

尽管这些技术发展有可能改变游戏规则，但大多数关于商业算法的文献都侧重于供应商（如谷歌、优步、亚马逊和塔吉特）对算法的使用。③ 这些文献大多强调算法的作用在于收集和分析消费者偏好信息，以及使公司

---

① Danny Yadron, "Google Assistant Takes on Amazon and Apple to Be the Ultimate Digital Butler", The Guardian (May 18, 2016, 2：17 PM), https://www.theguardian.com/technology/2016/may/18/google-home-assistant-amazon-echo-Apple-siri［https://perma.cc/EZ4V – 79HY］./www.theguardian.com/technology/2016/may/18/google-home-assistant-amazon-echo-Apple-siri［https://perma.cc/EZ4V – 79HY］.

② See Kevin D. Werbach, "The Song Remains the Same：What Cyberlaw Might Teach the Next Internet Economy", 69 *Fla. L. Rev.* (forthcoming 2017) (manuscript at 30 – 31), https://papers.ssrn.com/sol3/papers2.cfm? abstract_id = 2732269［https://perma.cc/2QJQ-X5TY］.

③ 相关的重要文章，参见 Ariel Ezrachi & Maurice E. Stucke, "Artificial Intelligence & Collusion：When Computers Inhibit Competition" (Univ. of Oxford Ctr. for Competition Law & Policy, Working Paper No. CCLP（L）40, Univ. of Tenn. College of Law, Research Paper 267, May 2015)；也可参见 Ariel Ezrachi & Maurice E. Stucke, *Virtual Competition：The Promise and Perils of the Algorithm-Driven Economy* 11 – 21 (2016)。

能够更好地为赢取消费者的注意力而竞争，并创造更有效和更能盈利的营销活动。① 另一批文献涉及算法的潜在使用，如何更容易地促进供应商之间的串通或寡头垄断协作。② 消费者最关心的主要是他们的角色被局限为信息的来源（"消费者作为产品"）和营销活动的目标。③ 关于消费者使用算法的文献很少，算法通常帮助消费者比较价格和质量、预测价格和市场趋势，在不确定的条件下做出权宜之计，进行更明智的选择，因而全面增加了竞争的压力。④ 这篇文献忽略了这样一种可能性，即在某一点上，消费者对算法言听计从可能导致这些算法完全绕过消费者的输入。

我们的文章试图填补这一空白。我们讨论在即将到来的技术发展背景下市场动态可以预期的变化，以及消费者通常通过算法做出购买决定这一现实对监管的影响。⑤ 特别是，我们询问人类消费者是否可以从算法消费者所提供的服务中受益，以及需要什么样的监管（如果有的话），以确保用户不会受到即将到来的变化的伤害。

第二部分首先探讨了算法消费者的潜在好处和危害，并在第三部分探讨了这些进步对市场竞争动态的影响。这种探讨对于阐明这项新技术带来的变化是必不可少的。第四部分分析了这种技术进步对监管的影响，特别侧重于确保实现算法消费者承诺的利益所需的工具上。在这方面，我们确定了三个主要的监管挑战：减少访问消费者的壁垒；减少访问相关数据的壁垒；应对竞争性算法的排他性行为，比如捆绑、价格平价或排他性合同等。

二 技术背景

算法消费者如何影响其他消费者的选择？如果有的话，算法的决策过

---

① Cf. David Evans, Attention Rivalry Among Online Platforms, 9 *J. Competition L. & Econ.* 313, 313 – 15 (2013).

② Ezrachi & Stucke, "When Computers Inhibit Competition", Supra Note 11, at 2.

③ See Evans, Supra Note 12, at 313 – 14.

④ Ezrachi & Stucke, "Virtual Competition", Supra Note 11, at 191 – 202.

⑤ See also Werbach, Supra Note 10, at 42.

程与人类的购买决策有何不同？技术变革促进了算法消费者更广泛和更复杂的使用，本部分即从技术变革的角度探讨这些问题。

（一）什么是算法消费者？

算法是结构化的决策过程，它采用一组规则或程序，如决策树，根据数据输入和决策参数自动提供结果。[①] 从广义上讲，我们都在日常生活中使用算法。例如，当人们决定吃什么时，他们会输入数据（比如我有多饿，可供食用的食物有什么，是不是健康或美味），并对每种选择进行权衡，以获得和他们喜好一致的结果（比如尽管巧克力蛋糕看起来更美味儿，但是我将吃沙拉，因为我想吃点儿健康的东西）。

编码算法也是如此。它们使用预先确定的决策树，为决策参数赋予权重，以便在给定一组特定的数据和环境的情况下做出最优决策。[②] 由算法设计者设定的决策参数及其权重，目的在于优化用户决策。更先进的算法采用机器学习，算法能从自己对先前数据的分析中学习如何改进和重新定义其决策参数（比如确定每个消费者的最佳风险厌恶程度），[③] 算法从预先定义的偏好中解放出来。比如基于消费者过去的行为，算法推断出消费者喜欢购买的产品通常与其密友购买的产品相似，算法也会相应地更改决策参数。

各种各样的算法已经帮助消费者在市场交易中做出决策。在最基本的层面上，算法为消费者提供与他们的选择相关的信息。一些算法只是收集和整理供应商提供的相关信息，如 Kayak、Expedia 和 Travelocity 这样的供应商提供有关航班价格和时刻表的信息。其他算法提供有关质量的信息，如

---

① See, e. g. , Thomas H. Cormen, Charles E. Leiserson, Ronald L. Rivest & Clifford Stein, *Introduction to Algorithms* 5 （3rd ed. , 2009）.

② See, e. g. , Thomas H. Cormen, Charles E. Leiserson, Ronald L. Rivest & Clifford Stein, *Introduction to Algorithms* 5 （3rd ed. , 2009）, at 192 – 93, 843 – 49.

③ 例如可参见 OECD, *Data-Driven Innovation for Growth and Well-Being: Interim Synthesis Report* 4 （2015）。关于已经在算法中使用的机器学习的例子，参见 Ezrachi & Stucke, *When Computers Inhibit Competition*, Supra Note 11, at 2.

评级服务 Tripadvisor 和 Yelp。更复杂的算法使用数据分析来实现价格预测。① 还有一些算法使用消费者的特点和之前显示的偏好来缩小选项范围，只呈现那些被认为最相关的选项，如在线约会服务 OKCupid 和 Tinder 所做的那样。这些算法通过汇总和组织相关数据来增强消费者的选择，从而帮助消费者做出明智的决策。但最终的决定仍然是由消费者根据所提供的信息做出的。

新一代算法可以使这些服务更上一层楼，它们通过互联网与其他系统直接交流沟通，为消费者做出决策并执行。该算法能够自动识别需求，搜索最佳交易，并执行该交易。在宠物食品的例子中，算法将从宠物及其食品袋中收集数据，以确定是否补充食品供应，甚至还可以考虑特定宠物的实际营养需求。算法中的决策参数还可以包括一些实时数据，这些数据可以预测季节性的疾病风险、原料的暂时短缺和可预测的价格变化。一旦做出选择，基于数据分析，在智能在线软件代理（购物机器人，Shopping bot）② 的帮助下，该算法可以自动下单并安排付款和发货。③

关于购物机器人，最近一个具有挑衅性的例子是兰登暗网购物者（the Random Darknet Shopper），④ 2015 年在瑞士圣加伦（St. Gallen）一家画廊展示了一个关于购物机器人的艺术项目。在展览期间艺术家给购物机器人每周 100 美元的预算，让它在暗网上购物⑤——一个无索引、匿名在线黑市组

---

① 例如，Decide. com 是一种网络服务，它预测某一产品的价格在不久的将来会发生变化的数量和可能性。See, e. g. , Sarah Perez, "Decide. com's Shopping Engine Now Tells You What to Buy, Not Just When to Buy It", Techcrunch (July 31, 2012), https://techcrunch. com/2012/07/31/decide-coms-shopping-engine-now-tells-you-what-to-buy-not-just-when-to-buy-it [https://perma. cc/ABF9 - DEAH].

② See Mike Power, "What Happens When a Software Bot Goes on a Darknet Shopping Spree?", The Guardian (Dec. 5, 2014, 8: 56 AM), https://www. theguardian. com/technology/2014/dec/05/software-bot-darknet-shopping-spree-random-shopper [https://perma. cc/AL93 - HT33].

③ See Prashant R. Nair, "E-Supply Chain Management Using Software Agents", CSI Comm. , July 2013, at 14. ["代理人的智能指的是其使用相关信息执行任务或操作的能力，这些信息是作为不同的问题解决技术（如影响、推理和应用特定知识）的一部分而收集的。代理人可以自主地或主动地做出行为。"]

④ Power, Supra Note 21.

⑤ Power, Supra Note 21.

成的网络。① 机器人选购了一些物品并将这些物品邮寄给艺术家，而艺术家事先并不知道机器人会买到什么，然后在展览中展示了这些买到的物品。②

技术能力和消费者需求的综合作用促进和加速了算法消费者的增长。人工智能、大数据收集、存储和分析技术的进步使算法比以往任何时候都更加方便和强大。③ 与此同时，数据量呈几何级数增长，④ 挑战了人类处理相关信息的认知能力，使得算法处理相关数据的能力更为重要。⑤ 对这类服务的需求也在日渐增加，因为它们为消费者省下了更多的时间，可以用在工作、陪伴家人和朋友等真正需要人类费心思的事情上。依赖别人的选择并不是什么新鲜事，书友会每月选择并寄给会员一本书，就是这种关系。算法消费者只是替代人类做出这样的选择。

图 1 描述了算法消费者的决策过程。我们认为算法消费者可以参与交易的所有阶段。

第一步是数据收集，这对于确定消费者的需求和偏好以及确定可供选择的购买方式是必要的。数据直接来自用户（以明确声明偏好的形式），或者来自专门的传感器（比如 Fitbit 等可穿戴设备）。它也可以来自不同的外部数据源，包括供应商网站、社交媒体、视频分享网站、传感器和用户在线行为数据（如交易、电子邮件、搜索和阅读习惯）。相关数据被收集、更新、存储和组织，生成下一步所需的可靠、准确和全面的数据集。值得注意的是，供应商用来确定消费者偏好的数据也可以被整合到算法消费者的

---

① See "Primer on Dark Net Marketplaces: What They Are and What Law Enforcement Is Doing to Combat Them", FBI (Nov. 1, 2016), https://www.fbi.gov/news/stories/a-primer-on-darknet-marketplaces [https://perma.cc/7N2W-4HLK].

② 该机器人购买的物品包括十粒摇头丸、一个装在棒球帽上的隐蔽摄像系统、一个假路易威登手袋和 200 支切斯特菲尔德香烟。展览结束后，有关部门没收了展品。Power, Supra Note 18.

③ See, e. g., Ezrachi & Stucke, "Virtual Competition", Supra Note 11, at 11–21.

④ See, e. g., Yun Wan, "The Evolution of Comparison-Shopping Agents", in *Agent Systems In Electronic Business* 25, 26 (Eldon Y. Li & Soe-Tsyr Yuan eds., 2008).

⑤ See Niva Elkin-Koren & Eli M. Salzberger, "Law, Economics and Cyberspace: The Effects of Cyberspace", *The Economic Analysis of Law* 70, 94–96 (2004). （问题是虽然在网络空间检索信息的成本可能下降，但个人选择方面的认知障碍可能会变得更大。）

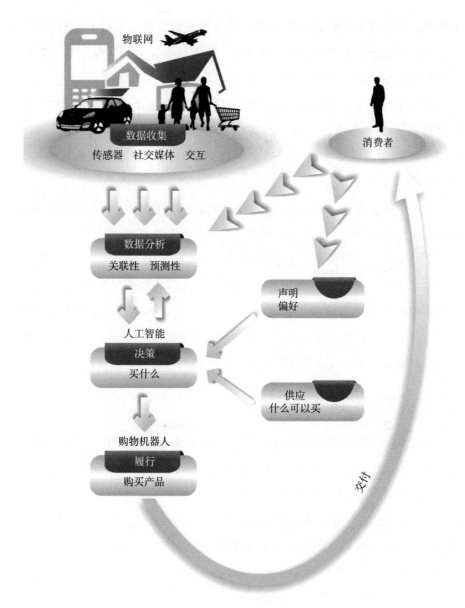

图1 算法消费者的决策过程

决策树中，以更好地为消费者做出决策。

　　第二步是数据分析，算法会分析相关数据，确定消费者的偏好，并建立和比较任意给定情形下的购买选项。被分析的数据可能包括消费者的个人数据，比如消费者最近收养了第二只宠物，算法会预测消费者对宠物食品的需求将翻倍。为了做出更好的选择，分析也可能采用其他来源的数据，比如被收养的宠物品种的某种特殊需要。

第三步是决策。根据算法的决策树，基于之前步骤的数据分析，将消费者的需求、声明的或显示的偏好，结合可供选择的供货信息，做出购买决策。然后购买决策会被反馈到数据库中，以确保将来的决策与之相匹配。

最后一步是履行。该算法可以使用和指导购物机器人执行交易的所有阶段，包括协商交易、下订单、签署合同、付款和安排交货。

上述一切并不意味着人类购物将完全消失。事实上，购物的行为满足了重要的需求，至少对一些消费者来说，挑选一个特别的产品比如珠宝，所带来的社会交往和愉悦是重要的需求。① 不过，即使是喜欢购物的消费者，也可能更喜欢使用算法消费者来购买某些更普通的产品，如宠物食品。有些人甚至可能更喜欢让算法消费者来代替他们做所有的消费决策。

（二）算法消费者的好处和风险

尽管人类的决策过程和算法在总体上是相似的，但是在一些重要的方面，算法不同于人类决策者。正如我们将看到的，虽然算法消费者会减少，有时甚至剔除了消费者固有的某些限制，但它们也强化了其他类型的限制。② 在探讨算法对市场动态和社会福利的潜在影响，并设计适当的监管对策方面，确认这些差异很有必要。这些差异概述如下。

---

① See, e. g., Yiannis Gabriel, "Identity, Choice and Consumer Freedom—The New Opiates? A Psychoanalytic Interrogation", 15 *Marketing Theory* 25, 27 (2015)（消费者选择已成为当代社会的鸦片制剂，因为消费和消费主义提供了即时的满足，消除了因对生活许多方面缺乏控制而引起的不满）.

② 请注意，下面探讨的一些特性也与执行搜索功能而不执行事务的算法相关。然而，据观察，算法执行的搜索越可靠，消费者的动机可能就越强烈，他们可能会依赖这些算法而不检查其建议的准确性，从而有效地将其用作算法消费者。因此，通过算法进行更好的搜索的好处与我们的分析是相关的。

1. 算法消费者的优点

消费者的选择包括几个步骤：确定决策的参数；根据这些参数比较可选项；做出选择；与选定的供应商进行交易。如下文所述，算法可以通过更快、更复杂、更便宜和偏见更少的采购决策来降低成本并提高每个步骤的质量。

算法最基本的优点是能够更快地做出决策。在给定任意数量的决策参数和数据源的情况下，计算机可以比人脑更快地应用相关算法，特别是当决策树中包含大量需要平衡的决策参数或需要分析、比较大量的数据输入时，计算机的速度要远远快于人脑。假设为了找到某个特定产品的最划算的交易，花上最多两个小时，对于消费者而言是值得的。如果消费者必须自己确定相关的信息，其可能会去查看和比较一些报价。同一时间算法则可以比较数量更多的报价。自动接受算法提供的建议能为消费者节省更多的时间。在某些交易中，这一点可能尤为重要，比如股票市场的交易或预订即将起飞的航班。此外，许多消费者可能更喜欢享受空闲时间，而不是把时间花在那些没有经济效益或没有意义的决策上。

算法的第二个优点涉及算法分析的复杂性。数据收集、存储、综合和分析方面的进步带来了大数据时代，这使得算法能够将许多变量集成到决策树中。仅靠人脑通常达不到这个复杂的水平。这并不是说人类不能完成这些任务，而是考虑到时间和精力的投入，这样做可能不值得。一个有趣的例子是 Farecast，一个通过航班成本预测价格变化的算法，其准确率超过70%——它通过分析以往 500 亿次机票价格数据而完成了这一壮举。①

用于机器学习、数据挖掘、在线分析处理、业务绩效管理、基准测试和预测分析的人工智能工具也加强了算法的分析能力。有趣的是，这样的数据分析工具可能会确认一些消费者自己都没有意识到的喜好。比如一个消费者认为其预算主要用于健康食品，但实际上却在巧克力上花了很多钱。

---

① See Damon Darlin, "Airfares Made Easy (or Easier)", N. Y. Times, July 1, 2006, http://www.nytimes. com/2006/07/01/business/01money. html [https://perma. cc/2ZPF-FWK7].

这一点也使算法能够识别甚至预测消费者未来的偏好。举例来说，如果消费者喜欢跟随某些社会潮流，当相关数据显示出该潮流时，则算法可以识别此行为模式。数据科学家确实认为，算法可以教我们一些我们自己都不了解自己的东西。① 正如谷歌的首席经济学家哈尔·瓦里安最近在谈到谷歌的个人算法助手谷歌即时（Google Now）时所说的，"［谷歌］应该知道你想要什么，并在你问这个问题之前告诉你"。②

复杂性还表现为算法在决策过程中可以关联其他参数，从而扩展了报价的维度。比如算法可以用语言分析消费者不理解的报价，并确认其可能忽略的法律问题。③ 事实上，算法能够"读取"合同条款，从而至少避免人类消费者可能由于时间、语言或信息局限而受到的一些合同限制。④ 同样，算法可能更容易应对交易中的文化差异。

有趣的是，算法并不只适用于一种产品或一组产品，它们还可以根据既定的偏好和预算，帮助消费者对大量产品进行选择，并做出并行决策。算法甚至可以为消费者计算一定生活方式所需的最低预算，从而影响消费

---

① Cf. James Max Kanter & Kalyan Veeramachaneni, "Deep Feature Synthesis: Towards Automating Data Science Endeavors", *IEEE Int' l Conf. on Data Sci. & Advanced Analytics* 7 (2015)（报告了一个实验，在该实验中，算法比起人类而言可以更好地预测人类行为）.

② Hal R. Varian, "Beyond Big Data", 49 *Bus. Econ.* 27, 28 (2014).

③ 关于使用自然语言处理来识别和衡量网站隐私政策模糊性的方法和技术工具的示例，参见 Joel R. Reidenberg, Jaspreet Bhatia, Travis D. Breaux & Thomas B. Norton, "Ambiguity in Privacy Policies and the Impact of Regulation", 45 *J. Legal Stud.*, S. 163, 165 – 77, 183 – 84 (2016)。

④ See Oren Bar-Gill, *Seduction By Contract: Law, Economics And Psychology in Consumer Markets* 18 – 19 (2012); Omri Ben-Shahar & Carl E. Schneider, *More Than You Wanted to Know: The Failure of Mandated Disclosure* 7 – 9 (2014); Yannis Bakos, Florencia Marotta-Wurgler & David R. Trossen, "Does Anyone Read the Fine Print? Consumer Attention to Standard-Form Contracts", 43 *J. Legal Stud.* 1, 4 (2014); Florencia Marotta-Wurgler, "Does 'Notice and Choice' Disclosure Regulation Work? An Empirical Study of Privacy Policies" 5 (Univ. of Mich. Law Sch., Law & Econ. Workshop, Apr. 16, 2015), https://www. law. umich. edu/centersandprograms/lawandeconomics/workshops/Documents/Paper13. Marotta-Wurgler. Does% 20Notice% 20and% 20Choice% 20Disclosure% 20Work. pdf ［https://perma. cc/QR2F-XNJV］. https://www. law. umich. edu/centersandprograms/lawandeconomics/workshops/Documents/Paper13. Marotta-Wurgler. Does% 20Notice% 20 和% 20Selection% 20Discover% 20Work. pdf ［https://perma. cc/QR2F-XNJV］.

者对工作小时数的选择（比如选择加班或成为自由职业者）。

第三，算法可以降低信息和交易成本。这在决策过程的任何阶段都可能发生。我们用决策过程的第一阶段——确定决策的参数——来说明这一点。现在有许多工具可以辅助这一阶段，比如算法能为每个消费者提供一个可供选择的决策参数菜单。[1] 但更重要的是，如上所述，基于消费者行为表现出来的偏好，算法可以自主地为其定义决策参数。这项技术已经被像亚马逊这样的一些在线零售商使用，它根据消费者的购买历史提出营销建议、推荐相似的商品。[2] 约会网站 OKCupid 会设计旨在计算约会对象之间相容性的问题，然后依据消费者的答案，来优化其选择。[3] 潘多拉（Pandora）根据每个消费者过去的喜好为其挑选歌曲 [这一过程被称为"自我定制"（self-costomization）]。[4] 算法不需要知道消费者的精确偏好，通常有与选择相关的数据就足够了，举例来说，算法可以使用以下规则：A 优先于 B，B 优先于 C，因此 A 优先于 C。[5] 这些技术降低了信息成本。如果为多个消费者执行类似的搜索，则可以进一步降低成本。这种搜索不必同时进行，因为算法能够缓存结果以供将来使用。此外，算法从不会疲劳或紧张，它执行任务的能力仅受技术的限制。

第四，算法可以避免消费者的偏见。大量研究表明，人类一直受偏见困扰，往往不能做出最优决策。消费者经常受到不相关因素的干扰，如产

---

① 例如，约会网站要求用户在选择约会对象时确定哪些决策参数对他最重要。

② Greg Linden, Brent Smith & Jeremy York, "Amazon. com Recommendations Item-to-Item Collaborative Filtering", 7 *IEEE Internet Computing* 76, 78 – 79 (2003).

③ Christian Rudder, TEDEd, "Inside OKCupid: The Math of Online Dating", Youtube at 2: 50 (Feb. 13, 2013), https://www. youtube. com/watch? v = m9PiPlRuy6E [https://perma. cc/S2FD-BGCM].

④ Barb Gonzales, "How Pandora Creates Stations and How to Customize Them", Lifewire (Sep. 6, 2016), https://www. lifewire. com/how-pandora-creates-stations – 1847393 [https://perma. cc/H3BA-BTP8].

⑤ 有关算法对关系偏好处理的讨论，可参见 Ronen I. Brafman, "Relational Preference Rules for Control", 175 *Artificial Intelligence* 1180, 1180 – 81 (2011)。

品包装的颜色或他们刚刚听到的信息。① 事实上，人类的选择通常是在选择过程中临时构思，并受特定环境因素影响的。② 这些因素不一定会影响算法，除非我们选择将它们包括在决策树中。算法还可以避免平淡乏味的常规偏好，比如某个消费者总是购买一种宠物食品，根本不考虑是否有替代品能更好地满足其宠物的需求。

同样，算法还能克服操纵性营销，这种营销手段"利用人们的不安全感、弱点、无意识的恐惧、激烈的情绪和性欲来改变他们的思维、情感和行为"。③ 例如，算法消费者不会仅仅因为无法抵抗诱惑，就购买收银员旁边的展示架上陈列的巧克力；它也不会受制于"潜意识的刺激"。④ 此外，它至少不会受到某些人所说的"新思维控制"的影响——被社交媒体和网站操纵。⑤ 当然，这并不是说算法不会受到新形式操纵的影响，实际上一些新形式的操纵反而会被人类购买者避免。⑥

此外，将算法的选择自动转换为积极行动的能力可能会产生一些积极的心理效应。例如，消费者不需要在一些烦琐的决定中耗费时间，这一事

---

① See, e. g., Jesper Clement, "Visual Influence on In-store Buying Decisions: An Eye-track Experiment on the Visual Influence of Packaging Design", 23 *J. Marketing Mgmt.* 917 – 18 (2007) （"90% 的消费者在手里没有产品时，仅在检查包装正面后就决定购买"）; Milica Milosavljevic, Vidhya Navalpakkam, Christof Koch & Antonio Rangel, "Relative Visual Saliency Differences Induce Sizable Bias in Consumer Choice", 22 *J. Consumer Psychol.* 67 (2012); Rita Kuvykaite, Aiste Dovaliene & Laura Navickiene, "Impact of Package Elements on Consumer's Purchase Decision", 15 *Econ. & Management* 441, 446 (2015).

② See, e. g., "The Construction of Preference" 1 – 2 (Sarah Lichtenstein & Paul Slovic eds., 2006). 一个关于偏见的具体例子及其对竞争和福利的影响，参见 Michal S. Gal & Daniel L. Rubinfeld, "The Hidden Costs of Free Goods: Implications for Antitrust Enforcement", 80 *Antitrust L. J.* 521, 528 – 540 (2016).

③ Robert Epstein, "The New Mind Control", Aeon (Feb. 18, 2016), https://aeon. co/essays/how-the-internet-flips-elections-and-alters-our-thoughts [https://perma. cc/VQ3S-TU3H]; See also Ryan Calo, "Digital Market Manipulations", 82 *Geo. Wash. L. Rev.* 995, 1010 (2014) （大数据提高了检测和操纵消费者漏洞的能力）.

④ Epstein, Supra Note 44. 当然，除非它依赖于有这些偏见的人类创造的数据。

⑤ Epstein, Supra Note 44.

⑥ See infra Section II. B. 2. 如果算法的漏洞已知并被供应商利用，则可能会发生这种情况。

实可能会提升他们的幸福水平。① 最后，对于那些畏惧互联网或者不知道如何利用在线购物机会的消费者而言，算法自动运行的事实能增加他们对在线选择的使用，因而增进了消费者之间的平等。

2. 新的危害与风险

算法消费者也可能产生新的危害和风险，例如：限制了消费者的选择和自主性；网络安全风险以及算法代表消费者做出的低效决策使得消费者更为脆弱；产生了负面的心理和社会影响。

正如我们阐述的那样，使用算法消费者的一个主要影响是降低了消费者的自主性。② 新一代算法使消费者远离现实的购买选择，消费者自愿放弃影响最终购买决策的能力，除了确定使用哪种算法，以及可能选择要应用哪些决策参数。也就是说，当消费者选择算法时，算法选择产品，因此消费者离消费决策总是只有一步之遥。

人们可能会争辩说，消费者通过选择使用哪种算法，在更高的层次上行使了其自主权。此外，算法可以设计为允许消费者在决策过程的任何阶段进行干预，从更改决策参数（如包装的颜色是否重要）到能够拒绝算法的建议。然而，这更多取决于算法对消费者的透明程度。算法可能是一个黑箱———一个信用商品③———尤其是如果机器学习被用来形成算法的选择，或者决策过程涉及复杂的权衡。消费者验证算法的决定能最大限度地满足其偏好的动机和能力可能并不高。④ 在大多数情况下，消费者会表现出一种与在线合同类似的行为模式：默认算法选择，并不深究细节去检查是否做

---

① See, e. g. , Barry Schwartz, "The Paradox of Choice", Youtube at 8：00 (Jan. 16, 2007), https：// www. youtube. com/watch? v = VO6XEQIsCoM ［https：//perma. cc/NC2P - 4BHV］.

② See Michal S. Gal, "Technological Challenges to Choice 24" (Feb. 19, 2017) （未发表的手稿） (on file with the *Harv. J. L. & Tech.*).

③ 信用商品被定义为这样一种商品，其质量是消费者在购买后所不能感知到的，因此很难对其效用进行评估。See Uwe Dulleck & Rudolf Kerschbamer, "Doctors, Mechanics, and Computer Specialists：The Economics of Credence Goods", 44 *J. Econ. Literature* 5, 5 - 6 (2006). 典型的例子包括专家服务，如医疗手术和汽车维修，以及膳食补充剂等商品。See id. at 6.

④ 有趣的是，还可以创建其他算法来执行此任务。

出了最优选择。[①]

　　关于消费者选择，存在一种限制：算法的选择并不总是准确地反映消费者的偏好。为了证实这一福利挑战的重要性，我们提供了一些构建消费者选择的例子，这些选择并不反映他们真正的偏好。一个原因是计算机编码的固有局限，比如算法可能（到目前为止）还不能识别和理解人类靠直觉理解的某些细微差别。虽然这种细微差别在许多交易中可能并不重要，但在其他交易中可能是必不可少的。比如，我们大多数人可能并不想要一个算法来为我们自动选择商业或生活中的伴侣，包括我们的结婚戒指。

　　或者，算法决策可能基于设计者嵌入代码中的错误假定（比如上周对某一种宠物食品的偏好意味着本周也有相同的偏好），算法决策也可能来自数据分析的结果。正如瑟龙·巴洛卡斯、苏菲·胡德和马尔特·齐维茨所建议的那样，"算法体现了对先例的深刻尊重"，通过过去的行为预测未来的偏好。[②] 因此，至少在某种程度上，算法消费者设定的需求比人类本身的需求更容易自我持续，并形成路径依赖。[③] 此外，即使该算法能够识别并尝试遵循消费者的行为模式，有时其也会做出一种完全不同的选择（比如今天我希望穿粉色和橙色的衣服），算法也很难确定到底何时向消费者推荐这样的选择。另外两种效应也会强化这种路径依赖。首先，如果算法的决策反馈到数据库，消费者的路径依赖将进一步加强。其次，如果算法决策间接影响到其他消费者的选择，无论这些选择是不是通过算法消费者做出的，那么不正确的选择都可能会进一步延续和加剧。

　　偏见和错误要么被嵌入在代码中，要么来自数据，这个漏洞很难弥补。对这些假设知之甚少的消费者可能也很难知晓其已经放弃的任何选择。这

---

①　See Ben-Shahar & Schneider, Supra Note 36, at 10. B.

②　Solon Barocas, Sophie Hood & Malte Ziewitz, "Governing Algorithms: A Provocation Piece", *Governing Algorithms* 8 （Mar. 29, 2013）, http://governingalgorithms. org/resources/provocation-piece/［https://perma. cc/D2YN-ES7K］.

③　Solon Barocas, Sophie Hood & Malte Ziewitz, "Governing Algorithms: A Provocation Piece", *Governing Algorithms* 8 （Mar. 29, 2013）, http://governingalgorithms. org/resources/provocation-piece/［https://perma. cc/D2YN-ES7K］.

种类型的故障，由于涉及未知的不确定性，很可能难以修复。消费者可能也会发现，对复杂而不透明的系统进行监督越来越困难，或者说不值得花时间。① 此外，随着算法变得越来越复杂，甚至编码人员也可能不完全理解算法的决策参数。② 尽管如此，在某些情况下，通过改变算法决策的参数来尊重人类的选择有利于弥补这些漏洞（比如指示算法今天购买另一种狗零食）。

算法消费者造成的另一个潜在问题是，消费者在面对某些危害时的脆弱性不断增加。一个主要问题是，在像隐私和网络安全这样的领域，人们更容易受到数字世界风险的影响。算法消费者系统可能会收集、记录和汇总大量的个人数据。③ 安全措施不足可能允许未经授权的用户访问私人数据，并在未经消费者同意的情况下使用私人数据。

其他问题比比皆是，包括算法设计者或所有者对消费者选择的操纵和控制，下一部分对此有进一步的阐述。迄今为止，我们一直认为算法本质上只为消费者的最大利益考虑。但至少有例子说明，算法可能被操纵，因而未必能增进消费者福利。脸书最近有一个颇具争议的实验表明：在情绪感染方面，算法甚至可能塑造我们感受的方式。④ 当人类的判断被不透明的代码取代时，由于无法理解、破译和挑战算法，消费者就更难保护自己免受此类操纵。

算法消费者的使用也可能带来潜在的负面心理影响。当机器为其做出

---

① See, e. g., Elizabeth Nixon & Yiannis Gabriel, "So Much Choice and No Choice at All: A Socio-Psychoanalytic Interpretation of Consumerism as a Source of Pollution", 16 *Marketing Theory* 39, 46 – 47 (2015) (一些消费者认为市场已耗尽是"生理不健康"的根源).

② 脸书（Facebook）提供了一个有趣的例子：据报道，该公司很难改变自己的新闻提要的参数，因为有太多的程序员参与了其算法的创建。Cf. Bernhard Rieder, "Studying Facebook via Data Extraction: The Netvizz Application", *Proc. of The 5th Ann. Acm Web Sci. Conf.* 346 (2013).

③ See, e. g., Shoshana Zuboff, "Big Other: Surveillance Capitalism and the Prospects of an Information Civilization", 30 *J. Info. Tech.* 75, 78 – 79 (2015).

④ Adam D. I. Kramer, Jamie E. Guillory & Jeffrey T. Hancock, "Experimental Evidence of Massive-scale Emotional Contagion Through Social Networks", 111 *Proc. Nat'l Acad. Sci.* 8788, 8788 – 90 (2014); See also Vindu Goel, "Facebook Tinkers with Users' Emotions in News Feed Experiment, Stirring Outcry", N. Y. Times (June 29, 2014), https://www. nytimes. com/2014/06/30/technology/facebook-tinkers-with-users-emotions-in-news-feed-experiment-stirring-outcry. html [https://perma. cc/V49G-TJMZ].

大多数决策时，消费者一定会更快乐吗？当人们不知道或不了解所使用的决策参数时，他们对代表他们所做的购买决定会有什么感觉？消费者在闲暇时间干什么呢？伴随购物的社会交往丧失会如何影响他们呢？这些事情超出了我们的专业范围，但直觉告诉我们，即使我们的生活效率更高，做出了"正确"的决定，对福祉的影响也可能并非都是正面的。

最后，算法可以加速经济和政治的不平等："拥有机器人和技术的人正在成为新的［老板］。"① 事实上，如下文第三节第一、二部分所述，一旦算法成为连接供应商和消费者的重要市场中介，算法的创造者或运营者可以潜在地利用他们的市场支配力，以牺牲消费者甚至供应商的利益来增加他们的利润。②

以上阐述的一些影响——积极的和消极的——可能会因使用机器人和智能设备而得到进一步加强。与以往任何时候相比，在许多领域，包括家庭和办公室，机器人技术的发展已经使机器能执行更多的任务。在宠物食品的例子中，一旦宠物食品被送到消费者的门口，机器人可能会收起并将其放到橱柜中，从而使消费者从这项任务中解脱出来。工程师们设想，随着技术的进一步发展，个人使用机器人的能力在很大程度上是由软件而不是由硬件决定的，正如智能手机的使用一样。③ 智能设备还可促进数字世界中合同义务的履行，从而进一步限制了人为干预的需要。④

---

① Izabella Kaminska, "Time to Take Basic Income Seriously?", *FT Alphaville* (June 17, 2013), http://ftalphaville.ft.com/2013/06/17/1536022 [https://perma.cc/A93V-XLUA].

② 一个供应商或一组供应商保持价格高于竞争性市场中现存价格的能力称为市场支配力。William M. Landes & Richard A. Posner, "Market Power in Antitrust Cases", 94 *Harv. L. Rev.* 937 (1981).

③ See, e.g., Chris Anderson, *Makers: The New Industrial Revolution* 17-18 (2012) (解释实物商品的创造和设计是如何越来越多地以软件为基础的). Mark A. Lemley, "IP in a World Without Scarcity", 90 *N.Y.U.L.Rev.* 460, 480-481 (2015).

④ See, e.g., Varian, Supra Note 34, at 30 ("如果［汽车购买者］停止按月付款会发生什么情况？现在，这一切容易多了，只需指示车辆监控系统不允许车辆启动，并发出信号指示车辆可在何处提取").

三 对市场动态和福利的影响

上述分析表明，算法消费者取得了一系列有趣的效果，其中许多都有望使消费者受益。在本文的这一部分中，我们会探讨算法消费者所决定的市场动态——算法、竞争、市场参与者和社会福利之间的因果关系。这一分析目的在于确定我们能否依靠市场带来潜在的利益，并限制这些发展的危害。这一分析还将有助于我们发现市场和监管失灵，这是监管政策的一个基本前提，也是第四节的重点。

为了研究算法消费者对市场动态的众多影响，我们从一个简单的案例开始，假设市场具有竞争力，然后逐渐放松这一假设。我们还假设算法消费者由外部公司提供和控制，因此充当了消费者的代理人。[①] 当算法由消费者自己编写或控制时，下面分析的一些对消费者的影响就会得到缓解。

（一）对消费者的影响

算法消费者对市场动态最重要的影响之一是它们能够显著改变消费者需求。一个根本的问题是，需求曲线的这些变化将如何影响消费者福利。最基本的效果是购买成本的降低或者质量的提升（取决于消费者设定的偏好）。质量的提升不一定限于经济效益，还可以包括消费者重视的其他方面，如隐私和持久性。[②] 可以对算法进行编码，要么隐藏消费者的选择，仅以更有效的方式执行它们，要么在消费者偏好的框架内改进这些选择（比

---

① See, e. g., Lauren Henry Scholz, "Algorithmic Contracts", 20 *Stan. Tech. L. Rev.* （forthcoming 2017）（manuscript at 11）, available at https://papers. ssrn. com/sol3/Papers. cfm? abstract_id = 2747701 [https://perma. cc/4C8F – FZC7].

② 至少在假设消费者用不用算法都能比较交易条款的情况下，这种附加值是使用算法消费者的先决条件。然而，人们可能对这一假设持怀疑态度。算法消费者的出现在一定程度上是为了应对数据过载和提供给消费者的大量选择，而这些实际上是不可能人工处理的。因此，消费者可能会发现很难完全理解导致任何特定选择的决策过程，因而也很难权衡得到那个决策的不同算法所考虑的参数。

如克服偏见）。当然，后者对消费者的选择有更重要的影响。

这些影响的大小取决于消费者享有优势的程度。三个累积参数决定了这一程度。第一个参数是相对于人类主导的交易算法拥有的比较优势。上述分析试图突出算法消费者相比人类交易而言具有的优势和局限性。例如研究表明，算法至少可以以更快速、更便宜、更高效和更熟练的方式执行某些类型的交易。影响的程度，取决于交易的类型，例如消费者是否做出过类似的决定，或该决定是否涉及新的、复杂的参数；还取决于所使用的算法和输入的类型，比如算法分析的水平和算法可以访问、分析的数据范围。

第二个参数是算法消费者相对于供应商的市场支配力，包括产品的供应商和成功运行算法所需输入的供应商。通常，这种市场支配力越强，其从交易中获得的好处就越多，这种好处有可能转移给消费者。强大的算法消费者也可能在一定程度上抵消一些供应商的市场支配力。对于普通消费者来说尤其如此，他们很难去抗衡供应商的力量。然而，正如下文所述，买方力量有时也会对福利产生负面影响。

第三个参数是由算法产生的、消费者享有的成本降低或价值增加之间的百分比。这主要取决于算法提供商（algorithm's provider）相对于消费者的市场支配力，并且仅在消费者没有创建或运行算法时才具有相关性。① 算法提供商的市场支配力越强，消费者获得的好处就越少。这种市场支配力依赖于几个参数，且都与进入壁垒的高度有关。这可能包括市场上相互竞争的算法消费者的数量、算法的比较优势以及切换到另一种算法的成本。

---

① 这种控制可能以许多不同的方式表现出来。其可能是一种强制性要求，就像 Expedia 和 Booking. com 这样的在线旅行社所做的那样，预先确定的避免成本的百分比将自动转移到该算法的编码器或操作员手中。See, e. g., Trefis Team, "What's Driving Expedia's Stock?", Forbes（Jan. 4, 2013, 4：40 PM），https：//www. forbes. com/sites/greatspeculations/2013/01/04/whats-driving-expedias-stock/#278db5d2359b ［https：//perma. cc/49G3 - EZ5D］; Dennis Schaal, "How Booking. com Turned the Other OTAs into Converts", Skift（Jun. 25, 2012, 9：02 AM），https：//skift. com/2012/06/25/how-booking-com-conquered-world ［https：//perma. cc/3A9K-STKM］.

就后者而言，特定应用程序对每个用户累积的个人数据可能就是一个重要的壁垒。如果由于数据迁移的限制，数据不能被其他平台使用，而切换到另一个算法以及丢失此个人历史记录的成本可能会高得令人望而却步。事实上，获取丰富、新鲜、多样化和密集的特定消费者数据，以及其他消费者和供应商的数据，对于任何算法消费者的成功可能都是至关重要的。①

数据越独特，越有利于做出最优购买决策，获得这些数据的玩家的市场支配力就越强。相应地，这意味着算法消费者之间的竞争可能至少部分地受到数据访问的影响。消费者比较竞争性算法的相对品质的能力，以及其数字平台提供的默认选项，也将影响算法提供商的市场支配力。在下面的章节中，我们将进一步探讨一些参数，这些参数影响算法消费者将其创造的利益转移给消费者的能力和动机。

有趣的是，对一系列产品做出决策的多任务算法可能会完全改变消费者的整体购买套餐。比如，算法正在寻找周末的休闲活动，它可能会比较消费者的整体效用，包括阅读一本书，去看一场表演，或是见一个好朋友。相应地，这可能会扩大某些法规中提及的可替代性和市场定义的界限。这些多任务算法也可能比单任务算法对市场动态有更广泛的影响。

（二）对供应商的影响

如果算法消费者能对供应商的行为产生影响，那么它是如何影响的呢？一个主要的影响是增加了竞争压力。由于算法消费者可以对大量的报价进行比较，竞争可能会变得更激烈。此外，因为算法可以检索和比较更多的变量，所以竞争发生的维度可能会扩大。比如，由于算法比人类消费者更有能力对合同条款进行审核和评价，且成本更低，供应商将有更强的动机来改进其提供的合同条款，使其更加公平。请注意，其中一些变化还可能

---

① 关于大数据市场的进入壁垒，可参见 Daniel L. Rubinfeld & Michal S. Gal，"Access Barriers to Big Data"，59 *Ariz. L. Rev.*（forthcoming 2017），available at https://works.bepress.com/daniel_rubinfeld/85/［https://perma.cc/QL55 - AD8B］。

对不使用算法的消费者产生积极的外部性。

算法消费者的崛起也可能会激励供应商开发新类型的数据，这些数据可以在算法的决策过程中被使用。举例来说，可以对算法进行编码，以检查与供应商相关的参数，例如其交易的历史或其网站存续的时间，目的在于评估潜在供应商的风险水平。相应地，供应商也不得不开发更好的工具来表明与其交易的可靠性，并允许算法做出更明智的决策。

算法消费者也可能影响供应商的营销工具。算法对影响消费者的那些偏见如产品包装的颜色可以免疫。因此，在未来，供应商可能会投资更多用于以算法能够感知的方式提供有关产品质量的信息，而不是用于迎合那些算法可以免疫的偏见。在消费者最有可能做出相关消费决定的时候，发送给消费者的定向广告也将变得不那么重要，① 尽管这些广告仍可能被用来说服消费者改变其声明的偏好。最后，由于更多的交易是数字化的，因此需要更少的实体店和更多的虚拟店，从而节省了实体基础设施和销售人员的成本。虽然这一趋势已经在发生，② 但算法消费者将加剧这一趋势。

此外，（算法消费者）能够保存所有用户的交易历史的能力，为算法提供大量交易的长期记录，从而减少了供应商在与每个消费者的一次性交易中逃避责任的动机。

同时，供应商也可能设法利用算法的缺点，如盲点和低效的决策参数，来操纵算法所做的选择。这会导致消费者和供应商之间的技术竞赛，每一方都致力于开发能够识别对方缺点，同时修复自己盲点的系统。

这些变化将如何影响新的供应商进入的难易程度，并反过来增加竞争呢？答案是多重的。一方面，算法消费者的路径依赖（严重信赖历史购买决策的轨迹），以及历史交易显示的供应商的可信度，使得已建立联系的供应商会被优先考虑。另一方面，如果信誉、历史交易以及实体基础设施被

---

① 例如通过消费者的智能手机或智能眼镜。

② See, e. g., Darrell Rigby, "The Future of Shopping", *Harv. Bus. Rev.* (Dec. 2011), http://www. wipro. com/documents/the-future-of-shopping. pdf [https://perma. cc/Q25A-G5J6].

赋予比价格和质量等参数更小的权重，新的供应商可能更容易进入市场。①并且，算法可检索的更大竞争维度会使新公司更容易进入。此外，被广泛使用的算法决策参数的透明性可能会使新供应商更容易评估出他们需要在更高质量或更低价格上面的投资，以便在进入市场时盈利，进而减少不确定性并有助于其进入市场。

偏见对供应商进入市场和扩张的决策具有微妙而重要的影响。只要预期消费者的选择有一定程度的经济非理性，一些供应商就可以做出看似不合理的进入决策，并且取得成功。而一旦消费者的选择变成了自动化的，消费者的非理性选择就不再可靠了，这转而将影响打算进入或扩大市场的供应商类型。正如埃维什拉姆·图尔所说的那样，这种变化的福利效应并不是一目了然的。如果重要的创新不是基于关于投资和进入的理性决定，那它甚至可能对动态效率产生负面影响。②

市场动态的另一个有趣变数源于这样一种想法，即算法消费者可以通过一些设定的决策参数，最终消除或至少减少一些市场失灵。算法具有足够的灵活性，可以顾及可能损害消费者的市场结构的长期影响，甚至包括环境方面的考虑。例如，一种算法能够识别出低于成本的掠夺性定价，从长远来看，这种定价将损害市场动态，算法会以摒弃垄断供应商的方式做出反应，即使报价是现有的最低价格也是如此。同样，它能识别出卡特尔或垄断寡头协作的存在，并在价格降低之前不与这些供应商做生意。或者它总是可能找到至少一个新的货源，并购买一部分商品，以鼓励新的供应商进入市场。当然，包括这类决策参数的算法，需要对市场条件及其对福利的影响进行更复杂的建模和分析，鉴于经济和数据科学的进步，这会变

---

① 有关歧视的文献强调，大数据是对算法消费者的重要投入，它的好处之一是，它为人口中的一些人提供了机会，否则这些人就会被归类为有风险的人。See, e. g., FTC, *Big Data: A Tool for Inclusion or Exclusion?* 5 - 8（Jan. 2016）. 对新的供应商也可能产生类似的影响。

② See, e. g., Avishalom Tor, "Boundedly Rational Entrepreneurs and Antitrust", 62 *Antitrust Bull.* (forthcoming 2017)（manuscript at 42 - 43）, available at https://papers. ssrn. com/sol3/papers2. cfm? abstract_id = 2841515［https://perma. cc/5VK9 - D45Z］.

得更加容易。① 这些发展可以改善市场动态，消除一些市场失灵，而不需要监管干预。

（三）算法相互作用的影响

到目前为止，我们一直关注的是供应商通常如何与算法消费者进行交互，而不涉及其提出报价的方法。现在让我们在分析中加入另一个因素：通过决策算法运作的供应商——这在许多行业中已经很常见。② 一个众所周知的例子是优步（Uber）的高峰定价算法，它可以在既定时间内，基于供求关系变化相应设定出租车里程的价格。③ 这个算法变得有名是因为，2013年暴风雪期间，纽约市一名优步司机载着烹饪书作者杰西卡·辛菲尔德（Jessica Seinfeld）的两个孩子去参加附近的活动，并收取415美元，优步因这一算法而声名大噪。④ 优步首席执行官回应批评时称："我们没有设定价格，是市场在定价……我们只是用算法来确定这个市场是什么。"⑤ 类似的例子比比皆是。⑥

供应商和消费者对算法的使用能完全改变他们之间的交互动态，实际上，甚至可能会影响谈判的概念。供应商们使用的算法决策程序将需要被设计为对消费者的报价做出完全条理清晰、快速的核对和比较，并对此进行最佳的回应。此外，双方为发现和利用对方的缺陷而展开的竞争可能导

---

① 关于算法的复杂程度，参见 Sameer Dhanrajani, "Changing Face of Algorithms—Sophistication in Analytics Tools & Techniques Leading to Fluid and Agile Enterprise Decision Making", Demystifying Data Analytics, Decision Science & Digital（Feb. 13, 2017）, https://sameerdhanrajani. wordpress. com/2017/02/13/sameer-dhanrajani-changing-face-of-algorithms-sophistication-in-analytics-tools-techniques-leading-to-fluid-and-agile-enterprise-decision-making/［https://perma. cc/7QD4 - CBH8］。

② See, e. g., Ezrachi & Stucke, "Virtual Competition", Supra Note 11, at 15.

③ Marcus Wohlsen, "Uber Boss Says Surge Pricing Rescues People from the Snow", Wired（Dec. 17, 2013, 6：30 AM）, https://www. wired. com/2013/12/uber-surge-pricing/［https://perma. cc/33 TU - 5QGP］.

④ Jessi Hempel, "Why the Surge-Pricing Fiasco Is Great for Uber", Fortune（Dec. 30, 2013）, http://fortune. com/2013/12/30/why-the-surge-pricing-fiasco-is-great-for-uber/［https://perma. cc/FYC6 - XRRH］.

⑤ Wohlsen, Supra Note 73.

⑥ See, e. g., Ezrachi & Stucke, "Virtual Competition", Supra Note 11, at 13 - 17.

致一场"算法之战",战争的胜利者将分享到交易蛋糕中更大的份额。此外,双方对算法的使用将极有可能降低双方的交易成本,这一事实也可以转化为消费者成本的降低。

(四) 增强买方市场的支配力

算法消费者还可以将消费者聚合成购买群体,这可以通过创建一个购买平台来实现,由一个或者几个算法消费者联合起来运行该平台。现有的技术使这种购买群体的形成比以往更容易,这一事实会如何影响市场交互和市场动态呢?

算法购买集体可以将不同消费者的选择聚合为一个虚拟买家(可称为聚合匿名化),从而降低供应商了解或利用涉及每个用户偏好信息的能力。事实上,一旦消费者被聚集到足够大的消费者群体中,并通过该群体购买产品,供应商将失去收集消费者个人偏好信息的能力,以及根据每个消费者的需求弹性对他们进行区分的能力。[1] 例如,对同一本法律图书,卖方可能会向法律教授收取比学生更高的费用,因为前者通常更有财力来购买法律书籍。但是反过来看,精准识别消费者能力的丧失可能会增加消费者的福利,比如供应商被迫为所有人设定更低的价格。它还可以减少对隐私泄露的担忧。[2] 然而,在某些情况下,它也可能对消费者福利产生消极影响,比如限制了一些有需求弹性的消费者享受较低价格的能力,或者限制了通过个性化报价让消费者接触到他们本来无意识却愿意消费的产品的机会。[3]

---

[1] See, e. g. , Samuel B. Hwang & Sungho Kim, "Dynamic Pricing Algorithm for E-Commerce", in *Advances in Systems*, *Computing Sciences and Software Engineering* 149 (Tarek Sobh & Khaled Elleithy eds. , 2006). 讨论价格歧视的福利效应,可参见 R. Preston McAfee, "Price Discrimination", in *Issues in Competition Law and Policy* 465, 480 – 83 (ABA Section of Antitrust Law 2008)。

[2] 单独使用的算法也可以应用技术策略来确保消费者的隐私,从而产生类似的效果。关于因收集有关消费者习惯的数据而引起的隐私担心,可参见 Maurice E. Stucke & Allen P. Grunes, *Big Data and Competition Policy* 51 –66 (2016)。

[3] Exec. Office of The President, Big Data And Differential Pricing 4 –5, 12 (Feb. 2015).

算法购买集体还可以解决一些集体行动问题（collective action problems），[①] 并创造和加强消费者的购买力。[②] 然而问题也出现了，购买力的增加如何影响市场福利以及市场力量的平衡？购买力的增加是否只涉及将财富转移给消费者，从而使贸易产生的一大部分利益有利于消费者而不是供应商？这个问题并不新鲜，尤其是，这是在采购合作社和联合采购集团的背景下出现的。[③] 美国联邦反托拉斯执行局认为，只要"购买的产品或服务在相关市场的销售总额中占比在 35% 以下"，这类集团就可能会产生有利于竞争的效果。[④] 目前看不出有什么理由要将算法购买集体从这些规则中排除。然而，算法消费者可能会使购买群体变得比以往任何时候都更有影响、更强大，并绕过执法机构设置的限制。因此，这种权力对福利的影响问题变得更加重要。[⑤]

经济合作与发展组织（OECD）的一次圆桌会议明确了采购集团可能损害消费者的几种潜在方式。[⑥] 这不是要去检验这些理论的准确性，而只是要提醒：世界各地至少有一些主管竞争的机构接受了这些理论。[⑦] 有一种理论侧重于：如果消费者享受了很大一部分投资的利益，那么供应商在生产效

[①] 当然，这是假设那些使用该算法的用户有等待供应商更改其条款所必需的灵活性。尽管如此，预见到算法消费者市场支配力的供应商可能会提前更改其条款。

[②] 买方支配力是指买方影响其与供应商交易条款的能力。如果有很大比例的购买者通过联合购买算法进行购买，那么联合购买算法可能会为消费者带来巨大的市场支配力。See Oecd, Daf/Comp（2008）38, Monopsonyand Buyer Power 9（Dec. 17, 2009）. 建立买方集团是为了利用规模经济和范围经济。Peter C. Carstensen, "Buyer Cartels Versus Buying Groups: Legal Distinctions, Competitive Realities, and Antitrust Policy", 1 *Wm. & Mary Bus. L. Rev.* 1, 13 – 14（2010）.

[③] See, e. g. , OECD, Daf/Comp/Wd（2008）79, Roundtable on Monopsony and Buyer Power: Note by the United States 5（Oct. 13, 2008）.

[④] See, e. g. , OECD, Daf/Comp/Wd（2008）79, Roundtable on Monopsony and Buyer Power: Note by the United States 5［quoting U. S. Dep't of Justice & Ftc, Statements of Antitrust Enforcement Policy in Health Care 54（Aug. 1996）］.

[⑤] 反垄断法大多对购买群体持宽容态度，即使这些群体在购买市场中占有很大份额。Carstensen, Supra Note 81, at 37.

[⑥] See OECD, Supra Note 81, at 9 – 12.

[⑦] See OECD, Supra Note 81, at 9 – 12.

率或动态效率方面的投资动机就会减少。① 当那些联合在一起的人不是终端消费者，而是竞争对手时，就会产生另一种潜在的危害：竞争对手可能会使用联合采购算法在业务的某些方面进行共谋。事实上，算法能使共谋变得更容易，因为算法可以相对容易地存储、比较和分析联合购买企业中每个成员的购买请求。② 但是算法消费者的潜在能力能够抵消供应商的市场支配力对消费者的负面影响，从而平衡这些潜在的危害。

另一个关注的焦点是具有市场支配力的算法消费者能够设立或增加人为的进入壁垒，从而限制与其他算法消费者的竞争。③ 例如，它们可以迫使其用户不切换到竞争性算法［从而造成下游止赎（downstream foreclosure）］，或者它们可以迫使供应商不向竞争性算法提供产品［从而造成上游止赎（upstream foreclosure）］。④ 另一个例子涉及价格持平——要求供应商不要以更低的价格卖给其他任何人。算法消费者有动机确保价格持平，因为在竞争有限的情况下，它们可以从与消费者的贸易中获得更多的好处，同时有限的竞争也减少了确保它们的算法效率最高和紧跟技术变化的投资需求。这反过来又减少了消费者所享有的利益。

算法消费者还会滥用其买方力量，以限制供应商之间的竞争。有趣的是，排除竞争可能会通过编码秘密地实现，方法是根据决策参数对算法进行编码，但对其他有效供应商的报价赋予较小权重。⑤ 不过，请注意，排除供应商可能会与算法消费者的利益发生冲突。如果那些可能提出更好报价的供应商，或者至少可能增加对其他供应商竞争压力的供应商被排除，那

---

① SeeOECD, Supra Note 81, at 11 - 12.
② 关于算法使共谋更容易的能力，可参见 Ezrachi & Stucke, "Virtual Competition", Supra Note 11, at 35 - 81。
③ SeeEzrachi & Stucke, "Virtual Competition", Supra Note 11, at 30 - 32.
④ 下游止赎意味着丧失对客户的访问权；相应地，上游止赎意味着丧失对供应源的获取权。Christodoulos Stefandis, "Downstream Vertical Foreclosure and Upstream Innovation", 45 *J. Indus. Econ.* 445 (1997).
⑤ 例如，假设最高效的供应商仅以既定数量销售其产品。如果算法的参数限制了此类既定数量产品的购买，即使该参数对用户不一定重要，那么算法也可能不会选择该最高效供应商的报价。

么可能会降低算法的市场价值。因此，从事这种排他行为的动机一般将被市场力量限制。当这种排他行为创造了市场价值时，比如当消费者不想光顾某些公司（如剥削童工的公司）而愿意放弃其更好的报价时，或者当算法的运营者也在产品供应市场上竞争时，激励机制可能会改变。①

算法消费者滥用市场力量的这些担忧，会由于（一些）算法消费者进入市场的门槛较高而加剧，我们将在下一部分中对此进行探讨。

（五）数字市场的竞争壁垒

到目前为止，我们的分析主要集中在消费者、算法消费者和供应商身上，很大程度上忽略了连接他（它）们的中间机构或提供他（它）们信息的公司。然而，一旦我们相应地扩展了我们的观点，市场动态就会发生变化。

下面的讨论涉及两个控制点，对算法消费者的行为：访问潜在用户和访问数据有严重的影响。关于后者，我们指的是收集和分析与交易相关的数据的能力，包括关于特定消费者偏好的数据。如下文所示，目前这两个控制点可能会出现很高的进入壁垒。

数字化市场高度集中。目前，少数拥有巨型平台的数字中介控制着潜在用户的有效访问点。其中包括智能设备（iPhone 和 Kindle）、操作系统（iOS 和 Android）、应用商店（Apple Store 和 Google Play）和浏览器入口（Google Search 和 Facebook）。高度集中在很大程度上是由于网络效应，当使用平台的每个用户的价值与使用系统的其他用户的数量同步上升时，网络效应就会产生。② 大数据的网络效应进一步增强了这些网络效应。③ 通过对

---

① 本文假设供应商、买方、算法提供者和算法运行者是独立的实体，在供应链的不同层次上运行。一旦放宽这一假设，就会出现更多的竞争问题。虽然这些令人感兴趣，但它们超出了本文的范围。

② Nicolai Van Gorp & Olga Batura, "European Parliament Directorate-Gen. For Internal Policies", *Policy Dep't A*: *Econ. & Sci. Policy*, IP/A/Econ/2014 - 12, Challenges for Competition Policy in a Digitalised Economy 8（July 2015）.

③ 大数据表现出几种类型的网络效应：因其他多人使用某一产品而产生的效应；试错和边做边学的效应；以及在多边市场中的数据范围和溢出效应。See, e. g., Stucke & Grunes, Supra Note 78, at 162 - 99; Rubinfeld & Gal, Supra Note 66, at 17 - 18.

内容、访问和在线分销渠道的集中控制，大型网络在获取大量用户的个人在线数据方面享有固有的竞争优势。①

这种情况会对算法消费者应用市场上可能的竞争具有多重影响。最重要的是，对大多数算法消费者的供应商来说，使用这类中介机构目前是必不可少的，因为它们通常需要通过这些中间商才能接触到其用户（比如通过应用商店），或收集相关数据（比如通过搜索应用程序）。因此，数字中介可能会影响算法消费者访问潜在用户，以及基于何种条件访问。

另外，也许更现实的是，超级平台可能会试图自行提供和控制算法消费者，因为这些算法很可能成为消费者进入数字化世界的门户。② 算法消费者可以通过聚合所有消费者的偏好来掩盖个体消费者的偏好，这进一步支持了上述猜想。但这种行为也相应地限制了对平台的激励，因为该类平台的价值取决于依靠这类数据来授予对此类应用程序的访问权限。通过中介机构的访问，或对其掌握的独特数据的访问越重要，支配数字市场的少数几个大型平台就越有可能试图控制这种访问。这相应地可能进一步增强大型平台的市场支配力，并提高大型平台和算法消费者进入市场的壁垒。③

事实上，主要的数字平台已经在竞相开发最好的数字购物助手。④ 此外，一些大型平台用来吸引用户使用其应用程序的策略之一是创建多任务算法，该算法组合了多种功能，包括一些服务，比如安排用户日程表、下次会议的提醒、在预报有雨时建议用户带上雨伞，以及应用户请求呼叫联

---

① 一些管辖区正在调查这些中间机构的反竞争效果。See, e. g., Stucke & Grunes, Supra Note 78.

② Cf. Ariel Ezrachi & Maurice E. Stucke, "Is Your Digital Assistant Devious?" (Oxford Legal Studies Research Paper No. 52/2016; Univ. of Tenn. Legal Studies Research Paper No. 304 Aug. 23, 2016), available at https: //papers. ssrn. com/sol3/papers2. cfm? abstract_ id = 2828117 [https: // perma. cc/2VWT-VLJW].

③ See Ezrachi & Stucke, "Virtual Competition", Supra Note 11, at 195。

④ See Mark Prigg, "Apple Unleashes Its AI: 'Super Siri' Will Battle Amazon, Facebook and Google in Smart Assistant Wars", Daily Mail (June 13, 2016), http: //www. dailymail. co. uk/science-tech/article – 3639325/Apple-unveil-SuperSiri-Amazon-Google-smart-assistant-wars. html [http: // perma. cc/8K3Z – 6HF5].

系人（数字管家①）。像苹果 Siri 和谷歌助手这样的算法已经免费执行了许多这样的任务，预计在不久的将来，它们将执行更多的任务，包括购买决策（扩展谷歌给出的示例："给我女儿找个西班牙语家教"）。② 相应地，像谷歌和苹果这样的公司已经从主要是广告商和消费者之间的双边市场中介，发展成了运营多任务处理的代理人，这种代理结合了包括算法消费者在内的多种服务。

这种技术搭售服务可能（部分）缓解数字中间机构因下面阐释的场景而造成的市场支配力的损失，在这种情况下，数字中间机构作为大数据以及联系供应商的来源可能变得不那么重要。这种搭售服务还赋予这些中间机构内在的优势，为它们的市场设立了进入壁垒。首先，由于目前它们在现有平台上居主导地位，它们的数字管家成为默认的选项。这相应又创造了一个庞大的用户基础，并增加了切换成本。其次，它们能够组合多个任务，其中一些任务已经免费提供（如显示地图），这比单任务算法更具有优势。这些数字管家提供一站式商店服务，能够做出相互关联的决策，这一能力将强化以上的优势。再次，它们的服务范围让这些中间机构能够积累更多的用户数据，使它们能够创建更好的用户画像，以成为更好的算法消费者。③ 最后，与此相关的是，这类中间机构目前是进入数字世界的主要门户，这一事实使它们能够积聚更多的数据。某种程度上，关于其他用户的数据（而不是关于每个特定用户的数据）对算法消费者的运作很重要，这可能会进一步提高市场进入壁垒。④ 因此，算法管家和算法消费者的角色相互强化，并提高了其他公司进入算法消费者市场的壁垒。如果是这样，用

---

① 这个词是丹尼·亚德恩（Danny Yadron）创造的。See Danny Yadron, "Google Assistant Takes on Amazon and Apple to Be the Ultimate Digital Butler", The Guardian（May 18, 2016）, https：// www. theguardian. com/technology/2016/may/18/google-home-assistant-amazon-echo-apple-siri［https：// perma. cc/VVE3 – Z3NR］.

② See Google Developers, "Google I/O Keynote—2016", Youtube at 24：50（May 18, 2016）, ht- tps：//www. youtube. com/watch？v = 862r3XS2YB0［https：//perma. cc/WD5N-QBJC］.

③ See Ezrachi & Stucke, "Virtual Competition", Supra Note 11, at 195.

④ See Ezrachi & Stucke, "Virtual Competition", Supra Note 11, at 195.

户可能会倾向于让这些平台也为他们提供购买服务。① 然而，这更多取决于在消费者眼中，这些捆绑的算法管家能为他们获取的利益有多大。如果消费者认为算法管家主要是增进供应商的利益，而不是消费者的利益，他们可能更愿意使用仅为他们的利益而编写的算法消费者。②

一个有趣的问题是，这种市场结构将如何影响商品的供应。消费者实际偏好和预测偏好的数据可以使供应商更好地预测和迎合消费者需求，因此任何与大型平台合作的供应商都能通过这些数据获得显著的竞争优势。因此，对消费者数据的控制可使提供算法消费者的平台利用其市场支配力，从而部分控制商品的供应。这实际上会导致对供需都有很大的影响。另一个令人不安的可能性是，一个大型平台可能会同时控制消费者算法和一些供应商。这种可能性的风险在于，该平台可能会使用算法消费者来塑造消费者需求，使其与自己的供给相匹配。可能还会出现更微妙的影响，比如即便这一大型平台没有控制供应商，但是如果改变消费者的选择，能使其在其他业务方面具有优势，它也会这么做的。③

基于目前数字化市场的这些特点，阿里尔·埃兹拉奇和莫里斯·斯图克提出了一个悲观的观点：现有中间机构控制消费者算法是不可避免的，从而导致算法消费者做出的决策未必会进一步增进消费者福利。④

我们不必那么悲观，至少从长远来看情况不是这样。准确地说，有时技术有点像凤凰涅槃，在正确的结构化监管的帮助下，会一次又一次地自我改造。影响力的程度和制约手段可能会发生变化，从而引入更多的竞争。就像控制点从个人计算机历史性地转移到互联网一样，新的技术发展意味着互联网可能很快就会失去一些影响力。最重要的是，物联网可能会改变算法消费者运行所需的数据轨迹，从互联网转向更实体、可能不那么集中

---

① See Ezrachi & Stucke, "Virtual Competition", Supra Note 11, at 194.

② 表明这种激励的一种方法是将算法提供商的收入建立在算法管家所节约成本的一定百分比上。

③ 例如，该算法可以测试用户对选择的反应，这些选择并不完全符合他们的偏好，但可能会增加巨型平台的收入。作为类比来看，脸书的实验是关于用户的新闻推送的变化如何影响他们的情绪。Kramer, Guillory & Hancock, Supra Note 58, at 8788 – 90.

④ See Ezrachi & Stucke, "Virtual Competition", Supra Note 11, at 194 – 97.

的位置（如智能家居、智能汽车、智能电器和智能服装）。反过来，这可能至少会将一些影响力从现有的互联网中间机构中转移出去。[①] 像谷歌这样的公司已经开始向实体市场扩张，这些市场向它们提供来自实体基础设施（如智能家居设备和智能汽车）的信息。然而，对于现有的大型平台来说，这场"传感器控制之战"并不那么好赢，因为传感器嵌入在众多物理源中，很难想象有一家公司能控制所有或大部分传感器。同时，这种变化也可能造成新的进入壁垒。一个潜在的壁垒可能包括中间机构的数字系统，它将从"物"（things）中收集的数据连接起来，在一些人所说的"万物互联"（internet of everything）中创造"事物的协作"（collaboration of things），即人、设备、数据、机器和进程之间无处不在的连接。[②] 在这样的世界中，那些控制连接平台的人可能拥有巨大的市场支配力。

数据源之间的互操作性（无论是强制的还是市场驱动的）也可能会改变控制点。此外，如果代表消费者做出决策时不需要大量或多样化的数据，并且在决策参数相当透明的情况下，很可能会有创造算法消费者的市场存在，并且这些算法消费者不是由中间机构操作或控制的。最后，技术变革也可能减少交易执行的壁垒。在某些情况下，算法消费者可能会通过互联网直接与供应商互动，而不是通过提供搜索服务的供应商。

所有这一切并不意味着新的技术或市场结构必然会克服让算法消费者有效运作的所有局限。不过，这确实让人们对未来市场如何运作有了新的认识，并有可能为集中度较低的市场结构打开大门。这在很大程度上取决于为应对数据控制位点的变化而采用的新的商业模式。

概括一下本节，算法消费者可能会显著影响市场动态，改变需求（消费者的选择）和供给（供应商行为的许多维度）。这些算法有可能对消费者

---

① See Yochai Benkler, "Degrees of Freedom, Dimensions of Power", 145 *Daedalus* 18（2016）（该文描述了在信息环境中塑造权力的力量，其中包括法律的力量）.

② Alan Morrison, "Beyond IoT: How Blockchain Will Help Create the Collaboration of Things", Recode. Net（2016）, http：//www. recode. net/sponsored/12929410/beyond-iot-how-blockchain-will-help-create-the-collaboration-of-things［https：//perma. cc/A2Tx-H3R7］.

和社会福利产生积极影响。通过增加供应商之间的竞争，算法很可能会提高分配效率、生产效率和动态效率，而这相应地又带来更低成本、更高质量的产品。它们还有助于满足消费者的其他偏好，如增加隐私性和可持续性。此外，它们还降低了所有参与交易者的交易成本，从而进一步增进了社会福利。然而，能否实现这些好处，尤其取决于算法消费者市场进入壁垒的高度，而这相应地又影响算法消费者之间的竞争强度。正如所显示的，许多源头都有进入壁垒，具体包括：投入市场——获取消费者偏好数据；产出市场——获取潜在消费者；竞争性算法的排他行为——捆绑、价格平价或排他合同。这是我们下一步要关注的三个挑战。

四　对监管的影响

在确定了算法消费者对市场动态和社会福利的潜在影响，以及实现消费者利益的潜在障碍之后，我们现在将重点放在这一技术变革对监管的挑战上。

算法消费者的出现对当前多个法律领域的监管工具提出了许多有趣的挑战。例如，在合同法中，一个算法能背信弃义吗？算法之间的交互何时构成具有约束力的合同？在代理法中，算法是消费者的代理人吗？它是否对消费者负有信托义务？在侵权法中，谁对算法造成的损害负责？或者，在隐私和网络安全这类新的监管形式中，是否应要求算法消费者满足有关隐私或某一安全级别的监管标准？[①] 在规制算法世界方方面面的法律之间的相互作用上也出现了问题。在消费者决策自动化的美丽新世界中，肯定会出现这样那样的挑战。每一个都值得进行研究。

在本节，我们将重点放在第三节曾提及的监管难题中的一个重要部分：

---

① 还出现了其他问题。在公司法中，当代理人不接受算法所做的决定时，在什么情况下公司代理人的行为被认定为过失或恶意呢？在消费者保护法中，算法消费者的操纵何时违反消费者保护标准？算法的提供商必须向用户提供哪些类型的信息？哪些类型的行动应被视为磋商？在刑法中，如果消费者已经全权委托算法，当算法购买了一个非法的手工制品时，那么谁应该对这一购买行为负责呢？如果消费者甚至不知道这样的购买是可能的呢？

现有的监管工具是否足以有效地应对上文分析的三个潜在竞争障碍，并因此能够确保算法消费者给消费者带来它们承诺的利益？我们的目标不是为出现的众多问题提供明确的答案，而是确定和找到主要的监管挑战。

（一）减少访问消费者的壁垒

即使一家公司创造了最好的竞争性算法，它依然很难接触到消费者。有些障碍是自然而然的，比如先发优势，其可能会造成现状偏见（status-quo bias），以及关于消费者的不完全信息。新技术的出现也会造成其他一些壁垒。

第一种壁垒中的一些至少可以被市场消除。例如，不同公司之间的产品比较可能会有助于消费者理解不同算法消费者的相对质量。法律也有助于减少这些壁垒，例如禁止误导性信息或要求某些产品质量具有透明度。①在这方面，算法与其他产品没有什么不同，只是由于它们的"黑箱"特性，可能更难感知它们的相对质量，特别是当它们做出多个相互关联的决策时。

更重要的壁垒是要通过中间机构才能访问消费者。如上所述，目前有几个大型中介企业控制着应用程序提供者和消费者交互的平台，其中最重要的是智能设备、操作系统、应用程序商店和浏览器入口。一旦这些访问入口对应用程序设计者关闭或部分关闭，那么对消费者的访问就会受到限制，有效竞争的能力也会受到限制。此外，中间企业可能利用其在访问入口上的市场支配力来推销自己的算法消费者，或支持一种算法而反对另一种算法，从而享受因此而产生的部分利润。在中间机构提供的服务中，只要算法消费者只占到微不足道的一部分，上述行为可能就不会强烈刺激消费者切换到另一个中间机构。因此，在这种情况下，不能依赖市场力量来解决这种排斥问题，至少在短期内不能这样做。

在克服这些壁垒方面，现行法律能否发挥作用？答案是部分肯定的，

---

① 现有的一些消费者保护法律可能已经适用于算法，但另一些法律可能需要加以修正，以特别适用于算法的特性。关于处理算法操作的一些方法，可参见 Calo, Supra Note 44, at 1041 – 48。

这取决于市场条件和中间机构所从事的行为类型。关系最密切的法律领域是反垄断法，作为一类基础性的监管工具，反垄断法试图防止或限制私营公司设立人为的竞争壁垒，以确保市场为社会利益服务。[1] 它基于这样一种假设，即无障碍竞争将产生一种现状——由市场供求关系相互作用，从长远看将增进社会福利。[2] 此外，通过反垄断法的保护促进竞争，可以防止或减少市场失灵或监管失灵，在这种情形下，反垄断法可能会减少应用其他更具干预性监管工具的需求。例如，当算法提供商之间的竞争降低了他们操纵算法决策参数的动机时，消费者保护法可能就不那么重要了。最后，在促进算法市场的竞争上，普遍缺乏其他更具体的监管工具，因此反垄断法是目前相关的主要工具。

针对垄断或企图垄断的反垄断禁令，目的在于禁止具有显著市场支配力的公司的单方面行为，该公司利用这种市场支配力对其竞争对手设置人为的进入壁垒。[3] 要产生反垄断责任，必须证明以下三点：拥有或企图拥有垄断性的市场支配力；存在垄断行为，与通过高品质产品、商业头脑或历史机遇带来增长和发展，从而获取市场支配力不同，垄断行为被定义为"故意获取或维持这种市场支配力"；[4] 以及垄断行为与市场支配力之间的因果关系。[5]

当这些条件满足时，反垄断法可以用来强制中间机构停止从事反竞争的行为。垄断者可能被要求停止在访问条款中进行歧视，或停止对与之竞争的算法消费者供应商的其他排他性行为。一个值得注意的原则是基础设施原则，根据这一原则，如果（A）对其他在相关市场上竞争的效率相似的

---

[1] See, e. g. , Phillip E. Areeda & Herbert Hovenkamp, *Antitrust Law* 3 – 4 (4th ed. , 2013).

[2] See, e. g. , Philippe Aghion & Mark Schankerman, "On the Welfare Effects and Political Economy of Competition-Enhancing Policies", 114 *Econ. J.* 800, 818 – 19 (2004).

[3] Sherman Antitrust Act § § 1 – 2, 15 U. S. C. § § 1 – 2 (2014). 关于反垄断法的概述，参见 generally Areeda & Hovenkamp, Supra Note 111; Herbert Hovenkamp, *Federal Antitrust Policy* (4th ed. , 2011)。

[4] United States v. Grinnell Corp. , 384 U. S. 563, 570 – 71 (1966).

[5] United States v. Grinnell Corp. , 384 U. S. 563, 570 – 71 (1966).

公司来说，对设施的访问是必不可少的，并且（B）授权访问是可行的、客观合理的，则垄断者必须以公平和非歧视条款授权访问其控制的设施。① 虽然这一原则适用的范围引起了很大争议，但在某些情况下仍然适用。②

然而，由于三个主要原因，反垄断法在强制访问中间机构方面是一个非常有限的工具。第一，反垄断法一般不能限制垄断者以授权访问为交换而设定的价格，这反过来可能会限制消费者的利益。第二，更根本的是，很难证明垄断地位的存在，特别是在动态市场中。③ 第三，当市场支配力来自寡头垄断式协作时，也就是说，几个大型竞争者的平行行为并不是以它们之间的非法协议为基础的，那么反垄断不能有效地处理这种情况。例如，假设谷歌和苹果都在没有事先协议的情况下限制了对其在线应用程序商店的访问，如果确定二者在应用程序商店的市场中都不享有垄断地位，则不能利用反垄断法授权访问。④

长远来看，可能会产生其他平台，并为了争夺用户而竞争，因此可能会为算法提供更好的访问条款。如果多种类型的中间机构，包括那些在不同市场竞争的中间机构，都可以授权这种访问（例如，通过脸书而不是通过苹果访问），则情况就更是如此。然而，除其他因素外，由于规模经济、多任务处理、先发优势和大多数数字化市场所特有的默认选项，它们所产生的切换成本和固有利益，导致获得这种授权访问可能不是一件容易的事。

---

① See MCI Commc'ns Corp. v. American Tel. & Tel. Co. , 708 F. 2d 1081, 1132 – 33 (7th Cir. 1983); Stephen M. Maurer & Suzanne Scotchmer, "The Essential Facilities Doc-trine: The Lost Message of Terminal Railroad", 5 *Calif. L. Rev. Cir.* 287, 301 (2014); Robert Pitofsky, Donna Patterson & Jonathan Hooks, "The Essential Facilities Doctrine Under US Antitrust Law", 70 *Antitrust L. J.* 443, 448 (2002). 请注意，基础设施原则也适用于欧盟，参见 generally Sébastian J. Evrard, "Essential Facilities in the European Union: Bronner and Beyond", *Columbia J. Eur. L.* (2004) (追溯 1970 年以来欧洲法院法理学中基础设施理论的发展)。

② See, e. g. , Aspen Skiing v. Aspen Highlands Skiing Corp. 472 U. S. 585, 600 (1985). 已适用基础设施理论的欧盟案例清单，参见 Richard Whish & David Bailey, *Competition Law* 703 – 06 (7th ed. , 2012)。

③ See, e. g. , Brody Mullins, Rolfe Winkler & Brent Kendall, "Inside the US Probe of Google", Wall Street Journal (March 19, 2015), https://www.wsj.com/articles/inside-the-u-s-antitrust-probe-of-google – 1426793274 [https://perma.cc/9UFT – 6US7].

④ See, e. g. , Scott Hemphill and Tim Wu, "Parallel Exclusion", 122 *Yale L. J.* 1182, 1198 (2013).

（二）减少访问相关数据的壁垒

无论何时数据对算法消费者的成功操作都至关重要，因而对这些数据和数据分析工具的访问就会影响竞争水平。当对消费者的分析从其声明偏好转向基于数据分析，尤其是基于机器学习的预测偏好时，这种情况就变得越来越真实。同样，大数据的所有方面——规模、范围和速度——都可能有助于设置进入壁垒。① 可用数据的规模或数量会影响网络效应的存在，如"从做中学"和"试错"。算法消费者通过平衡消费者在不同产品之间的偏好来做出最优决策，而数据的范围或多样性则会影响算法消费者通过这种方式做出最优决策的能力。例如，该算法可以为消费者购买所需的书籍，并相应地减少服装的预算。而数据的传输速度则会影响算法对用户行为和需求的反应速度。数据的规模、范围越大，速度越快，控制数据的人就越可能享有固有的优势。

在这方面，反垄断法仅可以减少部分而不是全部壁垒。最重要的是，数据收集和数据分析所产生的利益，并非人为设置的进入壁垒带来的结果，因而一般也不会被反垄断立法禁止。② 加之有些补救措施，比如授权访问那些通过反竞争手段获取的数据，可能损害其他利益，如隐私；这些补救措施还需要一种微妙的平衡，而反垄断法未必很适合这种平衡。③ 如果认为访问这些数据对社会福利很重要，就有必要设计其他监管工具，比如数据可携带性规则。④

一个相关的问题是数据的互操作性。新的竞争对手为了能够使用他人收集的数据，就必须能够识别和理解数据的模式。然而，竞争性公司可能

---

① See, e. g., Rubinfeld & Gal, Supra Note 66, at 535；Stucke & Grunes, Supra Note 78, at 162 - 63, 170, 186.

② 一个重要的问题是什么应该被视为垄断，什么应该被视为竞争优势。See e. g., Stucke & Grunes, Supra Note 78, at 279.

③ 对于类似的结论，参见 Stucke & Grunes, Supra Note 78, at 279。

④ 例如，欧洲法规包括对私有数据的可携带权，因此至少恢复了消费者的某些权利。Parliament & Council Regulation 2016/679, OJ L 119/1 27. 4. 2016, 68 (EU).

没有动机来实现这种互操作性。法律是否应该强制执行互操作性是一个棘手的问题。这一困境的双方都涉及效率方面的考虑。一方面，因为数据收集者根据自身的需求收集数据，但数据组织的强制性标准会限制数据收集的动态和效率。另一方面，缺乏互操作性，本来可以产生的协同作用就无法实现。无论如何，反垄断法通常不能消除互操作性壁垒，只要它们不是人为进入壁垒的结果。届时可能需要设计其他监管工具。

（三）应对竞争性算法的排他性行为

上述分析侧重于源于第三方的竞争壁垒，即数据的访问中间机构和控制者。在这一部分中，我们分析进入壁垒的第三种来源：算法的排他性行为。例如，算法消费者可能与供应商签订独家交易合同，从而排除对其他算法消费者的访问。算法消费者的排他性行为也会给供应商造成人为的进入壁垒。比如，即使某个供应商提出了最好的条件，算法消费者也可能不选择该供应商。这两种案例都可以适用于以下分析。相比之前分析过的两种情况，在这里反垄断法可以发挥重要的作用。

一个现有的、相对简单的例子就是，拥有巨大市场支配力的算法消费者从事排他性的反竞争行为，那么这样的行为可能会被垄断禁令禁止。然而，即便在这里，也会出现有趣的挑战。例如，如果一家公司在其算法管家中使用技术将免费服务与算法消费者功能连接，那么该公司是不是从事了反竞争捆绑呢？[①] 答案并不明确，这将取决于对消费者的损害和利益的总体平衡。

更有趣的情况是，没有一种算法享有市场支配力，但现有的几种算法从事了平行行为，这可能会产生反竞争效果。虽然算法由每个用户分别独立地应用，但许多用户并行使用某个算法（或多个算法）会产生累积效应，

---

① 搭售是一种以购买第二种商品或服务为条件销售第一种商品或服务的经济做法。Alden F. Abbott & Joshua D. Wright, "Anti-trust Analysis of Tying Arrangements and Exclusive Dealing", *Antitrust Law and Economics* 183 (Keith N. Hylton ed., 2010).

这种效应有时会损害竞争和福利。

诺贝尔奖得主乔治·斯蒂格勒指出蓄意的平行行为（intentional parallel conduct）要获得成功必须具备三个条件：长期而言，能够达到这样一种现状，所有从事此类行为的人都能从中获益；能够监测到偏离现状的情况；能够监管这种偏离。[①] 算法使满足这些条件比以往任何时候都容易。[②] 第一，算法可以快速有效地注意到供应商提供给其他消费者的价格，或记住供应商过去提出的报价，从而简化了维持和监测现状的任务。[③] 第二，算法可以根据预先确定的决策参数对报价做出自动反应，从而更容易维持现状，并监督其他供应商的行为。[④] 第三，在监管偏离平行行为上，算法可能产生更高的风险，尤其是当决策很快，算法决策树难以更改时，例如这种更改要求返回到编码器。[⑤] 因此，算法可以实现更持久的平行行为。此外，由于这些更有效的方法满足斯蒂格勒所说的三个条件，即使算法市场由许多小的算法组成，而不是高度集中，也可以实现平行行为，因为所有算法都可以编码以监视和控制偏离行为。

要使平行行为产生反垄断责任，就必须确认在从事反竞争行为的机构之间存在一项协议。[⑥] 在既定的理论下，由类似外部力量的影响（例如，主要投入要素价格上涨，对所有竞争者都有影响）或寡头垄断协作产生的平行行为不构成"协议"。[⑦] 当每个市场参与者单方面采取行动，并且行动时会考虑到其他市场参与者的反应曲线时，就会产生寡头垄断协作。这一结

---

① See George J. Stigler, "A Theory of Oligopoly", 72 *J. Pol. Econ.* 44, 45–46 (1964).

② See, e. g., Ezrachi & Stucke, "When Computers Inhibit Competition", Supra Note 11, at 18–20; Salil K. Mehra, "Antitrust and the Robo-Seller: Competition in the Time of Algorithms", 100 *Minn. L. Rev.* 1323, 1340 (2016).

③ See Ezrachi & Stucke, "When Computers Inhibit Competition", Supra Note 11, at 18–20.

④ See Ezrachi & Stucke, "When Computers Inhibit Competition", Supra Note 11, at 18–20.

⑤ See Ezrachi & Stucke, "When Computers Inhibit Competition", Supra Note 11, at 18–20.

⑥ See Sherman Antitrust Act § 1, 15 U. S. C. § 1 (2014).

⑦ See, e. g., William E. Kovacic, Robert C. Marshall, Leslie M. Marx & Halbert L. White, "Plus Factors and Agreement in Antitrust Law", 110 *Mich. L. Rev.* 393, 405 (2011).

果就是没有事先协议的平行行为。①

首先，让我们探讨算法消费者中哪些类型的平行行为满足这一条件。在埃兹拉奇和斯图克的开创性工作中，他们确定了四个方案。② 一个相对简单的方案涉及使用算法来实现、监测、管理或强化算法的用户或提供商之间的反竞争协议。③ 在这种情况下存在明确的协议。④

算法按照用户或供应商之间的协议有目的地编码，以便在未来加入一个反竞争协议（比如抵制某一供应商），如果这样的协议将使他们受益，则会出现一种技术上更复杂但在法律上更简单的情形。⑤ 再一次，协议同样明确存在，算法只是作为它的辅助设备。⑥

第三种方案涉及算法之间的寡头垄断协作，无须在算法之间达成初步协议即可开展。⑦ 相反，当每种算法根据其对市场中其他各方最佳响应和主导策略的预测进行编码以做出决策时，就会实现稳定的现状。⑧ 这会导致没有事先协议的平行行为，而且这是自动促成的。⑨

---

① See, e. g., William E. Kovacic, Robert C. Marshall, Leslie M. Marx & Halbert L. White, "Plus Factors and Agreement in Antitrust Law", 110 *Mich. L. Rev.* 405 (2011). （对相互依赖的认识可以引导企业通过观察和对竞争对手的行动做出反应来协调其自身行为。在某些情况下，这种寡头垄断的协调会产生平行的行为。……这可能与设定价格、产出水平或其他贸易条件的传统协议有关。）

② See Ezrachi & Stucke, "When Computers Inhibit Competition", Supra Note 11, at 7 - 9.

③ See Ezrachi & Stucke, "When Computers Inhibit Competition", Supra Note 11, at 10.

④ See Ezrachi & Stucke, "When Computers Inhibit Competition", Supra Note 11, at 10; Press Release, U. S. Dep't of Justice, Office Of Pub. Affairs, Former E-Commerce Executive Charged with Price Fixing in the Antitrust Division's First Online Marketplace Prosecution (Apr. 6, 2015), https://www. justice. gov/opa/pr/former-e-commerce-executive-charged-price-fixing-antitrust-divisions-first-online-marketplace [https://perma. cc/QMT6 - ZQMN]. 据称，卖方"采用特定的定价算法来销售某些海报，目的是协调各自价格的变化，并编写计算机代码，指示基于算法的软件按照本协议定价"。无论当事方的市场支配力如何，这种协议都是非法的。See United States v. Socony-Vacuum Oil Co., 310 U. S. 150, 221 (1940).

⑤ Ezrachi & Stucke, "When Computers Inhibit Competition", Supra Note 11, at 14.

⑥ See Ezrachi & Stucke, "When Computers Inhibit Competition", Supra Note 11, at 14 - 16.

⑦ See Ezrachi & Stucke, "When Computers Inhibit Competition", Supra Note 11, at 16 - 17.

⑧ See Ezrachi & Stucke, "When Computers Inhibit Competition", Supra Note 11, at 16 - 17.

⑨ See Ezrachi & Stucke, "When Computers Inhibit Competition", Supra Note 11, at 16 - 17.

在第四个方案中，算法被设计用来实现一个既定的目标，比如降价。① 通过自学习和市场反馈，这些算法可以独立地决定达成这一目标的方式。② 因此，平行行为"并非人类明确设计的结果，而是进化、自学习和机器独立运行的结果"。③

埃兹拉奇和斯图克认为，后两种方案下产生的平行行为并不构成反垄断法上的协议，因为它构成了寡头垄断协作，但不是反垄断法禁止的行为。④ 我们想提出不同的建议："附加因素"是寡头垄断协作免于反垄断责任规则的例外。⑤ 这些积极行动是由市场参与者从事的，背离了市场的天然条件，并允许企业更好地实现平行行为。⑥ 在这两种情况下，可以认为算法，或更确切地说算法的设计是这样一个附加性因素。消费者算法在其决策树中包括以下元素：不仅浏览和比较可用选项作为消费决策的基础，还改变消费者的决策参数，包括当供应商向其他消费者提供报价时的反应，从而也改变了供应商的动机。算法促进协作的事实强化了这一建议。因此，可以说，该算法构成此类算法提供商之间，以及可能也是用户之间协议的一个附加因素。

或者，立法者和法院可能需要重新评估现行的政策，即寡头垄断协作不受反竞争协议禁令的限制。这是因为决定免于监管寡头垄断协作的一些潜在因素⑦——主要是这种协作只影响少数市场——可能不再正确。事实上，这一

---

① See Ezrachi & Stucke, "When Computers Inhibit Competition", Supra Note 11, at 22 – 25.

② See Ezrachi & Stucke, "When Computers Inhibit Competition", Supra Note 11, at 23.

③ See Ezrachi & Stucke, "When Computers Inhibit Competition", Supra Note 11, at 23.

④ 埃兹拉奇和斯图克简要地提到了这种可能性。See Ezrachi & Stucke, "When Computers Inhibit Competition", Supra Note 11, at 21, n. 41. （"［一种将算法视为附加性因素的方法］的缺点是，合理原则（rule of reason）案例的成本、持续时间和不可预测性，以及法院难以权衡具有反竞争效果的产品开发的竞争优势"）.

⑤ See, e. g., William E. Kovacic, Robert C. Marshall, Leslie M. Marx & Halbert L. White, "Plus Factors and Agreement in Antitrust Law", 110 *Mich. L. Rev.* 393, 395 – 96 (2011).

⑥ See, e. g., William E. Kovacic, Robert C. Marshall, Leslie M. Marx & Halbert L. White, "Plus Factors and Agreement in Antitrust Law", 110 *Mich. L. Rev.* 393 (2011).

⑦ 参见理查德·波斯纳法官和唐纳德·特纳教授的著名辩论。Richard A. Posner, "Oligopoly and the Antitrust Laws: A Suggested Approach", 21 *Stan. L. Rev.* 1562, 1562 (1969); Donald F. Turner, "The Definition of Agreement Under the Sherman Act: Conscious Parallelism and Refusals to Deal", 75 *Harv. L. Rev.* 655, 671 (1962).

理由是基于人的能力有限这一假设，而这一假设目前已不再成立。[1] 一旦我们引入算法，寡头垄断协作不仅变得更加持久，而且实际上也可能在许多竞争对手都参与其中的非寡头垄断市场中被促成。因此，要求市场参与者之间必须事先达成协议，这并不适合算法的世界。这一解决方案的主要问题与唐纳德·特纳就更广泛的寡头垄断协作提出的问题相似：应如何安排救济措施？是否应要求算法忽略竞争对手的潜在行动？[2] 这一要求很可能会削弱竞争。[3] 因此，在法律改变之前，应当好好考虑救济措施问题。

到目前为止，我们已经关注了不同算法消费者的平行行为。现在我们转向同一算法消费者的不同用户的平行行为，它们可能共同产生反竞争效果。问题再次出现了：在这些用户之间，或者在每个用户与算法的设计者或所有者之间是否存在一个协议。[4]

数字世界的独有特征之一是在临时安排的基础上，能够创建一个团体，基于一个共同理由采取平行行动，但没有任何正式组织。信息交流与处理的成本微不足道，使得协作和整合以一种前所未有的方式更具成本效益，从而实现了大规模的合作。正如尤查·本科勒有力地论证：数字化网络促进了一种截然不同的生产模式，在这种模式下，许多同行并非由公司、政府或任何等级制度结构正式组织起来，却可以生产商品、提供服务。[5] 维基百科是大规模合作生产创意作品的经典范例。同样，数字化网络也为没有

---

① See, e. g., Stigler, Supra Note 125, at 57（该例子说明市场竞争对手的数量影响协作能力这一事实）.

② See Turner, Supra Note 147, at 656.

③ See Ezrachi & Stucke, "When Computers Inhibit Competition", Supra Note 11, at 22.

④ 这种行为是否会产生反竞争效果是一个单独的问题。在多数情况下，使用排他性算法将对市场中的竞争条件产生有限的影响。然而，当基于大部分需求做出消费决策时，无论是多个用户消费决策的累积效应还是一个重要用户的单一消费决策，该算法可以为那些被排除在外的用户设置准入或扩张壁垒，并对竞争产生显著影响。

⑤ See Yochai Benkler, *The Wealth of Networks: How Social Production Transforms Markets and Freedom* 2 (2006); Jeff Howe, *Crowdsourcing: Why The Power of The Crowd Is Driving the Future of Business* 14 (2008); Clay Shirky, *Here Comes Everybody: The Power of Organizing Without Organizations* 143 (2008); Don Tapscott & Anthony D. Williams, *Wikinomics: How Mass Collaboration Changes Everything* 1 (2006).

组织或法律架构的基层政治行动提供了便利。在线协作的低成本促进了一种新的、完全分散的、临时政治行动模式，即由无组织的群众、个人和非政府组织利用互联网提高认识、披露信息、组织政治压力和参与政治行动，如抵制和抗议。[1]

算法消费者的用户中可能会出现类似的行为。一种可能是用户有意决定使用单一算法为他们的交易条件议价。如果足够多的用户做出类似的选择，那么算法消费者可以整合大量消费者的购买决策，并因此而享有巨大的市场支配力。这可以用来从事反竞争行为，而其成果就能为消费者享有。此外，用户可能有动机有意选择使用相同的算法，因为它能产生平行行为，即使它不是最高效的算法。这样做的动机在于：使用一种相似的算法，因为这种算法可以更容易地预测彼此的反应，从而有助于平行行为的稳定。[2]

为确定是否存在一个协议，应区分几种情况。首先，消费者同意使用相同的算法。很明显，横向协议因此而存在。[3] 这些消费者是否因此达成了法律中所谓的反竞争协议，这是一个独立的问题，这部分取决于他们对并行使用该算法可能产生的反竞争效果的认识。[4] 的确，采购行为的协作可能是基于良好的考虑，例如通过使用"大众智慧"（wisdom of crowds）和大数据分析能使算法做出更好的选择。此外，终端消费者通常不会从算法的排他行为中获益，而只会从剥削行为中获益。

---

[1] "阿拉伯之春"是一个典型的例子。这波网络政治激进主义浪潮并没有绕过西方民主国家，在那里，互联网被用来发现知识（例如通过维基解密），以提高人们的认识［例如，美国打击网上盗版和保护知识产权法案（SOPA/PIPA）的运动］，以及协调世界各地的街头抗议活动［例如，2011 年欧洲反假货贸易协定（ACTA）的街头抗议活动］。See, e. g., Henry Farrell, "The Consequences of the Internet for Politics", 15 *Ann. Rev. Pol. Sci.* 35, 39 (2012).

[2] See Ezrachi & Stucke, "When Computers Inhibit Competition", Supra Note 11, at 22.

[3] See Ezrachi & Stucke, "When Computers Inhibit Competition", Supra Note 11, at 8 (hub and spoke example).

[4] 关于最近在优步背景下提出这些问题的一个案例，参见 Meyer v. Kalanick, 174 F. Supp. 3d 817, 822 – 25 (S. D. N. Y. 2016)（驳回优步关于取消指控其横向共谋的反垄断动议）。See also Salil K. Mehra, "US v. Topkins：Can Price Fixing Be Based on Algorithms?", 7 *J. Eur. Competition L. & Prac.* 470, 473 – 74 (2016).

更可能的情况是：没有事先协议，根据其他用户的推荐或各自对不同算法的比较优势的分析，许多用户独立地决定使用该算法。虽然每个用户都与算法提供商直接达成垂直协议，但用户之间不存在横向协议。在最简单的情况下，用户甚至可能不知道其为消费者群体的市场支配力做出了贡献，这个集体的市场支配力使得算法能够提供更有利的交易条件。当用户意识到该算法具有巨大的市场支配力，并且该算法正在垄断这一支配力以获得更好的交易条件时，就会出现一个更复杂的情况。在我们看来，重点应该再次放在用户是否对潜在的反竞争危害有认识上。①

用户离决策只有一步之遥，甚至可能不知道算法设置的相关决策参数，这一事实也带来了关于意图的挑战。如果要确认存在反竞争协议，通常该协议的各方当事人应了解犯罪事实要件，这一点是必要且充分的。② 当一项协议本身被认为是非法的，那就是一个例外，无须证明其意图。③ 在下文的讨论中，我们假设该算法出于反竞争的原因故意排除或歧视某个供应商。在这种情况下，我们能否将这种反竞争意图与用户联系起来？

答案并不简单。一方面，用户选择了使用该算法，并且可以与算法提供商核实是否会产生反竞争结果。另一方面，对于用户而言，算法通常存在"黑箱"。此外，一旦我们要求用户熟悉算法的决策参数，那么使用该算法的一些好处（如节省时间和精力）可能会首先丧失。更重要的是，如上

---

① 上述分析虽然与算法消费者有关，但也与类似的供应商相关，这可能会阻碍前者进入市场。

② See, e. g., U. S. Dep'T of Justice, Antitrust Div., Antitrust Division Manual III – 12 (5th e-d. April 2015)（其中指出，如果"有明确证据表明调查对象不知道或不了解其行动的后果"，针对这一罪行司法部将不予起诉）. See also William E. Kovacic, American Bar Association, The Antitrust Government Contracts Handbook 23, n. 107（"作为一般事项，司法部在满足下列条件时将寻求刑事制裁……（D）共谋者一般都知道他们的行为可能会产生反竞争的后果"）.

③ See, e. g., United States v. Gillen, 599 F. 2d 541, 545 (3d Cir. 1979). （"在操纵价格的串谋中，如该行为本身是非法的，则无须就意图问题进行调查，除非证明某人加入或组成串谋。"）一个对计算机系统中的意识进行的有趣分析，参见"Case C – 74/14 'Eturas' UAB and Others v. Lietuvos Respublikos Konkurencijos Taryba", EU：C：2016：42, available at http：//curia. europa. eu/juris/document/document. jsf？text = &docid = 173680&pageIndex = 0&doclang = en&mode = lst&dir = &occ = first&part = 1&cid = 137883［https：//perma. cc/555D-YG72］.

所述，那些并非竞争对手的用户通常没有动机排除其供应商或其他算法消费者。最后，即使用户意识到算法中的排他性节点，也可能不知道大量用户使用算法时所产生的市场支配力就是对竞争所造成的损害。这种反竞争效果将取决于某些未必受个人用户控制的因素，这些因素可能会随着时间的推移而改变。例如，越来越多的人开始使用某一算法，从而提高了它的市场支配力。因此，我们建议监管机构不应假定用户意识到潜在的反竞争效果，至少在其没有严重过失的情况下。[1] 但是，如果用户明显知道排他性节点及其潜在的反竞争效果，那么包含自主算法的复杂系统执行了实际购买操作，这样的事实应该不会对用户的过失有任何影响。[2]

这些考虑因素中的大部分与算法设计者无关。相反，他们意欲以一种可预测产生反竞争效果的方式设计算法。然而，当算法具有机器学习能力时，即使是算法的设计者也可能不知道算法决策的反竞争效果，这就出现了另一个挑战。在这种情况下，意图可能是基于算法设计者对损害可能性的认识。为了避免这种情况下的责任，设计者可能需要对算法进行编码，以避免反竞争行为。例如，编码的规则是："永远不要排除某个特定的供应商，即使这样做符合您的经济利益。"此外，算法设计者很可能是最便宜的成本规避者。[3] 要增进社会福利，这种解决方案还必须在技术上可行。并且，以这种方式限制算法不应减少福利，因此其也担心通过设计算法以避免反竞争行为，会让算法更加复杂，许多通过算法想得到的好处可能会被抵消。否则，测试应该基于一个人行为的可能后果。[4] 例如，如果一个设计

[1] See Andreas Heinemann & Aleksandra Gebika, "Can Computers Form Cartels? About the Need for European Institutions to Revise the Concertation Doctrine in the Information Age", 7 *J. Eur. Competition L. & Prac.* 431, 440 (2016). （如果定价完全委托给软件。……以协调竞争对手之间的价格为目的或效果。……"机器卡特尔"等于企业之间的卡特尔。在这些情况下，传统的会议或交流形式被一种算法所取代，这种算法使直接的协商变得多余。）

[2] See Guido Calabresi, *The Costs of Accidents: A Legal and Economic Analysis* 41 (1970).

[3] 最便宜的成本规避者，顾名思义，是指能够最大限度地降低事故和预防的综合成本的行动者。Cf. Gabriel Hallevy, "Unmanned Vehicles—Subordination to Criminal Law Under the Modern Concept of Criminal Liability", 21 *J. L. Info. & Sci.* 1, 3–4 (2012).

[4] Hallevy, Supra Note 161, at 7–8.

者创建了一个算法来降低成本，并且知道通过自学习，该算法会找到并选择一个反竞争的优势策略，则设计者的反竞争意图可以确认。①

　　一个有趣的问题涉及一个基于长期竞争考虑的排他性决策。例如，假设为了鼓励市场竞争，一个算法消费者被设计为避免从垄断公司购买产品（或避免从这样的公司购买超过一定比例的产品）。如果算法消费者试图在相关市场（如大型平台市场）中创造公平的竞争局面，这种考虑甚至可能延伸到特定市场之外。我们建议，从长远来看，无论何时，只要算法的决策树有很大的可能性，确实会提升竞争和福利，那么在适当的情况下，这种考虑就可以作为正当理由接受。然而，此种排除必须与对任何特定市场参与者的损害成比例，并有效地实现鼓励竞争的目标。

　　最后，一个有趣的顾虑是，对不同决策参数赋予权重可能给执法力度带来负担。假设算法消费者给某个特定参数的权重很小，因此会间接排除某个供应商。针对谷歌的指控可能会让人们多少了解在这种案例中会出现的情况。谷歌声称，在其搜索算法中赋予不同参数的权重是被美国宪法第一修正案中的"言论自由"所保护的。② 这就提出了一个颇具挑衅性的问题：考虑到我们的算法消费者为我们的洗衣机选择清洁剂，或者为宠物选择食品品牌，难道我们不应该期待这样的争论？

　　正如我们所展示的，现有的监管通常足以灵活地适用于算法消费者提出的第三项挑战，即使它不能解决出现的所有问题，但在应对前两项挑战时，现有监管的能力也更加有限。因此，可能需要设计其他监管工具，以减少算法消费者市场的进入壁垒，处理诸如对访问点和必要输入的控制、服务和货物的捆绑销售、不断增强的买方力量以及更易进行的寡头垄断协作等问题。

---

① Ezrachi & Stucke, "When Computers Inhibit Competition", Supra Note 11, at 27.

② See, e. g., Search King, Inc. v. Google Technology, Inc., No. Civ‑02‑1457‑M, 2003 WL 21464568, at *1‑2 (W. D. Okla, Jan. 13, 2003).

结 论

关于如何进行买卖，我们正处于一个全新世界的边缘。几个世纪以来由人类扮演的角色将很快由算法代替。这一变化是不可避免的，因为在某些决策过程中，技术发展使算法消费者比人类消费者具有强大的比较优势。[①] 这些趋势由于物联网的兴起而加剧。[②]

因此，我们必须认识到这种变化对市场动态的影响。消费者购买决策与以前假设的系统性偏离以及必然会随之而来的供应商行为的变化如何改变竞争与福利？这是本文论述的第一个目的。如前所述，算法消费者对消费者的选择、市场需求、产品设计、营销技巧和合同条款等因素具有根本性的影响。它们有可能显著增进竞争，同时也有可能显著限制竞争。

本文的另一个目的是发现并分析这些变化带来的一些监管挑战，特别是现有监管工具确保人类消费者能享受算法消费者所带来的好处的能力。正如所展示的，算法消费者对一些监管工具的应用提出了挑战，这些工具是为迎合人类交易而设计的。当计算机代码决定进行重要交易时，必须重新审视当前规则所依据的一些假设。例如，我们探讨了如何重新考虑涉及协议和意图的反垄断概念，以确保竞争的确得到了保护。

我们还发现了一些市场失灵和监管挑战，这可能需要创设更多的监管工具。这样的监管挑战之一是买方支配力潜在地、显著地增长，而这并不是由排他性行为引起的，也不会导致排他性行为产生。这种支配力的利用所产生的社会福利效应，一般不属于反垄断法的禁区，但应该仔细加以分析。另一个挑战是需要重新评估针对寡头垄断协作的政策，因为算法使这种协作变得更加容易。第三个挑战涉及进入壁垒的建立，该壁垒基于免费

---

① See Supra Part II.

② See Daniel Burrus, "The Internet of Things Is Far Bigger than Anyone Realizes", Wired (Nov. 21, 2014), https://www.wired.com/insights/2014/11/the-internet-of-things-bigger/ [https://perma.cc/KRD2 - NG77].

服务与由经济规模、范围和速度决定的算法消费者功能的捆绑而产生。

最后，我们的论文还表明，算法提供商之间的竞争不一定会对社会福利产生积极影响，为了应对这种情况，也可能需要新的监管形式。例如，在社会最理想水平，应用网络安全措施保护算法免受网络攻击是代价高昂的。[①] 人们预计，通过增加对更安全应用程序的需求，由此而产生的市场竞争将排除不安全的系统。然而，消费者往往缺乏评估网络风险所需的信息和技能。[②] 此外，安全性故障增加了其他网络和产品中的漏洞，从而产生了外部性问题，[③] 而这是每个算法提供商都没有考虑到的。因此，算法的提供商很可能不会在社会最优的水平上提供保护措施。[④]

---

① See, e. g. , "Nathan Alexander Sales, Regulating Cyber-Security", 107 *Nw. U. L. Rev.* 1503, 1545 (2013)（说明在网络空间，防御成本比进攻成本高得多）.

② See, e. g. , C. W. Johnson, The Role of Cyber-Insurance, Market Forces, Tort and Regulation in the Cyber-Security of Safety-Critical Industries, in 10th IET System Safety and Cyber-Security Conference 1 – 2 (2015), http://ieeexplore. ieee. org/stamp/stamp. jsp? tp = &arnumber = 7792013 [https://perma. cc/7M4J – SVFW].

③ See C. W. Johnson, The Role of Cyber-Insurance, Market Forces, Tort and Regulation in the Cyber-Security of Safety-Critical Industries, in 10th IET System Safety and Cyber-Security Conference 3 (2015).

④ See C. W. Johnson, The Role of Cyber-Insurance, Market Forces, Tort and Regulation in the Cyber-Security of Safety-Critical Industries, in 10th IET System Safety and Cyber-Security Conference 1 – 2 (2015).

Abstracts

Algorithm and Procedural Justice

Li Shi / 1

Abstract: As a public decision-making procedure, algorithm should follow the moral principles of procedural justice: equality, openness, accuracy, respect and accountability. In concrete institutions, first of all, various possible algorithm discriminations should be eliminated through manual verification and continuous improvement of machine learning; Secondly, open the source codes of the algorithm in a small range, and conduct professional certification on whether the algorithm is fair, and the professionals are responsible for explaining it to the public; Thirdly, give the implementation object of the algorithm the right to know, the right to explain, the right to access, the right to modify wrong data, the right to ask for responsibility and other basic rights. Empowering ordinary netizens is the key to restrict algorithm power and maintain algorithm justice.

Keywords: Algorithm; Procedural Justice; Algorithm Discrimination; Algorithm disclosure; Digital Rights

Contemporary Choice of Civil Law Governance Model of Data

Zhang Long, Nie Yunpeng / 18

Abstract: The development of big data is in the ascendant. How to promote data utilization while ensuring data security, and explore the Chinese path of data governance suitable for China's national conditions are important issues of the times faced by the academic community. The mixed position of personal information and personal data adopted by extraterritorial data governance rules fails to break away from the defects of individual-oriented theory, which is not conducive to stripping the personality interests on data and building a truly reasonable data rights system. The problem of data ownership is essentially a problem of position selection and interest balance. Data has multiple interest aggregation. The regulation idea of typification and contextualization has become a better choice for the law to deal with various legal problems in the network era. The traditional distinction between personal data and non personal data can not meet the dynamicity requirements of data processing activities. It is a feasible way to take into account data security and data circulation and balance the interests of data originators and data controllers to appropriately peel off the personality interests of data and build a dual metadata governance system of collaborative regulation of primary data ownership and derived data ownership.

Keywords: Data Property Right; Personal Information; Primary Data; Derived Data; Individual-Oriented Theory

Challenges and Opportunities: How to Construct Notarization Informatization in the Meta Universe Era?

—Discussion on the Dilemma and Outlet of Notarization Information Construction

Quan Liang, Tang Zhengwei / 51

Abstract: With the rapid economic and social development and the continuous improvement of democracy and the legal system, China's people's legal awareness has been gradually improved, the demand for notarization services is also growing, but the notarization industry has not yet formed the information system and system, resulting in the contradiction of 'more notary cases and fewer notaries' is increasing day by day. The 'meta-universe' of the Internet 3. 0 era has accelerated the deep integration of the Internet and law, and has also widened the gap between notarization industry and other industries in the Internet 2. 0 era. The notarization industry not only needs to accelerate the update and progress of its own mechanism, but also needs to compete with emerging Internet technology companies. Under the 'domestic trouble and foreign invasion', the notary industry only conforms to the trend of world informatization, draws on the experience of the construction of the existing intelligent court and the latest achievements of the development of extraterritorial notary informatization, takes the express train of the third Internet technology revolution of 'meta-universe', and realizes the 'curve overtaking' of notary informatization construction, so as to occupy the dominant position in the rapidly changing competitive environment.

Keywords: Notarization Informatization; Meta Universe; Dispute Resolution; Internal and External Construction

The Improve Strategies of Grass Roots Emergency Management System From the Perspective of "Reverse Digitization"

Zhang Yujie, Dai Shiqi / 82

Abstract: Digital governance has become the general trend of national governance, but the risks brought by "reverse digitalization" cannot be ignored. The new features of grassroots emergency management from the perspective of "reverse digitalization" include the failure of grassroots emergency communication channels caused by "reverse informatization", the failure of emergency department cooperation mechanism caused by "reverse digitalization" and the failure of digital technology support means caused by "reverse technicalization". The difficulties faced by the grassroots in the emergency management system from the perspective of "reverse digitalization" include the insufficient connection between the decision-making power of the county government and the grassroots management power, the solidification and imbalance of the emergency management structure of the grassroots government, and the failure to fully activate the cooperation efficiency of multiple subjects. In view of the above characteristics and difficulties, a new rule of law framework of "prefabricated instructions + grid emergency" and grass-roots emergency management system is proposed, including the use of "digital emergency" legal provisions to empower decision-making power, the formulation of prefabricated instructions in grass-roots emergency plans and the establishment of a "grid emergency integration" rule of law system.

Keywords: Inverse Digitization; Local Governance; Cooperative Emergency Response

Digital Sex Crime: Conceptual Types, Overview of Current Situation and Strategies for Treatment and Reform

Yang Xueke / 96

Abstract: In the digital society, digital cyberspace mediated by the Internet has become an important infrastructure indispensable in daily life, and digital sex crime, a new crime phenomenon combining digital technology, cyberspace and sexual violence, are on the rise. Digital sex crime is the use of new digital technology as a means or tool to sexually intimidate, coerce, harass, humiliate or insult others, and is a sexual crime that treats others as sexual playthings or violates their rights. As a new form of crime, digital sex crimes are rapidly developing, rampant and diverse, and the law is slow to prevent or punish them. The criminal policy should be thoroughly tackled with the attitude of eradicating to the end, not only by revising the law to focus on the content and nature of the crimes committed and effectively prevent digital sex crimes and recidivism, but also by taking responsibility for improving effective measures to protect victims of digital sex crimes and prevent secondary victimization.

Keywords: Digital Sexual Crime; Digital Sexual Deception; Sentencing; Metaverse

Compliance with Personal Information Protection Law: Empirical Analysis on 80 Mobile Applications

Xiao Huina et al. / 120

Abstract: Drawing on sixty days' ethnographical observations with eighty mobile applications falling into the categories of social networking, news, mobile video, shopping, finance, transportation, and games, this study examines the mobile applications' overall legal compliance situations in related to "switching off personalized advertising and recommendations", "informed consent of privacy terms", "processing personal information by the third party platforms", and "whether companies collect unnecessary personal data", as well as to answer what are the factors contributing to their decisions-making in legal compliance. This research first finds that the current Personal Information Protection Law is ambiguous, fails to clarify significant concepts, and these have allowed mobile applications' legal avoidance and evasions. It also observes that legal, social, and economic pressures lead to different degrees of legal compliance. Based on these empirical findings, this article suggests that in order to improve the legal compliance level, the Personal Information Protection Law can fill the legal gaps through judicial interpretations, establishing alarm and incentives to increase social pressure, as well as enhance law enforcement to strengthen legal pressure.

Keywords: Legal Compliance; Personal Information Protection; Economic Pressure; Legal Pressure; Social Pressure

A Reconstruction of the Legal Regulation Mode of Algorithmic Discrimination

Zheng Yushuang, Bao Mengru / 162

Abstract: Compared with traditional discrimination, algorithmic discrimination is often difficult to detect and prove. Algorithmic discrimination poses new challenges to social governance and becomes a urgent trouble that needs to be solved. Algorithmic discrimination has some particularities, including concealment, complexity, systematicness, and irreversibility. Algorithm discrimination reflects inherent discrimination in human society and some technical characteristics of algorithm operation process. In this respect, the legal regulation of algorithmic discrimination should endorse the combination of pre-regulation, in-process review and post-event supervision, implement formal requirements such as algorithm disclosure and enhanced transparency. It also needs to ensure the traceability of the algorithm, endow algorithm system service providers the obligation to algorithm interpretation. Algorithm justice entails implementing the ideal of anti-algorithmic discrimination throughout the entire process of algorithm development, design, and operation.

Keywords: Algorithm Discrimination; Legal Regulation; Pre-regulation; In-process Review; Post-event Supervision

Regulation and Response of Face Recognition under the Background of Digital Rule of Law

Wen Zhiqiang / 189

Abstract: With the development of artificial intelligence, big data and other new technologies, the digital age comes and promotes the birth and development of digital rule of law, and increasingly widely used in production and life in all public and private areas. Face recognition, as a technology of personal biometrics identification and identity verification, has many advantages, such as naturalness, non-contact, concurrency, etc., compared with other biometrics, it has been proved to be superior to other biometrics, but it has also caused disputes and disagreements in the practical application and theoretical research, this leads to the use of this technology and do not use, how to use, how to regulate and other issues. According to the basic principle of the balance of legal interests, we should take a limited and open position on the use of face recognition. There may be legal risks and applicable problems in every aspect of face recognition technology, such as collection, storage, comparison and authentication, which should be checked by the five principles, that is, the principle of necessity, the principle of informed consent, the principle of subject qualification, the principle of justification of purpose and the principle of proportionality, carry on the legitimacy, necessity, proportionality, legitimacy and so on multi-angle, all-round inspection and judgment, at the same time auxiliary concrete measures to solve.

Keywords: Face Recognition; Personal Information; Limited Access; Principle of Proportionality

Judicial Review of Parties' Arbitrarily Creating the Connection Point of Internet Jurisdiction

—Basing on the 1686 Cases

Ou Dan , Mai Xiaotong / 213

Abstract： The parties' arbitrary creating the Internet jurisdiction point directly manifested as the abuse of the Internet connection point to avoid the jurisdiction of the court. The main forms of the creation of the jurisdiction point are including manufacturing receiving land, abusing the agreement of the jurisdiction and listing the defendants and the third parties. The court introduced the actual connection point standard in the process of reviewing the receipt as the place of performance of the contract, which can prevent the parties manufacturing the receiving land to creating the connection point of Internet jurisdiction. Relying on the post-rear review can easily lead to imbalance of the review structure on the jurisdiction. The jurisdiction agreement review adopting loose standards and even encouragement attitudes are not appropriate. The review of the jurisdiction only stays in the appearance of the dispute and does not give a review of the physical disputes of the case, which can not prevent parties to create an Internet jurisdiction connection point. In response to the parties creating the Internet jurisdiction connection point, they should strengthen the judicial review of the internet jurisdictions during the filing stage and implement a strict entry threshold for prosecution. In response to the review of the jurisdiction agreement, the court should shift from "formal review" to "substantial review" . In response to the review of the joint defendant and third party, the court's review of jurisdiction of objections should be shifted to the substantive review of the trial.

Keywords： Create Jurisdiction Connection Points; Network Transaction Contracts; Jurisdiction of Agreement; Judicial Review

Is the Decentralized Autonomous Organization a Limited Company?

—Comment on the American "Wyoming Decentralized Autonomous Organizations Supplement"

Wu Ye, Shu Runwen / 233

Abstract: Decentralized Autonomous Organization (DAO), an important organizational form of the meta universe, is a virtual Organization controlled by a series of smart contracts without any intermediary or authority. The code and the protocol contained therein allow global anonymous subjects to conduct untrusted transactions. The above characteristics will inevitably lead to a series of legal problems. Is the decentralized autonomous organization a legal organization? If so, what kind of organization? Can it be adjusted by existing legal norms? In this regard, the Wyoming Decentralized Autonomous Organizations Supplement of the United States standardized centralized autonomous organizations into the category of limited liability companies for the first time, and innovatively constructed many supporting schemes. Among them, there are not only things worthy of our reference, but also limitations that are difficult to apply directly to our country, which need to be treated differently.

Keywords: Decentralized Autonomous Organization; Smart Contract; Blockchain

Algorithms as a Challenge to the Legal Order

Mario Martini, translated by Li Jian / 256

Abstract: The (computer) "algorithms" used in modern software applications have developed into the central control agency of the digital society, and they have an increasing impact on our lives. However, their functioning is similar to being in a "black box". How to tame the potential risks brought by the "algorithm" is a challenge that the existing legal system needs to face. The author of this article proposes a preliminary regulatory concept with which people can coordinate the development potential of digital processes with the basic values of the legal system, especially between the right to self-determination of information and freedom from discrimination.

Keywords: Algorithm; Legal Risk; Legal Order; Algorithm Discrimination

Algorithmic Consumers

Michal S. Gal, *Niva Elkin-Koren*, *translated by Li Yajuan*, *Wang Yanchuan* / 277

Abstract: The next generation of e-commerce will be conducted by digital agents, based on algorithms that will not only make purchase recommendations, but will also predict what we want, make purchase decisions, negotiate and execute the transaction for the consumers, and even automatically form coalitions of buyers to enjoy better terms, thereby replacing human decision-making. Algorithmic consumers have the potential to change dramatically the way we conduct business, raising new conceptual and regulatory challenges. This game-changing technological development has significant implications for regulation, which should be adjusted to a reality of consumers making their purchase decisions via algorithms. Despite this challenge, scholarship addressing commercial algorithms focused primarily on the use of algorithms by suppliers. This article seeks to fill this void. We first explore the technological advances which are shaping algorithmic consumers, and analyze how these advances affect the competitive dynamic in the market. Then we analyze the implications of such technological advances on regulation, identifying three main challenges.

Keywords: Artificial Intelligence; Algorithm; Algorithm Regulation; Antitrust

《数字法学》稿约与投稿要求

《数字法学》是由广州大学法学院主办的数字法学专业领域的集刊，本集刊阵地开放，公开接受国内外法学理论研究人员关于数字法学的学术论文投稿。为明确集刊编辑者、出版者、作者之间的权利、义务，特就投稿作如下约定：

一 投稿约定

（一）本集刊原则上录用首次发表的中文原创论文和获得版权授权的外文翻译论文，投稿不得侵犯他人著作权。

（二）本刊稿件采取专家匿名评审与三审定稿相结合的审稿制度。稿件由本刊编辑负责初审，初审通过的稿件送外审专家匿名评审，匿名评审通过的稿件由本刊主编决定稿件是否采用。

（三）本刊所发文章的作者，以投稿时正式署名为准；任何文章的负责人，在接到本刊的"稿件录用通知"后，不可要求"更换"、"增加"或"减少"作者。

（四）本刊不收取审稿费、版面费等任何费用。对于录用的稿件，本刊从优支付相应稿酬，并赠送作者样刊 2 册。

（五）本刊提倡一稿专投、反对一稿多发，投稿本刊的文稿一旦获得其他刊物录用，作者有义务正式通知本刊。

（六）本刊对所发表的文章享有两年专有使用权，从稿件正式发表之日起算。支付的稿酬包含在集刊主办方网页、微信公众号、论文集等关联平台或出版物中使用的费用。

（七）编辑部在不改变稿件基本观点和实质性内容的前提下，有权对稿件进行加工修改。

（八）本刊对于全部投稿，均在收到稿件后的 45 天内将是否录用的结果通知作者。

（九）投稿请勿由个人转交，用 word 文档以附件方式发送至本刊专用投稿邮箱：szfxyj@163.com。

二 稿件编排体例

（一）文稿由题目、摘要、关键词、正文和注释构成。请同时提供题目、摘要和关键词的英文文本。中文摘要在 300 字左右，关键词 3~5 个。稿件篇幅控制在 1.5 万字到 3.5 万字为宜，尤其欢迎 2 万字以上长文。

（二）正文采用宋体、五号字、首行缩进两个字符、1.5 倍行距。

（三）得到基金项目的资助成果，请在首页下脚注释中标明资助背景，包括基金项目的类别、名称、批准号。

（四）文稿应在文章首页下脚注释按如下顺序标明作者信息：姓名、性别、单位、职称（职务）、学历、研究方向等。作者通常仅标明所在单位及技术职务，同一作者原则上只标明一个工作单位，最多不超过两个。

（五）为方便联系作者，请在文末单独附页，写明作者的联系地址、邮编、联系电话、电子信箱等内容。

（六）文稿标题应层次分明，标题序号按不同级别依次使用：一、（一）、1.、（1）、①、A.、a.；不同级别的标题采用不同的字体、字号加以区分，同一级别的标题字体、字号应保持统一。

三 稿件注释体例

（一）作者简介以注释方式标识在文章首页，用"＊"号标注。

（二）本刊提倡引用正式出版物，出版时间应精确到月；根据被引资料性质，可在作者姓名后加"主编""编译""编著""编选"等字样。

（三）文中注释一律采用脚注，当页连续注码，注码样式为：①②③等。

（四）非直接引用原文时，注释前加"参见"；非引用原始资料时，应注明"转引自"。

（五）数个注释引自同一资料时，注释体例为：前引①，哈耶克书，第48 页。

（六）引文出自同一资料相邻数页时，注明起止页码，注释体例为：……，第 67~70 页。

（七）引用自己的作品时，请直接标明作者姓名，不要使用"拙文""拙著"等自谦词。

（八）注释分类示例：

1. 著作类

①胡长清：《中国民法总论》，中国政法大学出版社，1997 年 12 月，第20 页。

2. 论文类

①苏永钦：《私法自治中的国家强制》，载《中外法学》2001 年第 1 期。

3. 文集类

①〔美〕J. 萨利斯：《想象的真理》，载〔英〕安东尼·弗卢等著《西方哲学演讲录》，李超杰译，商务印书馆，2000 年 6 月，第 112 页。

4. 译作类

①〔法〕卢梭：《社会契约论》，何兆武译，商务印书馆，1980 年 2 月，第 55 页。

5. 报纸类

① 刘均庸：《论反腐倡廉的二元机制》，载《法制日报》2004 年 1 月 3 日。

6. 古籍类

①《史记·秦始皇本纪》。

7. 辞书类

①《新英汉法律词典》，法律出版社，1998 年 1 月，第 24 页。

8. 外文类

依该文种注释习惯。

《数字法学》编辑部

图书在版编目（CIP）数据

数字法学. 第 1 辑 / 周少华主编；宋尧玺执行主编
. -- 北京：社会科学文献出版社，2023.5
ISBN 978 - 7 - 5228 - 1729 - 3

Ⅰ.①数… Ⅱ.①周… ②宋… Ⅲ.①科技法学 – 研
究 Ⅳ.①D912.17

中国国家版本馆 CIP 数据核字（2023）第 072915 号

数字法学（第 1 辑）

主　　编 / 周少华
执行主编 / 宋尧玺

出 版 人 / 王利民
组稿编辑 / 刘骁军
责任编辑 / 易　卉
文稿编辑 / 郭锡超
责任印制 / 王京美

出　　版 / 社会科学文献出版社 · 集刊分社 （010）59367161
　　　　　　地址：北京市北三环中路甲 29 号院华龙大厦　邮编：100029
　　　　　　网址：www. ssap. com. cn
发　　行 / 社会科学文献出版社（010）59367028
印　　装 / 三河市龙林印务有限公司

规　　格 / 开　本：787mm × 1092mm　1/16
　　　　　　印　张：21.5　字　数：319 千字
版　　次 / 2023 年 5 月第 1 版　2023 年 5 月第 1 次印刷
书　　号 / ISBN 978 - 7 - 5228 - 1729 - 3
定　　价 / 128.00 元

读者服务电话：4008918866